PSICOLOGIA & CULTURA

TEORIA, PESQUISA E PRÁTICA PROFISSIONAL

Dados Internacionais de Catalogação na Publicação (CIP)
(Câmara Brasileira do Livro, SP, Brasil)

Psicologia & cultura : teoria, pesquisa e prática profissional / Ana Flávia do Amaral Madureira, José Bizerril, (orgs.). – São Paulo : Cortez, 2021.

Vários autores.
ISBN 978-65-5555-053-5

1. Cultura - Aspectos psicológicos 2. Diversidade 3. Identidade de gênero 4. Psicologia - Formação profissional - Brasil 5. Psicologia cultural 6. Relações étnico-raciais 7. Sexualidade I. Madureira, Ana Flávia do Amaral. II. Bizerril, José.

21-58162 CDD-306.01

Índices para catálogo sistemático:

1. Psicologia e cultural : Sociologia 306.01

Cibele Maria Dias - Bibliotecária - CRB-8/9427

ANA FLÁVIA DO AMARAL MADUREIRA
JOSÉ BIZERRIL
(ORGS.)

PSICOLOGIA & CULTURA

TEORIA, PESQUISA E PRÁTICA PROFISSIONAL

SÃO PAULO – SP

2021

CORTEZ EDITORA

PSICOLOGIA & CULTURA: TEORIA, PESQUISA E PRÁTICA PROFISSIONAL
Ana Flávia do Amaral Madureira e José Bizerril (orgs.)

Capa: de Sign Arte Visual
Preparação de originais: Ana Paula Luccisano
Revisão: Agnaldo Alves; Márcia Nunes
Composição: Linea Editora
Coordenação editorial: Danilo A. Q. Morales
Editora-assistente: Priscila Flório Augusto

Direitos para esta edição
CORTEZ EDITORA
R. Monte Alegre, 1074 — Perdizes
05014-001 — São Paulo-SP
Tel. + 55 11 3864-0111
cortez@cortezeditora.com.br
www.cortezeditora.com.br

Impresso no Brasil — outubro de 2021

Dedicatória

Dedicamos a presente obra ao nosso querido colega Fernando González Rey (*in memoriam*) e à nossa querida colega Juliana Garcia Pacheco (*in memoriam*) que contribuíram com a elaboração de dois capítulos da presente obra.

O Dr. Fernando González Rey nos deixou um belo legado, tanto em termos acadêmicos, na discussão de questões epistemológicas, teóricas e metodológicas complexas, como pela pessoa inspiradora que ele foi, em vários sentidos. Ele sempre incentivou as novas gerações a acreditarem nas próprias ideias. Sua alegria, energia, entusiasmo e sua profunda conexão com a vida contagiavam a todos(as) que tiveram a feliz oportunidade de conviver com ele.

A Dra. Juliana Garcia Pacheco, igualmente, nos deixou um belo legado, com o seu trabalho apaixonado na área de saúde mental, com a sua simplicidade, sensibilidade, alegria e, também, com a sua profunda conexão com a vida. Ela atuou durante uma década (de 2010 a 2020) no Centro de Atenção Psicossocial II do Paranoá (DF), que recebeu, recentemente, o seu nome, como um reconhecimento merecido pelo seu trabalho cotidiano tão comprometido e apaixonado, que fez a diferença na vida de tantas pessoas.

Que o nosso querido colega Fernando e a nossa querida colega Juliana descansem em paz e que continuem inspirando as novas gerações de psicólogos(as)...

Sumário

PARTE 2

Pesquisa e Prática Profissional

Psicologia & Cultura: uma introdução ao debate

Os capítulos que compõem a presente coletânea tocam, com suas temáticas, de modo direto ou indireto, a necessidade de integrar o conceito de cultura, e suas implicações, ao pensamento psicológico. Nesse processo, estamos diante de um debate implícito acerca das diversas possibilidades de trânsitos e diálogos entre a psicologia e as ciências sociais.

Considerando a questão de forma mais panorâmica, diríamos que há dois eixos principais para mapear o campo que essa discussão abarca: o debate inter ou transdisciplinar contemporâneo e o discurso da exclusividade das disciplinas científicas supostamente autossuficientes. Sem adentrar em uma análise histórica pormenorizada, há alguns aspectos a considerar no que diz respeito à gênese de nossas disciplinas no século XIX.

Em que consiste um ser humano? Há várias dimensões a serem levadas em consideração: a vida coletiva, a condição biológica como ser vivo, as relações com o ambiente, a linguagem, a organização da experiência subjetiva a partir da capacidade de simbolização. Resumindo de uma forma simplificada o problema, as jovens ciências do século XIX realizaram uma divisão do trabalho intelectual que fracionou o ser humano nesses diversos aspectos que o compõem, tornados campos exclusivos de investigação, sobre os quais se desenvolveram arcabouços teóricos e estratégias metodológicas específicas e definidoras de um campo disciplinar delimitado.

Embora grandes expoentes de cada uma das disciplinas dialogassem entre si sobre questões mais complexas que escapavam ao escopo disciplinar, a vida institucionalizada do conhecimento disciplinar transcorreu, inclusive, durante boa parte do século XX, como se fosse possível ter uma compreensão total dos complexos fenômenos humanos, levando em consideração fundamentalmente apenas uma ou duas de suas dimensões constitutivas. Ou, por outro lado, considerando que a temática de que se ocupava determinada disciplina científica era o elemento central na compreensão de ser humano. Assim, para a biologia e a medicina, foi a dimensão orgânica da espécie humana o aspecto central; para a sociologia, a estrutura e as relações sociais; para a antropologia cultural, a cultura; para a psicologia, a vida psíquica, o comportamento, a cognição ou qualquer outro tema que uma das vertentes da disciplina tenha escolhido para definir sua tarefa; para a geografia, o espaço geográfico; para a história, as transformações das sociedades no tempo; para a linguística, a linguagem; e assim sucessivamente.

Retomando aqui os clássicos argumentos do antropólogo estadunidense Clifford Geertz (1989, 2001), seria mais produtivo compreender o ser humano simultaneamente na totalidade de seus aspectos constitutivos. Ou seja, por meio de uma concepção sintética, na qual cultura, mente e cérebro são interdependentes e indissociáveis, em vez de continuar a conceber o ser humano a partir de uma concepção estratigráfica, que o divide em camadas ou fatias, que poderiam ser separadas para se tornar o domínio exclusivo de disciplinas separadas. Pois todos esses aspectos estão, simultaneamente, implicados em cada situação das vidas das pessoas concretas. Afinal, como o autor afirma: "[...] Nosso cérebro não se encontra num tonel, mas em nosso corpo. Nossa mente não se encontra em nosso corpo, mas no mundo. [...]" (Geertz, 2001, p. 181).

Essa constatação pode nos levar à conclusão de que as diversas disciplinas científicas, que tiveram uma relação de segregação no passado, precisam refazer um território comum para dialogar sobre os fenômenos, como nos debates inter e transdisciplinares. Obviamente, tais diálogos são permeados tanto por impasses e dificuldades, como por encontros criativos e férteis.

Paralelamente às tentativas de diálogos, de entrecruzamentos e de superação das limitações impostas por fronteiras disciplinares rígidas, também ocorreram outras tentativas, mais totalitárias ou imperialistas por assim dizer, como o programa da sociobiologia e seus desdobramentos, como a psicologia evolutiva, que negaram a divisão a favor da hegemonia de uma teoria disciplinar específica. No caso, uma combinação de seleção natural, genética do comportamento e neurociência, que poderia, em princípio, "explicar todos os fenômenos" e com isso dispensar o aporte de outras disciplinas, como a psicologia, a história, as ciências sociais ou mesmo a filosofia, pois tudo se reduziria a determinantes biológicos. Um ledo engano, ancorado em uma concepção biológica bastante reducionista.

No outro lado do espectro, consideramos também que a redução de tudo a um determinismo cultural, sociológico ou psíquico, tampouco é produtiva. No caso específico da psicologia, a naturalização da ideologia individualista levou ao equívoco do psicologismo: a redução de todos os fenômenos aos processos psicológicos individuais. Isso fundamentou, dentro da psicologia, uma concepção disciplinar simplista que descartou os benefícios dos diálogos interdisciplinares e até os considerou ameaçadores para a identidade disciplinar.

Se compreendermos que a própria oposição entre indivíduo e sociedade é um recorte arbitrário (Ingold et al., 1996) e historicamente situado, que deu origem à oposição clássica entre a psicologia, como ciência do indivíduo, e as ciências sociais, como ciências do coletivo, já descrita por Mauss (1950/2003) em uma conferência realizada em 1924 para a Sociedade Francesa de Psicologia, propondo o diálogo e as mútuas contribuições que as disciplinas poderiam se oferecer. Quando essa divisão é rígida e excludente, precisa ser repensada, visto que os dois campos compõem um espectro. Não é possível, portanto, a constituição da psique individual fora da vida social e sem a utilização cotidiana dos símbolos culturais, assim como não é possível a reprodução social sem inúmeras decisões individuais (Segato, 2003).

Além disso, afirmar a natureza cultural do ser humano, como é enfatizado por Geertz (1989, 2001), mencionado previamente, deve incluir que ela só é possível em função da evolução biológica da espécie, particularmente devido à complexidade cerebral, de modo que as ciências biológicas precisam também ser incluídas no debate. Uma compreensão reducionista do ser humano induz a vários enganos e à desconsideração de dimensões significativas dos fenômenos investigados.

Em suma, os capítulos que compõem a presente obra são perpassados por esta tese central: a psicologia, como ciência e campo de atuação profissional, deve considerar seriamente a natureza cultural do ser humano. Em última instância, consideramos que qualquer forma de determinismo é uma estratégia simplista que substitui as irregularidades da vida real pelas regularidades abstratas do modelo teórico adotado.

Naqueles casos em que vozes dentro da psicologia buscam construir possibilidades de diálogo com as ciências sociais para romper com o psicologismo, com a limitação excessiva na compreensão dos fenômenos de forma restrita às questões estritamente individuais, um dos riscos é, justamente, o problema do "transplante" acrítico das teorias sociais para os debates no campo da psicologia. Quando afirmamos que uma questão se situa 'na cultura' ou 'no social', concebidos como totalidade homogênea e determinante, ignoramos debates que, no interior das ciências sociais, têm questionado, desde os anos 80 do século XX, as ideias de consenso e homogeneidade dos significados no interior de uma cultura ou sociedade (como é discutido, por exemplo, por Barth, em um artigo de 1989, publicado em português em 2000) ou mais recentemente, a ideia de social como força ou substância (Latour, 2005). Quanto mais complexa uma cultura, maior o número de variações possivelmente conflitivas disponíveis simultaneamente.

A tentativa de apropriação do conceito de cultura (ou de sociedade), no âmbito da ciência psicológica, precisa ser amparada na familiaridade com alguns debates centrais sobre esses conceitos no interior das ciências sociais. É preciso uma contínua problematização acerca do que é cultura e do que é sociedade, e quais as implicações desses conceitos para pensarmos, de forma mais aprofundada, os fenômenos psicológicos. Particularmente, é relevante estarmos atentos(as) ao fato de que as disputas, as dissidências, as hierarquias e os conflitos de interesse são constitutivos de qualquer processo coletivo, sistema simbólico ou instituição social.

Aqui caberia uma breve distinção entre os dois conceitos, fundamentalmente em benefício de leitores e leitoras com formação predominantemente 'psi'. Falar em cultura remete a um sistema simbólico de referência que norteia a produção de significados coletivos. O que é importante sublinhar aqui é que não há um consenso *a priori* entre as pessoas que compartilham uma ou mais culturas, pois os símbolos culturais são marcados pela polissemia e, portanto, pelo conflito acerca da interpretação legítima. Já falar em sociedade remete ao debate sobre o laço social, remete àquilo que propicia a continuidade de relações e instituições sociais. Mais uma vez, a sociedade como consenso de interesses é uma idealização que cumpre uma função política, visto que no interior de qualquer coletivo há conflitos de interesses, disputas de poder e um grau maior ou menor de desigualdade.

Um dos possíveis ganhos de um contato crítico entre a psicologia e as chamadas áreas afins é uma sensibilidade maior aos usos e aos efeitos do conhecimento psicológico, particularmente na atuação profissional. Por sinal, um saudável "antídoto" contra o tecnicismo apolítico na profissão, que não atenta para as implicações sociais do fazer psicológico. Nesse sentido, o alerta de Rose (2011) acerca do papel da psicologia como tecnologia de governo das subjetividades nas sociedades democráticas precisa ser levado a sério.

Não só os diálogos do passado entre diferentes disciplinas científicas precisam ser lidos sem uma reverência sacramental a seus/suas autores/as, mas apenas com o devido respeito às suas contribuições historicamente situadas, é preciso também estar atento/a às novas configurações do mundo contemporâneo que se articulam a novos modos de subjetivação e, inclusive, de sofrimento psíquico.

Se voltarmos o nosso olhar momentaneamente para o passado, um dos autores mais importantes na história da psicologia moderna, o alemão Wilhelm Wundt (1832-1920), no final do século XIX, já concebia a psicologia como uma ciência:

> [...] intermediária entre as ciências da natureza e as ciências da cultura. [...] Ou seja, desde o seu início, o lugar da psicologia entre as ciências é um tanto incerto, e um dos méritos de Wundt foi o de conceber a psicologia nessa posição intermediária (Figueiredo & Santi, 2011, p. 61).

Na direção da concepção defendida por Wundt, a psicologia está situada em um espaço fronteiriço entre as demais ciências. Nesse sentido, não compactuamos com a concepção, bastante difundida no decorrer do século XX, de que a psicologia é uma ciência situada no campo das ciências biológicas. Em termos metafóricos, tal concepção acaba por inibir os esforços intelectuais na direção da construção de "pontes" significativas entre a psicologia e as ciências sociais. Erguendo, portanto, uma espécie de "muro" que dificulta (e muito) o desenvolvimento de discussões consistentes e teoricamente fundamentadas acerca das articulações entre cultura e psiquismo humano.

Além disso, cabe mencionar que a psicologia é perpassada por uma espécie de "hibridismo identitário". Em outras palavras, a psicologia é uma ciência humana, já que está situada no vasto campo das disciplinas científicas dedicadas ao estudo do ser humano. Ao mesmo tempo, a psicologia é, também, uma ciência da saúde, pois, em termos de atuação profissional, um dos seus compromissos éticos centrais corresponde, justamente, à promoção da saúde e do bem-estar das pessoas. Nesse sentido, é importante destacar que, de acordo com o Artigo II dos Princípios Fundamentais do *Código de Ética Profissional do Psicólogo*: "O psicólogo trabalhará visando promover a saúde e a qualidade de vida das pessoas e das coletividades e contribuirá para a eliminação de quaisquer formas de negligência, discriminação, exploração, violência, crueldade e opressão" (Brasil, 2005).

Nesse sentido, cabe questionarmos: como os/as psicólogos/as poderão desenvolver ações efetivas, na direção da promoção da saúde e da qualidade de vida das pessoas e das coletividades, sem desenvolver a capacidade reflexiva necessária para articular: (a) análises e interpretações, teoricamente fundamentadas, acerca dos fenômenos psicológicos; e (b) os contextos culturais em que as pessoas concretas estão inseridas?

Se voltarmos o nosso olhar para o presente, estamos vivenciando na contemporaneidade um período histórico em que um quadro sistêmico gerador de sofrimento tem sido constantemente reforçado nas práticas cotidianas. Tal quadro, inclusive, tem gerado lucros significativos por parte da indústria farmacêutica, inclusive com a geração de uma verdadeira "subjetividade farmacêutica" (Jenkins, 2011), que se pensa e se constitui por meio de psicofármacos. Como a psicologia, na qualidade de ciência e campo de atuação profissional, pode contribuir com o enfrentamento efetivo desse quadro sem desenvolver uma compreensão mais aprofundada acerca dos mecanismos sociais e culturais geradores de sofrimento psíquico?

Compartilhamos, portanto, a convicção de que investir na incorporação efetiva do conceito de cultura na psicologia é estratégico, não apenas em termos teóricos ou em termos de pesquisas empíricas, mas também no que tange à atuação profissional. Nesse sentido, é fundamental que a psicologia promova discussões mais aprofundadas sobre os processos de significação e a constituição da subjetividade, de forma culturalmente contextualizada e eticamente comprometida com a promoção da saúde das pessoas nos diversos espaços sociais em que estão inseridas. E que, além disso, a psicologia possa estar cada vez mais atenta a processos e forças sociais que participam da constituição dos processos subjetivos e, particularmente, do sofrimento psíquico, como mencionamos anteriormente.

Em linhas gerais, os diversos capítulos que integram a presente obra buscam, de diferentes formas, estimular discussões e reflexões críticas sobre a relevância de incorporarmos o conceito de cultura na psicologia, como ciência e campo de atuação profissional. De maneira mais específica, a primeira parte do livro contempla capítulos que focalizam questões teórico-conceituais no que se refere às relações entre psicologia e cultura.

Os capítulos que integram a "Parte 1: Teoria" transitam entre diversas questões teórico-conceituais relevantes. Por exemplo, as relações entre cultura e desenvolvimento psicológico humano, a partir de um "olhar" histórico e epistemológico; processos afetivo-semióticos nas pesquisas acerca do desenvolvimento moral de forma culturalmente contextualizada; contribuições teórico-conceituais: (a) da semiótica, como ciência formal, no estudo da relação entre sujeito e cultura; (b) da perspectiva dialógica na construção de novos conhecimentos no âmbito da ciência psicológica; e (c) da etnopsiquiatria de Tobie Nathan no campo da psicologia clínica.

Os capítulos que integram a "Parte 2: Pesquisa e Prática Profissional" focalizam as relações entre psicologia e cultura nos âmbitos da pesquisa e da atuação profissional, especialmente no que se refere ao campo da saúde mental. Tais capítulos transitam entre diversas questões importantes. Por exemplo, a problemática preocupante da reprodução cotidiana do sexismo, da LGBTfobia e do racismo nas escolas brasileiras; os desafios enfrentados pelos(as) psicólogos(as) no campo da política de assistência social em nosso país; reflexões sobre questões relativas: (a) à formação de profissionais que vão atuar no campo da saúde mental; (b) aos desafios envolvidos no processo de institucionalização nos serviços substitutivos de saúde mental; (c) às possibilidades de diálogo entre arte e convivência no contexto de um serviço de saúde mental no Distrito Federal.

Cabe esclarecer que o foco do livro não é uma área específica de atuação profissional em psicologia (a área de saúde mental), mas sim explorar a importância fundamental das articulações entre psicologia e cultura, no que se refere à discussão teórica e à realização de pesquisas empíricas, bem como no âmbito das práticas profissionais. Ou seja, a área de saúde mental é, nesse sentido, um exemplo ilustrativo em termos de práticas profissionais, mas não o foco do livro.

A presente obra é voltada aos(às) psicólogos(as), estudantes dos cursos de pós-graduação em psicologia e, especialmente, aos(às) estudantes dos cursos de graduação em psicologia, à medida que se tornam mais acessíveis as discussões atualizadas acerca da relevância de análises culturalmente contextualizadas sobre os fenômenos psicológicos. Discussões, muitas vezes, acessíveis apenas em artigos e livros publicados em outros idiomas. Acreditamos que ampliar o acesso a tais discussões é de fundamental importância na atuação profissional em psicologia, nos seus mais diversos campos e, portanto, é imprescindível na formação da nova geração de psicólogos(as).

Acreditamos que só avançaremos, de modo efetivo, no que se refere ao compromisso social da psicologia em nosso país — tão marcado por inúmeras desigualdades, por uma forte tradição autoritária e excludente — com uma compreensão mais crítica e reflexiva acerca das profundas conexões entre cultura e psiquismo humano. Tal compreensão é estratégica na superação de "leituras intrapsíquicas" desconectadas da realidade social e política brasileira. Em tempos de expansão dos discursos de ódio e de intolerância, de expansão do autoritarismo e do obscurantismo, que possamos avançar, juntos(as), na construção de uma psicologia culturalmente contextualizada e eticamente comprometida com a promoção da saúde e com o respeito aos direitos humanos. A presente obra é uma aposta nessa direção... Boa leitura!

Ana Flávia do Amaral Madureira e José Bizerril
Brasília — DF, fevereiro de 2020.

Referências

Barth, F (2000). *O guru, o iniciador e outras variações antropológicas.* Rio de Janeiro: Contracapa.

Brasil (2005). *Código de Ética Profissional do Psicólogo.* Brasília: Conselho Federal de Psicologia.

Figueiredo, L. C. M., & Santi, P. L. R. (2011). *Psicologia: Uma (nova) introdução.* São Paulo: Educ.

Geertz, C. (1989). *A interpretação das culturas.* Rio de Janeiro: Guanabara.

Geertz, C. (2001). *Nova luz sobre a Antropologia.* Rio de Janeiro: Jorge Zahar.

Ingold, T., Strathern, M., Peel, J. D. Y., Tore, C., & Spencer, J. (1996). The concept of society is theoretically obsolete. In T. Ingold (Ed.), *Key debates in Anthropology* (pp. 45-80). London: Routledge.

Jenkins, J. H. (2011). Psychopharmaceutical self and imaginary in the social field of psychiatric treatment. In J. H. Jenkins (Ed.), *Pharmaceutical self: The global shaping of experience in an age of psychopharmacology* (pp. 17-40). Santa Fe: SAR Press.

Latour, B. (2005). *Reassembling the social: An introduction to actor-network-theory.* Oxford/New York: Oxford University Press.

Mauss. M. (1950/2003). *Sociologia e Antropologia.* São Paulo: Cosac & Naify.

Rose, N. (2011). *Inventando nossos selfs: Psicologia, poder e subjetividade.* Petrópolis: Vozes.

Segato, R. L. (2003). *Las estructuras elementales de la violencia: Ensayos sobre género entre la antropología, el psicoanálisis y los derechos humanos.* Buenos Aires: Universidade Nacional de Quilmes.

Parte 1

Teoria

CAPÍTULO 1

Psicologia Cultural-Semiótica:
Aportes para a Abordagem Científica do Desenvolvimento Humano na Contemporaneidade

Maria Cláudia Santos Lopes de Oliveira

Introdução

Em 1998, eu era docente do curso de graduação em Psicologia de uma universidade pública federal brasileira quando, em meio a um amplo debate relacionado à reforma curricular do referido curso, surgiu a proposta de se excluir do novo currículo a disciplina "Psicologia do desenvolvimento humano". O corpo docente, à época, era composto por um grande número de professores inspirados por perspectivas epistemológicas pós-estruturalistas[1] e

1. Pós-estruturalismo refere-se a um movimento político e epistemológico caracterizado pela crítica ao estruturalismo, perspectiva esta que defendia que a cultura humana é compreendida

esquizoanalíticas[2] e, orientados por ideias que propunham a crítica às abordagens ontológicas que guiaram a construção histórica do campo da psicologia do desenvolvimento, consideradas prescritivas, de viés normalizante e universalista (Burman, 2008), propunham a definitiva exclusão da disciplina da formação de psicólogos naquela instituição.

Não retiro a razão dos críticos. Até os dias atuais, a maioria dos manuais adotados como base para apresentar a área de desenvolvimento humano, em cursos de graduação em Psicologia, restringe-se à apresentação de fases e aos processos universais de desenvolvimento humano, em que a totalidade da pessoa é ignorada ou fragmentada (limitada a um capítulo sobre identidade, por exemplo), sendo abordada de forma artificial, descontextualizada, indiferente à alteridade (Lopes de Oliveira & Madureira, 2014).

Ao mesmo tempo, o evento narrado anteriormente, apesar de parecer exótico, é coerente com o espírito do tempo em que se deu. Ao longo da década de 1990, tomaram forma fluxos de crítica às bases teóricas e epistemológicas das correntes dominantes do pensamento em ciências humanas e sociais. Em algumas áreas do pensamento, entretanto, as críticas suscitadas por esses movimentos correram o risco de levar ao "descarte do bebê juntamente com a água da banheira".

No caso mencionado, sobre o lugar destinado à área de psicologia do desenvolvimento na formação de psicólogos, por exemplo, o argumento que impediu que essa subárea fosse eliminada do curso defendia em síntese que, se discordamos da concepção de desenvolvimento propugnada pela psicologia clássica, por outro lado, não

a partir de sua estrutura modelada pela língua. O pós-estruturalismo rejeita a ideia de estrutura e propõe que a realidade é uma construção social e subjetiva, em perpétuo devir.

2. Esquizoanálise é a linha de pensamento desenvolvida por G. Deleuze e F. Guattari caracterizada pela crítica à psicanálise, sobretudo aos conceitos de inconsciente e de desejo por ela operado. Em lugar da ideia de "falta", como motor do inconsciente e do desejo, os autores propõem o conceito de "inconsciente maquínico", o qual é visto como uma usina responsável pela produção desejante.

podemos negar o caráter imponderável da condição humana que se coloca em eterno movimento e mudança psicológica. Ou seja, se o fenômeno do desenvolvimento dos seres humanos é inegável, as principais abordagens psicológicas disponíveis no intuito de compreender o desenvolvimento humano não nos atendem. Precisamos de novas epistemologias que fomentem a construção de outra psicologia, coerente com a necessidade de explicar aspectos gerais do desenvolvimento e, ao mesmo tempo, a singularidade da trajetória de cada pessoa, no fluxo irreversível do tempo.

O presente capítulo dedica-se a prover uma aproximação histórica e epistemológica ao campo da psicologia do desenvolvimento contemporânea crítica. As correntes e os temas que serão objeto de análise aqui compartilham, pelo menos, dois princípios em comum: (a) a ruptura com a visão evolucionista, normativa e universalista do desenvolvimento humano, visão esta a qual marcou os estudos clássicos da área, que aqui é substituída por uma compreensão de desenvolvimento humano como sistema aberto à novidade e caracterizado pela constituição semiótica de um senso de continuidade do *self* no tempo irreversível; e (b) a aproximação com o movimento epistemológico denominado a guinada sociocultural em psicologia (Kirschner & Martin, 2010).

Este capítulo cumpre a intenção de sistematizar as bases e os princípios de um novo enquadre para a psicologia do desenvolvimento, que fomente não apenas a reflexão teórica, mas também ofereça elementos para uma prática profissional reflexiva e crítica na abordagem de questões pessoais e coletivas. Inicia com uma breve apresentação da construção desse campo ao longo do século XX. Em seguida, aborda as principais críticas dirigidas aos fundamentos das ciências humanas e sociais, na transição para o presente século. Por fim, explora a ruptura da psicologia com o enfoque tradicional, na forma do processo denominado a guinada sociocultural, explorando alguns aspectos da relação entre subjetividade e cultura na vertente denominada psicologia semiótico-cultural.

Cem Anos de Psicologia do Desenvolvimento: uma Aproximação Histórica

Nas últimas três décadas, a psicologia do desenvolvimento sofreu importantes transformações teórico-epistemológicas. Tais transformações tiveram como motor a emergência de novas concepções sobre o funcionamento e o desenvolvimento humano, a exemplo das abordagens sistêmicas, ecológicas e culturalistas, que se distinguiram sobremaneira das epistemologias que as precederam, tendo dominado a formação do campo e guiado seus desdobramentos, durante cerca de um século.

Novos modelos de pensamento crítico se consolidaram em diferentes pontos da ciência psicológica, prezando a ideia de unidade indissociável pessoa-contexto. Nesta trilha, fortaleceram-se a crítica ao universalismo e a atenção ao papel da cultura e das instituições na configuração das formas únicas de autocaracterização dos sujeitos. No que se refere ao desenvolvimento humano, foi possível assumir que as transformações que se vive ao longo do curso de vida são irrepetíveis e funcionam como motores para a construção de rupturas, mais ou menos profundas, na trajetória biográfica de cada um.

Entretanto, não devemos esquecer que, na base da formação histórica da psicologia como ciência geral, a epistemologia dominante não coincidia com a visão anterior, concebiam-se os fenômenos psicológicos segundo uma imagem congelada, pouco dinâmica: eles emergiam, amadureciam até sua forma final e permaneciam relativamente estanques até a meia-idade, quando se iniciava uma progressiva perda de funções psicológicas dali até o fim da vida.

O surgimento da subárea da psicologia conhecida como psicologia do desenvolvimento deu-se nos primeiros anos do século XX, decorrendo de necessidades e linhas de interesses, científicos e não científicos, relativamente autônomos. Tais linhas se cruzaram em algum momento no fim do século XIX, levando a encontros que serviram para dar destaque ou visibilidade a uma ou outra tendência teórica epistemológica, potencializando certas visões sobre o funcionamento psicológico da pessoa, que acabaram por se tornar preponderantes. Em um olhar retrospectivo, pelo menos, dois processos independentes convergiram para a necessidade de uma disciplina como a psicologia do desenvolvimento, um deles interno e o outro externo ao campo da ciência psicológica.

No que se refere ao cenário externo, observa-se que o desenvolvimento do mundo moderno, a industrialização, a especialização do trabalho fabril e as vicissitudes da vida urbana colocaram o indivíduo no centro de práticas de observação e controle social, processo este que teve como um de seus produtos a emergência das ciências humanas e sociais (Lopes de Oliveira, 2006; Sampson, 2008/1998).

Junto à modernidade, surgem novas instituições sociais, ou mesmo a demanda para que velhas instituições ressurjam com renovada função social. É o caso da família nuclear, as escolas, fábricas e prisões. Estas passaram a abrigar atividades humanas que ganham novos significados e modos de operar. Enquanto a geração da prole fica a cargo da família, sua educação é transferida para a escola, o trabalho remunerado se especializa e transfere-se para a fábrica; tal separação entre trabalho e cotidiano familiar dá origem à vida privada, entre outras transformações sociais. Essas novas conjunturas apresentam demandas por conhecimentos científicos que ajudem a gerir e regular a vida pessoal e coletiva nesses contextos.

A psicologia do desenvolvimento é uma das áreas de conhecimento que a ciência psicológica passa a oferecer às instituições da modernidade, movidas pela necessidade de melhor garantir o encaixe das pessoas ao mundo moderno. Assim, a psicologia do desenvolvimento surgiu como uma alternativa científica capaz de levar à compreensão, mas também à normalização e ao controle dos seres humanos, segundo os interesses econômicos e políticos que se consolidam na modernidade. Em outras palavras, a emergente psicologia do desenvolvimento foi, historicamente, conservadora e adaptativa não apenas em suas bases filosóficas como também em sua função social.

Já em relação ao cenário interno, a demanda vem da inspiração do modelo genético em psicologia. Esse modelo bebe de fontes da filosofia e da biologia, sob a inspiração do pragmatismo e da teoria evolucionista de Darwin e, na psicologia, tem a contribuição central de James Mark Baldwin. De acordo com Wozniak (1982, p. 42), Baldwin oferece à psicologia geral:

> [...] uma teoria genética biossocial da inteligência, uma teoria da mente no sentido mais amplo, que estava muito além de seu tempo, em termos conceituais. Essa teoria continha em si, em germe, muitos dos principais conceitos da teoria biológica da inteligência e da epistemologia genética que seria posteriormente desenvolvida por Piaget.

A abordagem genética assim concebida tem duas características peculiares: ressaltava o caráter dinâmico e transformador do sistema psicológico humano; e buscava destacar que esse sistema se desenvolve não apenas na infância, mas também ao longo de toda vida, levando à demanda de modelos teóricos que explicassem o papel exercido pelas mudanças consistentes sofridas pelo sistema psicológico, sobre a organização da pessoa.

Como todo processo histórico, a construção da psicologia do desenvolvimento não foi linear, mas caracterizada por múltiplas vias, algumas opostas entre si. Nessa direção, notamos na sua história a coexistência de modelos teóricos marcados por visões opostas ou mesmo dualistas sobre os processos de mudança da pessoa no tempo. Enquanto algumas enfatizavam o papel do organismo e das heranças biológicas, outras se debruçaram sobre a tarefa de compreender o papel central do ambiente, da sociedade e da cultura no desenvolvimento de cada indivíduo. Apresentamos, na sequência, algumas das mais importantes entre elas.

Inspiradas em ideias provenientes da teoria de Charles Darwin, um exemplo de teoria alinhada com a primeira orientação é a psicologia evolucionista, que se volta para a natureza humana universal e para a herança biológica transmitida a cada ser humano. Assim, nela se vê o desenvolvimento humano fundamentado em fatores hereditários que são transmitidos geneticamente, com o objetivo de ampliar a aptidão do ser humano para a sobrevivência em distintos contextos (Lopes & Vasconcellos, 2008). A ênfase é depositada na continuidade filogenética entre os seres humanos e outros mamíferos, inclusive no que se refere ao desenvolvimento das funções psicológicas superiores: pensamento, memória, imaginação e criatividade, entre outras.

A trilha evolucionista é seguida também por Stanley Hall, um dos psicólogos estadunidenses mais destacados do início do século XX, e que ajudou a fundar a primeira associação profissional e científica de psicologia, a *American Psychological Association* — APA, da qual se tornou o primeiro presidente. Hall compartilhou ideias de Darwin e também de Haeckel (um seguidor de Darwin que criou o conceito de recapitulação[3] para afirmar o paralelismo entre o desenvolvimento filogenético — da espécie humana — e o desenvolvimento ontogenético — de cada indivíduo da espécie). Hall criou um modelo interpretativo do desenvolvimento humano, no qual pessoas, instituições e sociedades seguem uma mesma linha evolutiva, passando por processos funcionalmente similares.

É interessante observar que Hall se tornou pesquisador do desenvolvimento humano de modo fortuito, mais motivado por razões de ordem institucional (a posição de destaque que ocupou na Universidade de Clark, Worcester — Massachusetts, cuja importância foi significativa na história inicial da psicologia científica) do que, propriamente, científicas. Mesmo assim, ele acabou se convertendo no primeiro cientista da psicologia do desenvolvimento a prover um estudo sistemático das mudanças psicológicas. Desenvolveu testes psicológicos para verificar predisposições inatas da criança e trabalhou

3. A lei da recapitulação foi recuperada pelo biólogo alemão Ernst Haeckel a partir de pistas que provinham de naturalistas como Friedrich Tiedemann, Friedrich Meckel e Lorenz Oken. A recapitulação estabelece uma relação entre os processos evolutivos do embrião de uma espécie e os caminhos evolutivos traçados pelos ancestrais dessas mesmas espécies. Assim, o amadurecimento do ovo fertilizado da espécie humana segue passos bastante semelhantes aos que deram origem à vida no planeta, recapitulando, no início da vida, fases semelhantes a de peixes, anfíbios, répteis e mamíferos inferiores. Hoje, a lei da recapitulação é objeto de críticas, considerando-se que nela se reduziu o complexo desenvolvimento das funções humanas meramente ao biológico e, também, por simplificar as diferenças entre mamíferos humanos e outros mamíferos (Gilge, 2013).

no intuito de averiguar a transição do comportamento espontâneo ao voluntário, do instinto à razão, e das formas de socialidade mais simples da criança ao raciocínio científico e ético, entre outros (White, 1994).

Já em meados do século XX, um novo nome surge, Arnold Lucius Gesell, dando início à fase mais importante dos quase 40 anos em que ele contribuiu, de modo criativo e produtivo, para a psicologia do desenvolvimento. Gesell formou-se, inicialmente, em psicologia, sob a orientação de Stanley Hall, mas depois se graduou médico pediatra, função na qual acumulou um vasto volume de dados empíricos oriundos da observação e da testagem do comportamento infantil em variados contextos. Esse material empírico gerou conhecimentos que, por um longo tempo, foram aceitos sem crítica em contextos clínicos e educacionais variados, contribuindo até mesmo para a educação de crianças com deficiências (Thelen & Adolph, 1994).

Novamente aqui encontramos um herdeiro epistemológico de Darwin, que identificava uma linha de continuidade entre o desenvolvimento da vida mental e o crescimento orgânico. Seu programa de pesquisa integrava, contraditoriamente, de um lado, a visão do desenvolvimento mental como maturação, assentada em bases geneticamente determinadas; por outro, em seu trabalho está a atribuição de grande valor à individualidade e à ativa exploração do ambiente pela criança, bem como o destaque à necessária qualidade de ambientes educacionais, tais como creches, centros de desenvolvimento e escolas. Contudo, embora ele próprio assumisse essa dualidade de pensamento, ela não chegava a afetar a forte crença de Gesell na causalidade biológica determinante do comportamento.

Em síntese, o panorama de perspectivas anteriormente delineado — uma pequena amostra do pensamento dominante em psicologia, que via o desenvolvimento humano por analogia ao amadurecimento biológico e no paralelo entre ontogênese e filogênese — baseia-se na ideia de maturação. Ou seja, na pressuposição de que o adulto já se encontra em germe na criança pequena, espontaneamente amadurecendo e florescendo, conforme cresce a estrutura biológica com o passar do tempo.

Na direção oposta, rejeitando toda forma de determinismo e enfatizando o papel desempenhado pelo ambiente e a sociedade como molas propulsoras do desenvolvimento da pessoa, podemos nos reportar às contribuições prestadas por John Dewey e Lev Vigotski à psicologia do desenvolvimento contemporânea.

Ainda que Dewey seja com maior frequência conhecido pelas contribuições à Educação, suas ideias prestaram grande contribuição também para a Psicologia. Ele era originário de um ambiente familiar e comunitário democrático e liberal e, ao mesmo tempo, um forte admirador do valor da ciência. Considerava a prática científica tal como uma forma de questionamento racional da realidade, capaz de contribuir imensamente para a promoção humana, em direção a uma vida mais plena e livre.

Coerentemente com essa visão, passou a difundir a importância de um ambiente social regido pelos princípios políticos da democracia e pelas normas epistemológicas da ciência. Esses dois aspectos eram considerados por ele as principais condições a serem atendidas visando ao pleno desenvolvimento psicológico da criança. Sua visão de desenvolvimento humano é permeada pela ideia de progresso que, para Dewey, representa um processo inevitável em direção a fins que dependem, em última instância, de valores e práticas sociais do lugar onde a pessoa se desenvolve (Cahan, 1994).

Na realidade, até o fim da vida, Dewey ressaltou a necessidade de a Psicologia lidar com duas dimensões da vida psicológica: a dimensão fisiológica, em relação à qual também ele se orientava pela trilha evolucionista de Darwin; e a dimensão social, para a qual propunha uma psicologia orientada à formação social da mente no curso da experiência concreta (Dewey, 1917). Interessante notar que alguns aspectos de sua teoria revelam ideias que têm grande semelhança com as de Vigotski, apesar de este último ter conquistado bem mais notoriedade que o primeiro em virtude de tais posicionamentos (Cahan, 1994).

Sobre Lev Vigotski, destaca-se a influência que exerceu sobre vários campos científicos contemporâneos, incluindo-se aí a psicologia geral. Em sua curta vida acadêmica, Vigotski escreveu muitos ensaios — passíveis de serem identificados em áreas que vão da filosofia à literatura, da educação à arte, da psicologia à antropologia —, tratando de temas diversificados como: a formação de conceitos e o desenvolvimento das funções psicológicas, a exemplo da imaginação, percepção, memória, pensamento e linguagem; o método para a nova psicologia; questões de natureza pedagógica e da psicologia da educação, entre muitos outros que inspiram profundas reflexões até os dias atuais (Ardilla, 2016; Daniels, 2002).

Vigotski ofereceu um potente arcabouço teórico para tratar do processo pelo qual a cultura se torna parte da pessoa, o qual está assentado na ideia de mediação semiótica da conduta. Além do mais, conceitos como internalização e externalização, por ele delineados, mostram-se centrais quando se está em busca de fundamentos consistentes para compreender a natureza semiótica do desenvolvimento psicológico humano, uma ideia que persiste como parte do arcabouço da psicologia cultural semiótica do desenvolvimento humano, até os dias atuais.

Neste capítulo, queremos contribuir com a superação dos limites que marcaram a visão de ser humano e de desenvolvimento psicológico, na matriz epistemológica da psicologia do desenvolvimento, na qual a compreensão dos processos de desenvolvimento era considerada efeito da evolução, progresso, adaptação ou o ajustamento moral do sujeito às formas socialmente aceitas de conduta, no percurso em direção à vida adulta. As correntes contemporâneas da psicologia do desenvolvimento crítica representam o esforço de contribuir para a emancipação dos sujeitos, de maneira justa e democrática, sendo esta uma via nem sempre seguida pela psicologia moderna.

Nessa direção, trabalharemos o fenômeno do desenvolvimento como processo intermitente da autoprodução da pessoa mediado por experiências catalisadoras de novos significados, caracterizando-se como um sistema aberto, equilibrando-se entre expectativas sociais e subjetivas. Serão exploradas as contribuições da psicologia cultural semiótica para as mudanças de concepção que deram origem a alguns dos modelos teóricos que alimentam, no cenário contemporâneo, novos modos de interpretação dos processos de desenvolvimento humano e exploram seu potencial para fomentar interpretações dos processos humanos que sejam, ao mesmo tempo, cientificamente válidas e eticamente comprometidas.

Antes de chegar a esse ponto, é importante salientar que, assim como a emergência da psicologia do desenvolvimento respondeu a algumas demandas sociais pertinentes à consolidação da economia liberal, são também fatores de natureza sociocultural e política os que se encontram nos fundamentos das críticas realizadas na contemporaneidade aos paradigmas dominantes nessa mesma área da psicologia.

O Panorama da Contemporaneidade:[4] Desafios às Ciências Humanas e Sociais

O mundo moderno transformou-se profundamente a partir das duas guerras mundiais que marcaram o século XX. O período de reconstrução econômica que se seguiu à Segunda Guerra Mundial fechou um ciclo produtivo iniciado com a Revolução Industrial e marcou a transição para a contemporaneidade (Featherstone, 1988; Giddens, 1987). A partir dos anos 1980, de modo particular, considera-se que uma sequência de mudanças estruturais se deu, no contexto mundial, que radicalizaram ou aprofundaram os processos sociopolíticos

4. Como conceito sociológico, contemporaneidade é a denominação do período histórico iniciado há cerca de 30 anos, coincidindo com a crise do capitalismo mundial e a ocorrência de processos sociopolíticos como a globalização, o neoliberalismo, a ampliação dos fluxos humanos e a economia assentada nas novas tecnologias de informação e comunicação. Para alguns, esses fenômenos afetaram a coluna vertebral da modernidade, dando origem a uma nova era histórica menos determinada pela economia e mais pela cultura. Para outros, a contemporaneidade ou pós-modernidade representa uma mudança de rota da economia mundial motivada pela acelerada transformação geopolítica do mundo na segunda metade do século XX, sem, contudo, abrir mão de seu destino — o enriquecimento, a mais-valia e a concentração de capital (Agamben, 2009; Marcondes, 1993).

anteriormente em curso. Mudanças que impactaram os seres humanos e, de igual modo, as relações entre grupos e comunidades de todo o planeta.

Em um período de cerca de 30 anos, que engloba o fim do século XX e o início do XXI, várias foram as relevantes transformações políticas, científicas, econômicas e sociais ocorridas em diferentes partes do mundo. Inicialmente, por um lado, há dinâmicas sociais importantes decorrentes de processos políticos internacionais, tais como: a Guerra Fria, o fim da União Soviética e a queda do muro de Berlim. Mais recentemente, sobressai-se o crescimento econômico da China e dos países denominados Tigres Asiáticos, colaborando para a globalização econômica e o neoliberalismo.

Preocupações ecológicas emergentes e o surgimento de novas fontes de energia têm produzido mudanças no significado do petróleo como combustível do desenvolvimento econômico, que, entretanto, continua a levar a instabilidades e imprevisibilidades na economia internacional. Ao longo dos primeiros anos do século XXI, lidamos com crises ambientais, mudanças climáticas e crises políticas internacionais que culminaram com o acirramento da violência política, social e inter-religiosa. Em suma, estes contraditórios processos de impacto global levaram, aos poucos, a mudanças que afetaram profundamente as autoimagens de pessoas e grupos sociais.

É importante salientar que tais fenômenos são de difícil interpretação na sua totalidade, já que eles têm múltiplas causas e também efeitos que são variados, refletindo as peculiaridades das relações políticas internacionais a cada momento e os complexos jogos de poder que elas medeiam. De uma forma ou de outra, concorda-se que eles contribuíram para um profundo redesenho geopolítico das relações internacionais e, no mesmo bojo, afetaram o papel desempenhado pelas ciências humanas e sociais na contemporaneidade. Estas se convertem em recursos simbólicos capazes de possibilitar não apenas a compreensão dos processos em curso, como também afetar eticamente o jogo político-cultural em que esses mesmos processos transcorrem.

Desse modo, as ciências humanas e sociais têm sido provocadas a desenvolver modelos interpretativos da realidade e explicações plausíveis para problemas humanos e sociológicos de crescente complexidade. A contemporaneidade demanda dos cientistas pontos de vista mais éticos, críticos e politicamente sensíveis, que possibilitem o fortalecimento de perspectivas cientificamente sustentadas e, ao mesmo tempo, empáticas, comprometidas com a responsabilidade social e o acolhimento à diversidade. Tais preocupações, deve-se salientar, permaneceram, por séculos, fora do escopo da prática científica, enquanto esta se sustentou em abordagens universalistas e nomotéticas.

Tendências de pensamento que surgiram, entre os anos 1960 e 1970 — a exemplo do pensamento feminista, anticolonialista, de defesa e afirmação das minorias, a corrente pós-estruturalista, o construcionismo social etc. —, passam a gerar frutos mais robustos, nas ciências humanas e sociais, nos anos 1990 (Hall, 2014), quando se testemunha uma grande proliferação de obras sobre pós-modernidade, algumas delas marcadas por visões niilistas, desesperançadas.

Em meio a esse processo, a produção de conhecimento psicológico também passou por importantes transformações, que afetaram a constituição do campo e continuam reverberando até os dias atuais. Uma delas está associada à interpelação da ciência psicológica pela necessidade de fomentar um diálogo profícuo com outros campos, pela via da interdisciplinaridade e do pensamento complexo.

Outra guinada importante se refere à emergência de uma visão mais integrada e sistêmica da relação sujeito-contextos (ambiental, institucional, sociocultural). Essa nova orientação nos interpela a superar os modelos clássicos do humano, tanto organicistas como individualistas, abolindo-se representações estáticas do psiquismo; a separação metodológica entre o indivíduo e o ambiente; e, da mesma forma, as visões organicistas e inatistas da vida psicológica.

Tais características prevaleceram em diferentes modelos explicativos da Psicologia moderna, tal como buscamos evidenciar na seção anterior. A crítica a tais modelos levou à paulatina substituição da matriz desenvolvimentista tradicional por uma psicologia do desenvolvimento que foca a totalidade da pessoa, caracterizada não mais pela individualidade autorreferenciada anterior, mas sim por uma concepção dialógica, relacional, do sujeito psicológico, na qual se enfatiza o papel da comunicação, do outro/alteridade e da cultura na explicação de todo e qualquer fenômeno de natureza psicológica. Na próxima seção, abordarei uma das expressões desse movimento crítico, a abordagem sociocultural.

Guinada Sociocultural em Psicologia

O movimento crítico em Psicologia, na transição para o século XXI, teve o curioso efeito de produzir um renovado interesse pelos fundamentos ontológicos e epistemológicos da área. Naquele momento, temas e autores relacionados à incipiente Psicologia do final do século XIX, quando esta começava a se tornar uma disciplina independente da Filosofia, voltaram à tona. O debate sobre o método mais adequado à produção de conhecimento sobre o humano; a relação entre quantidade e qualidade das informações produzidas; a questão da generalização de processos e de resultados; a relação entre corpo e mente; afeto e cognição; cultura pessoal e cultura coletiva, assim como a questão da alteridade, foram tópicos retomados no bojo desse movimento.

Não se trata, entretanto, de um simples retorno ao passado, pois, ao mesmo tempo que o debate permite recuperar tendências passadas, o pensamento crítico em Psicologia também acolhe avanços teóricos e metodológicos recentes na compreensão dos processos de significação, discursos e representações sociais. Como efeito, a guinada sociocultural deixa como grande legado haver promovido a "desinteriorização" do objeto da psicologia para situá-lo na fronteira entre o subjetivo e o social, levando ao que se poderia caracterizar como uma visão "pública" da subjetividade.

Esta seção se fundamenta em uma obra dedicada a explorar o fenômeno da 'guinada sociocultural em psicologia', movimento epistemológico assim denominado por Kirschner e Martin (2010). A guinada sociocultural refere-se à crescente tendência do pensamento em ciências humanas e sociais, iniciando-se a partir da segunda metade do século XX e aparecendo na psicologia, sobretudo, entre os anos 1980/1990, em que se busca superar o individualismo, o racionalismo e o objetivismo na abordagem do humano e enfatizar a natureza cultural de todas as dimensões da vida.

A psicologia científica, erguida à imagem e semelhança das ciências naturais, caracterizava-se por tendências que ora viam a vida mental de acordo com o funcionamento biológico, físico etc., capaz de ser decomposta em partes e investigada segundo métodos experimentais; ora substituíam o foco na vida mental pela atenção aos comportamentos observáveis, estes subordinados aos determinantes sociológicos. A guinada sociocultural representa uma perspectiva de pensamento complexo, que não se pode reduzir a qualquer modalidade de determinismo, quer biológico, quer social.

Assim, a guinada sociocultural se produziu como o efeito da articulação de um conjunto de perspectivas teóricas, filosóficas e epistemológicas das ciências humanas e sociais, algumas das quais inscritas no pensamento clássico,[5] ou da modernidade, algumas vigentes desde o século XIX — agora retomadas segundo novas lentes —, enquanto outras foram incorporadas a partir da reflexão contemporânea de final de século. Obviamente, a guinada sociocultural não expressa uma única perspectiva de pensamento, mas um caleidoscópio de visões complementares, mais ou menos articuladas. O que elas têm em comum é a ideia de inseparabilidade da mente e da cultura, a visão de que os contextos socioculturais não desempenham um papel acessório, nem atuam apenas como variáveis que a podem influenciar, eles são centrais na produção da subjetividade.

---

5. Desde os gregos, passando por Descartes e Santo Agostinho, identificam-se conceitos que remetem a algum tipo de conexão entre o sujeito e algo que está fora dele, seja o cosmos, o outro em quem o eu se reflete, ou a realidade em si mesma.

Desse modo, incluem-se como parte desse conjunto de abordagens socioculturais várias tendências que compreendem as funções psicológicas (cognição, emoção, memória) e outros construtos psicológicos (mente, identidade, personalidade, 'self') não como entidades dadas, mas sim como produtos das interações concretas dos sujeitos com outros sujeitos e com o contexto sociocultural. Entre os nomes que, no pensamento clássico, contribuem para essa visão está o de Giambattista Vico.

O filósofo italiano Giambattista Vico, de acordo com os autores Kirschner e Martin (2010) e também para Tateo (2015a, 2015b), é um nome importante a ser citado quando se trata de considerar os primórdios do pensamento sociocultural. Vico notabilizou-se pela rejeição à visão passiva e responsiva dos seres humanos e defendeu como marca do ser humano o que ele denominou a *ingegno*, ou seja, a capacidade de ser intencional, engenhoso e criativo, introduzindo imaginativamente novos elementos nas relações estabelecidas com o outro e com a realidade. Foi o primeiro a sistematizar argumentos para sustentar a interdependência entre as dimensões culturais, genéticas e linguísticas do desenvolvimento, que abarcam tanto a mente humana como as próprias instituições sociais (Tateo, 2015a). Nesse sentido, pode-se sustentar que seus argumentos de base estão alinhados ao o que hoje se denomina o pensamento complexo em psicologia e, também, aos princípios do campo da psicologia cultural semiótica, objeto de seção a seguir.

Já no que se refere aos pensadores contemporâneos, o primeiro eixo teórico apontado pelos autores Kirschner e Martin (2010) remete às abordagens construcionistas, grupo que envolve o construcionismo social, a psicologia discursiva e a psicologia feminista. Os construcionismos apostam em uma perspectiva pública sobre a mente individual, cuja matriz está nas diversas formas de linguagem e nas práticas discursivas da comunidade (Harré, 2010).

As ideias construcionistas tiveram um importante impacto sobre o pensamento em psicologia do desenvolvimento ao problematizarem radicalmente o determinismo biológico do desenvolvimento mental e oferecerem elementos para se defender a origem sociocultural e coletiva de emoções, valores, crenças e significados que povoam a mente humana e dão origem às funções psicológicas. Esses construtos, os quais vão sendo apresentados aos sujeitos como parte de padrões de interação social, são progressivamente incorporados e internalizados, passando a organizar o senso de identidade pessoal.

Portanto, a sociocultura — na forma de esquemas, convenções, regras, mitos e narrativas fundantes, historicamente constituídas e socialmente assumidas — é a dimensão responsável tanto pela forma, o modo de organização (Shotter, 2010), quanto pela hierarquia de conteúdos da vida mental. E, como efeito, de acordo com o paradigma construcionista, a vida mental somente pode ser acessível e tornar-se objeto de análise, interpretação e compreensão científica, quando esta é tornada pública, na forma de discursos, narrativas ou histórias. Em suma, o construcionismo evita todo possível recurso a categorias internas para investigar o mundo psicológico e abraça a ideia de que a conduta humana é organizada na forma de histórias ou narrativas, textos por meio dos quais cada sujeito constitui um senso de continuidade de si na linha do tempo (Sarbin, 1986).

O segundo eixo de trabalhos, apontado por Kirschner e Martin (2010) como sendo responsável pela guinada sociocultural em psicologia, vincula-se à abordagem hermenêutica. Está relacionada, em especial, aos trabalhos de Gadamer, Guignon, Martin Heidegger e Charles Taylor, com desdobramentos na Hermenêutica Agentiva e na teoria narrativa da identidade (Mark Freeman). O pensamento hermenêutico, na atualidade, foi amplamente incorporado à pesquisa social via abordagens fenomenológicas, etnometodológicas e diferentes tipos de pesquisas qualitativas. De acordo com o pensamento hermenêutico, os seres humanos são vistos como agentes ativos e responsáveis diante da vida social e cultural. Assim, há uma relação de coconstituição entre as forças da história, da cultura e da sociedade, por um lado, e os processos psicológicos, por outro (Richardson & Fowers, 2010).

Cabe mencionar que 'hermenêutica' é o termo grego para 'interpretação' e as versões mais tradicionais da teoria hermenêutica, que prevaleceram desde o Iluminismo até o século XIX, chegaram a acreditar na possibilidade de se criar uma teoria geral da interpretação, objetiva e dotada de princípios comuns válidos para o exercício do pensamento em contextos variados — dos textos bíblicos à mente humana, por exemplo. Tal tentativa, contudo, mostrou mais contradições e dilemas do que resultados. Por isso, a hermenêutica contemporânea opera não a partir de processos universais, mas culturalmente subscritos, partindo de uma concepção de ser humano como plenamente capaz de autointerpretação e cuja existência é moldada por uma trama de significados intersubjetivamente compartilhados. De acordo com Richardson e Fowers (2010, p. 117),

> Em outras palavras, as ações e emoções humanas, na realidade o mais íntimo de cada *self*, diferente dos eventos do mundo natural, são aspectos simbolicamente estruturados da realidade social. São constituídos a partir de sua inserção em práticas e normas de 'jogos de linguagem', tradições e formas de vida. Assim, eles seriam diferentes, caso essas práticas e normas fossem diferentes.

O terceiro eixo explorado pela obra em tela envolve as abordagens dialógicas, com foco na teoria do *self* dialógico — TSD (Hermans, 2001, 2002; Hermans, Kempen & Van Loon, 1992). A partir das contribuições de autores como M. Bakhtin, W. James e G. H. Mead, o conceito do *self* dialógico proposto pela TSD diverge da concepção cartesiana, como unidade mente-corpo. É caracterizado pela polifonia, revelando uma multiplicidade dinâmica de posicionamentos relativamente autônomos, que expressam distintas vozes ideológicas.

Em contraste com a visão do *self* como processo mental despersonificado e centralizado, o *self* dialógico é social, expandido, no sentido de que as pessoas ocupam diversas posições em um sistema de relações internas e externas (Hermans & Hermans-Konopka, 2010). O movimento entre posições no sistema de *self* é intenso e leva em conta as características e a oferta de significados provenientes do contexto, os objetivos e as intencionalidades intersubjetivamente negociadas. Tais negociações criam "arenas" não apenas para o diálogo sujeito-outro, como também para o diálogo entre os posicionamentos internos ao eu, podendo levar à fusão, à dominância e à subordinação entre eles.

O *self* dialógico caracteriza-se pela combinação complexa de aspectos relacionados ao tempo (continuidade/descontinuidade de si no curso das experiências) e ao espaço (panorama formado pela organização espacial das posições, que são identificadas pelo sujeito). A primeira é expressa pelo jogo dinâmico de (re)posicionamentos no fluxo irreversível do tempo, em que a pessoa ativamente transcende o contexto imediato. Já a segunda refere-se à justaposição de vozes relativamente autônomas, em um dado momento do curso de vida. Valsiner (2004) descreve o *self* dialógico como uma ficção estruturada com base em um sistema de posições que dialogam entre si, constituída a partir das experiências culturais das quais o sujeito participa — e que culminam na constituição de um senso de continuidade de si, apesar da dinamicidade inerente ao curso de vida.

A parte final da obra de Kirschner e Martin (2010) dedica-se ao pensamento de Lev Vigotski e às abordagens que exploram o legado deixado por ele e colaboradores para a corrente de pensamento contemporâneo assim denominada neovigotskiana. Lev Vigotski, Alexander Luria, Alexei Leontiev, Mikhail Bakhtin e outros acadêmicos russos exerceram grande influência na teorização psicológica contemporânea, inclusive no que diz respeito à psicologia do desenvolvimento.

Reconhecemos que esse grupo, ao traduzir em termos psicológicos as bases do materialismo histórico-dialético, chamou a atenção para o substrato material da construção do psiquismo, contribuindo de modo destacado para a construção de modelos interpretativos diferenciados da psicologia hegemônica, sendo destacados pelos autores os que estão relacionados à teoria da atividade histórico-cultural (acrônimo CHAT — *cultural historical activity theory*) e à psicologia cultural. Como esta última corrente é a que mais nos interessa, ela será objeto de uma seção inteira, a seguir. Antes disso, explorarei alguns aspectos centrais da primeira.

De acordo com Stetsenko e Arievitch (2010), a CHAT começou a se desenhar como corrente epistemológica entre as décadas 1920-1930, chegando ao pico de sua influência entre os anos 1960-1980, quando se tornou uma das principais direções de pesquisa psicológica na extinta União Soviética, e contribuiu para fomentar um amplo corpo de obras científicas que ocuparam as páginas dos mais influentes periódicos.

Hoje, graças às recentes mudanças políticas e econômicas em curso na Rússia, o pensamento relacionado à Escola Russa de Psicologia perdeu parte de seu vigor, embora continue a fomentar produtivas elaborações teóricas, metodológicas e empíricas no restante do mundo, incluindo o Brasil. Assim, os autores consideram que a abordagem histórico-cultural da atividade representa, na atualidade, uma das alternativas materialistas dialéticas mais consistentes com o objetivo de fundamentar o estudo psicológico da natureza social, relacional e sistêmica do desenvolvimento humano, sem com isso ignorar a agência e a subjetividade.

A natureza situada e historicizada da mente e de suas produções (o conhecimento, a emoção, a linguagem, a significação e o senso de si, por exemplo), assim como os sistemas sociais de pensamento, está entre os aspectos centrais enfatizados pela abordagem. Outro eixo importante dos fundamentos da CHAT é a mediação cultural da atividade, ou seja, a visão de que a mente humana se forma nas atividades realizadas por organismos vivos em um ambiente vivo, tendo em conta os limites e desafios impostos por este último e as necessidades e objetivos adaptativos do organismo. A atividade é o que produz o engajamento bidirecional entre organismo e contexto, produzindo uma "terceira realidade" (Stetsenko & Arievitch, 2010, p. 237), possível graças à conexão entre eles, uma conexão intermitente, dinâmica e em constante desenvolvimento.

Na próxima seção, aprofundaremos o olhar sobre o desdobramento contemporâneo da abordagem vigotskiana e da guinada sociocultural, denominada a psicologia cultural semiótica.

A Psicologia Cultural Semiótica

Entre as mudanças paradigmáticas mais emblemáticas do campo psicológico, na contemporaneidade, situa-se a emergência do campo denominado psicologia cultural semiótica. A psicologia cultural, área mais ampla e que abarca distintas vertentes e modelos explicativos da relação sujeito/cultura, emerge do imbricamento entre linhas de desenvolvimento teórico advindas da antropologia, sociologia, história, psicologia social e outras (cf. Carl Ratner, Michael Cole, Jerome Bruner, Clifford Geertz e Charles S. Peirce, para enriquecer argumentos sobre diferentes facetas da psicologia cultural semiótica).

É importante salientar, entretanto, que a psicologia cultural não é um campo coeso e uniforme, ou caracterizado por consensos entre os autores. Por exemplo, para a abordagem em psicologia cultural denominada transcultural, o interesse primeiro está em compreender como cada cultura opera, de acordo com suas características particulares, aspectos humanos considerados universais. Assim, no escopo da psicologia transcultural, encontram-se, por exemplo, estudos que versam sobre diferenças culturais na expressão das emoções, do sorriso, das expressões faciais etc. Nesses estudos, o caráter subjetivo da conduta é pouco enfatizado e supõe-se que os indivíduos mantenham uma relação do tipo amostral, com a totalidade da população. O indivíduo não é visto como sujeito, mas como um 'caso' representativo da população a que pertence.

Outra característica dessa vertente da psicologia cultural é a manutenção do dualismo indivíduo/cultura, historicamente inerente ao campo da psicologia, já que o foco está em compreender o papel desempenhado pela cultura (externa) na produção da vida mental (interna), mantendo-se nas análises a separação rígida entre a cultura, de um lado, e a pessoa, de outro. Em razão disso, muitas vezes, a matriz cultural é abordada tal como uma "variável" que afeta o comportamento individual desde fora e não como fator intrinsecamente constitutivo da pessoa, sem o qual os bebês da espécie não se tornam humanos.

Qual o problema desta forma de conceber a relação entre pessoa e cultura? É que na visão de cultura como uma variável está implícita a compreensão de que uma parte da vida humana (o organismo? Os comportamentos inatos? Os instintos?) pode existir na ausência da cultura e são simplesmente "modificados" pela exposição ao conteúdo de um dado contexto cultural. Baseando-me nos princípios da psicologia cultural semiótica, outra é a visão sobre tais processos. Esta última perspectiva, de modo específico, afirma a indissociabilidade sujeito-cultura, compreendida como uma relação de separação inclusiva (Abbey, 2007; Valsiner, 1997).

A ideia de separação inclusiva foi formulada por Herbst (1995, como citado em Abbey, 2007) em referência aos processos nos quais os elementos constituintes são entendidos como distintos, mas em mútua relação, portanto não se consegue interpretá-los ou compreendê-los sem a consideração um do outro. Em um processo bidirecional, isolar os elementos significa descaracterizar o fenômeno em análise, que leva ao empobrecimento, ou mesmo à distorção, de nossa compreensão.

Um exemplo simples de fenômeno que pode ser interpretado à luz da noção de separação inclusiva é a relação mãe-bebê, tema que suscitou um tipo de estudo que, sob outro enfoque, foi muito frequente na psicologia do desenvolvimento clássico: mulher adulta e criança são os elementos dessa díade ou sistema. Entretanto, não se podem compreender os fenômenos de desenvolvimento que emergem dessa relação (atenção partilhada, ação coordenada, imitação, afetividade, linguagem, comunicação e metacomunicação, entre outros), desconsiderando que tais fenômenos são condicionados pela qualidade, intensidade e frequência dessa relação de troca entre mãe e criança, assim como pela natureza afetiva e íntima do vínculo inerente à díade.

A qualidade das interações mãe-bebê certamente não será encontrada na relação dessa criança com outro adulto e, possivelmente, desse adulto com uma criança da qual não fosse o progenitor. Portanto, para fins de análise dos processos de significação que decorrem das interações mãe-bebê, a ideia de separação inclusiva é relevante e tem grande valor heurístico por ajudar a entender o impacto que a mãe tem para o bebê e vice-versa, nos mútuos processos não determinísticos de desenvolvimento.

Tendo em conta a natureza dessa relação, a psicologia semiótico-cultural identifica nos processos de significação (também denominados semióticos) a unidade de análise da relação sujeito-cultura. Embora não rejeitem ou desconsiderem as produções materiais próprias e que caracterizam cada contexto cultural (objetos, artefatos, formas de arte etc.), as análises mais caras à psicologia cultural semiótica se voltam para os efeitos subjetivos da relação das pessoas com os contextos socioculturais e suas produções, considerando o modo como estes definem a forma de organização e a hierarquia de conteúdos da vida mental.

À psicologia cultural semiótica interessa, por exemplo, o fato de que as pessoas são expostas a uma ampla gama de significados diferentes, ou mesmo opostos, relacionados às produções da cultura, e considera com atenção as marcas deixadas sobre cada sujeito ou grupo, em função do fato de que estão expostos aos signos de uma dada sociocultura, sendo estes muitas vezes contraditórios, outras, alvos de intensa carga afetiva, afetos estes hiper-generalizados por meio de processos sucessivos de abstração (Valsiner, 2012/2007, 2014).

Por signos da cultura, designamos o conjunto de elementos materiais e imateriais que detêm grande importância na constituição sociocultural da subjetividade, a exemplo do sistema de crenças, valores, hábitos, costumes, rituais, as teorias cotidianas e científicas que guiam a conduta, os pensamentos e os sentimentos de seus integrantes. Tal conjunto de signos, é importante salientar, tanto conformam as subjetividades como são conformados por elas, no jogo dinâmico dos processos de internalização e externalização. Em outras palavras, no âmbito da psicologia cultural semiótica, não há separação entre "psicologia" e "cultura", entre aspectos subjetivos da pessoa e antropológicos da comunidade, tendo como foco a análise da subjetividade.

Como signo e subjetividade se articulam, na perspectiva da abordagem em tela?

Seres humanos são animais produtores de signos. Produzem signos a todo tempo, ao serem emocionalmente afetados pelos outros e pelas informações apresentadas pelo mundo. Significam com o fim de reconhecer/compreender/lembrar/imaginar/antecipar a realidade, a si mesmos e a outras pessoas. A existência humana situa-se dentro de uma extensão temporal em que toda ação é orientada para o futuro. Essa extensão se efetiva pelo estabelecimento de signos específicos abstratos o suficiente para funcionar como guias de toda uma gama de construções possíveis no tempo irreversível (Valsiner, 2012/2007, 2014).

Os signos culturais apresentados aos sujeitos geram neles tendências de ação, tornando algumas condutas mais prováveis que outras quando se convertem em signos pessoais (Salvatore, 2012). A capacidade humana de significar possibilita uma economia de tempo e otimiza o funcionamento psicológico, porque simplifica e agiliza o processo de interpretação da vivência atual, à luz das vivências anteriores. Estas são reconstruídas no curso da experiência atual e podem fornecer pistas para a situação presente, possibilitando a antecipação, o planejamento e a visualização do porvir e criando horizontes de projeção do *self* (Araújo, 2016).

A sociocultura é a primeira fonte de significados para os sujeitos. Ela oferece ao seres humanos, por meio de outros seres humanos, um mundo semiótico possível e que serve para catalisar a produção de significados na vida cotidiana. Nessa fonte inesgotável de signos, que é a sociocultura, um signo raramente se encontra isolado. Ou seja, a vida dos signos depende de que se combinem em complexos semióticos, mais ou menos integrados, sistemáticos, hierarquicamente organizados. Esses complexos de signos servem à função socializadora de regular a conduta humana de fora para dentro. Uma vez que esses signos sociais se tornem significativos do ponto de vista das próprias necessidades do sujeito, são internalizados, abstraídos da situação de origem, combinados a novos signos e passam a dar ordem ao caos, sendo também motor de autorregulação semiótica do sujeito (Valsiner, 2012/2007).

A força regulatória (sobredeterminação, controle do sujeito) e o trânsito que possibilita levar um complexo semiótico da condição de regulação social (externa) à de autorregulação (interna) da conduta passam, necessariamente, por sua crescente generalização e abstração em relação à situação em que ele foi originalmente apresentado ao sujeito. No processo de generalização, que envolve uma crescente capacidade de abstração, um signo vai progressivamente se descolando da situação original e passa a oferecer significados que regulam um escopo cada vez mais amplo de experiências (Branco & Valsiner, 2010).

Um exemplo desse movimento é encontrado no caso analisado pela autora em trabalho anterior (Lopes de Oliveira, Toledo & Araújo, 2018). O caso refere-se a um adolescente, autodeclarado cristão evangélico, que chega a uma unidade de saúde com demanda (caracterizada pela família e pela escola) de atendimento psicoterápico, em virtude de sofrer *bullying* e haver evadido da escola em razão da não aceitação de sua *performance* de gênero não normativa.

Conforme se pode identificar no atendimento psicoterápico que se segue (realizado pelo segundo autor do trabalho original), a hierarquia de conteúdos semióticos relacionados à orientação sexual do adolescente é cercada de signos abstratos hipergeneralizados relacionados à profissão religiosa ("homossexualidade é pecado") e também ao ambiente familiar e escolar, nos quais o sistema de gênero binário parece ser aquele ofertado pela cultura familiar e da instituição religiosa, como signo que constitui uma regra a se seguir. Tal processo acaba por provocar uma tensão em seu sistema de *self* que pode ser interpretada como a dualidade entre: (a) ser homossexual e representado como "errado", na comunidade familiar, escolar e cristã, ou (b) deixar de ser homossexual e, em decorrência disso, ser aceito pela comunidade.

Esse intrincado complexo semiótico no qual se engendra a identidade pessoal do adolescente (composto por significados relacionados ao corpo, à sexualidade, à religião, aos vários sistemas de valores que os perpassam etc.) parece exceder a força de regulação social, passando também a exercer um papel autorregulador da subjetividade do adolescente, que toma forma no contexto em que ele se submete a uma sessão de exorcismo. Na sessão, realizada no próprio templo religioso, durante um culto cristão dominical, o adolescente é inserido em uma situação ritual dramática e levado a crer que estava tomado pela 'pombagira da homossexualidade', que foi retirada de seu corpo a partir daquele momento. Depois disso, o adolescente passa a adotar uma narrativa segundo a qual ele não é mais um homossexual, aderindo a uma nova identidade sexual.

É importante esclarecer que não se trata aqui de colocar em discussão qualquer argumento de apoio à reversão de orientação sexual, o que não foi certamente o objetivo originalmente visado no atendimento psicoterápico, nem sequer na pesquisa que se realizou. Esta teve como objetivo investigar processos de desenvolvimento do sistema de *self* adolescente, partindo-se de casos em que a orientação sexual e/ou a identidade de gênero se tornaram um "problema" na escola.

O que enfatizamos, por outro lado, é que a experiência de exorcismo passa a ser caracterizada como um inovador marcador semiótico, catalisadora de novos significados para as relações entre subjetividade e coletividade. Isso se torna possível em virtude da força regulatória que os valores associados a diversas matrizes sociais exerciam sobre o adolescente e da tensão intrinsecamente vivenciada por ele na relação entre tais valores e sua orientação sexual.

Consideramos a orientação sexual como um signo do tipo campo (Branco & Valsiner, 2010; Valsiner, 2012/2007). Precisamos, para entender os efeitos subjetivos de um signo hipergeneralizado do tipo campo, compreender a matriz teórica de onde provém tal modelo explicativo. De acordo com a base epistemológica que orienta a psicologia cultural semiótica, a relação significante/significado não é uma relação fechada. Trata-se de uma relação aberta, de caráter abstrato, que comporta diversos níveis de abstração. Além disso, por ser aberta, é também marcada pela ambiguidade e pela tensão.

Tal base epistemológica engloba duas matrizes teóricas principais, embora outras possam se somar a elas: a abordagem de Lev Vigotski, a qual apresenta o conceito de mediação semiótica da conduta, com o qual enfatiza que o significado atua como um terceiro elemento, que "costura" a relação entre a subjetividade e a alteridade (social ou real); e a abordagem de Charles Sanders Peirce, uma teoria semiótica igualmente triádica, a qual focaliza o processo de produção de significados (semiose) a partir de três elementos: o significante, o significado e o interpretante.

É expressivamente em virtude da inclusão desse terceiro elemento, o interpretante, em seu modelo interpretativo, que Peirce reconhecerá nos processos de significação uma dinâmica criativa, de perene inovação. Ele argumenta que a cada uma das infinitas semioses que ocorrem nos sujeitos, e entre cada um e os coletivos, ou seja, toda vez que se gera um novo significado mediado por um dado interpretante, o signo como um todo se transforma.[6]

Em suma, na relação entre semiose e desenvolvimento psicológico humano (pessoal e social), a transformação do signo pode, muitas vezes, ocorrer na periferia da subjetividade, ocasionando transformações situacionais que não afetam o cerne do sistema de *self* da pessoa. Mas as mudanças ocasionadas pelos processos de significação e a emergência de novos significados decorrentes, tal como no exemplo do adolescente, anteriormente referido, têm a chance de ser incorporadas ao núcleo desse sistema, dando origem a mudanças disruptivas, importantes e, potencialmente, mais duradouras. Nesse caso, será possível notar toda uma reconfiguração do sistema de valores atuais e da perspectiva de futuro da pessoa, tal como ocorreu com o adolescente do caso citado.

Em resumo, compreende-se que uma mesma experiência pode levar a distintas possibilidades semióticas e, como resultado, gerar

6. Uma discussão mais aprofundada sobre a contribuição de Peirce para a psicologia cultural é o foco do trabalho de Rengifo-Herrera, capítulo 3 neste volume.

efeitos subjetivos qualitativamente diferentes, mais ou menos intensos, conforme o cenário e o contexto da experiência vivenciada pela pessoa, assim como relacionados aos processos psicológicos em jogo (emoção, imaginação, memória, por exemplo) no transcurso da experiência.

Considerações Finais: Contribuições da Psicologia Cultural para o Estudo do Desenvolvimento Humano

A guinada sociocultural representou a abertura para uma perspectiva de pensamento complexo, que não se pode ser reduzida a qualquer modalidade de determinismo, quer biológico, quer social. Na mesma trilha, a perspectiva apontada pela psicologia cultural semiótica tem provido fontes inesgotáveis de reflexão para a psicologia, como um todo, e para o enfoque dos processos de desenvolvimento humano, em particular, tendo em vista a natureza indeterminada, aberta, complexa e necessariamente única de tais processos.

Acima de tudo, a psicologia cultural semiótica incorpora a concepção genética, a saber, a compreensão de que os fenômenos psicológicos são dinâmicos, moventes, por natureza. Por isso, a ocorrência de desenvolvimento não é tida como uma condição particular, excepcional, da vida psicológica; trata-se, outrossim, do processo básico do funcionamento psicológico, princípio este que levou Vygotsky (1978) a enunciar que a psicologia geral não se distingue da psicologia do desenvolvimento.

Desdobrando-se das elaborações teóricas da psicologia cultural semiótica, novas questões passam a ocupar lugar de destaque no debate sobre processos de desenvolvimento humano na contemporaneidade. No intuito de evidenciar, conclusivamente, a potência dessa abordagem, apontaremos, a seguir, algumas dessas questões.

O primeiro ponto a destacar se refere à unidade da pessoa no tempo irreversível, ou seja, à relação entre continuidade e mudança psicológica. Nessa direção, o conceito de *trajetória biográfica* surge como unidade de análise dos processos de desenvolvimento da totalidade da pessoa. Este propicia o deslocamento do foco de análise psicológica desde os processos e funções isolados para passar a focalizar a pessoa como um todo, cujo percurso de vida no tempo é delineado na forma de uma trajetória única, mesmo que demarcada por rupturas, desvios e reconfigurações. Nesse sentido, a trajetória humana não seria bem representada como uma linha única e contínua ao longo da vida, mas tal como uma árvore em que, partindo-se de um único tronco inicial, o desenvolvimento seria marcado pelo surgimento de "ramos", definidos a partir de pontos de viragem, bifurcações nas quais novas organizações do senso de si, sempre únicas, são possíveis (Anisov, 2001, como citado em Sato & Valsiner, 2010).

A teorização sobre trajetória (Sato & Valsiner, 2010; Zittoun et al., 2013) está intimamente relacionada à perspectiva do curso de vida, a qual se volta ao entendimento do desenvolvimento humano tal como processo contínuo e intermitente ao longo da ontogenia, do nascimento à morte, a despeito das mudanças no ambiente cultural. Entre os estudos do desenvolvimento humano que se interessaram por trajetórias, destacamos dois grupos distintos: a perspectiva denominada 'ciclos de vida' (*life span*), cujo nome mais eminente é o do pesquisador alemão Paul Baltes; e aquela referida como 'curso de vida' (*life course*), que tem em autores como Lev Vigotski, Urie Bronfenbrenner e Albert Bandura seus principais expoentes.

No que se refere à primeira perspectiva, o desenvolvimento foi definido por Baltes (1987) como um processo contínuo, multidimensional e multidirecional de mudanças. Estas são orquestradas por influências genético-biológicas e socioculturais de natureza normativa e não normativa, marcadas por ganhos e perdas. O desenvolvimento no ciclo vital baseia-se em seleção de metas, otimização de meios para atingir essas metas e busca de compensações quando os meios disponíveis para atingir as metas estiverem ausentes. Baltes (1987) destacava o caráter incompleto da arquitetura do desenvolvimento ao nascimento e a importância da cultura para completar os limites da ontogenia (Neri, 2006).

A ênfase na interação entre possibilidades orgânicas, a cada momento da vida, e o acesso às ferramentas culturais torna a contribuição teórica de Baltes um empreendimento central para o entendimento do desenvolvimento saudável e adaptativo, do nascimento à morte. Entretanto, do ponto de vista da contribuição para o entendimento do conceito de trajetórias de vida na perspectiva que é aqui abraçada, a perspectiva de Baltes se mostra acanhada, porque trabalha com uma visão de desenvolvimento humano na qual as condições pregressas condicionam as possibilidades futuras. Alternativamente, para a psicologia cultural semiótica, o desenvolvimento humano não é determinado pelo passado (*feedback*), mas sempre e necessariamente orientado ao futuro (*feedforward*). Como o futuro é desconhecido, não permite controle, o desenvolvimento converte-se em um processo aberto, sempre exposto à novidade, ao imprevisto.

O enfoque das trajetórias no curso de vida, inspirado pela psicologia cultural semiótica (Sato & Valsiner, 2010; Zittoun et al., 2013), repousa o foco na transformação qualitativa dos modos de funcionamento da pessoa no tempo vivido, tendo em conta pontos de bifurcação que servem de motor e orientação para que algo diferente emerja e, com ele, novas organizações subjetivas sejam possíveis e novas possibilidades de futuro. Por essas características, cada trajetória é única, ainda que alguns desses pontos de bifurcação possam ser condicionados por transformações orgânicas e/ou culturais.

O segundo tema a se depreender da psicologia cultural semiótica, e de grande relevância para a compreensão dos fenômenos da psicologia do desenvolvimento, refere-se ao conceito de *recurso simbólico*. Esse conceito equivale a uma unidade de análise psicológica que reporta à indissociabilidade sujeito-cultura como parte de um único modelo, explicitando o modo como as variadas dimensões semióticas e materiais da última podem se converter em recursos utilizados por cada um a serviço do próprio desenvolvimento pessoal, ao compensar os limites dos recursos naturais da pessoa.

Um artefato cultural torna-se recurso simbólico à medida que seja intencional e criativamente utilizado para viabilizar atividades humanas com significados subjetivos em contextos que escapam ao que foi originalmente associado àquele recurso (Gillespie & Zittoun, 2010). Trata-se de um uso inovador da cultura, com a possibilidade de voltar e contribuir para a própria cultura. Embora bastante abrangente, o conceito de recurso simbólico é esclarecedor, com destacado valor heurístico para a compreensão das bases semióticas do desenvolvimento psicológico.

Por fim, o último aspecto, em que a psicologia cultural semiótica contribui para lançar luz sobre a psicologia do desenvolvimento, diz respeito à natureza singular e única dos encontros sujeito-cultura em que o desenvolvimento se produz. Ao enfatizar essa característica, o pesquisador e o profissional de psicologia ficam forçosamente diante da necessidade de abordagens de corte interpretativo e idiográfico, nas quais sua intuição e imaginação são constantemente requeridas. Isso porque a aproximação qualitativa dos processos humanos envolve duas dimensões metateóricas básicas: (a) assumir-se o caráter imaginativo e criativo, inerente a todo ato de interpretação; (b) reconhecer-se o caráter intersubjetivo próprio às relações humanas, incluindo as relações de pesquisa ou de atendimento psicológico.

A imaginação opera por meio de signos e, ao mesmo tempo, ela é essencial à produção de significados e ao pensamento transdutivo. A transdução envolve a propagação de uma atividade mental no interior de um novo domínio cognitivo, que conduz este último a uma nova organização (Kastrup, Carijó & Almeida, 2012). Mas a imaginação não se limita a uma mera atividade intramental, nem se trata de uma função sob estrito controle cognitivo daquele que imagina. Da mesma forma, ela não está sob o controle de fontes sociais de produção de imagens institucionalizadas (como a mídia e a propaganda política). A imaginação é algo no meio do caminho entre o mundo interno dos sujeitos e o mundo social da cultura, uma zona de tensão na qual ocorre a maior parte das transações que podem levar à gênese da vida mental.

Neste capítulo, visamos explorar as bases epistemológicas e históricas de uma guinada de central importância ocorrida recentemente na psicologia contemporânea. Buscamos argumentar que a guinada sociocultural foi responsável por importantes mudanças, tanto relacionadas à concepção de sujeito como à de cultura, assim como à intrínseca relação entre sujeito e cultura. No que se refere à concepção de sujeito, apresentamos, neste capítulo, argumentos teóricos para sustentar a necessidade de uma visão não autorreferenciada, mas sim relacional e dialógica do ser humano. Sobre a cultura, enfatizamos a necessidade de se ultrapassar as concepções de cultura como bloco coeso de produções materiais e simbólicas historicamente datadas, com papel de conformar a subjetividade e passível de ser analisada por comparação a outras culturas (ver abordagens transculturais).

Acredito que a vertente semiótica da psicologia cultural, aqui cuidadosamente apresentada, contribui para fundamentar a visão de cultura não como algo instituído, cristalizado, mas tal como um sistema altamente dinâmico, que influencia os sujeitos, mas que também é transformado pela ação de sujeitos concretos. A unidade sujeito-cultura é ativamente construída em meio às trocas simbólicas, intencionalmente forjadas entre ambos, e é afetada pelos significados gerados a partir delas.

Entretanto, reconhecemos que a guinada sociocultural ainda não impactou a ciência psicológica como desejável pelos que adotaram esse paradigma, ou seja, a ponto de passar a representar posição epistemológica dominante. O caminho para se fomentar o desenvolvimento da psicologia, quer como campo científico, quer como campo de práticas profissionais, passa por se incorporar a cultura como dimensão intrínseca e indissociável da vida psicológica. É necessária uma importante transição epistemológica, a qual envolve o incremento da reflexão sobre a centralidade da cultura na formação da pessoa. Deseja-se que a cultura se converta em eixo central da formação inicial em Psicologia, em lugar dos paradigmas individualistas, nomotéticos e universalistas que ainda dominam a formação. De fato, as práticas de formação em Psicologia permanecem aquém das pesquisas.

Colocar a cultura no centro da formação em psicologia leva a concebê-la como um campo de produção de conhecimentos e práticas extramuros, em que os temas da vida privada cedam lugar para os da vida pública, coletiva, temas que expressem o compromisso com a mudança social e a justiça. Assim, a cultura precisa estar presente nos modelos teóricos estudados, nos contextos de estágio priorizados, assim como no centro do interesse investigativo, mobilizado por novos problemas e outros modos de abordá-los. É nossa pretensão, neste capítulo, haver contribuído com o avanço da Psicologia nessa direção de pensamento.

Referências

Abbey, E. (2007). From dualism to duality: A cultural psychological approach to cognition. *Anthropological Psychology, 18*, 14-17.

Agamben, G. (2009). O que é o contemporâneo? In G. Agamben, *O que é o contemporâneo? E outros ensaios*. Chapecó: Argos.

Araújo, C. M. (2016). *Desenvolvimento do sistema de self de jovens católicos vocacionados à vida religiosa consagrada* [Tese de Doutorado em Processos de Desenvolvimento Humano e Saúde, Universidade de Brasília].

Ardilla, A. (2016). L. S. Vygotsky in the 21st century. *Psychology in Russia: State of Art, 9*(4), 4-15.

Baltes, P. (1987). Theoretical propositions of life-spam developmental psychology: On the dynamics between growth and decline. *Developmental Psychology, 23*(5), 611-626.

Branco, A. U. & Valsiner, J. (2010). Towards cultural psychology of affective processes: Semiotic regulation of dynamic fields. *Estudios de Psicología, 31*(3), 243-251.

Branco, A. U. & Valsiner, J. (2014). Towards cultural psychology of affective processes: Semiotic regulation of dynamic fields. *Estudios de Psicología, 31*(3), 243-251.

Burman, E. (2008). *Deconstructing developmental psychology*. East Sussex: Routledge.

Cahan, E. D. (1994). John Dewey and human development. In R. D. Parker, P. A. Ornstein, J. J. Reiser, & C. Zahn-Waxler (Eds.), *A century of developmental psychology* (pp. 145-167). Washington, DC: APA.

Daniels, H. (2002). *Uma introdução a Vygotsky*. São Paulo: Loyola.

Dewey, J. (1917). The need for social psychology. *The Middle Works of John Dewey, 10*, 53-63.

Featherstone, M. (1988). In pursuit of the post-modern: An introduction. *Theory, Culture and Society*, *5*(2-3), 195-215.

Giddens, A. (1987). *Social theory and modem sociology*. Cambridge: Polity Press.

Gilge, M. V. (2013). *História da Biologia e ensino: Contribuições de Ernst Haeckel (1834--1909) e sua utilização nos livros didáticos aprovados pelo PNLD 2012 — ensino médio* [Dissertação de Mestrado em Biociências, Universidade de São Paulo].

Gillespie, A., Zittoun, T. (2010). Using resources: Conceptualizing the mediation and reflective use of tools and signs. *Culture & Psychology, 16*(1), 37-62.

Hall, S. (2014). *Identidade cultural na pós-modernidade*. Rio de Janeiro: Lamparina.

Harré, R. (2010). Public sources of the personal mind: Constructionism in context. In S. R. Kirschner & J. Martin (Eds.), *The sociocultural turn in Psychology: The contextual emergence of mind and self* (pp. 31-45). New York: Columbia University Press.

Hermans, H. (2001). The construction of a personal position repertoire: Method and practice. *Culture and Psychology, 7*(3), 323-366.

Hermans, H. J. M. (2002). The dialogical self as a society of mind: An introduction. *Theory and Psychology, 12*(2), 147-160.

Hermans, H. & Hermans-Konopka, A. (2010). Positioning and dialogue in life--long development. In H. Hermans & A. Hermans-Konopka, *Dialogical self theory: Positioning and counter positioning in a globalized world*. Cambridge, MA: Cambridge University Press.

Hermans, H. J. M., Kempen, H. J. G., & Van Loon, R. (1992). The dialogical self: Beyond individualism and rationalism. *American Psychologist, 47*(1), 23-33.

Kastrup, V., Carijó, F. H., & Almeida, M. C. (2012). O ciclo inventivo da imagem. *Informática na Educação, 15*(1), 59-74.

Kirschner, S. & Martin, J. (2010). The sociocultural turn in Psychology: An introduction and an invitation. In S. R. Kirschner & J. Martin (Eds.), *The sociocultural turn in Psychology: The contextual emergence of mind and self.* New York: Columbia University Press.

Lopes de Oliveira, M. C. S. (2006). Identidade, narrativa e desenvolvimento na adolescência: Uma revisão crítica. *Psicologia em Estudo, 11*(2), 427-436.

Lopes de Oliveira, M. C. S. & Madureira, A. F. A. (2014). Gênero e Psicologia do Desenvolvimento: Quando a ciência é utilizada como força normatizadora das identidades de gênero. *Labrys* (Edição em Português. On-line), *26*, 70-79.

Lopes de Oliveira, M. C. S., Toledo, D. C., & Araújo, C. M. (2018). Continuity and discontinuities in the self system: A values-based idiographic analysis of gender positionings. In A. U. Branco & M. C. S. Lopes-de-Oliveira (Eds.), *Alterity, values and socialization: Human development within educational contexts.* Amsterdan, NL: Springer.

Lopes, R. G. & Vasconcellos, S. (2008). Implicações da teoria da evolução para a psicologia: A perspectiva da psicologia evolucionista. *Estudos de Psicologia* (Campinas), *25*(1), 123-130.

Marcondes, D. (1993). *Dicionário básico de filosofia.* Rio de Janeiro: Zahar.

Neri, A. L. (2006). O legado de Paul Baltes à Psicologia do Desenvolvimento e do Envelhecimento. *Temas em Psicologia, 14*(1), 17-34.

Richardson, F. C. & Fowers, B. J. (2010). Hermeneutics and sociocultural perspectives in Psychology. In S. R. Kirschner & J. Martin (Eds.), *The sociocultural turn in Psychology: The contextual emergence of mind and self.* New York: Columbia University Press.

Salvatore, S. (2012). Social life of the sign: Sense-making in society. In J. Valsiner (Ed.), *Oxford handbook of culture and psychology* (pp. 241-254). Oxford: Oxford University Press.

Sampson, E. (2008/1998). *Celebrating the other: A dialogic account of human nature.* Ohio: Taos Institute Publication.

Sarbin, T. R. (Ed.) (1986). The narrative as a root metaphor for Psychology. *Narrative psychology: The storied nature of human conduct* (pp. 3-21). University of California: Praeger.

Sato, T. & Valsiner, J. (2010). Time in life and life in time: Between experiencing and accounting. *Ritsumeikan Journal of Human Sciences, 20*(1), 79-92.

Shotter, J. (2010). Inside our lives together: A neo-Wittgensteinian Constructionism. In S. R. Kirschner & J. Martin (Eds.), *The sociocultural turn in Psychology: The contextual emergence of mind and self.* New York: Columbia University Press.

Stetsenko A. & Arievitch, I. M. (2010). Cultural-historic activity theory foundational worldview, major principles, and the relevance of sociocultural contexts. In S. R. Kirschner & J. Martin (Eds.), *The sociocultural turn in Psychology: The contextual emergence of mind and self* (pp. 231-252). New York: Columbia University Press.

Tateo, L. (2015a) Giambattista Vico and the psychological imagination. *Culture & Psychology, 21*(20), 145-161.

Tateo, L. (2015b). Giambattista Vico and the principles of cultural psychology: A programmatic retrospective. *History of Human Sciences, (28)*1, 44-65.

Thelen, E., & Adolph, K. E. (1994). Arnold L. Gesell: The paradox of nature and nurture. In R. D. Parker, P. A. Ornstein, J. J. Reiser, & C. Zahn-Waxler (Eds.), *A century of developmental psychology* (pp. 357-387). Washington, DC: APA.

Valsiner, J. (1997). *Culture and the development of children's actions: A theory of human development*. New York: Wiley.

Valsiner, J. (2004). Three years later: Culture in psychology — between social positioning and producing new knowledge. *Culture & Psychology, 10*(1), 5-27.

Valsiner, J. (2012/2007). *Fundamentos de Psicologia Cultural: Mundos da vida, mundos da mente*. Porto Alegre: Artmed.

Valsiner, J. (2014). *An invitation to cultural psychology.* London: Sage.

Vygotsky, L. (1978). *Mind in society: The development of higher psychological functions.* Harvard, MA: Harvard University Press.

White, S. H. (1994). G. Stanley Hall: From philosophy to developmental psychology. In R. D. Parker, P. A. Ornstein, J. J. Reiser, & C. Zahn-Waxler (Eds.), *A century of developmental psychology* (pp. 357-387). Washington, DC: APA.

Wozniak, R. (1982). Metaphisics and science, reason and reality. The intellectual origins of genetic epistemology. In J. M. Broughton & D. J. Freema-Moir (Eds.), *The cognitive developmental psychology of James Mark Baldwin: Current theory and research in genetic episthemology* (pp. 13-45). Noerwood, NJ: Ablex.

Zittoun, T., Valsiner, J., Vedeler, D., Salgado, J., Gonçalves, M. M., & Ferring, D. (2013). *Human development in the life course: Melodies of living.* Cambridge: Cambridge University Press.

CAPÍTULO 2

Cultura e Processos Afetivo--Semióticos na Investigação Científica do Desenvolvimento Moral

Angela Uchoa Branco

O presente capítulo argumenta acerca da centralidade da dimensão cultural na concepção da ética e do desenvolvimento moral e de valores humanos. Inicia destacando a importância de a Psicologia investigar o assunto e, ao considerar os estudos e as teorias psicológicas sobre o tema, aponta para o reducionismo das perspectivas tradicionais que reduzem a complexidade dos fenômenos psicológicos à dimensão cognitivo-construtivista. O principal argumento aqui defendido é de que a complexidade da dimensão ético-moral do ser humano exige a adoção de uma perspectiva ampla e sistêmica, capaz de abranger o grande número de fatores que atuam na configuração do fenômeno. Dessa maneira, busca ressaltar as bases e os princípios de uma visão teórica sistêmica e desenvolvimental da moralidade, no contexto em que a cultura é considerada como aspecto epistemológico fundador do próprio desenvolvimento humano.

O texto explora, teoricamente, o valor heurístico de conceitos centrais da psicologia cultural, tais como práticas sociais historicamente construídas, mútua constituição sujeito-cultura, processos afetivo-semióticos, canalização cultural e o caráter ativo, coconstrutivo dos indivíduos inseridos em contextos culturais específicos. Discute, ademais, a necessidade de coerência teoria-metodologia na investigação científica do desenvolvimento moral e ilustra a questão com dados construídos no contexto de pesquisas empíricas, capazes de contribuir para a construção científica de conhecimentos sobre a dimensão motivacional e moral do desenvolvimento humano, em seus diferentes níveis de manifestação.

Além disso, o texto busca, igualmente, alcançar o objetivo de fornecer subsídios em termos de estratégias e orientações gerais, tendo em vista contribuir para que as práticas profissionais de psicólogos — estejam eles nas áreas clínica, escolar ou organizacional — levem em consideração a relevância de promover interações e relações sociais de caráter amistoso, ético e compatíveis com a coconstrução de uma cultura de paz em nossa sociedade, ainda tão marcada por injustiças, desigualdades e violência.

Dimensão Moral e Ética do Desenvolvimento Humano

Não existe dúvida de que a dimensão moral e ética do humano é de fundamental importância para o desenvolvimento do indivíduo e da sociedade. Entretanto, desde os primórdios da psicologia científica, a tendência da disciplina tem sido privilegiar as dimensões cognitiva e comportamental, deixando de lado os aspectos socioafetivos que sabemos ser tão importantes quando questões sobre moral e ética são objeto de análise. Tendo a psicologia nascido e se desenvolvido no contexto de uma visão positivista de ciência, a ênfase das investigações, ainda hoje, recai sobre estudos experimentais, quase-experimentais e correlacionais que privilegiam a análise de fenômenos mais facilmente submetidos ao crivo da quantificação.

Entretanto, submeter fenômenos complexos ao exercício de quantificações e padronização representa, a nosso ver, um grande equívoco, o qual resulta de um viés epistemológico de natureza histórico-cultural. A concepção positivista de ciência, especialmente popular entre os cientistas dos dois últimos séculos, promove um reducionismo dos processos psicológicos indefensável em face de sua inerente complexidade (Maturana & Varela, 1997; Morin & Prigogine, 2000).

Como resultado do viés positivista, o estudo do comportamento observável e de processos cognitivos, traduzidos por instrumentos de pesquisa geradores de dados quantitativos, como testes e escalas, tornou-se a principal preocupação da psicologia. Memória, inteligência, capacidade linguística, comportamentos observáveis e habilidades sociais foram se constituindo como os principais objetos da pesquisa psicológica. Assim, os fenômenos e as dimensões da experiência humana que não se submetiam tão claramente a critérios quantitativos de avaliação impostos pela perspectiva positivista de ciência foram relegados a um segundo plano, ou mesmo desconsiderados pelas teorias tradicionais do desenvolvimento humano.

Tema frequente de reflexões filosóficas (Habermas, 1991; Wren, 1990, 1991), a dimensão moral e ética do desenvolvimento humano passou mais especificamente a interessar teóricos e pesquisadores da psicologia apenas a partir das valiosas contribuições de Jean Piaget (1932/1994) e Lawrence Kohlberg (1970, 1984). Primeiro Piaget e, depois, Kohlberg abordaram a questão do desenvolvimento moral com base na filosofia de Immanuel Kant (1788/1994) e no papel que esse filósofo atribuía à razão e à racionalidade no desenvolvimento da moralidade humana.

Inspirado nas ideias de Kant, Piaget, dedicado pesquisador do desenvolvimento intelectual humano, elaborou sua teoria do desenvolvimento moral com base no julgamento moral da criança, teoria que vem orientando os estudos sobre o tema até os dias de hoje. Kolhberg, por sua vez, inspirou-se em Piaget e, também, desenvolveu a sua teoria com base na existência de estágios do desenvolvimento moral, enfatizando a ideia de que esse desenvolvimento deveria ser avaliado com base no julgamento do sujeito sobre o certo e o errado em face de situações dilemáticas. O julgamento moral seria, portanto, a base principal sobre a qual a pessoa constrói seu caráter ético e sua atuação moral.

Ainda na atualidade, grande parte dos trabalhos realizados na psicologia sobre o tema da moralidade se fundamenta em pressupostos, conceitos e ideias teóricas de Piaget e Kohlberg (Daniel, Lapsey & Narvaez, 2004; La Taille, 2006; Lourenço, 1998; Vozzola, 2014). Aqui, vale ressaltar que a significativa contribuição de Piaget se refere à passagem de uma *heteronomia* — que seria um estágio desenvolvimental em que a noção de certo e errado advém do julgamento do outro (o adulto, no caso da criança) — para uma *autonomia*, o estágio seguinte em que o sujeito se torna capaz de julgar o certo e o errado a partir de suas próprias crenças e convicções.

Kohlberg, em acordo com as ideias de Piaget, ampliou teoricamente a concepção de estágios de desenvolvimento moral e estabeleceu três níveis para esse desenvolvimento: o nível pré-convencional (em que a regra sobre certo e errado deriva do hedonismo ou da imposição do adulto), o nível convencional (atrelado às leis e aos contratos sociais) e o nível pós-convencional (regido por princípios e valores morais universais). Para ele, cada um dos três níveis ainda se subdivide em dois subníveis, e a classificação de alguém nessa hierarquia de níveis de desenvolvimento moral resulta da qualidade de sua argumentação verbal diante de dilemas previamente estabelecidos pelo avaliador (Shweder & Much, 1991).

Muitos autores têm apresentado novas contribuições ao tema, mas, em sua maioria, ainda constroem suas teorias com base nos trabalhos de Piaget e Kohlberg (ver, por exemplo, Blasi, 2004; Colby & Damon, 1993; Damon, 1984; Lapsley & Narvaez, 2004; Nucci, 2004 e tantos outros). Alguns autores, ainda, têm buscado elaborar ideias teóricas sobre o fenômeno no sentido de categorizá-lo, restringi-lo e submetê-lo a padronizações e quantificações equivocadas — através do emprego de escalas e inventários (Graham, Nosek, Haidt, Iyer, Koleva & Ditto, 2011; Haidt & Kesebir, 2010; Schwartz, 1992) —, nitidamente inspirados na perspectiva positivista quantitativa e reducionista, que se opõe a admitir a natureza sistêmica e complexa do desenvolvimento humano.

Além disso, e ainda como resultado da tradição científico-cultural da psicologia, o desenvolvimento da pessoa continua a ser visto e analisado em termos individualistas, focando apenas o sujeito, sem a consideração do contexto social e histórico-cultural em que este se insere. Entretanto, o entendimento científico contemporâneo indica que a condição humana é necessariamente fruto da vida em sociedade, da cultura e das relações entre as pessoas (Maturana, Levinas, Deleuze, Vigotski, Prigogine, Bruner e tantos outros), e não mais admite desconsiderar o papel da dimensão social na própria constituição do ser humano. Consequentemente, a dimensão cultural do humano não pode ser mais ignorada ou relegada a um plano secundário na investigação dos processos psicológicos.

Apesar disso tudo, quando consultamos a literatura produzida sobre a temática da moralidade e da ética, ainda hoje constatamos que prevalece a ênfase em abordagens individualistas e cognitivo-construtivistas para o seu estudo no âmbito da psicologia. O fato de essas abordagens limitarem-se ao estudo do julgamento moral e de como os sujeitos verbalmente descrevem suas posições frente a crenças pessoais e dilemas vem, contudo, sendo bastante criticado por pesquisadores na contemporaneidade. Estes, já há algum tempo, têm apontado para os baixos índices de correlação entre julgamento moral, verbalizações e comportamento moral (Kurtines & Gewirtz, 1991). Entretanto, a tendência cognitivista resiste e permanece.

Ocorre, porém, que a complexidade do fenômeno, altamente impregnado de aspectos socioafetivos e motivacionais, exige que este seja analisado a partir de uma abordagem muito mais ampla, abrangente e sistêmica, capaz de dar conta da participação ativa dos variados processos psicológicos implicados na configuração da ética e da moral em cada pessoa. Não é possível, por exemplo, analisar a moralidade sem considerar a dimensão da afetividade e das emoções humanas, a dimensão do social, das interações e relações humanas, a dimensão motivacional e a dimensão das próprias ações concretas dos sujeitos. Para compreender isso, vamos primeiramente analisar os conceitos de moral e ética em busca de melhor defini-los como construtos com valor heurístico no âmbito da psicologia.

Ética e Moral: Construtos Importantes no Âmbito da Ciência Psicológica

Assim como outros conceitos utilizados na psicologia e na filosofia, os termos moral e ética são frequentemente usados na linguagem comum e, assim, possuem um caráter profundamente polissêmico. Isso quer dizer que múltiplos podem ser os seus significados, a depender da abordagem teórica ou das práticas culturais em que tais termos são adotados. Dessa forma, sempre cabe ao autor selecionar os significados que, a seu critério, melhor descrevem os conceitos de moral e ética a partir de sua perspectiva teórica, para que estes sirvam mais apropriadamente a seus propósitos.

Nesse sentido, tenho adotado, em termos de definições, as que foram propostas e empregadas por Barbara Freitag em sua obra sobre a questão moral (Freitag, 1997). Isso por acreditar que a opção da autora, inspirada na filosofia de Hegel, melhor situa os conceitos em nível semiótico. Entendemos *moralidade* como valor, crença e padrão de ação que se referem a princípios pessoais internalizados que orientam a conduta de alguém em suas interações e relações com os outros. A moral refere-se, assim, às normas pessoais culturalmente construídas, mas transformadas e adotadas pelo indivíduo em suas ações e interações no contexto em que vive.

O termo *ética*, por sua vez, refere-se às normas prescritas e às práticas adotadas sobre as relações humanas no contexto da cultura coletiva e da sociedade. Dessa maneira, a ética consiste em conceito complementar à moralidade de tal forma que ambas, moralidade (nível pessoal) e ética (nível coletivo), constituem-se mutuamente em termos dinâmicos ao longo das experiências vividas nos contextos culturais pelos seres humanos.

Para a psicologia, é fundamental compreender como e por que as pessoas internalizam, transformam e se apropriam de normas culturais específicas de conduta em face da variedade e da multiplicidade de crenças, valores e regras culturais presentes nas sociedades complexas contemporâneas. Em que condições tais processos de internalização ocorrem? De que maneira os indivíduos acabam por internalizar e se orientar por certas normas e regras, e não por outras?

Acontece, porém, que não apenas as normas da cultura coletiva (ou do grupo social) apresentam-se como plurais, complexas e mesmo contraditórias: as normas pessoais, do âmbito da moralidade, são igualmente plurais, complexas e contraditórias, e precisam ser identificadas e analisadas com cuidado e atenção. Quando nos referimos ao nível intrapsicológico, da pessoa, ou *self*, em desenvolvimento, precisamos considerar as especificidades do fenômeno. Isso porque a própria concepção de *self* se atrela, de maneira intrínseca, a crenças e valores mais caros e predominantes no domínio psicológico de cada sujeito. E é nesse sentido que certos autores vêm desenvolvendo o conceito de *self* moral, ou sujeito moral (Blasi, 2004; Daniel, Lapsey & Narvaez, 2004).

Como veremos adiante neste capítulo, a nossa concepção de *self* é, porém, de caráter dialógico, e não remete apenas a um *self* único, coerente e monológico caracterizado por um conjunto específico de valores fundamentais. Na perspectiva do *self* dialógico, existem diferentes posicionamentos de *self*, ou posicionamentos dinâmicos de si (ver: Freire & Branco, 2016) que têm origem em nível *interpsicológico* (ou seja, nas interações sociais, mediante a qualidade afetiva das relações com pessoas significativas) e que estão em constante diálogo em nível *intrapsicológico*. E, ainda mais importante, vamos ver que as regras e normas que orientam as ações de cada indivíduo, bem como os seus diferentes posicionamentos dinâmicos de si — hierarquicamente organizados em seu sistema de *self* dialógico — estão absolutamente vinculadas a valores pessoais, construto fundamental para a investigação da dimensão motivacional do ser humano.

Os diferentes *posicionamentos dinâmicos* de si ou do *self* (PDS; ver Freire & Branco, 2016, 2019; Roncancio & Branco, 2017) estão atrelados aos valores específicos da pessoa. Como já mencionado, estes são organizados hierarquicamente no que temos denominado como sistema de *self* dialógico, e certos posicionamentos, devido ao caráter dinâmico do sistema, tornam-se dominantes em determinados contextos e/ou na relação com determinadas pessoas. Isso explica por que é tão difícil — ou mesmo impossível — predizer as ações de alguém com segurança, ou saber ao certo quais os motivos e/ou princípios morais subjacentes às suas ações. Dessa maneira, podemos concluir que à medida que os valores e os posicionamentos de si, de certa pessoa, vão se tornando qualitativamente mais próximos daquilo que socialmente consideramos ser ético ou moral, podemos dizer que a pessoa está mais moralmente desenvolvida.

A esta altura cabe perguntar: mas o que define uma ação, valor ou posicionamento como ético ou moral? A resposta se encontra nas avaliações que fazemos sobre a retidão e a justiça das condutas dos seres humanos, uns em relação aos outros, em contraposição a condutas caracterizadas pela injustiça e pelo desrespeito. Ética e moral se referem a questões relativas à dignidade e ao valor da própria existência humana, proclamados desde a Antiguidade e considerados fundamentais pela filosofia desde a Grécia Antiga até os dias de hoje, no contexto da filosofia humanista.

Os fundamentos da ética e da moral, em 1948, deram origem à Declaração Universal dos Direitos Humanos, sendo seus princípios aceitos, em termos gerais, por grande parte da comunidade internacional. No entanto, as ciências humanas e sociais hoje reconhecem, assim como a psicologia cultural, que os códigos ético-morais podem variar bastante de uma cultura para outra (Shweder & Much, 1991), sugerindo um relativismo que não pode ser desconsiderado. Assim, como estabelecer critérios universais de conduta e julgamento?

Em nossa perspectiva teórica, é possível conceber a existência de um permanente exercício de negociação no que tange aos aspectos locais e universais em termos da ética e da moralidade. Por um lado, constatamos o pluralismo e o relativismo ético-moral, mas, por outro, observamos uma tendência de pessoas e sociedades no sentido de concluir pela existência de alguns princípios básicos necessários à convivência em grupo. Estes poderiam ser considerados universais pela simples razão de que parecem gerar um consenso na direção da preservação da vida, no contexto dos grupos e sociedades humanas. Em outras palavras, alguns princípios teriam um valor mais generalizado e universal do que outros, entre os quais existem normas e regras que são absolutamente atreladas a culturas locais e seus processos histórico-culturais específicos de desenvolvimento.

Na prática, em todo e qualquer contexto cultural, observamos contínuos conflitos entre as leis vigentes na sociedade, as normas culturais adotadas por determinados grupos sociais específicos e os princípios morais subjetivos das pessoas em interação. Tais conflitos dão origem a dilemas, controvérsias e batalhas sem fim, diante dos quais o único caminho pacífico é o caminho da negociação permanente.

Tudo isso, portanto, significa que o tema é complexo e exige a colaboração de várias disciplinas científicas para sua melhor compreensão. Enquanto a antropologia e a sociologia estudam as instituições, práticas sociais, e as crenças e normas das culturas coletivas, a filosofia reflete sobre questões mais amplas, como axiologia, lógica, transcendência e universalismo, cabendo à psicologia analisar a subjetividade e o desenvolvimento da motivação social — pró-sociabilidade/antissociabilidade — e dos valores pessoais que orientam as ações concretas dos indivíduos.

Como tenho argumentado em várias oportunidades (Branco, 2013, 2016), para investigar a ontogênese da moralidade e da ética em nível do desenvolvimento individual, é interessante considerar, primeiramente, como cada pessoa vê e percebe o outro social. É esse outro visto e percebido como um intruso, um competidor, como alguém que irá dificultar ou impedir a realização de um objetivo pessoal? Será visto como alguém que nos fará perder tempo ou que poderá nos atrapalhar no alcance de nossas metas? Ou será esse outro visto e percebido como alguém que poderá auxiliar ou colaborar de alguma maneira com a resolução de um problema, com o sucesso de um empreendimento ou com a realização de certo objetivo?

Cada um dos posicionamentos sugeridos descreve uma disposição motivacional, ou uma motivação social específica, a saber, competição (quando o outro toma o meu lugar), individualismo (quando o outro me atrapalha ou aborrece) e a cooperação (juntos faremos algo melhor). Não há dúvida, porém, quanto aos tipos de motivação que se destacam no seio de grande parte das sociedades contemporâneas, fundamentadas no capitalismo globalizado: prevalecem a competição e o individualismo.

Por outro lado, porém, não existe dúvida de que a cooperação, a colaboração, seja a disposição motivacional que poderá resultar em condutas e interações sociais mais compatíveis com a moral e a ética do respeito, da responsabilidade, da justiça e, acrescentamos, da democracia. Em outras palavras, encontramos aí um grande dilema e desafio a ser enfrentado: como compatibilizar as bases políticas e econômicas da sociedade com o desenvolvimento da ética e da moral?

Além de tantos desafios, é preciso antes de tudo reconhecer que o fenômeno da moralidade e da ética é particularmente plural, complexo e implica, muitas vezes, conflitos, ambivalências e contradições. Sendo assim, como poderá a psicologia articular todos os fatores e dimensões — de níveis micro, meso e macro — implicados no fenômeno, no sentido de investigar a sua ontogênese ao longo da trajetória de vida das pessoas em desenvolvimento em diversificados contextos culturais?

Em nível *micro* encontramos, por exemplo, o conteúdo e a qualidade das mensagens comunicativas que chegam ao sujeito através de suas interações com outros sociais significativos; em nível *meso*, é preciso analisar a natureza e efeitos das práticas culturais adotadas nas diferentes instituições das quais o sujeito participa; e em nível *macro*, é necessário investigar as condições, estrutura e organização da própria sociedade em que o sujeito se insere. Dando especial destaque à qualidade dos processos de comunicação e das vivências concretas dos sujeitos, a psicologia cultural, porém, também necessita, de maneira permanente, articular todos esses níveis para construir uma compreensão verdadeiramente ampla e sistêmica do fenômeno investigado.

Psicologia Cultural e a Investigação do Desenvolvimento Moral

Para a psicologia cultural, a cultura é o fator central e essencial para o desenvolvimento do ser humano em todos os seus aspectos e dimensões. Fundamentando-se na teoria histórico-cultural e no princípio da sociogênese propostos por Vygotsky (1984), a psicologia cultural também assume o papel construtivo e ativo do ser humano (Piaget, 1932/1994) em seu processo de desenvolvimento ao longo do tempo irreversível (Bruner, 1990; Valsiner, 2014). Vale inicialmente salientar que o princípio da sociogênese estabelece a origem do próprio ser humano, e do seu desenvolvimento, nas relações sociais (Vygotsky, 1984).

Adotando como fundamentos a sociogênese e o caráter construtivo dos seres humanos, pode-se afirmar que a principal característica da psicologia cultural é se constituir de uma perspectiva sistêmica e dialógica, que estabelece a centralidade da constituição mútua entre o sujeito e a cultura, bem como entre as práticas sociais e as ideias, as crenças e os valores típicos de um determinado grupo cultural.

Segundo a psicologia cultural, práticas vão dando origem a processos de significação (ideias, crenças e valores) que, por sua vez, alimentam novas práticas e assim por diante. Além disso, o conjunto das características de um determinado contexto cultural, ao promover a vivência de determinadas experiências, acaba por canalizar (culturalmente) padrões de interação social e as características pessoais dos indivíduos, através de processos de internalização de ideias, afetos, valores e convicções.

No entanto, é importante destacar que os processos de canalização cultural tendem a ocorrer com diferentes graus de heterogeneidade, e são, também, submetidos ao caráter ativo e construtivo dos sujeitos. Sendo assim, os seres humanos não podem ser considerados apenas como fruto da cultura e das relações sociais, posto que apresentam uma agencialidade que lhes confere originalidade, iniciativa e responsabilidade sobre seus pensamentos e ações.

Podemos dizer que, além do papel preponderante da cultura, a psicologia cultural vem cada vez mais atribuindo um papel fundamental à dimensão afetiva do ser humano nos processos relativos ao seu desenvolvimento psicológico. Dessa forma, o destaque atribuído pela teoria à afetividade e aos processos de significação (semióticos) deu origem ao produtivo conceito de *afetivo-semiótico* para designar a própria qualidade fundante dos processos psicológicos. Para a psicologia cultural, portanto, processos de comunicação e metacomunicação estão na base do desenvolvimento humano e todos os componentes de tais processos participam, de maneira crucial, da constituição do *self* (compreendido como *sistema de self dialógico*), em nível do sujeito, e na configuração do contexto histórico e sociocultural onde este se insere e atua.

Com base em tais princípios e elaborações teóricos, é possível melhor compreender e explicar por que razão certas tendências, valores e práticas acabam por caracterizar as pessoas de determinada cultura. Como autores de várias orientações teóricas têm demonstrado, as pessoas criadas em culturas individualistas que incentivam a competição tendem a ser, também, individualistas e competitivas, enquanto as criadas em culturas coletivistas tendem a cooperar e colaborar mais umas com as outras (Mead, 1937; Triandis, 1995; Rogoff, 2005). Entretanto, não podemos esquecer que a grande maioria das culturas humanas se caracteriza pela existência de práticas e valores heterogêneos e mesmo contraditórios, o que resulta na imensa diversidade de experiências vividas individualmente pelas pessoas que nela habitam.

Assim, é possível interpretar a razão pela qual pessoas criadas em contextos aparentemente similares tendem a pensar e agir de acordo com regras de conduta e valores distintos, não sendo possível a homogeneidade. No ambiente da mesma família, por exemplo, é possível encontrar significativa diversidade. Por um lado, é possível dizer que, em termos gerais, indivíduos da cultura *x* mais provavelmente adotem crenças e valores compatíveis com *x*. Por outro lado, não é possível assegurar que uma pessoa específica, pelo simples fato de pertencer ao contexto *x*, tenha, necessariamente, os mesmos valores que os demais que pertencem ao mesmo contexto.

Existem fatores que contribuem para uma tendência geral observada entre as pessoas inseridas em determinado contexto cultural, e existem os fatores específicos que atuam sobre cada indivíduo ao longo de suas experiências e desenvolvimento pessoal nos contextos específicos. Nesses contextos, elas desenvolvem, muitas vezes, relações socioafetivas singulares, seja na família, seja nas diversas instituições sociais (escola igreja, etc.) das quais participem ou tenham participado ao longo da vida.

A investigação do fenômeno da moral e da ética deve, portanto, levar em conta como os seres humanos internalizam valores e regras de conduta moral, e como estes se transformam em padrões de interação e relacionamento concretos nas suas relações uns com os outros. Para melhor compreender e investigar o desenvolvimento moral na perspectiva da psicologia cultural, vamos considerar e analisar o conceito de *campos afetivo-semióticos* na ontogênese de crenças e valores morais que, em princípio, irão orientar ações coerentes com as ideias de justiça, respeito, responsabilidade e solidariedade.

Campos Afetivo-Semióticos e a Ontogênese de Crenças e Valores que irão orientar as Ações Individuais

O que são campos afetivo-semióticos?

O conceito de campos afetivo-semióticos foi concebido por Valsiner (2012), no sentido de melhor analisar e compreender os processos de regulação semiótica. A principal característica dos seres humanos consiste em sua permanente capacidade de produzir, coconstruir e reconstruir significados em suas interações uns com os outros e com o mundo à sua volta. No decorrer da vida, as pessoas estão sempre envolvidas em processos de negociação de sentidos e significados, seja em nível interpessoal (via comunicação), seja em nível intrapessoal (reflexão), processos estes que operam de maneira simultânea ao longo do tempo irreversível.

Os campos afetivo-semióticos são formados por signos flexíveis do tipo campo, sem fronteiras bem definidas, e abrigam em seu interior fortes tensões afetivas que geram a construção e a reconstrução permanente de novos significados. Eles emergem da dinâmica entre a cultura coletiva e a cultura pessoal do indivíduo em desenvolvimento, e aos poucos vão se configurando em componentes centrais do *self* e da subjetividade. Ao longo da trajetória de desenvolvimento da pessoa, sistemas hierárquicos de controle afetivo-semiótico são coconstruídos e passam a regular e orientar as preferências, as interpretações e as ações do sujeito. Eles têm um papel crucial na capacidade auto-organizadora da experiência humana, pois estão na base da motivação, no estabelecimento e na busca de realização das metas pessoais.

Segundo Valsiner (2014), os campos afetivo-semióticos vão sendo formados ou constituídos ao longo das experiências do sujeito em sua trajetória de desenvolvimento. O autor propôs um modelo de regulação afetivo-semiótica da *psyché* que vem revelando notável valor heurístico e produtividade, no sentido de melhor compreendermos os processos psicológicos em geral. O modelo tem demonstrado utilidade especialmente para a investigação de processos relacionados ao sistema de *self* dialógico (Branco, 2015; Freire & Branco, 2016, 2019) e à emergência de crenças e valores que orientam a conduta dos indivíduos (Madureira & Barreto, 2018; Roncancio & Branco, 2017).

Partindo do nível zero — entendido como nível basicamente fisiológico —, o modelo de regulação afetivo-semiótica (Quadro 1) se organiza em quatro níveis, na direção da configuração de campos afetivo-semióticos hipergeneralizados, que envolvem um alto nível de generalização e abstração, compreendendo os valores e os preconceitos ativamente internalizados pelas pessoas.

Quadro 1 — Campos Afetivo-Semióticos (com base em Valsiner, 2014).

NÍVEL 4 CAMPO AFETIVO SEMIÓTICO HIPERGENERALIZADO	(Eu sinto alguma coisa... Eu não consigo descrever claramente o que estou sentindo... Mas isso me faz sentir como...)	(Valores) (Preconceitos)
		Insuficiência e eventual desaparecimento de referência verbal
NÍVEL 3 CATEGORIAS GENERALIZADAS DE EMOÇÕES	Descrição de sentimentos complexos	Gradual dificuldade de descrição verbal dos afetos
NÍVEL 2 CATEGORIAS ESPECÍFICAS DE EMOÇÕES	Raiva Alegria Nojo	
		Emergência de referência verbal
NÍVEL 1 TÔNUS AFETIVO IMEDIATO	Bem-estar Mal-estar	Natureza da excitação fisiológica
		Diferenciação das sensações a partir da base fisiológica
NÍVEL 0 NÍVEL FISIOLÓGICO		

No nível 1, encontramos uma espécie de tônus afetivo qualificado de maneira genérica como uma sensação de bem ou mal-estar, ainda não havendo aí a possibilidade de uma verbalização que precise a qualidade da excitação fisiológica. No nível 2, já existe a possibilidade de descrever o que se sente mediante a utilização da linguagem verbal, e é nesse nível que fazemos referência às emoções em termos de categorias mais precisas, tais como tristeza, alegria, raiva, nojo, medo etc. Nesse nível, aquilo que Valsiner (2012, 2014) concebe como campo afetivo-semiótico ainda está condensado na ideia da emoção descrita, mas, à medida que emoções, ideias e sentimentos vão se tornando mais complexos, os campos afetivo-semióticos vão se tornando mais amplos, abrangentes, mais poderosos, e cada vez mais difíceis de serem descritos verbalmente, dando origem ao nível 3.

À medida que os campos — ou signos-campo — vão ficando ainda mais enraizados afetivamente, cada vez com maior controle sobre a *psyché* e sobre a disposição de agir de determinada maneira, estes finalmente se transformam em signos hipergeneralizados, e descrevê-los verbalmente se torna muito mais difícil ou mesmo impossível.

É no nível 4 que se situam aqueles campos afetivo-semióticos que denominamos como valores (e como preconceitos), os quais são muito poderosos em orientar as nossas ações e interações em relação às outras pessoas. No caso dos valores, estes mobilizam as pessoas *em sua direção* (busca da fama, da dignidade, do dinheiro ou de qualquer outro valor), enquanto os preconceitos atuam no sentido exatamente do afastamento ou da rejeição de certos grupos de pessoas ou mesmo de certas ideias (racismo, homofobia etc.). Um importante aspecto dos campos mais poderosos, hipergeneralizados, é que muitas vezes a pessoa não é nem mesmo capaz de descrever, avaliar ou dimensionar com clareza — e intencionalidade — a própria força ou existência do campo, mas lá está ele, guiando suas ações.

Em nossos estudos no Laboratório de Psicologia Cultural (LABMIS), no Instituto de Psicologia da Universidade de Brasília, temos realizado nos últimos anos pesquisas dedicadas a analisar a emergência de campos afetivo-semióticos e seu desenvolvimento em crianças da educação infantil e do quinto ano do ensino fundamental (Rengifo-Herrera, 2014; Roncancio, 2015; Freire & Branco, 2016). Temos, igualmente, realizado estudos sobre o desenvolvimento moral de crianças em faixa etária semelhante no contexto de diferentes instituições educativas (Barrios, 2009, 2012; Branco, Barreto & Barrios, 2017; Martins & Branco, 2005).

O estudo de Roncancio (2015) buscou identificar e analisar a emergência e o desenvolvimento de campos afetivo-semióticos ao longo do período de transição de crianças do último ano da educação infantil para o primeiro ano do ensino fundamental, demonstrando a clara relação entre esses campos e a constituição de posicionamentos dinâmicos de *self* (PDS) dessas crianças. Foram quatro as crianças intensivamente investigadas através de observações gravadas em vídeo, entrevistas e vários outros procedimentos metodológicos que permitiram a produção de dados empíricos, e todos os procedimentos evidenciaram de modo claro as profundas relações entre os campos afetivo-semióticos e os posicionamentos de *self* (PDS).

Por exemplo, a aluna Giselle (nome fictício), em grande parte de suas interações sociais com colegas e professora, bem como em suas conversas com a pesquisadora e participação nas atividades de pesquisa, apresentou claros indicadores do quanto a 'beleza' física representava, para ela, um campo afetivo-semiótico de significativo poder para sua interpretação do mundo, sobre suas interações sociais e sobre a avaliação que ela fazia de si própria.

Não afirmamos, entretanto, que crianças já tenham valores ou signos hipergeneralizados relativamente estáveis, visto que a relativa estabilidade é um atributo construído com o tempo, no decorrer da história ontogenética de cada pessoa. O caráter dinâmico do desenvolvimento de campos afetivo-semióticos em crianças é especialmente sensível às constantes mudanças de contexto e às interações socioafetivas. Ainda em referência ao caso de Giselle, quando a menina entrou para o primeiro ano do ensino fundamental, apenas a beleza física, campo antes dominante, não mais lhe garantia uma posição de destaque e reconhecimento social.

Diante disso, novos campos emergiram, por exemplo, a capacidade de aprender a ler e escrever bem. Caso tivéssemos a oportunidade de acompanhar a trajetória de Giselle, porém, sua valorização da 'beleza física' poderia, quem sabe, permanecer e, talvez, vir a constituir mais adiante em sua vida um valor importante a orientar várias de suas ações e/ou decisões.

Em síntese: alguns campos afetivo-semióticos vão se generalizando e se tornando progressivamente poderosos durante a trajetória de vida do sujeito, até se configurarem em valores dinamicamente organizados em seu sistema de *self* dialógico. Outros campos, em contrapartida, podem praticamente desaparecer ou se tornarem secundários no sistema de valores pessoais do indivíduo.

Outro trabalho de pesquisa dedicado a investigar a questão de valores entre crianças foi desenvolvido por Rengifo-Herrera (2014) em sua tese de doutorado, sob a orientação da autora do presente capítulo. Em seu estudo com meninos brasileiros e colombianos de oito a nove anos de idade, o pesquisador, ao analisar intensivamente os casos de cada um dos oito meninos investigados, encontrou indicadores bastante fortes que apontavam, em cada caso, para campos afetivo-semióticos específicos e de grande relevância.

A pesquisa buscava explorar e analisar crenças, ideias e posicionamentos dos meninos sobre a questão da violência. Para tanto, Rengifo-Herrera (2014) utilizou, para promover interações entre as crianças, uma situação lúdica semiestruturada em que brinquedos, bonecos e objetos eram colocados à disposição do grupo de quatro meninos de mesma nacionalidade, para que eles inventassem uma história a ser contada com os materiais disponíveis.

Cabe mencionar que a introdução de um boneco com uma arma em miniatura, ao final das instruções dadas às crianças para brincar à vontade e inventar a história, teve por objetivo sugerir que o tema violência se tornasse provável no enredo a ser criado. Meses após a sessão de brincadeira, foram realizadas entrevistas individuais com os meninos para que refletissem sobre trechos do vídeo da brincadeira, e para que argumentassem e avaliassem sobre o que ocorreu durante a atividade. Assim, foi muito interessante verificar que os enredos, como esperado, incluíram tópicos como disputa de poder, justiça, violência e códigos morais, sendo, também, interessante constatar como as ideias e os posicionamentos dos meninos foram bem diversificados entre si.

O que mais chamou a atenção na pesquisa do autor foi a qualidade de ambivalência, bem como as oscilações e as contradições apresentadas pelos meninos. Apesar de tudo isso, foi possível identificar elementos sugestivos que remetem aos processos de canalização cultural de suas crenças e experiências vivenciadas na família e na escola. Mais ainda, foi possível verificar algumas tendências individuais no posicionamento dos meninos sobre códigos morais e valores associados à violência. Na análise das informações construídas na pesquisa, Rengifo-Herrera (2014, p. 199) concluiu que:

> Valores de poder, pró-sociabilidade, vingança, perdão, justiça ou dominação têm origem em campos afetivo-semióticos sujeitos a flutuações e, portanto, a oscilações e variações ao longo do desenvolvimento, em especial no caso de crianças e adolescentes. Tais oscilações indicam que processos de regularização e ancoragem emocional de campos afetivo-semióticos específicos estão sendo configurados com o tempo e a experiência [...].

Vemos, portanto, que campos afetivo-semióticos, ainda oscilantes e ambivalentes no início das trajetórias desenvolvimentais, podem se constituir como base de valores futuros. Mesmo no caso dos próprios valores — que vão se estabilizando mais a partir da adolescência —, estes não são, nem podem ser, concebidos como atributos fixos e contínuos do sujeito ao longo da vida, visto que os valores pessoais, também, podem se modificar como fruto de experiências-chave e significativas reflexões.

Branco, Branco e Madureira (2008) discutem o caso de um homem casado e com três filhos que, durante toda a vida, gostava de se divertir e da boemia, mantendo, inclusive, relações extraconjugais. Após ser diagnosticado com Aids e constatar que seu filho mais velho passou a ser usuário de drogas, esse homem parece ter vivenciado uma importante ruptura em sua vida (Zittoun, 2015). Ele expressou, no contexto da pesquisa, o quanto o amor pelos filhos tornou-se o valor dominante em sua vida, que passou, então, a ser totalmente orientada para garantir a segurança e a felicidade deles. Sendo assim, insistimos que todos os campos afetivo-semióticos, inclusive aqueles mais hipergeneralizados — os valores —, têm caráter dinâmico e se desenvolvem ao longo da trajetória de vida das pessoas.

Outro aspecto dos campos afetivo-semióticos precisa, ainda, ser destacado. Tais campos, inclusive os valores, são quase sempre múltiplos, havendo uma espécie de hierarquia de dominância no interior do sistema de *self* dialógico de cada indivíduo. Vejamos um exemplo hipotético. Carlos, 35 anos, sempre considerou a honestidade um valor fundamental e, de fato, ao longo de sua vida, sempre procurou ser honesto, tanto em termos de não se apropriar jamais do que não era seu, como também, em termos de ser sincero e leal com todos com quem convivia. Um dia, Carlos descobre que os donos da firma em que trabalha estão envolvidos com graves atos de corrupção que, ao que tudo indica, sustentam todas as atividades da referida empresa. Carlos vive com a esposa e seus três filhos, e o seu trabalho lhes garante uma vida bastante confortável e segura, e ele sabe das dificuldades sérias de encontrar um novo trabalho que lhe proporcione condições semelhantes à atual. Carlos decide, então, permanecer no trabalho, pois nessa circunstância o bem-estar e a segurança da família passam a ser, para ele, o valor predominante.

Casos como esse, sabemos, ocorrem com grande frequência e, na verdade, qualquer situação dilemática sempre envolve o embate acirrado entre os valores em conflito. No dia a dia, esses conflitos são mais a regra do que a exceção. Podemos até mesmo dizer que, muitas vezes, nem mesmo se configura um conflito entre os valores da pessoa, pois a própria situação, o contexto e as pessoas envolvidas praticamente definem qual valor e quais ações, no caso específico, irão prevalecer.

Concluímos, assim, que a dinâmica que mobiliza o sistema de valores — inclusive os valores tipicamente morais — e acaba por definir a hierarquia de dominância entre eles irá depender, especialmente, das pessoas e das circunstâncias de cada situação específica. Entretanto, aqueles valores que se tornam efetivamente os mais arraigados ou enraizados no sistema de *self* dialógico das pessoas possuem, certamente, uma função importante no próprio sentido de continuidade do *self* e apresentam maior resistência à mudança exatamente por essa razão. Em sujeitos com alto grau de desenvolvimento moral, valores morais tendem, pois, a predominar em situações e contextos cada vez mais amplos e numerosos.

Conclusão: Cultura, Afetividade e Desenvolvimento Moral

No presente capítulo, argumentamos sobre a importância de considerar a questão do desenvolvimento moral como fenômeno complexo que exige a adoção de uma perspectiva de análise sistêmica e qualitativa. Alguns autores têm contribuído nessa direção, em contraposição às abordagens tradicionais, apesar de sua produção ser ainda bem menos popular no circuito acadêmico. O principal aspecto por eles ressaltado se refere à centralidade da cultura para a compreensão do fenômeno da moralidade e da ética e, entre eles, destacam-se, por exemplo, Shweder e Much (1991), Gilligan (1982), Tappan (1997), Ratner (2002) e Paolicchi (2007).

Apresentamos aqui argumentos críticos às abordagens tradicionais construtivistas para o estudo do desenvolvimento moral no âmbito da psicologia, especialmente sublinhando o fato de que esse aspecto do desenvolvimento humano, assim como os demais aspectos, encontra-se inerentemente atrelado às características específicas dos contextos culturais. Nesse sentido, apontamos para a equivocada visão universalista do fenômeno, bem como para o problemático reducionismo do fenômeno à dimensão cognitiva e verbal que a maioria dos teóricos tem adotado para sua investigação, sejam eles construtivistas e inspirados nas obras de Kohlberg e Piaget, sejam outros estritamente cognitivistas e interessados em quantificar (artificialmente) 'níveis' e 'categorias' de desenvolvimento moral.

Em poucas palavras, os trabalhos ditos científicos dessas abordagens tradicionais são certamente limitados, e o mais grave é que desconsideram dois dos fatores mais importantes na configuração e no desenvolvimento dos valores morais: o papel fundamental da cultura, que canaliza as crenças e práticas sociais em determinadas direções, e o papel da dimensão afetiva no desenvolvimento ético-moral dos seres humanos.

Destacamos, portanto, as contribuições significativas da psicologia cultural para o estudo do desenvolvimento da ética e da moralidade, visto que tal abordagem teórica procura, exatamente, assumir uma perspectiva sistêmica na qual não apenas a cognição construtiva está implicada, mas também as crenças, signos e práticas culturais, bem como os afetos, vivências e experiências subjetivas são considerados (Branco, 2012; Branco, Freire & Barrios, 2012; Branco & Valsiner, 2012; Martins & Branco, 2001).

Processos psicológicos que envolvem a canalização cultural via a internalização ativa de significações e valores, integrados a processos decorrentes de relações socioafetivas relevantes, estão, portanto, na base da ontogênese de campos afetivo-semióticos que irão operar como signos hipergeneralizados (ou valores) orientadores de posicionamentos de si, de caráter ético e das práticas sociomorais adotadas em níveis coletivo e individual. Em outras palavras, todos os processos e todas as dimensões do desenvolvimento humano devem ser analisados a partir da cultura em que as pessoas se inserem, e todos estão, também, profundamente implicados na questão da moralidade e da ética.

Para concluir, vale especialmente destacar um relevante aspecto da adoção de uma perspectiva sistêmica e cultural para o estudo da moralidade: ao não mais reduzir a questão à esfera limitada do próprio indivíduo, salientando o papel de práticas e valores culturais e das relações afetivas no desenvolvimento moral, abrem-se alternativas e um novo alento, no sentido de concretamente se promover esse desenvolvimento nos seres humanos. Práticas sociais e pedagógicas, orientadas para a cooperação, a empatia, a reflexão sobre dilemas e posicionamentos, associadas ao respeito entre os participantes, podem vir a ser intencionalmente adotadas no contexto das famílias e das escolas, o que poderá contribuir de maneira significativa para novos padrões ético-morais de convivência.

Consequentemente, a responsabilidade pelos baixos padrões ético-morais encontrados no âmbito da sociedade não deve recair, apenas, sobre as pessoas, individualmente, mas recai, em especial, sobre as práticas e os valores cultivados em nível da cultura coletiva. Mais uma vez, torna-se clara e evidente a construção mútua entre sujeito e cultura, fundamento básico da abordagem cultural da psicologia. Isso nos conduz a concluir sobre a inequívoca necessidade de incluir a cultura como fator fundamental para o estudo e a compreensão dos processos psicológicos, e para a adoção de medidas no sentido de promover o próprio desenvolvimento do ser humano no contexto das sociedades em que habita. Vale, finalmente, destacar aqui o quanto os psicólogos que atuam nos vários contextos da sociedade e em variadas instituições poderão, efetivamente, colaborar para a promoção da ética, da empatia e da solidariedade, assim contribuindo para a coconstrução de um mundo melhor onde prevaleça uma cultura de paz.

Referências

Barrios, A. (2009). *Desenvolvimento moral e práticas pedagógicas na educação infantil: Um estudo sociocultural construtivista* [Dissertação de Mestrado, Universidade de Brasília].

Barrios, A. (2012). *Diálogo ou heteronomia no ensino fundamental? Desenvolvimento moral, cultura e práticas educativas* [Tese de Doutorado, Universidade de Brasília].

Blasi, A. (2004). Moral functioning: Moral understanding and personality. In K. Daniel, D. K. Lapsey, & D. Narvaez (Orgs.), *Moral development, self, and identity* (pp. 335-347). Mahwah, N.J.: Lawrence Erlbaum Associates.

Branco, A. U. (2013). *Valores humanos e desenvolvimento moral na perspectiva sociocultural*. Palestra proferida no IX Congresso Brasileiro de Psicologia do Desenvolvimento, João Pessoa, PB, novembro.

Branco, A. U. (2016). Values and their way of guiding the psyche. In J. Valsiner, G. Marsico, S. Sato, & V. Dazzani (Orgs.), *Psychology as a science of human being: The Yokohama Manifesto*. Cham: Springer.

Branco, A. U. (2016). *Moral development from a semiotic cultural perspective: The mutual construction of culture and self*. Trabalho apresentado na IX Dialogical Self Conference, Lublin, Polônia, agosto.

Branco, A.U., Barreto, A., & Barrios, A. M. (2017). Educational practices and young children socio-moral development: a cultural psychological approach In M. Fleer & B. van Oers (Orgs.), *International handbook of early childhood education* (pp. 795-814). Cham: Springer.

Branco, A. U., Branco, A. L., & Madureira, A. F. A. (2008). Self-development and the emergence of new I-positions: Emotions and self-dynamics. *Studia Psychologica* (Bratislava), *8*, 23-40.

Branco, A. U. Freire, S. F., & Barrios, A. (2012). Ética, desenvolvimento moral e cultura democrática no contexto escolar. In A. U. Branco & M. C. Lopes de Oliveira (Orgs.), *Psicologia, diversidade e cultura da paz na escola*. Porto Alegre: Mediação.

Branco, A. U. & Valsiner, J. (2012). *Cultural psychology of human values*. Greenwhich, CT: Information Age Publishing.

Bruner, J. (1990). *Acts of meaning*. Cambridge, MA: Harvard University Press.

Bruner, J. (1997). *Atos de significação*. Porto Alegre: Artmed.

Colby, A. & Damon, W. (1993). The uniting of self and morality in the development of extraordinary moral commitment. In G. G. Noam & T. E. Wren (Orgs.), *The moral self* (pp. 149-174). Cambridge, MA: MIT Press.

Damon, W. (1984). Self-understanding and moral development from childhood to adolescence. In W. M. Kurtines & J. L. Gewirtz (Orgs.), *Morality, moral behaviour, and moral development* (pp. 109-127). New York: Wiley.

Daniel, K., Lapsey, D. K., & Narvaez, D. (2004). *Moral development, self, and identity*. Mahwah, N.J.: Lawrence Erlbaum Associates.

Freire, S. F. & Branco, A. U. (2016). A teoria do self dialógico em perspectiva. *Psicologia: Teoria e Pesquisa, 32*, 25-33.

Freire, S. F. & Branco, A. U. (2019). Dynamics between self and culture in school: A dialogical and developmental perspective. *Learning, Culture and Social Interaction, 20*, 24-31.

Freitag, B. (1997). *Itinerários de Antígona: A questão da moralidade*. Campinas: Papirus.

Gilligan, C. (1982). *In a different voice*. Cambridge, MA: Harvard University Press.

Graham, J., Nosek, B. A., Haidt, J., Iyer, R., Koleva, S., & Ditto, P. H. (2011). Mapping the moral domain. *Journal of Personality and Social Psychology, 101*, 366-385.

Habermas, J. (1991). *Escritos sobre la moralidad y la eticidad*. Buenos Aires: Paidós.

Haidt, J., & Kesebir, S. (2010). Morality. In S. T. Fiske, D. T. Gilbert, & G. Lindzey (Orgs.), *Handbook of social psychology* (pp. 797-832). New Jersey: Wiley.

Kant, I. (1788/1994). *Crítica da razão prática*. Lisboa: Edições 70.

Kohlberg, L. (1970). Education for justice: A modern statement of the Platonic view. In N. Sizer & T. Sizer (Orgs.), *Moral education: Five lectures*. Cambridge, MA: Harvard University Press.

Kohlberg, L. (1984). *The psychology of moral development*. San Francisco: Harper & Row.

Kurtines, W. M. & Gewirtz, J. L. (1991). *Handbook of moral behavior and development*. Hillsdale, NJ: Lawrence Erlbaum Associates.

La Taille, Y. (2006). *Moral e ética: Dimensões intelectuais e afetivas*. Porto Alegre: Artmed.

Lapsley, D. K. & Narvaez, D. (2004). A social-cognitive approach to the moral personality. In K. Daniel, D. K. Lapsey, & D. Narvaez (Orgs.), *Moral development, self, and identity* (pp. 189-212). Mahwah, N.J.: Lawrence Erlbaum Associates.

Lourenço, O. (1998). *Psicologia de desenvolvimento moral: Teoria, dados e implicações*. Coimbra: Livraria Almedina.

Madureira, A. F. & Barreto, A. L. (2018). Diversity, social identities and alterity: Deconstructing prejudices in school. In A. U. Branco & M. C. Lopes-de-Oliveira (Orgs.), *Alterity, values and socialization: Human development within educational contexts* (pp. 167-190). Cham: Springer.

Martins, L. C. & Branco, A. U. (2001). Desenvolvimento moral: considerações teóricas a partir de uma perspectiva sociocultural construtivista. *Psicologia. Teoria e Pesquisa, 17*, 169-177.

Maturana, H. & Varela, F. J. (1997). *De máquinas e seres vivos*. Porto Alegre: Artes Médicas.

Mead, M. (1937). *Cooperation and competition among primitive peoples*. New York: McGraw-Hill.

Morin, E. & Prigogine, I. (2000). *A sociedade em busca de valores*. Lisboa: Instituto Piaget.

Nucci, L. (2004). Reflections on the moral self construct. In K. Daniel, D. K. Lapsey, & D. Narvaez (Orgs.), *Moral development, self, and identity* (pp. 111-132). Mahwah, N.J.: Lawrence Erlbaum Associates.

Paolicchi, P. (2007). The institutions inside: self, morality, and culture. In J. Valsiner & A. Rosa (Orgs.), *The Cambridge handbook of sociocultural psychology* (pp. 560-575). New York: Cambridge University Press.

Piaget, J. (1932/1994). *O juízo moral na criança*. São Paulo: Summus.

Ratner, C. (2002). *Cultural psychology: Theory and method*. New York: Plenum.

Rengifo-Herrera, F. (2014). *Desenvolvimento de valores sociais na perspectiva da psicologia semiótico-cultural: Um estudo com meninos brasileiros e colombianos em contexto lúdico sugestivo de violência* [Tese de Doutorado, Universidade de Brasília].

Rogoff, B. (2005). *A natureza cultural do desenvolvimento humano*. Porto Alegre: Artmed.

Roncancio, M. (2015). *Dinâmica das significações de si em crianças na perspectiva dialógico-cultural*. Dissertação de Doutorado, Universidade de Brasília.

Roncancio, M. & Branco, A. U. (2017). Developmental trajectories of the self in children during the transition from preschool to elementary school. *Learning Culture and Social Interaction, 14,* 38-50.

Schwartz, S. H. (1992). Universals in the contexts and structures of values: Theoretical advances and empirical tests in 20 countries. In: M. Zanna (Org.), *Advances in experimental social psychology* (v. 25, pp. 1-65). Orlando, FL: Academic Press.

Shweder, R. A. & Much, N. (1991). Determinations of meaning: Discourse and moral socialization. In R. A. Shweder (Org.), *Thinking through cultures: Expeditions in cultural psychology* (pp. 187-239). Cambridge, MA: Harvard University Press.

Tappan, M. (1997). Language, culture, and moral development: A Vygotskian perspective. *Developmental Review, 17,* 78-100.

Triandis, H. C. (1995). *Individualism & collectivism. New directions in social psychology*. Boulder, CO: Westview Press.

Valsiner, J. (2012). *Fundamentos da psicologia cultural: Mundos da mente, mundos da vida.* Porto Alegre: Artmed.

Valsiner, J. (2014). *An invitation to cultural psychology*. Londres: Sage.

Vozzola, E. (2014). *Moral development: Theory and applications*. New York: Routledge.

Vygotsky, L.S. (1984). *A formação social da mente.* São Paulo: Martins Fontes.

Wren, T. (1990). *The moral domain: Essays in the ongoing discussion between philosophy and social sciences*. Cambridge, MA: MIT Press.

Wren, T. (1991). *Caring about morality: Philosophical perspectives in moral psychology*. Cambridge, MA: MIT Press.

Zittoun, (2015). Studying higher psychological functions: The example of imagination. In J. Valsiner, G. Marsico, N. Chaudhari, T. Sato, & V. Danzzini (Orgs.), *Psychology as the science of human being: The Yokohama manifesto* (pp. 129-147). Cham: Springer.

CAPÍTULO 3

Os Signos são a "Pupila" dos Olhos ou como a Relação Sujeito/Cultura Emerge na Semiosfera

Francisco José Rengifo-Herrera

A ideia de apresentar um capítulo sobre a relação sujeito/cultura, um dos eixos conceituais da Psicologia moderna, torna-se uma tarefa ambiciosa, mas fascinante. Não há dúvida de que os últimos anos da Psicologia (de maneira mais precisa, as últimas três décadas) têm sido um período necessário para rever as formas de compreender os processos psicológicos. A Psicologia é Ciência e Profissão e, ao mesmo tempo, a Psicologia discute com a biologia e com a cultura. Nada a exclui de enxergar a si mesma como dual e, portanto, não reduzida a neurônios nem a signos.

O objetivo do presente capítulo é analisar alguns aspectos envolvidos na origem da Psicologia como disciplina científica, bem como sobre os mitos e as realidades acerca dessa ideia de ciência que temos construído e que continuamos a repetir a cada semestre com os "calouros" que chegam com a expectativa de fazer parte do mundo *Psyché*. A partir dessa ideia, discutiremos algumas perspectivas contemporâneas sobre a relação sujeito/cultura; o papel da semiosfera; e, finalmente, o conceito de *Dialogical Self* como consideração que coloca, desde uma perspectiva contemporânea, uma série de alternativas teóricas para entender o Sujeito da Psicologia no século XXI.

Visitar o Passado para a Compreensão do Presente

A história da Psicologia como ciência, na América Latina, tem sido contada principalmente através de livros de origem estadunidense. Esses livros são utilizados, nos Estados Unidos e aqui, nas disciplinas ministradas durante os primeiros anos de graduação, especialmente nas disciplinas básicas que integram o currículo dos Cursos de Psicologia. Trata-se de livros genéricos que expressam, de forma sucinta, a história da Psicologia, sem muito aprofundamento nas questões epistemológicas, teóricas e metodológicas relevantes. Igualmente, um dos aspectos mais destacados desses livros é a desconsideração rigorosa sobre os posicionamentos filosóficos (ontológicos e epistemológicos) dos autores.

Muitas vezes, encontramos narrativas da história da Psicologia como produto de fatos individuais desenvolvidos por um fisiologista alemão (Wundt) que criou as bases da Psicologia como ciência. Ao mesmo tempo, em vários textos introdutórios, críticas e dúvidas são expostas sobre a "verdade" e o "rigor" das suas descobertas. Generalizações sobre o modo como Wundt realizava as suas pesquisas tornam-se uma referência para desqualificar o trabalho no Laboratório de Leipzig. No entanto, há evidências que indicam o contrário a respeito da suposta falta de rigor e de aprofundamento no trabalho teórico e metodológico do professor alemão (ver: Fuchs & Milar, 2003).

Nesse sentido, devemos salientar que há uma clara aproximação dual que o próprio Wundt deu aos fenômenos da *Psyché* (ψυχή, cujo significado grego é sopro ou alento/fôlego). Há, claro, uma psicologia fisiológica, porém, há uma psicologia dos povos que também precisa ser analisada na obra wundtiana. Para ele, a ideia de uma psicologia segmentada parece pouco provável, e desconsidera a divisão como uma escolha entre ser ciência e não o ser. "Ao contrário, Wundt defende que os aspectos cognitivos e emocionais, bem como as funções volitivas, poderiam ser compreendidos como aspectos igualmente importantes de processos unitários e psicofisiológicos"[1] (Fahrenberg, 2012, p. 229).

Nesse tipo de textos mencionados antes, de forma geral, os alunos estadunidenses que se vincularam ao Laboratório de Leipzig são apresentados como os "gestores" de uma mudança significativa na Psicologia. Parece que foram eles que levaram as ideias para o "lugar certo", inspirando o desenvolvimento de uma verdadeira ciência do comportamento (por exemplo: Schultz & Schultz, 2004; Hothersall, 2006; Rooney, 2016, autores de livros sobre a História da Psicologia que são populares no Brasil). Essa única ciência teria se transformado, então, na Psicologia que mensura, replica, generaliza e cria leis universais sobre o comportamento (não apenas o comportamento humano), e esses alunos estadunidenses foram apresentados para o grande público como os revolucionários de uma ciência nova, criada sob o rigor das outras "verdadeiras" ciências e padrões que eram necessários para garantir o sucesso de um processo científico longe de critérios "metafísicos".

Para entrar no assunto que pretendo desenvolver neste capítulo, devo assinalar que, quando são analisados os posicionamentos de Wundt sobre a pesquisa e o reconhecimento pela proposta de desenvolvimento de uma *Völkerpsychologie* (uma psicologia dos povos, psicologia mais próxima dos sentidos e significados, das práticas e das crenças) como fundamento da nova ciência, descobrimos que existem partes relevantes que não são contadas nessa história. Danziger (1998) descreve como o próprio Wundt participava como sujeito dos seus

---

1. No original "On the contrary, Wundt claimed that cognitive and emotional as well as volitional functions should be understood as equally important aspects of a unitary and psychophysical process".

experimentos e que eram os alunos que dirigiam as atividades do laboratório. Talvez essas práticas, comuns nos laboratórios alemães na época, poderiam ser consideradas, hoje, totalmente fora do rigor e do caráter científico esperados. No entanto, essas práticas ratificam que havia um espaço colaborativo e crítico em relação aos rituais rígidos sobre os modos "certos" de se fazer uma pesquisa de laboratório. Danziger (1998) enfatiza que o trabalho de laboratório é um processo coletivo, conversacional.

> Durante os primeiros anos de seu laboratório, Wundt apareceu regularmente como sujeito ou fonte de dados nos experimentos publicados por seus alunos, embora também tenha contribuído com grande parte da teoria subjacente a esses experimentos. Curiosamente, Wundt não parece ter assumido o papel de experimentador. Isso sugere que o papel de fonte de dados psicológicos foi considerado como algo que requer maior sofisticação psicológica do que o papel de experimentador (Danziger, 1998, p. 51).[2]

Segundo a descrição de Danziger (1998) existiam duas formas, mais ou menos homogêneas, de realizar o trabalho de experimentação no início das pesquisas psicológicas de laboratório. A primeira é descrita a seguir:

> O modelo de Leipzig envolveu um alto grau de fluidez na alocação de funções sociais na situação experimental. Enquanto os participantes desta situação poderiam assumir o papel de experimentador e o do sujeito, o último papel era, em todo caso, mais importante do que o primeiro (Danziger, 1998, p. 54).[3]

---

2. No original: "During the first years of his laboratory, Wundt appeared regularly as a subject or data source in the experiments published by his students, although he also contributed much of the theory underlying these experiments. Interestingly, Wundt does not seem to have taken the role of experimenter. This suggests that the role of psychological data source was considered to require more psychological sophistication than the role of experimenter".

3. No original: "The Leipzig model involved a high degree of fluidity in the allocation of social functions in the experimental situation. While participants in this situation could

No entanto, também existiam práticas que eram chamadas de "experimento clínico" que vinham de uma tradição francesa, associada à hipnose dirigida por Binet (ver: Danziger, 1998, pp. 53-54). O experimento clínico tinha um posicionamento mais rígido e, por usar a hipnose como recurso, apresentava uma clara distinção entre o pesquisador e o participante. De fato, é justamente nesse contexto que o uso do conceito 'sujeito' era mais frequente. Esse tipo de pesquisa clínica tinha um foco que estava mais associado às condições de "anormalidade" (o conceito que era usado na época) e que eram aprofundadas mediante o uso de métodos mais heterônomos por parte do pesquisador (hipnose).

> No experimento clínico, ao contrário, os papéis de experimentador e sujeito foram rigidamente separados. O experimentador era claramente responsável, e só ele estava absolutamente informado sobre o sentido do experimento. Os papéis de experimentador e sujeito não podiam ser trocados (Danziger, 1998, p. 54).[4]

Quero salientar essa diferença nos dois modelos como um dos aspectos que pouco ou nada sabemos sobre a origem histórica da Psicologia como ciência. Frequentemente, temos acesso a histórias abreviadas e sem fundamentos epistemológicos nem históricos mais aprofundados. Encontrar essas práticas laboratoriais é importante para entender aspectos teóricos, epistemológicos e metodológicos envolvidos.

Os posicionamentos teóricos de Wundt são analisados frequentemente, porém, o que se diz acerca dele é diferente da proposta teórica que encontramos nas descrições e explicações que ele faz. A ideia de introspecção como tem sido popularizada é, como discutido por

---

assume both the role of experimenter and that of subject, the latter role was, if anything, more important than the former".

4. No original: "In the clinical experiment, by contrast, experimenter and subject roles were rigidly segregated. The experimenter was clearly in charge, and only he was fully informed about the significance of the experiment. Experimenter and subject roles were not exchangeable".

Danziger (1998, p. 21), um produto das narrativas behavioristas e dos livros de introdução à Psicologia: "A escolha introspeccionista de um tipo diferente de conhecimento era uma questão de preferência, não uma questão de erro. Se o que eles fizeram era científico depende da definição que cada um tem sobre o que é ciência"[5] (Danziger, 1998, p. 12).

A proposta wundtiana parece mais próxima de uma forma de monismo, que revela uma estreita relação entre processos psicofísicos e processos fenomenológicos vivenciados pelo sujeito. Wundt entende que os fenômenos psicológicos estão atrelados aos fatores emocionais e cognitivos (Fahrenberg, 2012, p. 229). De acordo com Fahrenberg (2012, p. 229): "Ele considerou linhas de delimitação e as propôs ao longo de sua filosofia emergente da ciência, especialmente a noção de totalidade (interior e exterior) de experiência ('realismo crítico') e sua noção de paralelismo psicofísico"[6]. Vemos, portanto, que na proposta wundtiana há uma compreensão que transcende a simples realização de experimentos que tornaram a Psicologia uma ciência "verdadeira", como inclusive vemos na discussão desenvolvida por alguns autores da história da Psicologia (por exemplo, Fuchs & Milar, 2003, pp. 4-5).

Por outro lado, há que se destacar que a Psicologia europeia também tem se posicionado, muitas vezes, a partir de um olhar que desestima os modelos teóricos e metodológicos estadunidenses. Também devemos considerar que esses posicionamentos não eram (nem são ainda) bem recebidos, nem bem entendidos, pela tradição eurocêntrica dominante. Por exemplo, Christiane Gillièron (1988), herdeira da tradição piagetiana, já afirmava, há alguns anos, que a Psicologia Cognitiva (uma reformulação dos modelos cartesianos estadunidenses fundamentados na metáfora computacional) era uma revolução palaciana, mas que no fundo pouco podia diferenciar o Behaviorismo da Psicologia Cognitiva.

---

5. No original: "The introspectionist choice of a different kind of knowledge was a matter of preference, not a matter of error. Whether what they did was scientific depends on one's definition of science".

6. No original: "He considered lines of delineation and proposed these along his emerging philosophy of science, especially his notion of the whole (inner and outer) experience ('critical realism') and his notion of psychophysical parallelism".

Miller, Galanter e Pribram (1960) explicavam que os modelos computacionais apenas ampliaram o que estava no hífen que separava o Estímulo da Resposta (paradigma E-R). Ou seja, nesses novos modelos não se propõe nada além de uma perspectiva funcionalista que explica a ação do sujeito em função de *Input-Processing-output*. Uma contribuição muito pequena para ser chamada de "Revolução Cognitiva" (Rengifo-Herrera, 2002).

Claramente, o Behaviorismo não faz parte da história da Psicologia europeia no começo do século XX. Piaget, Vigotski, Zazzo, Rey, Wallon, Bartlett, Koller, Werner, entre outros autores, propõem modelos de cunho estruturalista, bem como outros autores enfatizam perspectivas mais próximas das ideias funcionalistas sobre o que deveria ser a dinâmica psicológica humana. A Psicologia europeia caracterizava-se pela ideia de propor estruturas teóricas e com uma análise epistemológica relacionada às lógicas de Kant, Spinoza e o Empirismo Inglês. Por sua vez, nos Estados Unidos, James é considerado o fundador do funcionalismo. Não obstante, ancorado na ideia do pragmatismo peirciano, ele consegue desenvolver uma proposta que será o alicerce dos futuros modelos cognitivistas nesse país. Mesmo assim, destacam-se posicionamentos teóricos como os desenvolvidos por Waddington, Baldwin, Dewey, que oferecem uma perspectiva dinâmica e transformadora do sujeito psicológico e também representam outra versão da Psicologia Estadunidense que nem sempre é reconhecida.

A Psicologia não é uma ciência que surgiu, historicamente, das ideias de "boa vontade" e "ajuda". Pelo contrário, a Psicologia é uma ciência que permitiu a criação de complexos sistemas de controle das pessoas, de forma articulada ao Regime Disciplinar (Figueiredo & Santi, 2007). De igual modo, é uma disciplina que formalizou e aprimorou esses dispositivos de controle e de regulamentação, higienização e formalização das instâncias, processos e estruturas da *Psyché*.

Nesse sentido, devemos reconhecer que existe uma grande necessidade de discutir sobre a forma como pensamos as relações Sujeito/Cultura, não apenas considerando mecanismos e sistemas fechados ou pressuposições sobre o que deveria ser, acontecer e emergir, de maneira padronizada e nomotética, na vida dos indivíduos ao longo das suas trajetórias de desenvolvimento.

O propósito principal deste capítulo está focado na ideia de Psicologia como disciplina, cujo objeto de estudo está sempre no espaço indecifrável da relação e da mediação. Justamente é essa instância que foge da realidade evidente (perceptível?), que converte toda alternativa teórica numa encruzilhada que deverá sempre tentar equilibrar a ideia de *Psyché* como instância que está corporizada e semiotizada ao mesmo tempo. Como dinâmica humana que depende de aspectos físicos e psicológicos e que são, desde essa perspectiva, duais. Essas circunstâncias também nos estimulam a pensar os processos psicológicos como modos criados nas relações biológico-históricas que, mediadas pelos sistemas semióticos da cultura, permitem a emergência desse sujeito que enxerga o mundo de forma *sui generis*, mas que, ao mesmo tempo, enxerga o mundo como pertencente a um contexto partilhado com outros.

Mesmo diante dessa incerteza, há uma ênfase biologista que tomou conta da discussão psicológica nos últimos anos. Essa tendência não pode ser considerada via régia e único caminho para explicar os processos da psicologia humana. Também não podemos ficar apenas na ideia de que foram os aspectos culturais os que permitiram a consolidação psicológica humana, desconsiderando que os processos evolutivos humanos têm um importante papel na nossa organização do mundo. O sujeito, como ser relacional, está "entrelaçado" (como diria Cole, 1994) com a cultura. Não podemos simplesmente oscilar, a cada período de tempo e a cada nova proposta teórica, para o lado biológico ou para o lado cultural. O que devemos ressaltar é que somos "centauros", produtos da dualidade (não dualismo) entre o que recebemos como herança biológica e o que a cultura, através de múltiplos sistemas semióticos, provê.

Wundt parecia ter clara a ideia de um sujeito dual, um ser humano natural e cultural ao mesmo tempo (Figueiredo & Santi, 2007). Nesse ponto, nem o reducionismo epistemológico da "única" ciência e nem os relativismos exacerbados do "tudo vale" podem ser úteis para a construção da disciplina. A despeito das suas origens instrumentais e utilitaristas, a Psicologia é, sem sombra de dúvida, um dos mais importantes empreendimentos humanos dos últimos séculos.

A Psicologia, como disciplina científica, tem se revelado como uma forma de nos reconhecermos como seres limitados, frágeis, carentes. Porém, ao mesmo tempo, podemos nos ver como seres com a possibilidade de procurar arcar com as nossas incompletudes, como seres finitos e limitados. Nesse sentido, a crítica apresentada anteriormente, especialmente aos modelos positivistas, só pretende chamar a atenção sobre a imperiosa necessidade de voltar sobre as ideias que fizeram parte das nossas origens como ciência (não como fatos a serem repetidos, mas como ideias a serem reconsideradas e trazidas à tona para entender o presente e o futuro da disciplina) para entender o que a Psicologia tinha para pensar e indagar antes de ter-se confundido na busca de uma objetividade inalcançável. Essa volta deve nos permitir a abertura de novos olhares, reconsiderações e premissas que favoreçam a ideia de sujeito como ser dual.

Podemos reconhecer que, nas origens históricas da Psicologia, ela parecia enxergar fenômenos que, por causa das oscilações filosóficas entre biologia e cultura, nos impediram de manter o foco nos aspectos relacionais. Os aspectos relacionais são, sem sombra de dúvida, a forma mais interessante de entender os meandros da *Psyché*.

O que Parece que Entendemos por Psicologia Hoje

A discussão bizantina quanto ao papel do ambiente/contexto sobre os processos psicológicos ou o posicionamento contrário, sobre o fato de que nascemos sabendo (como propõem Mehler & Dupoux, 1994), tem sido a base da disputa entre distintos modelos na Psicologia contemporânea. As Neurociências ocuparam os espaços de boa parte da discussão desenvolvida por alguns autores (a recém-falecida Annette Karmiloff-Smith, 2006, é um exemplo) que, vindo de tradições mais funcionalistas, terminaram se rendendo aos fatos "evidentes" das descobertas da tomografia por emissão de pósitrons (TEP).

No entanto, também existe outra vereda que desconhece o que as disciplinas biológicas têm pesquisado e se foca apenas nos aspectos intangíveis da nossa condição psíquica. Negar um lado ou outro da condição psicológica humana acaba por resultar na criação de mundos parcelados e maniqueístas, onde as diversas camadas que constituem as relações sujeito/cultura são esquecidas, ignoradas como se nenhuma delas nos pertencesse.

É importante, portanto, buscarmos compreender que somos seres psicológicos, cuja principal qualidade é a condição dual da *Psyché*. Há alguns anos, venho pensando e escrevendo acerca da metáfora dos centauros (Rengifo-Herrera, 2009) como símbolo que nos ajuda na compreensão da vida psicológica. Podemos pensar como centauros no que tange às qualidades que facilitam a emergência da subjetividade, da consciência e dos posicionamentos de si para olharmos o universo. Por sua vez, precisamos das condições biológicas que, como nos centauros na parte inferior do corpo, representam nossa condição animal e humana. Há algum tempo, tenho usado a metáfora dos centauros para discutir a dupla condição da *Psyché*.

Cabe esclarecer que Quíron representa, no mito grego, um personagem que, após ser ferido por Hércules, sofre uma dor permanente (o fato de possuir uma natureza divina tornava a dor eterna). Diante dessa situação irresolúvel, Quíron decide renunciar à condição divina para não ter de suportar mais a dor. O Centauro enfrentava-se com a sua dupla condição, com a inseparável necessidade de entender os limites e compreender a finitude. Como Quíron, nós, seres humanos, somos sistemas tanto biológicos como culturais.[7] Não somos primeiro um

7. Devemos lembrar que Aristóteles já estabelecia uma diferenciação entre natureza, como alteridade radical e como corpo-que-não-é-a-consciência (De Alencar Jacques, 2010), e que resolveria a diferença entre o que pertence à cultura.

para, depois, nos transformarmos em outro. Somos "cogerados" sobre a base da nossa história biológica e a história cultural do nosso grupo.

O indivíduo como ser biológico se constrói nas inúmeras relações que se estabelecem no interior da cultura (Bruner, 1997). A cultura vai se enriquecer pelas leituras subjetivas e particulares de cada sujeito. A análise das relações do sujeito, à luz da perspectiva da separação inclusiva (Valsiner & Cairns, 1992), é uma das principais ferramentas para repensar os processos psicogenéticos. O conceito comporta a compreensão sobre as dinâmicas psicológicas, levando em consideração a condição dual da natureza das dinâmicas. Segundo Valsiner (2007), o uso do que ele chama de "estratégia de separação inclusiva" procura dar conta dos modos de organização do sujeito no marco do entrelaçamento que ele tem com o contexto:

> O segundo modo de separar um fenômeno do seu contexto é através da separação inclusiva: o alvo é diferenciado do contexto, mas o contexto é mantido na análise subsequente, porque é considerado interdependente no fenômeno. Embora a ênfase na pesquisa seja sobre o fenômeno/objeto, a relevância do seu contexto é reconhecida na investigação (Valsiner, 1997, p. 24).

Valsiner, como mencionado, enfatiza que a Psicologia tem se focado, de forma quase particular, numa abordagem fundamentada na ideia de separação exclusiva. A persistência da Psicologia em adotar modelos individualistas, solipsistas e que isolam as ações do sujeito tem trazido como resultado o surgimento de teorias e metodologias pouco pertinentes à realidade dos fenômenos pesquisados. Somos seres que precisamos nos apropriar de signos para poder circular na semiosfera em que crescemos e que herdamos das gerações anteriores. Ao mesmo tempo, sem nossas condições biológicas, não teríamos acesso aos recursos simbólicos criados historicamente.

As ideias defendidas por Wundt, não entanto, fazem parte importante da nossa compreensão sobre os fenômenos *Psyché* na psicologia contemporânea. Pensar a disciplina como um espaço dual (não dualista) abre as portas para perspectivas teóricas e metodológicas fundamentadas na reciprocidade ideográfica e nomotética dos processos e fenômenos da *Psy*. Para Wundt, o sujeito deveria ser estudado a partir das funções psicológicas elementares, bem como compreender o sujeito desde uma visão ampla e fenomenológica das suas experiências subjetivas.

> Ele destacou especialmente quatro dessas categorias: sujeito, valores, propósito e vontade. O propósito da *Geisteswissenschaften* (Ciências sociais e mentais) é "sempre começar pelo aspecto onde o homem como sujeito intencional e pensante é um fator essencial de um fenômeno dado" (Wundt, 1894, p. 18) (Fahrenberg, 2012, p. 3).[8]

Nesse sentido, podemos pensar que a Psicologia como ciência pode ser metaforizada com o centauro (Rengifo-Herrera, 2009), cuja dupla condição de ciência natural e ciência social converte os processos de organização psicológica em um entrelaçamento de diferentes níveis biológicos, sociais, semióticos, afetivos, históricos e culturais. Não há uma instância específica que permita, de maneira unitária e exclusiva, explicar os fenômenos psicológicos, bem como não há forma de definir onde começa a natureza animal ou humana no centauro.

A razão pela qual uso a metáfora de que os signos são a "pupila" dos olhos foi inspirada nesse argumento. Afinal, não é possível pensar a consciência de si mesmo apenas pela via das estruturas fisiológicas. Sem a possibilidade de usar signos, não teríamos como enxergar o mundo que vivenciamos (fenomenologicamente) no dia a dia. Wundt parecia entender essa condição dual e buscava pesquisar mais sobre essas duas condições essenciais da *Psyché*. Justamente, por causa disso, nós devemos abrir o espaço para analisar a relação Sujeito/Cultura à luz da complexidade entre o nomotético e o idiográfico (Salvatore et al., 2008).

---

8. No original: "He pointed out especially four such categories: subject, values, purpose, and will. The task of the Geisteswissenschaften (mental and social sciences) 'always begins at the point where man as a willing and thinking subject is an essential factor of a given phenomenon'".

Os modelos que pretendem gerar leis e regularidades têm nos oferecido, ao longo da história da ciência, uma série de alternativas para entendermos as dinâmicas psicológicas. As regularidades e as variabilidades de um sistema são elementos muito importantes para analisar e entender as formas e os processos envolvidos nas dinâmicas psicológicas. Porém, a forma de análise das características dos fenômenos psicológicos está relacionada, também, com a significação e com os aspectos particulares e específicos. Ou seja, os aspectos semióticos, afetivos e narrativos presentes nas vivências cotidianas precisam de uma análise da singularidade. Nesse ponto, a proposta de analisar as singularidades e particularidades torna-se uma maneira de aprofundar e mergulhar nos aspectos específicos das regularidades e variabilidades psicológicas. Como é discutido por Del Rio e Molina (2008, p. 77), a integração entre ambas as perspectivas permite ampliar o universo de compreensão dos fenômenos *Psyché*:

> Podemos propor que o início de qualquer lei nomotética é uma origem idiográfica. Também podemos afirmar que as proposições nomotéticas são abstrações de dados. O que está em jogo aqui é que os dispositivos construídos entre a análise particular de um único caso e a construção nomotética de um conceito podem criar uma interpretação equivocada do fenômeno. A opção de usar dispositivos nomotéticos, idiográficos ou ambos deve ser um processo decisório no qual uma clara vantagem teórica possa ser alcançada como consequência de uma escolha metodológica. A proposta de usar ambas as abordagens como uma metodologia integrada é um desafio interessante, mas complexo. Concordamos com a proposta básica de que os níveis intraindividual e interindividual não podem substituir um ao outro. Uma questão fundamental aqui é que a Variação Intraindividual (IAV na sigla em inglês) destaca a natureza temporal da expressão humana como a principal característica da metodologia idiográfica.[9]

---

9. No original: "We could propose that the beginning of any nomothetic law is an idiographic origin. Also we can state that nomothetic propositions are abstractions of data. What is at stake here is that the devices constructed between the particular analysis of a single case and

Nos modelos nomotéticos e idiográficos, vemos como encontramos alternativas teórico-metodológicas que permitam entender a separação inclusiva que constitui o sujeito como centauro, como ser dual (por correspondência e reciprocidade). O mais importante na relação Sujeito/Cultura não está apenas no sujeito, não está apenas na cultura, não está apenas na barra. A relação está na ideia de separar de forma inclusiva, para não desconsiderar as dinâmicas sistêmicas dos fenômenos *Psyché*. Entender esses fenômenos como sistemas extremamente complexos, intrincados e dinâmicos, cujas relações são indissolúveis e articuladas de maneira íntima (no sentido proposto por Cole, 1996, cap. 7).

A Semiótica como Eixo Articulador das Relações Sujeito/Cultura

A nossa espécie tem se organizado a partir da necessidade de construir recursos materiais ou simbólicos de natureza exossomática (Innis, 2016, p. 87) para garantir a sua continuidade. Por sua vez, precisamos que esses elementos estejam constituídos essencialmente por recursos semióticos planejados e elaborados no contexto de Dispositivos Intencionais de Instrução Cultural — DIIC (Rengifo-Herrera, 2009) —, que se viabilizam através dos sistemas educacionais (formais, informais e não formais).

Esses DIIC facilitam que as próximas gerações recebam, mediante a educação, a chance de aprender acerca dos processos histórico-mnemônicos (conhecimento produzido) que permitam o uso dessas

---

the nomothetic construction of a concept may misread the phenomenon. The option of using nomothetic devices, idiographic ones or both has to be a decision making process in which a clear theoretical advantage can be accomplished as an outcome of the methodological choice. The proposal of using both approaches as an integrated methodology is an interesting but a complex challenge. We agree with the basic proposal that intra-individual and inter-individual levels cannot replace each other. A key issue here is that Intraindividual Variation (IAV) highlights the temporal nature of human expression as the main characteristic of the idiographic methodology".

memórias de forma a projetar e lidar com o futuro (Valsiner, 2007). Registramos signos para poder usá-los como recursos para enfrentar o porvir. No entanto, esses sistemas semióticos só podem se constituir sobre uma base adaptativa potente e eficiente, como a que o nosso cérebro favorece. A relação sujeito/cultura emerge nessas condições inalienáveis das relações biológicas, históricas, relacionais e culturais. Os signos têm se tornado uma das mais poderosas ferramentas para entender os processos psicológicos humanos, especialmente nos últimos 30 anos. Não é por acaso, portanto, que a semiótica se tornou um campo que permite criar relações teóricas e metodológicas relevantes com os conceitos discutidos neste capítulo.

Apesar da frequência com que usamos o termo signo no contexto acadêmico, há bastante ambiguidade e diversidade na compreensão dele. Neste capítulo adoto, como já anunciei, a proposta semiótica de C. S. Peirce. Não é possível, neste capítulo, realizar uma análise exaustiva da origem do modelo peirciano e suas diferenças com a proposta de Saussure.[10]

Mergulhar na proposta de Peirce sobre os signos é se deparar com um complexo universo de explicações sobre a forma como os signos surgem e também acerca da sua dinâmica. Para o autor, os signos são sistemas em constante transformação (semiose), que dependem de pelo menos três[11] condições: a primeira, ter uma qualidade ou padrões de relações com o objeto (*icônico*); a segunda, estar em relação com algo existente e que pode estar relacionado com o objeto mediante algum tipo de conexão (*indicial*). Por fim, a terceira, o signo pode ser compreendido e, inclusive, traduzido por alguém como produto da convenção ou do acordo mútuo (*simbólico*) (ver: Innis, 2016). Ou seja, o signo requer, para se compreender, algo, em alguma relação com alguém.

A concepção peirciana de signo atrelada à relação triádica entre ícone/índice/símbolo e entre qualidade-relação-representação, como

---

10. Ver Castañares (2002) para uma ampliação sobre as origens e divergências de ambos os modelos.

11. É importante salientar que C. S. Peirce declara-se como tricomaníaco porque achava que nas tríades existia a possibilidade permanente de explicação.

nomeada inicialmente por Peirce e, posteriormente, renomeada como a tríade Primariedade-Segundidade-Terceiridade (Romanini, 2014), que abre a porta para pensar em formas de entender o funcionamento dos nossos sistemas inferenciais, a maneira como usamos os signos para antecipar a realidade, bem como para vivenciar (afetiva e fenomenologicamente) a realidade.

A dificuldade da compreensão da ideia de signos em Peirce está associada à ideia de volatilidade e condição efêmera deles. Para o autor, os signos se reelaboram e reinstituem constantemente. Os signos mudam o tempo todo porque a semiose os coloca, necessariamente, na condição de ressignificação devido à constante transformação das qualidades de caráter icônico (primariedade), que impactam (e são impactadas simultaneamente) as representações convencionais e simbólicas (terceiridade), e ambas dependem da resistência que a realidade impõe através do que está nos índices (da relação ou segundidade) para garantir a dinâmica contínua do sistema.

Em outras palavras, algo que está na relação com alguém (que o traduz) e o submete à mudança e à reorganização (semiose) *ad infinitum*. Essa condição impede que o signo seja cristalizado. Ao contrário disso, o signo precisa ser transformado e redefinido. O signo permite pensar que há uma relação entre uma semelhança (ícone), uma correspondência real (índice) e uma qualidade imputada como signo geral (símbolo). Essas são características que estão conectadas aos aspectos afetivos e cognitivos do ser humano. A proposta semiótica de Peirce abre uma poderosa forma de entender como os processos afetivos, as dinâmicas psicológicas e a criatividade se organizam.

Cabe esclarecer que não existem signos puramente icônicos ou indiciais ou simbólicos. Os signos são amálgamas de qualidades, correspondências e atributos imputados. A forma como conhecemos, criamos vínculos afetivos e estabelecemos relacionamentos intersubjetivos com os outros e com a realidade está ligada aos três elementos mencionados anteriormente e cria, também, outra amálgama sobre o modo de entender nossas formas de afetar e conhecer a realidade e a nós mesmos.

Vejamos o que Peirce afirma acerca dos três elementos e como isso se relaciona aos processos de construção de conhecimento:

> Parece, então, que as verdadeiras categorias da consciência são: primeira, sentimento, a consciência que pode ser incluída com um instante de tempo, consciência passiva de qualidade, sem reconhecimento ou análise; segunda, consciência de interrupção no campo da consciência, sentido de resistência, de um fato externo, de alguma outra coisa; terceira, consciência sintética, ligação com o tempo, sentido de aprendizagem, pensamento (Peirce, C. P. 1.377, 1931/1958, volume 1, 200).[12]

Conhecer não é apenas um ato cognitivo e racional (Damásio, 1998). Precisamos de vínculos afetivos e de relacionamentos para enfrentar a realidade. Os signos, considerados como qualidade, permitem uma ancoragem/ligação afetiva que vem dos interesses, afetos e ligações do sujeito. No entanto, se fosse apenas esse elemento icônico (qualidade), o sujeito ficaria preso aos seus sentidos e escravo de uma condição solipsista. A consciência da resistência que o objeto/fato oferece às qualidades icônicas impulsiona a busca de recursos para se apropriar daquilo que resiste (de natureza indicial). Não obstante, nem a consciência das possibilidades que a qualidade permite, nem a resistência do objeto a partir dos aspectos indiciais permitem a compreensão e o conhecimento do objeto/fato. Para tanto, é necessário, também, a consciência sintética, que envolve a construção de um vínculo conjunto, imputado simbolicamente, para que a compreensão possa ser coletiva.

A condição simbólica dos signos permite comunicar, partilhar e experimentar com os outros aquilo que está além das qualidades e das resistências. O conhecimento do mundo não está preso às qualidades

---

12. No original: "It seems, then, that the true categories of consciousness are: first, feeling, the consciousness that can be included with an instant of time, passive, consciousness of quality, without recognition or analysis; second, consciousness of an interruption into the field of consciousness, sense of resistance, of an external fact, of another something; third, synthetic consciousness, binding time together, sense of learning, thought".

particulares, porém, tampouco está na condição do objeto que resiste a ser conhecido, nem se encontra no espaço simbólico coletivamente criado. O conhecimento está na relação inseparável das três instâncias, anteriormente mencionadas.

A relação construída entre o sujeito e a cultura também está articulada graças às qualidades (primeiro)/correspondências (segundo)/imputações (terceiro). A cultura, como conjunto histórico de recapitulações dos saberes elaborados na esfera coletiva, também se organiza a partir das constantes dinâmicas de semiose que os sujeitos criam o tempo todo. Tanto no plano das qualidades íntimas, como na resistência que o outro e o mundo criam para ser conhecidos e no universo das regras e leis simbolicamente definidas, há formas específicas de pensar e organizar a realidade.

É nesse aspecto que pretendo estabelecer a seguinte conexão: a gênese dos signos (as formas como eles emergem) parece ser equivalente às características da relação proposta entre o sujeito psicológico contemporâneo e a ideia de cultura que temos construído nos últimos anos.

Como mencionado anteriormente, a consciência — vivência ou experiência — no mundo por parte do sujeito (desde uma perspectiva fenomenológica) parece estar unida às três formas do signo. Para tentar esclarecer ainda mais a ideia, devo indicar que a semelhança se configura pela qualidade (mencionada anteriormente), a correspondência é uma relação e o signo geral é uma representação. Desse modo, o signo está atrelado aos três aspectos de forma inseparável. A análise dos processos psicológicos, inspirada na proposta peirciana, está ligada aos aspectos fenomenológicos, fácticos e convencionais, ou seja, os signos dependem desses três níveis de experiência. Há uma experiência fenomênica do sujeito com a realidade, há uma experiência da realidade que resiste às experiências do sujeito e há um nível convencional das experiências que significam essa relação.

O mundo psicológico parece surgir, então, nessa amálgama de relações entre o que o sujeito vivencia, o que a realidade impõe e o que a cultura classifica/qualifica como lei. Peirce, através da sua proposta semiótica, nos permite entender que a construção de signos é um processo incessante, permanente e contínuo. Graças aos signos, podemos pensar que aquelas experiências podem ser uma mera possibilidade que se amplia porque há uma existência real de alguma coisa (que resiste ao nosso "*experienciar*" subjetivo), o que gera uma nova forma de experiência (vivência). Por outra parte, essas experiências geram novas formas de pensamento e aprendizagem, atreladas e sustentadas pela formalização convencional do coletivo, o que as leva a serem difundidas para todos em sua potencialidade.

Um exemplo ilustrativo está relacionado às crianças e aos bebês humanos. Rodríguez e Moro (1999) e Rodríguez (2014, 2015) têm mostrado como nós, adultos, "jorramos" signos sobre novos objetos apresentados aos bebês. Os objetos não são apenas "bugigangas" e, como indicado antes, a nossa espécie requer elementos exossomáticos para se constituir e garantir a sua sobrevivência. Os sistemas educacionais informais, formais e não formais pretendem garantir a continuidade dos conhecimentos, vivências e objetos criados ao longo da nossa história.

No caso das interações da tríade bebê-objeto-cuidador, podemos ver que os adultos (cuidadores) enfatizam um posicionamento "educacional" com a criança diante de um objeto novo (brinquedos, por exemplo). O bebê inicialmente, ao receber o objeto, faz o que pode com ele. No entanto, apesar das ações não canônicas da criança, o adulto insiste em impulsionar as ações da criança e "inunda" o contexto com gestos, afetos, ações e significações que buscam orientar para a convenção da ação. Essa ausência de canonicidade nas ações do bebê está ligada ao fato de que o objeto, inicialmente, é mera possibilidade para a criança. Ao mesmo tempo, o objeto resiste à ação do bebê e permite-lhe fazer algumas coisas, porém, outras não.[13] Por fim, o adulto reitera as ações para validar as qualidades imputadas ao objeto por parte da cultura.

13. Lembrando aqui o conceito de *affordance* proposto pelo Gibson (1977).

Em síntese: os signos são amálgamas de registros de diferentes formatos e modos de experiência da realidade. Não é uma ação isolada, apenas subjetiva (solipsista), nem apenas definida pelo objeto (resistência) ou ainda apenas produto da regulamentação e legislação da cultura. Na ação do bebê, não há apenas pura afetividade e vivência. O objeto resiste (a partir das suas qualidades físicas e culturais) e a cultura define o que é convencional e ritual. Mas, reitero, nenhuma das três faces do signo é independente.

Vemos, nessa descrição, como os signos vão sendo criados ao longo do processo. Rodríguez e Moro (1999) e Rodríguez (2014, 2015) demonstram que os bebês passam a fazer o que podem com o objeto, a fazer o que eles devem e, por fim, conseguem fazer o que eles querem com os objetos. A colher que inicialmente é golpeada, sacudida ou jogada no chão, passa a ser usada pelo bebê para comer. No entanto, posteriormente, ele pode usar a colher para brincar de avião e assim por diante. O que, inicialmente, era uma ação caótica e sem organização vira uma forma regulada, convencional e legislada a respeito do uso do objeto. O que é interessante é que só após a apropriação dos usos convencionais é que o objeto pode ser transformado e descontextualizado simbolicamente.

Essa descrição não significa que, no final, o bebê fica preso ao uso convencional ou aos usos simbólicos. A semiose do processo pode transformar uma caixa de papelão num *playground* sem comparação. Porém, a caixa de papelão sozinha não foi a promotora da ação, também não foi a criança de forma isolada (solipsista), nem tampouco foi o que a cultura quis fazer da situação. A semiose é um processo que envolve a mera possibilidade da experiência fenomênica (primeiro), a resistência do objeto ao que o sujeito quer lhe impor (segundo) e o que a lei convencional define sobre as ações (terceiro). Ícone, índice e símbolo, portanto, se entrelaçam e permitem a criação de uma relação de mudança/permanência constante através do uso dos signos.

Portanto, os signos, como sistemas que se transformam *ad infinitum*, permitem ao sujeito a reelaboração da realidade e, paradoxalmente, a manutenção dessa realidade. Os signos garantem a mudança e a fixação. A liberdade e a submissão.

Além do que tenho discutido neste capítulo, devemos compreender que os signos facilitam a construção do tempo. Ou seja, a temporalidade pode ser construída graças aos signos. Tanto a lembrança (*anamnese*) como a expectativa (*prolepse*) surgem mediante sistemas semióticos que permitem criar registros mnêmicos da história e projetar para o futuro o porvir (Rosa, 2000, 2007). O tempo permite que nossa espécie possa estar ciente dos fatos já acontecidos e daqueles que pretende preservar para a posteridade. Ao mesmo tempo, esse conhecimento preservado permite que o futuro possa ser antecipado. Sem o uso dos signos, nada disso seria possível, sem sistemas semióticos que permitam uma experiência fenomenológica da realidade interpretada do sujeito a irreversibilidade do tempo não existiria e estaríamos presos de eternos presentes que tornariam vazias as nossas experiências de significação, carentes de compreensão e sentido.

Os sistemas semióticos não existem naturalmente nem fazem parte da experiência humana apenas como produto da nossa transformação cerebral, mas também não surgem apenas pela criação cultural. O entrelaçamento entre ambas as condições deve ser considerado indissolúvel e irredutível. Mediante a proposta teórica de Peirce acerca dos signos, podemos vislumbrar diversas possibilidades no estudo da gênese e organização da *Psyché*.

A Cultura como Semiosfera

Até agora, o presente capítulo tem se debruçado sobre alguns aspectos da origem histórica da Psicologia e a discussão sobre a forma como a disciplina enfrentou a relação Sujeito/Cultura. Os posicionamentos e leituras da Psicologia acerca da origem dos processos que permitem a emergência da subjetividade, as nuanças e características teóricas e epistemológicas que essas formas de se posicionar a respeito do sujeito e suas relações trouxeram sobre seus conceitos e métodos. A segunda parte apresentou os principais aspectos da proposta semiótica de C. S. Peirce acerca dos signos. A proposta do autor serve como recurso teórico para compreendermos, de modo mais aprofundado, a maneira como as experiências humanas, em termos afetivos, cognitivos e sociais se organizam. Os signos servem como mediadores das relações entre os fundamentos biológicos e culturais. Ambas as instâncias se relacionam a partir da regulação e mediação favorecida pelos sistemas semióticos.

Nesta seção, pretendo ampliar alguns dos posicionamentos expressos acerca das relações Sujeito/Cultura. A partir da conceituação de Semiosfera desenvolvida por Lotman (1984/2005), farei uma exposição do conceito e proporei a ligação entre esse conceito com a ideia de cultura. Para estabelecer tais relações teóricas, usarei a ideia de Peirce do homem como signo. Peirce (C. P. 1.377, 1931/1958, volumes 5-6, 189) afirma o seguinte:

> Sem pretender cansar o leitor, esticando esse paralelo muito longe, basta dizer que não há nenhum elemento da consciência do homem que não tenha alguma correspondência a ele na palavra. E a razão é óbvia. É que a palavra ou signo que o homem usa é o próprio homem. Pois, como o fato de que todo pensamento é um signo, tomado em conjunto com o fato de que a vida é uma sequência de ideias, prova que o homem é um signo; então, que todo pensamento é um signo externo, prova que o homem é um sinal externo. Ou seja, o homem e o signo externo são idênticos, no mesmo sentido em que as palavras homo e homem são idênticas. Assim, meu idioma é a soma total de mim mesmo; pois o homem é o pensamento (C. P. p. 5.314).[14]

---

14. No original: "Without fatiguing the reader by stretching this parallelism too far, it is sufficient to say that there is no element whatever of man's consciousness which has not something corresponding to it in the word; and the reason is obvious. It is that the word or sign which man uses is the man himself. For, as the fact that every thought is a sign, taken in conjunction with the fact that life is a train of thought, proves that man is a sign; so, that every

Por que iniciar uma discussão sobre o conceito de semiosfera de Lotman (1984/2005) citando Peirce? Porque fica claro que os processos de organização da semiose estão contidos nas mais íntimas esferas da vida humana. Nesse sentido, cabe apresentar o conceito de semiosfera. Lotman (1984/2005, p. 208) propõe a seguinte definição:

> O universo semiótico pode ser considerado como a totalidade de textos individuais e linguagens isoladas, que se relacionam entre si. Nesse caso, todas as estruturas terão a aparência de serem construídas com tijolos individuais. No entanto, é mais útil estabelecer uma visão contrastante: todo espaço semiótico pode ser considerado como um mecanismo unificado (se não organismo). Neste caso, a primazia não está em um ou outro signo, mas no "sistema maior", a saber, a semiosfera. A semiosfera é o mesmo espaço semiótico, fora do qual a semiose em si não pode existir.[15]

Ao longo dos processos de desenvolvimento psicológico, os signos são "jorrados" constantemente nas relações que construímos conosco, com o mundo e com os outros. Como Lotman (1984/2005) enfatiza, há um sistema ampliado que organiza e contém todo o universo de relações, e que ele o chama de Semiosfera. Esse espaço semiótico permite a emergência e o desenvolvimento dos processos de semiose, sem os quais nossas ações não poderiam, sequer, serem previstas.

Uma vez mais é possível identificar, nesse caso através da semiosfera, como as formas que os seres humanos têm para pensar, reconhecer e aprender a realidade são guiadas pelos signos — consideramos, neste capítulo, os signos como a "pupila" dos olhos. O ambiente humano,

---

thought is an external sign, proves that man is an external sign. That is to say, the man and the external sign are identical, in the same sense in which the words homo and man are identical. Thus my language is the sum total of myself; for the man is the thought".

15. No original: "The semiotic universe may be regarded as the totality of individual texts and isolated languages as they relate to each other. In this case, all structures will look as if they are constructed out of individual bricks. However, it is more useful to establish a contrasting view: all semiotic space may be regarded as a unified mechanism (if not organism). In this case, primacy does not lie in one or another sign, but in the 'greater system', namely the semiosphere. The semiosphere is that same semiotic space, outside of which semiosis itself cannot exist".

que não é apenas natural (biosfera), faz parte da nossa organização psicológica. Porém, o ambiente humano é dual e depende também de um grande sistema semiótico (semiosfera). Essa tensão traz à tona, de novo, o que tenho discutido ao longo do presente capítulo. O dual — não dualidade — é um elemento inerente à condição psicológica humana e, no caso da semiosfera, vemos claramente a validade da metáfora do centauro, já mencionada neste capítulo.

Para Lotman (1984/2005), a semiosfera é um espaço relacional que permite a transdução de informações. Ele faz referência a dois modos (semióticos e não semióticos). Porém, a proposta é confusa e não deixa claro o que seria esse espaço *nonsemiotic* a que ele se refere. Mesmo assim, é importante indicar que a ideia de transdução das linguagens para o espaço interno é um conceito que pode ser aproveitado para pensar que há uma reorganização dos aspectos semióticos, cuja natureza pode ser reorganizada no espaço interno.

Existe uma série de processos de internalização que permitem pensar, de modo mais aprofundado, os processos de desenvolvimento humano. O mundo mediado através de transdutores e criado mediante processos de semiose que se reorganizam infinitamente permite entender a maneira como o sujeito organiza suas experiências afetivas, corporizadas e relacionais. Não obstante, a semiosfera é um contexto que precisa usar os transdutores para garantir que as dinâmicas de intercâmbio e criação de novidades possam ser efetivadas. Lotman (1984/2005, p. 209) propõe o seguinte:

> Para que estes possam ser realizados, devem ser traduzidos em uma das linguagens de seu espaço interno, ou seja, os fatos devem ser semiotizados. Desta forma, os pontos de fronteira da semiosfera podem ser comparados a receptores sensoriais, que transferem estímulos externos para a linguagem do nosso sistema nervoso, ou uma unidade de tradução, que adapta o ator externo a uma dada esfera semiótica.[16]

---

16. No original: "In order that these may be realised, they must be translated into one of the languages of its internal space, in other words, the facts must be semioticized. In this

Contudo, o conceito de semiosfera traz à tona uma proposta de metáfora que pode, inclusive, ser confundida com o conceito de cultura. A cultura é a semiosfera, poderia ser afirmado. Na proposta de Lotman, essa diferença não fica clara. Os fatos que devem ser "semiotizados" podem ser observados nos processos de desenvolvimento humano. O sujeito vai "semiotizando" conceitos, vivências, sentimentos e objetos da realidade. Embora o conceito seja útil na compreensão da organização do espaço semiótico do sujeito, fica uma sensação de que essa metáfora da semiosfera pode acabar sendo abrangente demais. Afinal, a cultura é a semiosfera? (Nöth, 2006).

Apesar de suas limitações, o conceito de semiosfera é também um recurso muito interessante para pensar a ideia de desenvolvimento como processo de relações entre espaço-tempo-movimento (três dimensões), e não apenas como processo do tempo irreversível sem considerações ao espaço e às ações do sujeito (Valsiner, 2014). A semiosfera é um espaço que abre um campo de relacionamentos possíveis para o indivíduo, e esses relacionamentos que se constroem nos espaços semióticos acontecem ao longo do tempo. A relação dialógica, dual, bidirecional e "simbiótica" entre um e outro permite reiterar a ideia das relações entre essa história filogenética e a *historiogênese*. Em ambos os espaços, tem se construído e enriquecido (transformado) a esfera semiótica.

Ao mesmo tempo, essa metáfora da esfera semiótica abre a possibilidade de pensar os processos de desenvolvimento psicológico de forma diferente. Eles deveriam ser analisados não apenas pela via do tempo, mas também do espaço. O sujeito não só enfrenta o futuro, ele se "espalha" no espaço, ocupa distintos lugares simbólicos, afetivos. O desenvolvimento psicológico, na semiosfera, precisaria, talvez, ser representado como uma cartografia tridimensional e não apenas como uma ideia bidimensional definida pelo tempo irreversível. O

way, the border points of the semiosphere may be likened to sensory receptors, which transfer external stimuli into the language of our nervous system, or a unit of translation, which adapts the external actor to a given semiotic sphere".

sujeito age intencionalmente em relações espaço-tempo. Movimenta-se, cria dinâmicas que fogem da dicotomia que o tempo (incluindo o irreversível) tem.

Os conceitos de Semiosfera, Signo e Cultura permitem articular a ideia de sujeito como espaço individual produtor/negociador/receptor de sistemas semióticos e a cultura como espaço coletivo que tem, também, características similares.

Considerações Finais: a Relação Sujeito/Cultura a partir da Teoria do *Self* Dialógico

Neste capítulo, fizemos um percurso visitando alguns conceitos importantes para entender a *Psyché*. Primeiro, um breve percurso em relação às origens históricas da Psicologia e à forma como a disciplina, tradicionalmente, tem enxergado a si mesma, fato que trouxe consequências sobre a maneira como compreendemos e analisamos o sujeito ao longo do século XX. A relação Sujeito/Cultura transformou-se a partir de revisitar modelos que, de alguma forma, parece que já estavam presentes no início da Psicologia, como vemos na proposta wundtiana, mas que foram apagados pela dominância dos paradigmas técnicos e assépticos a respeito da ciência psicológica.

Posteriormente, foi analisado o papel dos signos como um elemento inovador na compreensão dos processos psicológicos no que se refere à relação Sujeito/Cultura, bem como à importância do conceito de semiosfera como espaço que permite a circulação de sistemas de signos nessa relação entre o indivíduo e o contexto cultural. Nesta última seção, vou propor algumas relações entre as ideias apresentadas até aqui e a Teoria do *Self* Dialógico (*Dialogical Self Theory*).

Uma perspectiva teórica que tem se desenvolvido nos últimos anos é a Teoria do *Self* Dialógico. A emergência dessa perspectiva trouxe como consequência a relativização da ideia de Ego monolítico, unificado e estável. O conceito de Eu tem sido substituído pelo conceito de *Self*, como sistema dialógico que se organiza em função dos relacionamentos e das significações construídos pelo sujeito ao longo da sua trajetória de desenvolvimento (Zittoun, 2014).

Uma das contribuições que podem ser feitas à teoria do *Self* Dialógico em desenvolvimento surge através da identificação dos processos de organização afetivo-semiótica e por suas variações em termos microgenéticos (Rengifo-Herrera, 2014 e Rengifo-Herrera & Branco, 2014). Vemos como os posicionamentos dos sujeitos configuram verdadeiros sistemas atrelados aos processos afetivos, e como essa reorganização permite que as ações venham a orientar os valores e os posicionamentos do *Self* ao longo do tempo.

O conceito de "*Self* Dialógico" permite compreender a organização dos diferentes posicionamentos expressos pelos indivíduos e permite-nos entender, de forma mais aprofundada, as singularidades do sujeito acerca da realidade (Ferraz & Branco, 2016). O *Self* configura-se a partir de relações significativas com os outros. Os outros, por sua vez, permitem a criação de relacionamentos (reais, simbólicos ou imaginários) expressos através de afetos, cognições ou ações. A análise dos sistemas semióticos e as características gerais que possuem esses sistemas permitem a compreensão da organização do *Self*.

O *Self* revela-se mediante as autonarrativas e características específicas identificadas no discurso. Ou seja: "O self dialógico é estudado a partir de autonarrativas e os processos de significado são abordados mediante a identificação do sistema de valoração emergente dos discursos" (Ferraz & Branco, 2016, p. 30).

A maneira de identificar a organização do si mesmo facilita o papel das vozes (considerando a ideia de voz a partir da proposta por Bakhtin), que anunciam as posições de si diante de algum tipo de relação. A voz desponta nas diferentes formas como o sujeito se coloca perante a realidade. Igualmente, as vozes podem ser reconhecidas como formas específicas dos posicionamentos que surgem historicamente e que, de alguma maneira, tornam-se parte das configurações de significação dos indivíduos.

Ferraz e Branco (2016), ao analisarem a teoria do *Self* Dialógico, expõem a existência de dois tipos de *Selves*. O primeiro está organizado por várias vozes (o sujeito que se expressa mediante a dialogicidade). O *self* materializado, concreto, factível se expressa mediante diferentes *I-Positions*. Da mesma maneira, continuam Ferraz e Branco (2016) sobre a discussão desenvolvida por Hermans (2001), diferentes *I-Positions* constituem o sistema de valoração que é o *Self*. As *I-Positions* prevalentes em circunstâncias próprias e as vozes relacionam-se de forma diversa, criando diferentes dinâmicas de significação.

São, justamente, as *I-Positions* que permitem entender que não há uma instância monolítica e única (como pode ser visto, tradicionalmente, no caso do Eu). Pelo contrário, o sujeito parece se constituir mediante múltiplas posições e isso repercute na forma como ele age em cada contexto. Nesse sentido, os contextos e os relacionamentos envolvidos permitem que diversas vozes e significados emerjam em cada um deles. O sujeito "muda" as posições, porque os afetos e significações orientam as emoções, os pensamentos e as ações de formas particulares.

Nesse sentido, os entrelaçamentos entre semiose e modos culturais reaparecem aqui, de forma a nos permitir repensar a ideia da relação Sujeito/Cultura. O *Self*, como sistema que se reorganiza a cada instante, traz nuanças específicas sobre os relacionamentos. A cultura coletiva, por outra parte, orienta e canaliza afetivamente modos de se relacionar e vivenciar as distintas circunstâncias da vida. O sujeito não é somente o ser cognitivo dos experimentos realizados no século XX nos Estados Unidos, mas também não é apenas o "Ente" monolítico e estável que algumas perspectivas europeias defendem.

Na história da Psicologia, Wundt, por exemplo, estava ciente de que pesquisar o sujeito psicológico exigia olhar o indivíduo e, ao mesmo tempo, entender as dinâmicas macro que o constituem (*Völkerpsychologie*). A renovação da discussão nos últimos anos e a reaparição do sujeito entrelaçado com a cultura trouxeram uma nova oportunidade para a Psicologia construir formas alternativas de pensar a *Psyché*.

Os signos parecem servir, portanto, como fundamento para acessar os espaços afetivos e fenomenológicos que eram opacos na pesquisa psicológica. A ampliação da ideia de semiose e o conceito de semiosfera trazem contribuições significativas na compreensão da relação Sujeito/Cultura. Por fim, o *Self* Dialógico abre possibilidades para entender as nuanças, variações e reorganizações que o Sujeito vivencia ao longo da sua trajetória ontogenética.

Estamos, então, diante de novas formas de compreendermos o sujeito psicológico à luz das ideias que a Psicologia vem desenvolvendo na contemporaneidade. A introspecção, duramente criticada desde algumas perspectivas ideologizadas, parece não ter sido esse conceito superficial que temos recebido ao longo dos anos em diversos contextos de formação de psicólogos e cuja imagem trata de ser desfigurada em vários livros de introdução à Psicologia. As inovações metodológicas (relativas às concepções nomotéticas e idiográficas de ciência) parecem se aproximar dessa ideia dual proposta pelos pais da disciplina no final do século XIX. O entrelaçamento entre as condições biológicas e a organização cultural humana representa duas faces da mesma moeda. A semiose abre para nós, psicólogos, um *mundus novus* acerca das dinâmicas de organização dos signos ao longo dos processos de desenvolvimento humano.

As qualidades, as correspondências e as imputações (o icônico, o indicial e o simbólico) representam a forma de decompor as diferentes camadas dos signos. Signos que construímos nas relações afetivas e fenomenológicas com outros. Esses outros são precursores nesse *mundus novus* do sujeito e eles, por terem tido um relacionamento prévio com a cultura e com o mundo, carregam com a responsabilidade de apresentar e representar o mundo os objetos, os usos, os afetos, os sabores e as crenças acerca da realidade.

Vemos, então, uma importante necessidade de reconhecer que, além do sujeito da tradição psicológica, estamos diante de mudanças importantes na forma como os processos de subjetivação são entendidos. Os signos são as "pupilas" dos olhos porque permitem entender que o sujeito não é apenas o ser que recebe estímulos da realidade desde a "imaculada percepção", mas mediada por signos que contêm aspectos afetivos de origem profundamente subjetiva, bem como aspectos relacionais ligados às experiências do sujeito, e por leis regulatórias e imperativas que organizam as ações dos indivíduos.

Entre a *Völkerpsychologie* e a teoria do *Dialogical Self* há uma importante trajetória de conceitos e formas teóricas, epistemológicas e metodológicas de entender o sujeito psicológico. Esse sujeito é dual, vive uma condição de ser biologicamente dependente para existir, mas, ao mesmo tempo, requer aspectos semiótico-culturais para se erguer (tanto no sentido do bebê que caminha, como do sujeito que se apropria do mundo). As teorias e as práticas psicológicas não podem se separar da fundamentação epistemológica e teórica. A prática profissional não pode estar desalinhada das transformações teóricas e metodológicas da disciplina. Somos Ciência e Profissão ao mesmo tempo. Somos uma disciplina dual, igual ao sujeito/objeto que queremos estudar e entender. A dualidade é a essência da *Psyché*.

A prática e a intervenção psicológica devem rever a sua dualidade. Os antagonismos e maniqueísmos sociais, políticos e ideológicos deixaram como herança uma impossibilidade de integração e de justo-meio sobre o fenômeno *Psyché*. Precisamos trazer de volta ações profissionais que sejam baseadas em evidências, mas, ao mesmo tempo, que tenham o olhar clínico, sensível, intuitivo e inferencial que entenda as significações e os posicionamentos dos outros. Essa Psicologia, como profissão, tem que ser recuperada para que não a levemos para práticas medievais-ideológicas ou reducionistas e puramente técnicas.

Referências

Bruner, J. (1997). *La educación, puerta de la cultura*. Madrid: Editorial Visor.

Castañares, W. (2002). Signo y representación en las teóricas semióticas. *Estudios de Psicología*, *23*(3), 339-357.

Cole, M. (1996). *Cultural psychology. A once and future discipline*. Cambridge, MA: Harvard University Press.

Damásio, A. (1998). *O erro de Descartes: Emoção, razão e o cérebro humano*. São Paulo: Schwarcz.

Danziger, K. (1998). *Constructing the subject. Historical origins of psychological research*. Cambridge: Cambridge University Press. Reprinted.

De Alencar Jacques, T. (2010). Sobre o impacto da dicotomia natureza e cultura na Antropologia. *Antropologia em Primeira Mão, 122*(22), 6-18.

Del Rio, M. T. & Molina, M. E. (2008). Nomothetic and idiographic approaches: Constructing a bridge. In S. Salvatore, J. Valsiner, S. Strout-Yagodzynski, & J. Clegg (2008). *Yearbook of idiographic science* (pp. 75-80). Roma: Firera & Liuzzo Group.

Fahrenberg, J. (2012). Wilhelm Wundts Wissenschaftstheorie. — Ein Rekonstruktionsversuch. *Psychologische Rundschau, 63*(4), 228-238. Versão em inglês: recuperado em 15 de fevereiro de 2017 de http://www.jochen-fahrenberg.de/uploads/media/Wilhelm_Wundts_Epistemology_and_Methodology.2012.pdf.

Ferraz, S. & Branco, A. (2016). A teoria do self dialógico em perspectiva. *Psicologia: Teoria e Pesquisa* [on-line], *32*(1), 25-33.

Figueiredo, L. & Santi, P. (2007). *Psicologia uma nova introdução: Uma visão histórica da psicologia como ciência*. São Paulo: Educ.

Fuchs, A. & Milar, K. (2003). Psychology as science. In D. Freedheim& I. Weiner (Eds.), *Handbook of psychology, Volume 1, History of Psychology* (pp. 1-26). New Jersey: John Wiley & Sons, Inc., Hoboken.

Gibson, J. J. (1977). The theory of affordances. In R. Shaw & J. Bransford (Eds.), *Perceiving, acting, and knowing. Toward an ecological psychology* (pp. 67-82). Hillsdale: NJ, Lawrence Erlbaum Associates.

Gillièron, Ch. (1988). La validez en psicología primera, segunda o tercera persona. *Cuadernos de Psicología, Universidad del Valle, 9*(1), 1-33.

Hermans, H. J. M. (2001). The dialogical self: Towards a theory of personal and cultural positioning. *Culture & Psychology, 7*(3), 243-282.

Hothersall, D. (2006). *História da psicologia* (4. ed.). São Paulo: McGraw-Hill.

Innis R.E. (2016). Affective Semiosis: Philosophical Links to Cultural Psychology. In: Valsiner J., Marsico G., Chaudhary N., Sato T., Dazzani V. (eds.) *Psychology as the Science of Human Being. Annals of Theoretical Psychology*, vol. 13. Springer, Cham. https://doi.org/10.1007/978-3-319-21094-0_6.

Karmilloff-Smith, A. (2006). Ontogeny, genetics, and evolution: A perspective from developmental cognitive neuroscience. *Biological Theory*, *1*(1), 44-51.

Lotman, J. (1984/2005). On the semiosphere. *Sign Systems Studies*, *33*(1), 205-226.

Mehler, J & Dupoux, E. (1992). *Nacer sabiendo. Introducción al desarrollo cognitivo del hombre*. Madrid: Alianza.

Miller, G., Galanter, E., & Pribram, K. (1960). *Plans and the structure of behavior*. New York: Henry Holt.

Nöth, W. (2006). Yuri Lotman on metaphors and culture as self-referential semiospheres. *Semiotica*, *161*, 249-263.

Peirce, C. S. (1931/1958). *Collected Papers*, vols. 1-6, ed. Charles Hartshorne & Paul Weiss, vols. 7-8, ed. Arthur W. Burks. Cambridge, MA: Harvard University Press (citados comos CP).

Rengifo-Herrera, F. J. (2002). Una mirada singular a lo cognitivo. El caso de la Psicología Cognitiva, Patologías Deformantes y Psicologías Culturales. *Revista Páginas UCPR. Revista de publicaciones de la Universidad Católica Popular del Risaralda*, 56-72, núm. 62.

Rengifo-Herrera, F. J. (2014). *Desenvolvimento de valores sociais na perspectiva semiótico-cultural: Um estudo semiótico-cultural com meninos colombianos e brasileiros em contexto lúdico sugestivo de violência* [Tese de Doutorado em Psicologia, Instituto de Psicologia, Programa de Pós-Graduação em Processos de Desenvolvimento Humano e Saúde, Universidade de Brasília].

Rengifo-Herrera, F. J. (2009). *El sujeto como centauro: ensayos e investigaciones en psicología de la cultura.* Bogotá: Editorial Universidad del Rosario.

Rengifo-Herrera, F. J. & Branco, A. (2014). Values as a mediational system for self-construction: Contributions from cultural constructivism. *Psicología desde el Caribe*, *31*(2), 304-326.

Rodríguez, C. (2014). First symbols in a girl with Down syndrome: A longitudinal study from 12 to 18 months. *Infant Behavior Development, 37*(3), 416-427.

Rodríguez, C. (2015). The connection between language and the world: A paradox of the linguistic turn? *Integrative Psychology Behavior, 49*, 89-103.

Rodríguez, C. & Moro, Ch. (1999). *El mágico número tres: Cuando los niños aún no hablan*. Barcelona: Ediciones Paidós.

Romanini, V. (2014). Prolegômenos para uma teoria semiótica da auto-organização. In F. Bresciani, I. D'Ottaviano, M. E. Gonzalez, A. M. Pellegrini, & A. de Andrade (Orgs.), *Auto-organização: Estudos interdisciplinares* (1. ed., 66, pp. 375-415). Campinas: Unicamp, Centro de Lógica, Epistemologia e História da Ciência.

Rooney, A. (2016). *A história da Psicologia*. São Paulo: M-Books Editora.

Rosa, A. (2000). ¿Qué añade a la psicología el adjetivo cultural? *Anuario de Psicología, 31*(4), 27-57.

Rosa, A. (2007). Dramaturgical actuations and symbolic communication: Or how beliefs make up reality. In J. Valsiner & A. Rosa (Eds.), *The Cambridge handbook of sociocultural psychology* (pp. 293-317). New York: Cambridge University Press.

Salvatore, S.; Valsiner, J.; Strout-Yagodzynski, S., & Clegg, J. (2008). *Yearbook of idiographic science*. Roma: Firera & Liuzzo Group.

Schultz, D. P.; Schultz, S. E. (2004). *História da psicologia moderna*. São Paulo: Cultrix.

Valsiner, J. (2007). *Culture in minds and societies: Foundations of Cultural Psychology*. New Delhi: Sage Publications India Pvt Ltda.

Valsiner, J. (2014). *An invitation to cultural psychology*. London: Sage.

Valsiner, J. & Cairns, R. (1992). Theoretical perspectives on conflict and development. In C. V. Shantz, & W. W. Hartup (Orgs.), *Conflict in child and adolescent development* (pp. 15-35). Cambridge: Cambridge University Press.

Zittoun, T. (2014). Three dimensions of dialogical movement. *New Ideas in Psychology, 32*, 99-106.

Capítulo 4

Uma Introdução à Noção de Multiplicação Dialógica para Compreensão de Processos de Construção de Conhecimento em Psicologia

Danilo Silva Guimarães

O psicólogo, pesquisador e profissional é uma pessoa culturalmente situada, que ativamente constrói conhecimento, elabora sentidos das experiências vividas e articula esses sentidos a experiências de outros pesquisadores ou profissionais da psicologia. Nesse ensejo, diálogos interdisciplinares costumam ser bem-vindos. Em todo caso, o psicólogo é sempre seletivo ao propor, por exemplo, o enunciado de um problema da pesquisa ou ao interpretar as experiências que vive com as pessoas com as quais realiza atividades profissionais de intervenção etc. Os psicólogos, mas também quaisquer pessoas, ao se relacionarem com o mundo da vida e articularem suas experiências no campo da linguagem, trazem consigo diversas preconcepções que têm origem em experiências prévias do convívio social.

No presente capítulo, discutirei de que forma a noção de multiplicação dialógica pode ser utilizada para pensar o percurso que o pesquisador realiza em seus processos de construção de conhecimento, a começar pela compreensão de que a produção de conhecimento se articula à vivência de experiências inquietantes, que rompem com as expectativas da pessoa ao alcançar algo que lhe é desconhecido, viabilizando a construção de novos sentidos por meio da elaboração da experiência com o auxílio dos demais participantes do campo sociocultural e das ferramentas teórico-metodológicas empregadas.

O dialogismo teórico-metodológico é tematizado no presente capítulo, com um debate sobre trajetórias analíticas e interpretativas que participam do processo de elaboração de conhecimento sobre a experiência inquietante que emerge no contato com o que é desconhecido. Concebo a posição de psicólogo, pesquisador e profissional como umas das posições que a pessoa assume na produção de intervenções sobre a cultura. Essa posição coexiste em tensão com outras posições pessoais que podem conferir diferentes destinos culturais à experiência vivida — por exemplo, a arte, a política, a religião etc. —, além do destino acadêmico-científico ou profissional como uma das possibilidades de elaboração cultural.

Começarei o texto com uma exposição sobre o diálogo entre psicologia e antropologia, que fundamenta minhas reflexões atuais em pesquisa, extensão e ensino.

O Diálogo entre o Construtivismo Semiótico-Cultural em Psicologia e o Perspectivismo Ameríndio em Antropologia

A noção de multiplicação dialógica emergiu como um recurso teórico-conceitual que visava organizar um conjunto de reflexões no âmbito do construtivismo semiótico-cultural em psicologia (cf. Simão, 2010), articuladas a aspectos seletivos da filosofia da linguagem de Bakhtin e da filosofia da alteridade de Lévinas, que coloquei em diálogo com o perspectivismo ameríndio em antropologia (Viveiros de Castro, 1996; Lima, 1996). O construtivismo semiótico-cultural em psicologia é uma perspectiva metateórica que considera a ciência como um tipo particular de construção humana, que emerge a partir do questionamento de sentidos e significados presentes em relações eu-outro-mundo significativas (Simão, 2015b, p. xi). A construção de conhecimento é entendida como um tipo de *ação simbólica* que transforma as pessoas e o próprio conhecimento na *temporalidade* das trocas humanas.

Por um lado, a noção de temporalidade se refere a uma experiência que não se reduz à cronologia ou à história, ou seja, não é nem um sistema regular de intervalos de datas nem uma série de eventos que pode ser elencada no tempo de acordo com sua ocorrência em um intervalo cronológico. A temporalidade é o sentido da passagem das experiências vividas no tempo da reciprocidade de atividades, nas quais "a pessoa, ao realizar suas tarefas, também atende a outras pessoas" (Ingold, 2000, p. 196). As atividades são coordenadas com certa periodicidade em diferentes esferas da vida. Por exemplo, na vida cotidiana de certas famílias existem padrões de encontros entre seus membros, corregulados pelos horários das refeições (café da manhã, almoço e jantar). Na cultura acadêmica, há regulações que definem períodos de aulas, de avaliações, coordenação da produção acadêmica, elaboração de projetos, execução e desenvolvimento de relatórios etc. Essas regulações estão articuladas a certos momentos do dia (da semana, meses e anos) em que as atividades são realizadas, guiando as construções singulares dos sentidos da passagem do tempo.

Por outro lado, a teoria da ação simbólica em psicologia cultural pressupõe a pervasividade do simbolismo. Ou seja, a dimensão simbólica é parte constitutiva da variação de sentidos em toda ação e situação. A ação humana articula dimensões objetivo-instrumentais e subjetivo-funcionais, assimilando e acomodando a experiência da pessoa no mundo (cf. Boesch, 1991, 1997). Do ponto de vista ético-filosófico, o ser humano é visto como autônomo e criativo, capaz de transformar determinações conjuntas, filogenéticas, sociogenéticas e ontogenéticas, que definem possibilidades e limites de sua ação no campo cultural.

A tradição em pesquisa do construtivismo semiótico-cultural vem sendo sistematizada nas produções de Simão (cf. 2004, 2005, 2010, 2015a, 2015b), que propõe articulações entre as propostas teórico-metodológicas produzidas por Ernst Boesch, Jaan Valsiner e Ivana Marková; incluindo a reflexão hermenêutica de Gadamer, o dialogismo de Bakhtin, o pensamento fenomenológico de Bergson, Merleau-Ponty a Lévinas. No escopo dessas articulações, também estão os pensamentos psicofilosóficos de Kurt Lewin, Vigotski, William James e James Baldwin, que são considerados precursores da área.

Cabe destacar que a noção de cultura no construtivismo semiótico-cultural é fruto de diálogos interdisciplinares que incluem a antropologia. Nessa direção, os textos antropológicos me colocaram em contato com a especificidade de contestações ameríndias da ideia de uma realidade impessoal e universal referida, por exemplo, na noção de natureza como aquilo que existe independentemente do ser humano. Essa ideia, que se desdobra em ontologias naturalistas, baliza a construção de conhecimento nas filosofias e ciências tradicionalmente elaboradas no continente europeu ou a partir de matrizes culturais originárias desse continente, criando impasses para a interlocução do psicólogo com pessoas pertencentes a outras tradições culturais.

A noção de baliza (Valsiner, 1998) diz respeito a reguladores temporários (ou relativamente fixos) de movimento das ações, do estado presente para o futuro imediato, que delimitam o conjunto total de direções possíveis de movimento, permitindo o desenvolvimento do organismo na construção do movimento sobre um conjunto reduzido (limitado) de possibilidades. Balizas são, portanto, coconstruídas na inter-relação entre os sujeitos e o ambiente em que se encontram.

A partir dos esforços iniciais de articulação conceitual entre as áreas do conhecimento selecionadas — psicologia, filosofia e antropologia —, propus a noção de *multiplicação dialógica* como uma ferramenta teórico-metodológica para a construção de conhecimento no âmbito da psicologia cultural e para o exercício profissional em psicologia.

A passagem de um constructo teórico para a sua aplicação se deu a partir de 2011, com a oportunidade de orientar projetos acadêmico-científicos voltados para a compreensão de processos culturais de construção de sentidos em diferentes situações. Por exemplo: na compreensão de como se dava a elaboração de teorias e sistemas psicológicos, no processo de coleta, análise e interpretação de informações construídas em pesquisas empíricas e nas construções narrativas produzidas em diferentes campos culturais, envolvendo a produção artística, as instituições sociais e as políticas públicas.

Adicionalmente, o desenvolvimento de projetos de extensão, a partir do ano de 2012, que culminaram com a instituição do serviço Rede de Atenção à Pessoa Indígena, no Departamento de Psicologia Experimental do Instituto de Psicologia da USP, em 2015, oportunizou a compreensão de algumas das potencialidades da noção de multiplicação dialógica para a elaboração de estratégias de intervenção em psicologia.

A realização das atividades de extensão se beneficia da reflexão a partir de leituras de textos de psicologia e de antropologia, em especial aqueles ligados ao perspectivismo ameríndio, teoria que:

> [...] se refere a como os indígenas americanos percebem o mundo e se relacionam com ele: um ponto de vista sobre o ponto de vista indígena. Viveiros de Castro apresenta uma leitura inovadora das relações entre os povos indígenas e a natureza, assentada no conhecimento ancestral compartilhado em um desenvolvimento diacrônico milenar. De acordo com o *Perspectivismo Ameríndio*, as identidades dos sujeitos em relação são profundamente determinadas pelas alteridades com as quais ele se relaciona, uma vez que estão posicionadas em uma vasta rede que unifica todos os seres e coletivos de múltiplas naturezas (pessoas, outros animais, fenômenos naturais, deuses etc.) e apenas permite ao sujeito

> conhecer sua própria identidade quando contrastada com a alteridade com a qual se relaciona. A assimetria intersubjetiva [...] se observada na relação entre indígenas e não indígenas é radical: enquanto nós distinguimos uma natureza de muitas culturas, para os indígenas há uma forma cultural que varia pouco, um tipo de relação com muitas naturezas ou supernaturezas (Nigro & Guimarães, 2016, p. 252).

Por meio da minha experiência profissional, junto aos estudantes que se envolveram nos projetos de cultura e extensão, realizei diversas visitas a comunidades indígenas de São Paulo. Nessas visitas, a equipe participou de rodas de conversas, acompanhou práticas tradicionais de intervenções em saúde e práticas pedagógicas em escolas indígenas, colaborou com atividades que visaram fomentar o diálogo reflexivo sobre a situação da saúde, garantia de direitos, demarcação de terras, fortalecimento da cultura tradicional e educação diferenciada. Essa experiência guiou alguns de nossos caminhos de reflexão que apresento a seguir.

Cultura, *Éthos* e a Psicologia

Na fronteira interétnica entre a psicologia e as questões ameríndias, inicialmente com as leituras de antropologia e, posteriormente, com a realização de projetos de extensão junto às comunidades indígenas, passei a refletir sobre as consequências do choque cultural no encontro entre diferentes tradições para as formulações teóricas e metodológicas que orientam a reflexão e a atuação do psicólogo, seja como pesquisador, seja como profissional que atua nas diferentes áreas da psicologia.

Nesse sentido, parto da noção de choque cultural de Wagner (1981/2010, p. 34, grifo do autor), que afirma ser esse o sentimento do antropólogo ao conviver com as comunidades de seu interesse investigativo:

> [...] Ele pode se sentir inadequado, ou talvez ache que seus ideais de tolerância e relatividade acabaram por enredá-lo numa situação além de seu controle.
>
> Esse sentimento é conhecido pelos antropólogos como "choque cultural". Nele, a "cultura" local se manifesta ao antropólogo primeiramente por meio de sua própria *inadequação*; contra o pano de fundo de seu novo ambiente, foi ele que se tornou "visível". Essa situação tem alguns paralelos em nossa própria sociedade: o calouro que entra na faculdade, o recruta no exército, qualquer pessoa que se veja na circunstância de ter de viver num ambiente "novo" ou estranho há de experimentar um pouco desse tipo de "choque". Tipicamente, a pessoa em questão fica deprimida e ansiosa, podendo fechar-se em si mesma ou agarrar qualquer oportunidade para se comunicar com os outros. Em um grau de que raramente nos damos conta, dependemos da participação dos outros em nossas vidas e da nossa própria participação nas vidas dos outros. Nosso sucesso e a efetividade de nossa condição de pessoas se baseiam nessa participação e na habilidade de manter a competência controladora na comunicação com os outros. O choque cultural é uma perda do eu em virtude da perda desses suportes. Calouros e recrutas logo estabelecem algum controle sobre a situação, pois afinal de contas se encontram num outro segmento de sua própria cultura. Para o antropólogo em campo, porém, o problema é ao mesmo tempo mais urgente e mais duradouro.

A partir dessas considerações sobre o exercício profissional do antropólogo e de minha própria experiência nas comunidades indígenas, passei a compreender o choque cultural como uma experiência inquietante que pode emergir a partir da imersão de qualquer pessoa em um *éthos* em relação ao qual não esteja acostumada. A noção de experiência inquietante, por sua vez, se refere a zonas amorfas de significado e situações ambíguas para o *self*. Ou seja,

> Elas pertencem à ordem fenomenológica dos sentimentos concernentes a experiências subjetivas que tocam a pessoa afetiva e pré-reflexivamente. Como tal, elas são vividas em primeira pessoa.

> Experiências inquietantes criam instabilidade, tensão, perturbam ou mesmo ferem as expectativas da pessoa sobre sua 'habilidade-de-entender' a si mesma e às suas relações Eu-Outro-Mundo, instigando a pessoa a sentir, pensar e agir de modo cognitivo e afetivo, em diferentes direções daquelas que ela estava seguindo até então; de tal modo que a pessoa pode chegar a integrar sentimentos despertados por ela em sua base afetivo-cognitiva, que, por sua vez, irá também mudar (Simão, 2016, p. 20).

Ao passo que a noção de *éthos* de uma cultura ou etnia aponta para seus modos de propiciar, configurar, formar e construir pessoas e seus mundos, incluindo as experiências socialmente compartilhadas e aquelas que são reservadas à própria pessoa ou a um número reduzido de pessoas (Figueiredo, 1996/2013), as relações interculturais e interétnicas produzem uma experiência de desalojamento, instabilidade e tensão que demandam elaborações de sentidos. A noção de etnia, por exemplo, tem sua origem no termo grego *ethnos*, utilizado para se referir às qualidades de um povo, pessoas que compartilham um *éthos*, ou seja, costumes e hábitos, princípios, valores, normas de ação e ideais. O *éthos*, portanto, diz respeito a "instalações do humano" (Figueiredo, 1996/2013, p. 48), formas de se habitar o mundo.

As reflexões sobre a ética, nos processos de construção de sentido e na relação entre a psicologia e os povos indígenas, tocam compreensões sobre a relação entre distintas formas de se habitar o mundo. Á medida que o *éthos* de cada cultura pressupõe diferentes costumes, diferentes hábitos, por meio dos quais as pessoas constroem suas moradas serenas e confiadas, dos modos de coexistir e se relacionar com a cultura do outro, emergem as condições para que cada pessoa possa fruir, trabalhar, pensar, brincar e experimentar seus mundos, sendo essas dimensões relevantes para a saúde humana (Figueiredo, 1996/2013).

Para abordar o choque cultural no encontro da psicologia com o *éthos* ameríndio, precisamos compreender, primeiro, de que modo o espaço do psicológico se constituiu ao longo dos quatro séculos de subjetivação que caracteriza a modernidade e a consolidação das ciências modernas. Reflexões a esse respeito foram propostas por Figueiredo (cf. 1989/2009, 1992/2007, 1996/2013). Destacarei, aqui, alguns aspectos dessas reflexões que contribuíram, nos últimos anos, para a elaboração da noção de multiplicação dialógica focalizada neste capítulo.

A Emergência da Psicologia no *Éthos* Fissurado dos Povos do Continente Europeu

Figueiredo (1989/2009) discute que desde o "nascimento" oficial como ciência independente, a psicologia vive uma crise permanente ao lado de outras ciências humanas, marcada pela grande diversidade de perspectivas teóricas e metodológicas que ora se contrapõem, ora coexistem em paralelo, ora convergem, ora divergem entre si. Tentativas de unificação da psicologia que visam assegurar sua autonomia no quadro geral das ciências convivem com movimentos de dispersão das abordagens psicológicas.

Ao buscar uma genealogia das matrizes do pensamento psicológico contemporâneo, Figueiredo (1989/2009) discute um conjunto de processos socioculturais e histórico-filosóficos que configuraram fissuras no *éthos* de pessoas, cujas identidades se constituem segundo princípios, normas e valores pertinentes à tradição dos povos europeus. Nesse sentido, é relevante compreender as transformações ocorridas nos processos de subjetivação na transição da Idade Média para a modernidade na Europa:

> A identidade social numa sociedade agrária, como a medieval, em que as relações políticas cristalizadas em direitos e deveres, em obrigações e lealdades consuetudinárias suportavam o peso de toda reprodução social era totalmente, ou quase, predefinida pela cultura em função de eventos biográficos, como o nascimento, a filiação e a idade, independentes do

> próprio indivíduo. Grande ou pequeno, fraco ou poderoso o indivíduo era em grande medida o que a comunidade definia, restringindo-se, ainda que não se eliminando de todo, a faixa das opções individuais capazes de, na interação com a sociedade, contribuir para a definição de sua identidade social. A dissolução desses vínculos pessoais calcados na tradição erodiu a identidade social não problemática. Desde então ser alguém pressupõe tornar-se alguém (Figueiredo, 1989/2009, p. 20).

Figueiredo (1989/2009) discute que, no âmbito sociocultural, a transição para a modernidade propiciou uma crescente apropriação privada dos meios de produção e apropriação individual do próprio corpo, que liberto das obrigações e separado da terra se converteu em força de trabalho, assegurando as bases econômicas da existência individual independente. A emergência do indivíduo, portanto, acontece num processo de transição das sociedades medievais para a modernidade, em que as propriedades feudais e comunais dão lugar a uma apropriação privada dos meios de produção e do próprio corpo, convertido em força de trabalho, no contexto urbanizado das cidades que, por sua vez, passam a privilegiar a existência dos modos de vida individualizados e independentes. Ao mesmo tempo, "a competição no mercado de bens e de trabalho projetava a individualização como ideal e precondição para a realização do sujeito no contexto da vida em sociedade" (Figueiredo, 1989/2009, p. 20).

Progressivamente, contudo, a imagem do indivíduo que alcança sua independência em relação à autoridade e tradição, fomentada no ideário iluminista e liberal do início do século XIX, entra em crise, junto à sociedade, na medida em que guerras, lutas operárias, recessões econômicas, permanência e proliferação de bolsões de miséria urbana, delinquência etc. demandam uma reconsideração quanto à percepção de progresso no avanço das sociedades capitalistas. A psicologia passa, então, a ter que se posicionar diante dos excessos da subjetividade individualizada e privatizada, incapaz de se "submeter ao autocontrole exigido para a prevenção das crises e conflitos" (Figueiredo, 1989/2009, p. 21). A psicologia é solicitada para colaborar com a perspectiva instrumental de administração racionalizada da vida, e acaba por se constituir na tensão entre uma ciência do indivíduo, mas que também é contra o indivíduo, ao conformá-lo num processo de socialização supostamente extrínseco à pessoa em particular.

Já no âmbito histórico-filosófico, a Idade Moderna é também um fenômeno de amplas e profundas repercussões para o surgimento da psicologia contemporânea, ao promover, a partir do século XVII, uma clara redefinição das relações sujeito/objeto, seja no plano da ação, seja no do conhecimento. A razão e a ação instrumental passam a ocupar o lugar então reservado à razão contemplativa, "orientada desinteressadamente para a verdade e concebida sob o modo receptivo de uma apreensão empírica ou racional da essência das coisas" (Figueiredo, 1989/2009, p. 13).

É importante mencionar que as etapas do desenvolvimento do conhecimento no contexto da tradição europeia foram consideradas como um percurso natural de "evolução" das representações que a humanidade deveria construir sobre o mundo em sentido progressivo: do misticismo à religião e à filosofia, da religião e da filosofia à ciência. De modo mais preciso,

> [...] Do método, em outras palavras, esperava-se a construção de um sujeito epistêmico pleno, sede, fundamento e fiador de todas as certezas. Ora, essa plenitude implica numa exigência radical de autonomia, autotransparência, unidade e reflexividade. O sujeito epistêmico plenamente constituído deveria ser o sujeito plenamente consciente de si, coincidente consigo mesmo e senhor absoluto de sua consciência e de sua vontade [...] tratava-se, enfim, de produzir metodicamente um sujeito capaz de trazer o mundo para diante de si (de representá-lo), de forma a poder contemplá-lo com toda isenção e sem qualquer mediação interposta, livre, portanto, de qualquer risco de ilusão (Figueiredo, 1996/2013, p. 37).

O campo das reflexões psicológicas, por sua vez, caracterizado por suas dinâmicas de dispersão e busca de reunificação se desenvolve a partir de contradições presentes no ideário moderno: a natureza interna do sujeito empírico, sua intimidade, é tomada como hostil às concepções epistemológicas que caracterizavam o sujeito epistêmico na modernidade, devendo ser disciplinada para que pudesse se adequar ao método científico. Contudo, os aspectos não disciplinados do sujeito permaneciam excluídos da compreensão a partir da razão instrumental, na medida em que, na singularidade de cada um, permaneciam aspectos avessos às possibilidades explicativas e compreensivas da psicologia como ciência moderna.

Uma contradição presente no nascimento da psicologia como ciência diz respeito ao fato de que a multiplicação e o refinamento de instrumentos de previsão e controle, baseados na razão instrumental, estão sempre assentados em ações e concepções de sujeitos empíricos, nunca plenamente purificados, que são aqueles que propõem e realizam a construção do conhecimento. Haveria, portanto, uma inevitável interpenetração sujeito-objeto que produz desconfiança em relação às pretensões racionais de integridade e autossuficiência.

Figueiredo (1996/2013) aponta que, do fracasso do projeto epistemológico da modernidade na constituição de um sujeito pleno, autônomo, unificado, capaz de representar o mundo diante de si de forma clara e distinta, de matematizá-lo na construção de sistemas coesos de relações causais, emerge uma das tarefas da nascente psicologia do século XIX. Cabia à psicologia buscar respostas para a inadequação do sujeito empírico às tentativas de conformação ao sujeito epistêmico, de forma a compreender os processos que levavam à "[...] perda de autonomia do sujeito epistêmico, na sua encarnação natural e na sua mundanização histórico-social" (Figueiredo, 1996/2013, p. 41). Diante dos impasses do projeto epistemológico moderno para a psicologia, Figueiredo (1996/2013) propõe uma nova racionalidade, na qual a dimensão ética dos discursos e práticas passaria a ter primazia.

Desse modo, a psicologia se constituiu como uma ciência moderna em uma fronteira na qual não encontra condições de realização plena dos ideais modernos de efetivação de um *éthos* habitado por indivíduos autossuficientes, tendo como referência de produção de conhecimentos a figura de um sujeito epistêmico, purificado, capaz de representar o mundo livre de qualquer mediação subjetiva, corporal e cultural.

O Espaço Psicológico como Território da Ignorância

Os processos históricos e socioculturais que culminaram na emergência do espaço do psicológico produziram fissuras na tradição dos povos do continente europeu (cf. Figueiredo, 1992/2007). A pessoa, antes constituída no seio de uma sociedade fechada, como a medieval, passou a se deparar de maneira progressivamente intensa com a diversidade das coisas e das pessoas, desde a diversidade interna, dos diferentes povos que compartilhavam um *éthos* enraizado nas tradições greco-romanas e judaico-cristãs, até a diversidade externa, dos diferentes povos que se desenvolveram a partir de princípios, valores, normas de ação e ideais socioculturais muito distintos.

A elaboração das fissuras produzidas no encontro com a diversidade levou à constituição do espaço do psicológico, no século XIX, que Figueiredo (1992/2007, p. 147) caracterizou como "território da ignorância", no qual convivem, com relações de complementaridade e conflito, três polos de ideias e práticas de organização da vida em sociedade, que guiam processos de construção de sentido nas experiências pessoais e coletivas: o liberalismo, o romantismo e o regime disciplinar.

No polo do liberalismo estão valores e práticas sistematizados no contexto das reflexões iluministas que traziam, como ideal, a possibilidade de produção de um 'eu' soberano, "com identidades nitidamente delimitadas, autocontidas, autodominadas e autoconhecidas, capazes de se contrastarem umas em relação às outras, capazes de permanência e invariância ao longo do tempo e das condições" (Figueiredo, 1992/2007, p. 147). Para o individualismo ilustrado, seria possível produzir uma clara separação entre as esferas da privacidade e da publicidade, sendo que nesta última prevaleceriam "as leis, as convenções, o decoro e o princípio da racionalidade e da funcionalidade" (p. 147), ao passo que caberia à esfera da privacidade "o exercício da liberdade individual concebida como território livre da interferência alheia" (p. 147).

Já no polo do romantismo estão "valores da espontaneidade impulsiva, com identidades debilmente delimitadas, porque atravessadas pelas forças da natureza, da coletividade e da história, que se fazem ouvir de 'dentro' e não são impostas pelos hábitos e pelas conveniências civilizadas" (Figueiredo, 1992/2007, p. 147). O reconhecimento dessas forças e de sua potência direciona a psicologia para um processo de "restauração do contato do homem com as origens pré-pessoais, pré-racionais e pré-civilizadas do 'eu', com os elementos da animalidade, da infância etc." (p. 147). Concebe-se, então, que o desenvolvimento humano "é marcado por crises, experiências de desagregação, adoecimento, loucura e morte" (p. 147), limitando as concepções iluministas de indivíduo como unidade identitária.

Finalmente, no polo da disciplina estão as "novas tecnologias de poder, tanto as que se exercem sobre identidades reconhecíveis e manipuláveis segundo o princípio da razão calculadora, funcional e administrativa, como as que se abatem sobre as identidades debilmente estruturadas e passíveis de manipulação mediante a evocação calculada das forças suprapessoais" (Figueiredo, 1992/2007, pp. 147-148). Aproximamo-nos aqui de uma ideia de delimitação dos comportamentos do indivíduo, visando a uma ordenação do espaço social segundo interesses manipulados por uma instância de poder que subordina as liberdades individuais.

A genealogia do psicológico que Figueiredo (1996/2013, p. 49) desenvolve, do século XV ao XIX, permite acompanhar "o progressivo amadurecimento da esfera privada, mas também a penetração e o aprofundamento dos controles públicos". No processo histórico-cultural, que leva ao desenvolvimento das matrizes do pensamento psicológico, Figueiredo (1992/2007, p. 50) identifica um padrão autocontraditório no qual "desde qualquer um dos lugares possíveis desse espaço haverá sempre partes do território que se conservarão na sombra".

Em sua reflexão sobre o plano da construção de significados e o plano das forças sociais e naturais às quais as pessoas estão vinculadas; contemplando as experiências pessoais, suas condições e a possibilidade de emergência de outros sentidos como aspectos heterogêneos constitutivos de sua psicologia, Figueiredo (1992/2007, p. 148) nomeia o novo território constituído por esses polos como território da ignorância, uma vez que "é da natureza desse espaço que ele seja um espaço de desconhecimento. As relações de coalizão e conflito que o constituem sobrevivem numa certa clandestinidade [...]. As vidas vividas no interior deste espaço são vidas cindidas, sobre as quais pesam os véus da ignorância e do esquecimento".

No contexto das pesquisas e experiências de cultura e extensão que vimos realizando junto às comunidades indígenas percebo que, além da compreensão do processo de constituição do espaço autocontraditório da psicologia, é preciso refletir sobre os processos de subjetivação que acontecem em campos socioculturais que excedem o *éthos* fissurado do ser humano constituído nos desdobramentos modernos da história dos povos europeus. Assim, a inclusão de outros povos e suas compreensões no campo da reflexão sobre teorias e práticas psicológicas *amplia, ainda mais, o território da ignorância que caracteriza o espaço do psicológico.* Essa reflexão nos aponta para a necessidade de um novo trabalho genealógico capaz de contemplar, como parte constitutiva da gestação do espaço psicológico, tradições culturais que contribuíram, com sua alteridade e interlocução, para os desdobramentos das intensas transformações nas práticas e no pensamento, o qual caracteriza a modernidade e a contemporaneidade.

Partindo da obviedade de que as diversas tradições ao redor do mundo não são versões, atrasadas no tempo, de sociedades fechadas pré-modernas que tendem a sumir ou a se integrar ao projeto moderno tal como ele veio se desenvolvendo até aqui, então é possível que outros percursos de subjetivação possam coexistir com o *éthos* fissurado do ser humano na modernidade, complexificando o quadro de possíveis rotas para a reflexão psicológica. Considero que essa é *uma tarefa importante das psicologias culturais*, que têm entrado em contato, cada vez mais intenso, com fundamentos para reflexões e práticas situadas no escopo nebuloso, sem uma definição estrita possível, da psicologia, mas que, contudo, são desenvolvidas a partir de tradições, modos de habitar e conceber o mundo muito distintas.

Multiplicação Dialógica na Ampliação da Interlocução sobre Temas Pertinentes ao Espaço Psicológico

A elaboração da noção de multiplicação dialógica se articula à necessidade de reflexão sobre as dimensões rituais e míticas constitutivas das maneiras como as pessoas, de qualquer cultura, apreendem a experiência que fazem no mundo com os outros. Os mitos, como sistemas de inteligibilidade pressupostos e irrefletidos em cada cultura, estão na raiz do pensamento psicológico, que mantém e propaga reflexões situadas no seio de tradições culturais específicas.

Guimarães e Simão (2017) se referem às noções de mito e fantasma propostas por Boesch (1991) para abordar a relação entre significados singulares e coletivos na relação das pessoas com seu mundo vivido. As experiências singulares incluem, necessariamente, significados compartilhados, sendo que a pessoa toma para si versões particulares do sistema de explicação e justificação, que é o mito e que não necessita de nenhuma prova ou dedução racional. As ideias não questionadas expressas pelos mitos fornecem imagens para a elaboração de temas e atitudes relevantes para a vida, abrem oportunidades e criam interdições para as experiências da pessoa na cultura.

As histórias míticas, por sua vez, são comumente condensadas em expressões do tipo 'se... então', conhecidas como mitemas, por exemplo: "Deus ajuda aqueles que se ajudam" (Boesch, 1991, p. 123), ou seja, "pela palavra da boca ou modelos de comportamento, tais atitudes se tornam parte da experiência individual. Elas são de origem coletiva, mas se convertem em componentes subjetivos da realidade individual" (Boesch, 1991, p. 123).

Os mitos, confirmados constantemente nos encontros sociais de cada comunidade, constroem "[...] os padrões de inteligibilidade que permitem a articulação dos entendimentos do mundo, sociedade e história, que estão escondidos nos limiares da consciência" (Lévi-Strauss & Eribon, 1988/1990, p. 182). Os mitos, portanto, guiam as práticas simbólicas da sociedade, provendo valores para as ações das pessoas que pertencem a um campo cultural específico. A recursão de narrativas míticas, os valores sociais e as práticas associadas a elas guiam os modos como as pessoas sentem e pensam a realidade, de maneira a fixar na consciência figuras conceituais rígidas, de forma similar como a frequência de vibração de uma corda nos permite distinguir uma nota musical.

Boesch (1991) partiu da noção de narrativas míticas, presente na antropologia de Lévi-Strauss, para entender o processo de variação das narrativas como parte de uma dinâmica de assimilação e acomodação das imagens contrastantes fornecidas pelo mito, realizada por cada pessoa de forma singular, enfatizando, desse modo, o caráter processual das experiências estruturadas que cada pessoa tem da cultura. Boesch (1991) compreende a noção de mito como referida a sistemas sobre os quais uma cultura estrutura suas crenças. O mito é uma base de julgamento que permanece mais irrefletida em todos os contextos de ação e produção cultural humana, presente na estruturação de aspectos irrefletidos do psiquismo. Ao fornecer as imagens fundamentais que orientam a compreensão das experiências que a pessoa tem do mundo (Boesch, 1991), o mito está sempre presente na produção de sentidos.

Considerando que os mitos participam dos processos de construção de sentidos, inclusive aqueles presentes nas produções científicas, artísticas, religiosas, retóricas, políticas, entre outras facetas da vida social, em todos os casos, não escapamos à matriz mítico-ideológica que está na base da reflexividade humana (cf. Lévi-Strauss & Eribon, 1988/1990), abrindo possibilidades de ação e reflexão, com restrição de outras.

A cultura, com a participação dos mitos, constitui um "campo de oportunidades, regras e limitações para a ação" (Boesch, 1991, p. 38).

Um desses campos de intervenção da cultura é o cultivo dos processos de construção de conhecimento. A construção de conhecimento está conectada ao processo perceptivo que implica a produção de distinções entre as coisas. Trata-se de um processo relacionado às maneiras como cada cultura concebe a realidade a partir de bases pré-conceituais enraizadas nas matrizes de inteligibilidade disponíveis nos mitos e, mais primordialmente, na temporalidade das trocas afetivas com o outro.

Por esse motivo, as relações interétnicas e interculturais, por exemplo, são marcadas pela necessidade de construção de planos de compartilhamento em um nível mais fundamental, que implica operações sobre os processos de sintonização rítmica da experiência. Nesses processos, a disponibilidade para problematizar preconcepções e preconceitos (cf. Gadamer, 1960/2008 e Simão, 2010), próprios da tradição cultural em que a pessoa se encontra e para reorganizar a experiência a partir de novas bases é condição para que o envolvimento entre os participantes do diálogo aconteça.

Desse modo, diferentes culturas sustentam possibilidades diferentes de conceber e habitar o mundo por meio de seus ritos e mitos, que constroem identidades e alteridades como dimensões fenomenais e metafenomenais da experiência. Nesse cenário, o *éthos* de diferentes povos indígenas contribui para as reflexões que acontecem no espaço do psicológico, a partir de um lugar que não se identifica com o território da ignorância definido por Figueiredo (1992/2007).

Desenvolvi a Figura 1, a seguir, com a finalidade de mapear o campo de disputas epistemológicas entre as psicologias em face de ressonâncias e ruídos experimentados pelas pessoas culturalmente posicionadas, que constroem conhecimento sobre fenômenos do campo psicológico. Trata-se de uma representação simplificada das tensões, tendo em vista o processo de cognição da realidade por meio da crítica racional às imagens disponibilizadas nos mitos e que, ao penetrar as formulações teóricas, guiam a reflexão do pesquisador sobre o fenômeno empírico. Os mitos, com sua função básica, trazem os contrastes fundamentais que orientam a intelecção humana. Por um lado, tais contrastes devem ser submetidos à crítica racional na construção do conhecimento. Por outro, o conhecimento produzido, difundido como verdadeiro no âmbito do senso comum, é reconduzido, portanto, à condição de mito e pode ser ressubmetido à crítica no contínuo desenvolvimento intelectual.

Figura 1 — Espaço de legitimação de sentidos da experiência cultural no campo da psicologia como ciência.

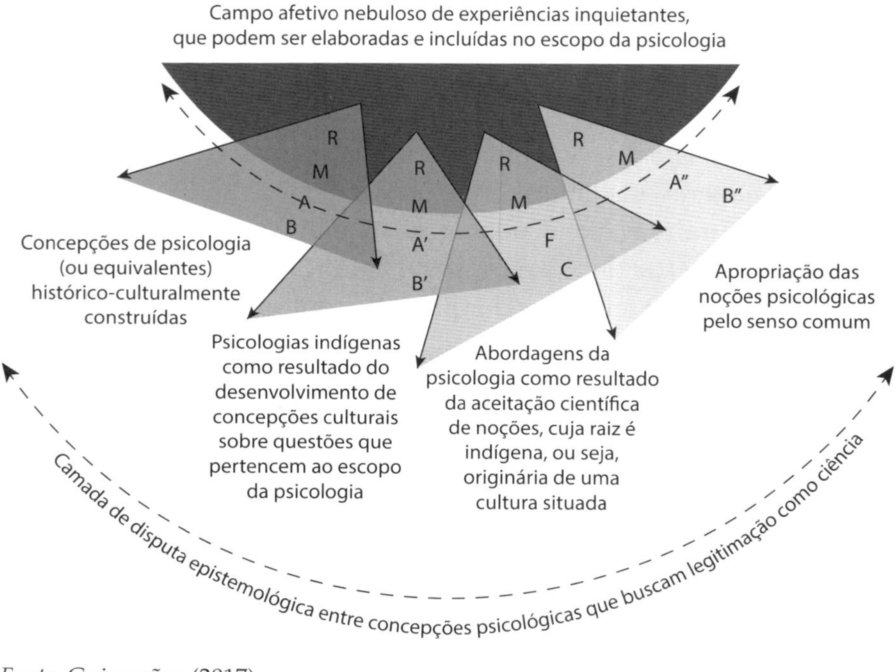

Fonte: Guimarães (2017).

A Figura 1 foi elaborada a partir das considerações acerca dos processos de multiplicação dialógica, como uma possibilidade de teorizar cisões que se dão no âmbito das relações interétnicas e interculturais que constituem a psicologia contemporânea. Os mitos, como sistemas de inteligibilidade pressupostos e irrefletidos em cada cultura, estão na raiz do pensamento psicológico, que mantém e propaga reflexões situadas no seio de tradições culturais. As culturas que resistem sustentam uma possibilidade de conceber e habitar o mundo distinta do *éthos* fissurado do homem moderno, e podem se apropriar, de modo transformado, de métodos presentes no âmbito das tradições científicas, desenvolvendo suas psicologias indígenas, assim qualificadas porque são próprias de tradições culturais pertinentes à localidade onde são produzidas.

As reflexões psicológicas — ou análogas a estas em diversos contextos culturais —, por sua vez, podem migrar de seus lugares originários e passar a colonizar outros espaços por meio do intercâmbio de ideias e pesquisadores originários das diversas tradições, que refletem sobre questões que estão no escopo nebuloso das questões psicológicas. Cabe enfatizar que os sentidos produzidos na cultura podem ou não ser incluídos no campo de reflexões da psicologia como ciência, e parte dos conhecimentos produzidos pela psicologia retorna à cultura na forma de conhecimento de senso comum, tomados como verdadeiros, sem o devido questionamento segundo os métodos validados nos ambientes científicos.

As letras R e M na figura correspondem a Ritos e Mitos, ao passo que A e B correspondem a elaborações dos ritos e mitos básicos de uma cultura segundo caminhos diversos que podem resultar, por exemplo, no desenvolvimento estético e na produção de obras artísticas, no desenvolvimento retórico e na formulação de propostas políticas, do desenvolvimento moral, e na formulação de regras de cunho religioso. Em todos os casos, trata-se de formas de construção de sentidos a partir de um campo nebuloso de experiências inquietantes. Algumas delas podem se inserir no escopo da psicologia, que emerge do debate Filosófico constitutivo das Ciências modernas (letras F e C, respectivamente, na Figura 1).

Critérios de inclusão e de exclusão de saberes e práticas culturais, na composição do território da ignorância ampliado pelo intercâmbio das tradições culturais ao redor do mundo, caracterizam as reflexões éticas, ontológicas e epistemológicas acionadas no processo de elaboração da noção de multiplicação dialógica ao abordar os processos de construção de sentidos. Portanto, algumas das elaborações de sentido nas diversas culturas podem ser compreendidas como pertencendo ao escopo das questões psicológicas, encontram aceitação de seus fundamentos epistemológicos, e, enfim, são introduzidas no campo acadêmico-científico. Esse percurso depende, entre outras coisas, das oportunidades e dos interesses que pessoas de uma dada cultura podem ter na elaboração de suas ideias para inclusão nesse fórum restrito. Na maioria das vezes, sofisticações do conhecimento indígena, das mais diversas culturas, passam ao largo da necessidade de vinculação com as ciências ou com a psicologia como ciência.

Considerações finais

A noção de multiplicação dialógica emergiu, contemporaneamente, da compreensão de que, no espaço do psicológico, está a preocupação com a construção de teorias e sistemas gerais, universais, que abarquem toda a humanidade. A psicologia, contudo, se constitui como ciência moderna a partir das tensões histórico-culturais que guiaram processos de subjetivação do ser humano, que compartilhava um *éthos* assentado nas tradições socioculturais sob a influência dos povos europeus.

As preocupações constitutivas do espaço do psicológico foram gestadas, na modernidade, a partir de reflexões que acionaram pressupostos, muitas vezes irrefletidos, sedimentados em concepções e costumes culturalmente situados nas tradições greco-romanas e judaico-cristãs, recursivamente desdobradas, vindo adquirir novos contornos na contemporaneidade. Mas isso não é tudo. A psicologia emerge também das fissuras provocadas pelo encontro dos povos da Europa com a diversidade das coisas e das pessoas ao redor do mundo.

A tarefa da psicologia cultural, em suas preocupações metateóricas, seria, então, a de proporcionar à psicologia uma reflexão que reconhece a multiplicidade de vozes constitutivas do espaço do psicológico, para além das preocupações liberais, românticas e disciplinares, características dos modos de subjetivação na moderindade. A psicologia cultural, tal como abordada neste capítulo, *amplia*, com a consideração de outras culturas como parte constitutiva da psicologia, o "território da ignorância" que foi concebido por Figueiredo (1992/2007, p. 146) para delinear um conjunto de ideias e práticas que organizam a vida no tipo de sociedade em que a psicologia emergiu como ciência moderna.

A relação com a alteridade de outras tradições culturais, com outras concepções de pessoa, produziu impasses, inquietações pessoais e impactos sociais na Europa renascentista (cf. Figueiredo, 1992/2007). Em parte, esses impactos e inquietações foram conformados com base em imagens e representações do estrangeiro que permearam as filosofias, ciências e artes que não fazem a crítica ao etnocentrismo de suas formulações.

Contudo, a polarização entre ficção e realidade — de um lado, os mitos com o conteúdo ficcional, de outro, a ciência com a representação "real" das coisas — pode ser problematizada como improdutiva, na medida em que *a ciência é um fazer culturalmente situado* (Simão, 2015a). É, portanto, relevante compreender que a inovação teórico-metodológica nos processos de construção de conhecimento acontece a partir da experiência humana em sua condição concreta, histórica, e da reflexão sobre as elaborações de sentidos das experiências vividas.

A noção de multiplicação dialógica é um constructo que articula o conjunto de relações que emergem no solo sociocultural e histórico-filosófico da modernidade, multiplicados na relação com a alteridade. Contudo, não se trata apenas de um processo descritivo da multiplicidade de relações dialógicas constitutivas do processo de construção de sentido, mas sim de uma concepção com implicações éticas, comprometida com a ação criadora de dialogicidade em seus diversos níveis e, especialmente, no campo das relações interpessoais, interculturais e interétnicas.

Um exemplo dessas implicações éticas é a possibilidade de promover um diálogo entre concepções indígenas e concepções psicológicas, que previna a psicologia de ocupar um lugar de discurso dominante, verdadeiro, em oposição às compreensões culturais sofisticadas a respeito da experiência humana que não estão, ainda, validadas no âmbito científico. O trabalho da Rede de Atenção à Pessoa Indígena, no Instituto de Psicologia da USP, se pauta por esses princípios e busca a colaboração, em coautoria, das tensões vivenciadas pelas comunidades indígenas (Achatz, Sousa, Benedito, & Guimarães, 2016; Guimarães, 2014, 2016a, 2016b, 2017; Macena & Guimarães, 2016).

Destaco que utilizo a noção de multiplicação dialógica em vez de multiplicidade dialógica, porque a noção de *multiplicação* aponta para um processo ativo, que não é meramente descritivo, de ampliação dos horizontes de diálogo no âmbito da psicologia cultural.

Considero que o psicólogo tem a responsabilidade de cuidar dos espaços de troca, contribuindo para que as expressões no diálogo possam se multiplicar de forma a se constituir em *éthos* em que diversos posicionamentos possam coexistir sem exclusão ou silenciamentos forçosos. É evidente que, na temporalidade das trocas entre as posições no diálogo, intervêm dominâncias, precedências e propósitos temporários que precisam ser estabelecidos para que, ou até que, cada expressão emergente tenha condições de ser reconhecida, se fortalecer ou, ainda, adquirir consistência ao se transformar a partir do percurso concretamente situado de relações no tempo.

A consistência de cada posicionamento que participa da situação dialógica é importante para que novas expressões possam ser acolhidas como solo fértil para a ampliação da criatividade humana. Nessa perspectiva, o psicólogo precisa realizar o cultivo da diversidade e acompanhar seu crescimento exercendo as funções cuidadoras (cf. Figueiredo, 2007) na direção da reciprocidade entre as partes participantes do processo de cultivo.

Embora a psicologia nem sempre tenha mantido uma proximidade efetiva ou refletida com a diversidade étnico-cultural, não pode deixar de reconhecer a pertinência das preocupações antropológicas e a presença incessante de referências a essa diversidade na constituição dos discursos legitimadores de suas teorias e práticas, independentemente da abordagem teórica privilegiada. Cada tradição cultural, por sua vez, tem uma história que lhe é própria, concebe o mundo e mantém preocupações orientadas por princípios e valores peculiares.

Neste ensejo, a noção de multiplicação dialógica pode ser importante para a produção de possíveis genealogias do psicológico, que abarquem uma maior diversidade de experiências de abertura do campo existencial, desregrantes e inquietantes, considerando as variadas formas de ordenação dessas experiências que asseguram seus sentidos e viabilidade. Desse modo, a noção de multiplicação dialógica visa contribuir com processos de constituição e manutenção de um *éthos* capaz de abrigar o diverso no mundo contemporâneo marcado pelo acirramento de polaridades, opressões, tentativas de silenciamento e aprisionamento da alteridade. Desde esse ponto de vista, a teoria, a pesquisa e a prática profissional estão atreladas a um processo de transformação social que aponta para o compromisso ético da psicologia de incluir, em seu campo de generalizações científicas, a multiplicação das formas humanas de habitar o mundo com os outros.

Agradecimentos: Processo FAPESP número 2018/13145-0.

Referências

Achatz, R. W.; Sousa, F. R.; Benedito, M. A., & Guimarães, D. S. (2016). Considerações sobre o trabalho com comunidades indígenas a partir do serviço "Rede de Atenção à Pessoa Indígena". In CRPS (Org.), *Povos indígenas e psicologia: A procura do bem viver* (pp. 189-198). São Paulo: CRPSP.

Boesch, E. E. (1991). *Symbolic action theory and cultural psychology.* Berlin: Germany. Springer Verlag.

Boesch, E. E. (1997). Reasons for a *symbolic* concept of action. *Culture & Psychology, 3*(3), 423-431.

Figueiredo, L. C. M. (2007). *A invenção do psicológico*: *Quatro séculos de subjetivação 1500-1900*. São Paulo: Escuta (184 p.) (Trabalho original publicado em 1992).

Figueiredo, L. C. M. (2009). *Matrizes do pensamento psicológico*. Petropólis: Vozes (208 p.) (Trabalho original publicado em 1989).

Figueiredo, L. C. M. (2013). *Revisitando as psicologias: Da epistemologia à ética das práticas e discursos psicológicos*. Petropólis: Vozes (183 p.) (Trabalho original publicado em 1996).

Gadamer, H.-G. (Meurer trad. 2008). *Verdade e método I: Traços fundamentais de uma hermenêutica filosófica*. São Paulo: Vozes (Trabalho original publicado em 1960).

Guimarães, D. S. (2014). Introdução — Indígenas entre a Amazônia e São Paulo: atravessamentos dialógicos. In R. A. Rodrigues. *Sofrimento mental de indígenas na Amazônia*. Parintins: Editora da Universidade Federal do Amazonas (Edua).

Guimarães, D. S. (2016a). A psicologia e a questão indígena no Brasil. In CRPSP (Org.), *Povos indígenas e psicologia: A procura do bem viver* (pp. 178-188). São Paulo: CRPSP.

Guimarães, D. S. (2016b). *Amerindian paths: Guiding dialogues with psychology*. Charlotte: Information Age Publishing.

Guimarães, D. S. (2017). Amerindian psychology: The cultural basis for general knowledge construction. In B. Wagoner, I. Brescó de Luna, S. H. Awad (Orgs.), *The psychology of imagination: History, theory and new research horizons* (pp. 221-238). Charlotte: Information Age Publishing.

Guimarães, D. S. & Simão, L. M. (2017). Mythological constrains to the construction of subjectified bodies. In M. Han (Org.), *The subjectified and subjectifying mind* (pp. 3-21). Charlotte: Information Age Publication.

Ingold, T. (2000). *The perception of the environment: Essays on livelihood, dwelling and skill*. Oxon and New York: Routledge.

Lévi-Strauss, C. & Eribon, D. (1990). *De perto e de longe: Reflexões do mais importante antropólogo do nosso tempo*. Rio de Janeiro: Nova Fronteira (Texto original publicado em 1988).

Lima, T. S. (1996). O dois e seu mútiplo: Reflexões sobre o perspectivismo em uma cosmologia Tupi. *Mana, 2*(2), 21-47.

Macena, P. L. & Guimarães, D. S. (2016). A psicologia cultural na fronteira com as concepções Mbya Guarani de educação. In Conselho Regional de Psicologia 6ª Região (Org.), *Na fronteira da psicologia com os saberes tradicionais: Práticas e técnicas* (pp. 135-147). São Paulo: CRPSP.

Nigro, K. F. & Guimarães, D. S. (2016). Obscuring cannibalism in civilization: Amerindian psychology in reading today's sociocultural phenomena. In J. Valsiner, G. Marsico, N. Chaudhary, T. Sato, & V. Dazzani (Orgs.), *Psychology as the science of human being*. The Yokohama Manifesto (pp. 245-263). Basel: Springer International Publishing.

Simão, L. M. (2004). Alteridade no diálogo e construção do conhecimento. In A. M. Martínez & L. M. Simão (Orgs.), *O outro no desenvolvimento humano: Diálogos para a pesquisa e a prática profissional em psicologia* (pp. 29-39). São Paulo: Pioneira Thomson Learning.

Simão, L. M. (2005). Bildung, culture and self: A possible dialogue with Gadamer, Boesch and Valsiner? *Theory & Psychology, 15*(4), 549-574.

Simão, L. M. (2010). *Ensaios dialógicos: Compartilhamento e diferença nas relações eu outro*. São Paulo: Hucitec (286 p.).

Simão (2015a). The contemporary perspective of semiotic cultural constructivism: For a hermeneutical reflexivity in psychology. In Marsico, Ruggieri, & Salvatore (Orgs.), *Reflexivity and psychology* (pp. 65-85). Charlotte: Information Age Publishing.

Simão, L. M. (2015b). Time-not always the same. In L. M. Simão, D. S. Guimarães, & J. Valsiner (Orgs.), *Temporality, culture in the flow of human experience* (pp. xi--xiv). Charlotte: Information Age Publishing.

Simão, L. M. (2016). Culture as a moving symbolic border. *Integrative Psychological and Behavioral Science, 50*(1), 14-28.

Valsiner, J. (1998). *The guided mind: A sociogenetic approach to personality*. Cambridge: Harvard University Press. (480 p.)

Viveiros de Castro, E. B. (1996). Os pronomes cosmológicos e o perspectivismo ameríndio. *Mana, 2*(2), 115-144.

Wagner, R. (2010). *A invenção da cultura*. São Paulo: Cosac Naify (253 p.) (Original publicado em 1981).

Capítulo 5

Nunca fomos ocidentais:
propostas epistêmicas da etnopsiquiatria de Tobie Nathan para a psicologia clínica e sua aplicação em outro ocidente

Pedro de Luna Nogueira
José Bizerril

O presente capítulo exemplifica algumas das implicações de levar a sério a inseparabilidade de psique e cultura. Afinal, contextos culturais e relações sociais são mais do que o cenário da subjetividade. São a própria matéria-prima a partir da qual os processos subjetivos se constituem. Justamente por isso a sensibilidade à diferença cultural e o diálogo interdisciplinar favorecem o desenvolvimento do conhecimento psicológico e a atuação profissional. Particularmente, abordamos aqui suas implicações para a psicoterapia. A proposta explícita é desnaturalizar a identificação entre subjetividade e indivíduo moderno ocidental, implícita no conhecimento psicológico clássico. Nosso esforço é inspirado pela etnopsiquiatria de Tobie Nathan, que pode oferecer contribuições para uma psicologia atenta às especificidades culturais das subjetividades brasileiras. O pano de fundo desse debate é o questionamento ao eurocentrismo do conhecimento científico e à situação de colonialismo cultural que ainda perpassa sua produção e reprodução em nações do hemisfério sul.

Indagação sobre uma Clínica Polifônica

As clínicas de psicoterapia psicológica e psicodinâmica têm duas qualidades interessantes, entre outras, que são fundamentais para sua presença cada vez mais frequente no cotidiano das pessoas: sua multiplicidade de abordagens do sujeito/cliente/paciente e seu diálogo interdisciplinar com outras áreas de conhecimento humano.

Quanto à sua multiplicidade, podemos, rapidamente, contabilizar alguns sistemas[1] bastante heterogêneos em termos de técnicas clínicas, de teoria[2] e de ontologia.[3] Essa variedade, que ainda inclui e se desdobra em várias outros sistemas psi, torna a clínica psicoterápica acessível às mais diferentes pessoas, permitindo que cada uma encontre o sistema que lhe é mais significativo e eficiente na promoção do seu bem-estar.

A origem da multiplicidade de sistemas se deve aos diálogos interdisciplinares. Estes não só sustentam a variedade já mencionada, como também auferem as propriedades da "identidade" teórico-metodológica que diferencia um sistema do outro. Alguns promovem um maior diálogo com as ciências biológica e médica, outros com as ciências antropossociais. Ao fazer interface com esses campos de conhecimento, os sistemas psi enriquecem sua compreensão das pessoas, do "ser humano", e dela derivam técnicas de intervenção clínica psicoterápica para agenciar as várias necessidades de quem as busca.

---

1. Psicanálise, behaviorismo, gestalt terapia, psicodrama, cognitivismo etc.

2. Epistemes teórico-metodológicas, como o evolucionismo, o positivismo lógico, a linguística, o estruturalismo, o materialismo histórico etc.

3. Epistemes que definem como a pessoa, o sujeito, a personalidade se originam, se fazem ou se perpetuam, por exemplo: existencialismo, neuropsicologia, teoria da subjetividade, teoria do desenvolvimento psicossexual, socialismo etc.

É possível continuar desdobrando considerações a respeito da variedade intra e intersistema ao mencionar suas várias outras características e dimensões teórico-metodológicas.[4] Entretanto, serão discutidas duas condições implícitas a todas — e seus efeitos —, muitas vezes superficialmente articuladas, ou sequer consideradas: a genealogia[5] ideológica, geocultural, social e política da construção dos seus saberes e a homogeneidade totalizante de sua concepção do que é um "ser humano".

É importante questionar essas condições, pois nelas ocorrem lacunas e omissões de conhecimento que tornam as intervenções clínicas desses sistemas instrumentos de subalternização dos sujeitos, e de reprodução — no caso de sua aplicação em contextos não ocidentais — de discursos de colonialismo interno,[6] herdado do

---

4. Por exemplo, o psicodrama e sua interface com as artes cênicas.

5. Para Foucault, as genealogias não são retornos positivistas a uma forma de ciência, mais atenta e mais exata, e sim um tipo de *anticiência*. Trata-se de uma insurreição dos saberes não contra os conteúdos, "mas de uma insurreição dos saberes antes de tudo contra os efeitos de poder centralizadores" (Foucault, 2000, p. 268). Dessa forma, a genealogia deve combater as superioridades impostas, por exemplo, pelo discurso tido como científico, independentemente de a institucionalização desse discurso ser feita nas universidades ou nos aparelhos políticos.

6. Na busca por uma definição mais precisa a respeito do "colonialismo interno" e de suas implicações nos processos históricos, o sociólogo mexicano Pablo G. Casanova (2007) parte de alguns princípios fundamentais que norteiam sua construção: 1) o colonialismo interno está presente em todas as dimensões, quais sejam, na economia, na política, na sociedade e na cultura; 2) seu desenvolvimento está inserido na história dos Estados-nação e do capitalismo; 3) e este também se relaciona com estratégias contra-hegemônicas. O colonialismo interno é uma problemática que extravasa o colonialismo/neocolonialismo e é reproduzido pelos Estados-nação independentes, seja estes de caráter imperialista neoliberal, seja os de caráter socialista. A condição dos que são oprimidos por esse colonialismo são semelhantes àquelas produzidas pelo fenômeno da conquista sobre populações nativas que não foram exterminadas na época da conquista da América: 1) habitam em um território sem governo próprio; 2) encontram-se em situação de desigualdade frente às elites das etnias dominantes e das classes que as integram; 3) sua administração e responsabilidade jurídico-política concernem às etnias dominantes, às burguesias e às oligarquias do governo central, ou aos aliados e subordinados deste; 4) seus habitantes não participam dos mais altos cargos políticos e militares do governo central, salvo em condição de "assimilados"; 5) os direitos de seus habitantes, sua situação econômica, política, social e cultural são regulados e impostos pelo governo central; 6) em geral, os colonizados no interior de um Estado-nação pertencem a uma "raça" distinta da que domina o governo nacional, considerada "inferior" ou, ao cabo, convertida em um símbolo "libertador" que forma

empreendimento imperialista,[7] impedindo o surgimento de outras possibilidades psicoterápicas, construídas com sentidos próprios a respeito dos sujeitos e das realidades locais, nada homogêneas em termos étnicos, geoculturais e de gênero. Ao perceber essas falhas epistêmicas, levando em conta que conhecimento é poder e que o exercício do poder pode ser totalizante,[8] torna-se necessária a criação de uma clínica psicoterápica polifônica. Uma clínica que leve em consideração essa multiplicidade de vozes heterogêneas sem silenciá-las com imposições teóricas que adequam a voz do sujeito à teoria, impondo saber, ao invés de acolher saber e promover bem-estar; sem conceitos *a priori* com pretensões universais transculturais que enrijeçam sua capacidade de apropriação, transformação e até mesmo de descarte teórico; que veja e incentive a legitimidade e produção de autorias locais, a legitimidade do lócus de enunciação, pensadas para as realidades geoculturais de cada povo.

---

parte da demagogia estatal; 7) a maioria dos colonizados pertence a uma cultura distinta e não fala a língua "nacional".

7. A busca acirrada por novos territórios, o processo de dominação política e econômica de outro país em função do abastecimento do novo sistema econômico dominante que ocorreu a partir do século XIX, foi denominada de imperialismo. Contudo, não foram somente motivos políticos e econômicos que levaram à ação imperialista europeia nos continentes africanos, americanos e asiáticos. Não podemos esquecer as sustentações ideológicas e filosóficas encontradas para o sistema, o espírito que permeava a época. Teorias como o "darwinismo social", com Herbert Spencer (filósofo, representante do positivismo e admirador da obra de Charles Darwin), tendo a Europa como o ápice do desenvolvimento em contrapartida dessas outras nações, consideradas primitivas; o início de doutrinas que pregavam a eugenia, de Francis Galton (antropólogo, estatístico e matemático inglês), assim como o controle social para o desenvolvimento de melhores raças humanas. Portanto, o processo neocolonial não possuía somente o braço econômico e político. Percebemos, ao estudarmos o período, que os traços ideológicos e filosóficos que cresceram no século XIX embasavam e legitimavam as ações atrozes dos países europeus em territórios americanos, asiáticos e africanos.

8. Sobre a totalização: "a principal crítica que Lévinas faz à Ontologia diz respeito à totalização que ela opera do Mesmo e do Outro num sistema. Ele busca então um modo de romper com a totalidade e, portanto, de impedir essa totalização do Mesmo e do Outro. Não há nenhuma socialidade numa relação em que outrem é assimilado pelo eu. Assim, o ser não se encontra numa realidade englobante ou unificante, mas no seu contrário. Se a totalidade supõe um eu absoluto que tudo engloba e que absorve em si a alteridade de outrem, dando lugar a um sistema anônimo, será necessário resistir à ideia de um ajuntamento de tudo num mesmo lugar, num todo neutro e anônimo" (Carrara, 2012, p. 1).

Com essas condições como premissas, será argumentado que a etnopsiquiatria de Tobie Nathan apresenta as qualidades expostas, simultaneamente evitando armadilhas do colonialismo interno dos saberes e sendo adequada para uma realidade polifônica, heterogênea não ocidental, inspirando, enfim, uma clínica culturalmente sensível à realidade da população brasileira.

Da Genealogia e do "Ser Humano"

Retornando às duas condições anteriores — a genealogia ideológica, social e política da construção dos seus saberes e a homogeneidade totalizante de sua concepção do que é um "ser humano" —, a primeira tem sido discutida com alguma frequência pela própria psicologia (por exemplo, por autores como González Rey, 2007, e Rose, 2011) e por outras ciências sociais. Entretanto, a extensão do que é trazido à tona por essas genealogias — o fato de que dispositivos de higienização, controle e exclusão social são intrínsecos aos postulados dos sistemas psi, moldando alguns de seus aspectos teórico-metodológicos e nosológicos, tornando-os inevitavelmente iatrogênicos — com pouca frequência parece ser levada em consideração por seus expoentes contemporâneos (Nogueira, 2010).

Explicitamos aqui uma questão importante para o desenvolvimento subsequente do argumento, e que será detalhada mais adiante. Os sistemas psi se desenvolveram em nações ocidentais do hemisfério norte, tendo no indivíduo moderno sua noção de pessoa implícita e naturalizada, noção essa que não se aplica a todos os contextos aos quais os saberes psi chegaram. A ineficácia e/ou violência epistêmica e simbólica da intervenção psicológica em algumas realidades culturais, inclusive em nosso país (como previamente discutido em Bizerril, 2007 b e 2015), se deve à baixa adequação das perspectivas individualistas, distintivas das tecnologias psi, a realidades em que o indivíduo não é a forma de organização subjetiva culturalmente predominante, nem o lócus da agência por excelência.

Caso isso fosse de fato levado em consideração, seria necessário fazer uma reconstrução de vários aspectos epistêmicos dos sistemas psi, que longe de descaracterizá-los, fariam jus à premissa fundamental do método científico: fazer ciência — produzir conhecimento de forma metódica, sistemática, consistente e reproduzível — é tomar riscos e repensar teorias e axiomas[9] que, naturalmente, perdem sua pertinência e consistência interna à luz de novas observações ou narrativas que invalidam ou esvaziam os postulados anteriores. Por exemplo, ainda na linha de raciocínio esboçada no parágrafo anterior, ao estabelecer que a segunda tópica de Freud é universal, não só ocorre o silenciamento de concepções produzidas por outros povos acerca de sua subjetividade ou de sua mente, de sua dinâmica e sua terapêutica, como também a imposição de uma nosologia e psicodiagnóstico que pode ser profundamente incoerente com a cultura do sujeito não ocidental (Kiermeyer, 2006).

A segunda condição é o cerne da discussão principal proposta, uma discussão fundamental para os sistemas psi, como já mencionado e futuramente exposto, e que tem sido estranhamente ignorada por psicólogos/as e psicoterapeutas, principalmente aqueles/as que não vivem no Ocidente: a homogeneidade do que seria o "ser humano".[10] Ao fazer uma breve genealogia das disciplinas, discursos e instituições

---

9. "[...] não há muito a ser visto na aventura das ciências modernas [...] com a submissão a um método que supostamente garantiria a objetividade e a validade dos enunciados. O método, pelo contrário, deveria ser entendido enquanto aposta — o seu objeto de estudo é capaz de 'responder' por sua pertinência. O inconsciente ocupa aqui o papel de respondente, e Devereux parece ter razão: o conjunto da argumentação freudiana quanto à validade da psicanálise postula que o inconsciente está 'fora da cultura' e 'fora da influência', garantido de que as modificações produzidas não terão nada a ver com as técnicas tradicionais de influência que diferem de uma cultura a outra. No entanto, e é com certeza isso que ele aprendeu em contato com povos para os quais a feitiçaria é uma realidade concreta, que sabem que aquilo que chamamos de 'alma' é suscetível de ser 'roubada', 'posta ao trabalho' e 'comida'. Devereux situou no mesmo elevado nível o risco que acompanha, feito sombra, a possibilidade de realização. Uma análise mal conduzida não é um acontecimento benigno, é um verdadeiro ato de feitiçaria. O inconsciente não responde à psicanálise sem igualmente fazer convergir o mais proximamente terapêutico e arrebatador da alma" [tradução nossa] (Nathan, 2001b, p. 29).

10. É importante frisar que não se está questionando a anatomia recorrente de mamíferos primatas bípedes do gênero *Homo*.

que moldaram o termo, algumas características revelam a falácia de sua aparente universalidade:

a) É um conceito derivado de uma taxonomia biológica que não leva em consideração nem a variedade de povos humanos, resultante da interação com meios ambientes distintos e das organizações culturais diversas e diferentes entre si, nem a diferença entre os sexos, silenciando assim as experiências também diversas e diferentes das mulheres. Por mais que essa variedade não tenha alterado fundamentalmente a recorrência anatômica do *Homo sapiens*, alterou e altera seus metabolismos, seus comportamentos, suas organizações sociais e suas construções subjetivas.
b) A criação e a adoção do conceito de "ser humano" vieram da necessidade de implodir as diferenças sociais[11] naturalizadas no mundo feudal; da distribuição heterogênea de poder estabelecida ao longo da Idade Média europeia, que criou uma vasta categoria social homogênea, sem os putativos privilégios divinos de poder, e justificou o deslocamento e a distribuição do poder político e econômico ocasionado pela revolução liberal francesa para as classes burguesas[12] de certos Estados-nação do continente europeu. Em outras palavras, o "ser humano" foi criado para ser uma categoria identitária que deveria garantir certa homogeneidade da distribuição do poder político e para permitir a qualquer pessoa o acesso "universal" ao mercado, desde que dispusesse dos requisitos necessários para ser considerada humana.
c) Levando em consideração o ponto anterior e lembrando que os Estados-nação do continente europeu, durante alguns séculos, impuseram violentamente sua cultura e seu modo econômico ao

---

11. A organização do mundo feudal do continente europeu consistia em uma divisão tríplice de categorias sociais justificadas pela disposição divina católica: a aristocracia guerreira, as organizações eclesiásticas católicas e os artesãos e servos.

12. A ascensão dessas classes se deu com o acúmulo de riquezas oriundas da exploração de colônias asiáticas, africanas e norte/centro/sul-americanas; essa "humanidade" era uma característica político-identitária que era inerente a essas classes sociais. Não era estendida a escravos/as e a outras pessoas que não fossem parte dessas populações do continente europeu.

resto do globo através do empreendimento colonial e imperialista, as várias concepções de "ser humano" produzidas por outras culturas foram silenciadas e substituídas por aquelas de quem as subjugou, essa substituição foi justificada por uma superioridade autorreferente e tautológica do saber científico compartilhado por esses Estados-nação.[13]

Finalmente, é necessário levar em consideração que, além de o conceito de "ser humano" ter uma origem geocultural monotópica — não sendo, portanto, universal nem autoevidente, mas sim excludente e impositivo —, as pessoas que o pensaram eram homens caucasianos europeus que usaram sua experiência subjetiva e geocultural específica como referência para a construção desse conceito. Vários novos problemas surgem nesta última afirmação. A começar pelo problema demográfico e objetivo da construção de um conceito com uma amostragem pífia: esse fenótipo humano, específico dos autores europeus, não equivale sequer a um sétimo da população mundial atual e equivalia a pouco mais de um décimo da população mundial no século XIX.[14] Em outras palavras, é pouco ou não representativo das várias experiências existenciais dos povos humanos. Argumentos que ainda busquem alguma universalidade populacional desse constructo morrem aqui.

Outro problema ainda mais sério é que o conceito não foi construído com o objetivo de ser uma representação coletiva, mas sim para justificar uma determinada conjectura de supremacia e de poder

---

13. Lembrando que a ciência como método de compreensão e articulação dos aspectos técnico-materiais do mundo não está em questão, e tem se mostrado particularmente eficiente em seus campos próprios de aplicação. O que está em jogo nesta discussão é sua fraca capacidade de articular conceitos de identidade/subjetividade/psicodinâmica — articulados e discutidos pela metafísica/ontologia/hermenêutica e pelas ciências humanas com maior eficiência —, pois não são inerentes ou articuláveis em profundidade pelo campo do saber técnico-material das ciências exatas, biomédicas ou aplicadas — engenharias —, e seu uso como discurso e dispositivo de superioridade geocultural.

14. Banco Mundial, https://ourworldindata.org/world-population-growth/.

político-econômico de certos estamentos sociais e classes políticas de alguns países e reinos do continente europeu; presença e ocupação que se deram à custa da destruição, da escravidão, do genocídio e da subalternização de praticamente qualquer outro povo que não fizesse parte dos grupamentos sociais em questão. Como num outro ou não ocidente, essa imposição da hegemonia geocultural ocidental assumiu a forma do empreendimento colonial e imperialista, o conceito serviu para agrupar, autorizar e institucionalizar o controle pelas nações europeias que detinham o poder político, social, militar e econômico das colônias extrativistas e escravistas. Finalmente, os resultados desse conceito também implicaram a exclusão e a periferização das nações e das etnias de outro ou não ocidente, mantendo e impondo seu estado de subalternidade e de colonialidade e, com o passar do tempo, levando-as a reproduzir variações de colonialismo interno em vários países das Américas, da África e da Ásia.

Por onde começar, então, quando o próprio sujeito/objeto da clínica psicoterápica demonstra ser um constructo falacioso? Por uma breve genealogia do que é a identidade ocidental, do que é ser outro ocidente e quem são ou podem ser os sujeitos dos outros ocidentes. Uma vez estabelecidas novas hermenêuticas para esses sujeitos, perceberemos como a etnopsiquiatria de Tobie Nathan permite uma abordagem clínica psicoterápica de suas queixas contextualizada em suas próprias geoculturas.

O que é Ocidente

O conceito que tanto tem sido utilizado ao longo deste capítulo surge do agrupamento de certo número de Estados-nação europeus que estavam envolvidos nos processos de colonização de outros continentes e populações do globo. Dessa forma, é produzido um conjunto que, mesmo sendo extremamente heterogêneo entre seus constituintes, apresenta semelhanças geopolíticas e ideológicas que possibilitam sua organização em torno de fenômenos políticos, econômicos e sociais comuns, histórica e geograficamente localizados:

instituições sociopolíticas, origens populacionais, linguísticas e históricas, desígnios coloniais/imperialistas expansionistas e comerciais etc. Como exposto por Bizerril (2007b, p. 31):

> [...] apesar da longa história de intercâmbios diversos entre Europa e Ásia, a noção de 'ocidente' em sua acepção atual começou a ser elaborada apenas a partir do início da época moderna, paralelamente à constituição dos impérios coloniais de algumas nações europeias, o que pressupõe o surgimento da ideia moderna de estado-nação. A expansão colonial a partir das grandes navegações forneceu a matéria-prima para que o 'ocidente' se pensasse por oposição a uma infinidade de outros povos, alguns dos quais até então desconhecidos, que foram classificados em categorias genéricas como 'selvagens/primitivos' (Trouillot, 1991), por um lado e o que me diz respeito aqui, como 'orientais' por outro. Mais recentemente, constitui-se mais uma oposição polar, entre as nações ocidentais e aquelas pertencentes ao Terceiro Mundo.

Portanto, o ocidente não é um fenômeno "natural" resultante de uma concepção hegeliana de evolução histórica linear das civilizações humanas, como se estas tivessem um trajeto cultural comum a ser seguido para chegar a uma teleonomia civilizacional única e universal. O ocidente não ocorreu porque os principais Estados-nação que se envolveram no empreendimento colonial/imperial eram o ápice da civilização humana, e seu domínio político-econômico sobre os outros povos e sociedades do mundo era inevitável. Muito pelo contrário, o ocidente é um conjunto de instituições culturais, econômicas e geopolíticas, que apresenta uma série de dispositivos — entre eles a ciência — que foram usados para naturalizar e justificar uma relação heterogênea e hegemônica de poder/saber de certo grupo de pessoas sobre uma vasta maioria de outras. Assim, o ocidente não é:

a) Um fenômeno natural tal qual um continente,[15] já que este não é composto unicamente por um continente *per se*; não é composto

15. "É perfeitamente possível argumentar que alguns objetos distintivos são criados pela mente e que esses objetos, embora pareçam ter existência objetiva, possuem apenas uma realidade ficcional. Um grupo de pessoas vivendo em alguns acres de terra estabelecerá fronteiras

pela totalidade dos Estados dos dois continentes (América do Norte e Europa), que se identificam como ocidente, e se refere a um arcabouço heterogêneo de metanarrativas culturais e econômicas de certos grupamentos sociais. Mignolo (2001) localiza esse Ocidente na Europa ocidental (França, Inglaterra e Alemanha) e nos Estados Unidos, mas não no sudeste da Europa (Itália, Espanha e Portugal) e fala de um legado seu na América Latina, sendo um legado algo posterior, uma influência e não o próprio fenômeno geocultural.

b) Tampouco é a-histórico, supostamente presente desde o começo da humanidade, aliás, muito pelo contrário, é um artifício sociopolítico e narrativo usado para separar e evidenciar um grupamento populacional europeu e norte-americano econômica e culturalmente prevalente a partir dos séculos XIX[16] e XX.

---

entre a sua terra e seus arredores imediatos e o território mais além, a que dão o nome de 'a terra dos bárbaros'. Em outras palavras, essa prática universal de designar mentalmente um lugar familiar além do 'nosso', que é 'o deles', é um modo de fazer distinções geográficas que pode ser inteiramente arbitrário. Uso a palavra 'arbitrário' neste ponto, porque a geografia imaginativa da variedade 'nossa terra-terra bárbara' não requer que os bárbaros reconheçam a distinção. Basta que 'nós' tracemos essas fronteiras em nossas mentes; 'eles' se tornam 'eles' de acordo com as demarcações, e tanto seu território quanto a sua mentalidade são designados como diferentes dos 'nossos'. Numa certa medida, as sociedades modernas e primitivas parecem obter a percepção de suas identidades de modo negativo [...]. As fronteiras geográficas acompanham as sociais, étnicas e culturais de maneiras previsíveis. Mas o modo como alguém se sente não estrangeiro com frequência se baseia numa ideia muito pouco rigorosa do que existe 'lá fora', para além do território conhecido. Todos os tipos de suposições, associações e ficções parecem amontoar-se no espaço não familiar fora do nosso" (Said, 2003, p. 91, grifo do autor).

16. Do século XV a.C. ao V a.C., o continente europeu era uma amálgama esparsa de povos heterogêneos que conheceu alguma forma de homogeneidade durante a expansão da república e do império romano (V a.C. a III a.C.). Isso não poderia ainda ser considerado ocidente devido ao fato de ser uma mistura de culturas e povos do continente europeu, do norte da África e da Eurásia oriental. Com o fim do império romano, o continente europeu foi infiltrado por mais populações nômades ou deslocadas da Eurásia, dissolvendo a homogeneidade legal do cidadão romano. Durante a Idade Média, vastas extensões do continente foram dominadas pelo islamismo árabe, além de guerras entre seus reinos que resultaram na criação de distintas identidades étnicas e locais. No Renascimento e na era das descobertas, as guerras continuaram, aprofundando tensões étnicas e culturais entre as populações do continente europeu. Foi somente com o advento da modernidade (século XVI) e a unificação das populações heterogêneas europeias sob Estados-nação (século XIX), que apresentavam desígnios imperialistas comuns e

Todavia, não cabe fazer aqui uma genealogia do ocidente, e sim mostrar que se trata de uma construção geopolítica e imaginária ao mesmo tempo. Respectivamente, porque a influência de suas instituições e dispositivos moldou o mundo moderno e contemporâneo, sendo adotadas e adaptadas onde foram aceitas ou impostas. Por outro lado, não é um fenômeno monolítico, homogêneo ou universal: é uma convenção utilizada para denominar fenômenos de colonialidade do poder e do imperialismo compartilhados por três países europeus principais e um norte-americano durante as Idades Moderna e Contemporânea.

A conclusão à qual qualquer leitora ou leitor chega neste momento pode ser um pouco chocante: o Brasil não é e nunca foi ocidente, como nos relatos mais oficiais da história e da identidade nacional, uma vez que o fenômeno em si é uma instituição geocultural excludente e geograficamente específica. Ainda assim, a influência cultural e econômica do ocidente é inegável. Como ser e não ser ao mesmo tempo, eis a questão. A resposta é: sendo outro ocidente.

O que é Ser Outro Ocidente

A historiografia oficial nos apresenta que, a princípio, o termo "Índias" era usado na Europa num sentido alargado, para se referir a várias regiões da Ásia não mapeadas, abrangendo a Ásia meridional e o Sudeste asiático. Na corrida entre alguns reinos europeus para chegar, explorar e estabelecer novas rotas comerciais com as Índias, ocorreu uma expedição capitaneada por Cristóvão Colombo que, em 1492, aportou nas Caraíbas, mar do Caribe. Pensando ter chegado à Ásia, navegando rumo oeste no que era o primeiro contato com a

---

concorrentes, que a produção da ideia de um ocidente hegemônico, homogêneo e radicalmente diferente do resto do mundo se deu. Os Estados Unidos só se tornaram parte oficial do ocidente após sua abertura comercial e política ao mundo (começo do século XX).

América, continente então desconhecido para os europeus, chamou--lhes "Índias ocidentais".

Pouco poderia estar mais longe e ser considerado mais diferente do que se conhecia nas civilizações do continente europeu, africanas e naquelas ditas Índias orientais. O espanto diante da diferença certamente ocasionou certa repulsa e incompreensão daquilo que era tão radicalmente outro. Inclusive pensamos que a etapa inicial de inferiorização das populações das Índias ocidentais, entre os prevalecentes motivos socioeconômicos, tecnológicos e de ontologia cristã, deu-se também devido à conversão compensatória desse estranhamento angustiante que confirmava não ser a Europa o centro do mundo. Em outras palavras, uma reação etnocêntrica em que ocorreram a exaltação e a imposição do próprio, do familiar, para lidar com a falta de referenciais comuns com esse outro, além da sua diferença quase incomensurável, que só pôde ser compreendida posteriormente, partindo do princípio da diversidade cultural e étnica.

Em seguida, com a expansão sistemática e o assentamento das colonizações, os colonos, as populações ameríndias e os escravos africanos foram sendo catequizados, feitos católicos, tornando-se reconhecíveis pela igreja como filhos e filhas de Cristo, sendo aproximados do ocidente, tornando-se seus irmãos e suas irmãs por genealogia transcendental e alvos comuns da missão evangelizadora. Por fim, a América Latina começou a tornar-se ocidental ao ser completamente inserida nos circuitos econômicos europeus e norte- americanos, após as independências de seus países e a Segunda Guerra Mundial, quando adotou e aplicou abrangentemente os sistemas político-econômicos, parte da metafísica, da ontologia e da cosmogonia do ocidente.

É importante frisar que a adoção mencionada no último parágrafo foi e ainda é parcial, incompleta e aberta, devido à resistência, à ignorância, à autenticidade e à diversidade de povos e etnias dos países pós-coloniais, e à preservação de seus conhecimentos e subjetividades diversas. Essa parcialidade também é o que os faz parcialmente aceitos pelo ocidente, tornando-os, assim, o outro ocidente. Essa declaração decorre do fato de que, em primeiro lugar, o projeto ocidental de secularização, em certas frentes, faliu na América Latina, suas sociedades e sujeitos fazendo-se, em grandes números, em universos múltiplos.[17]

Em segundo lugar, os discursos e os cânones da tradição do pensamento e da ontologia ocidental tornaram-se vazios ao se deparar com certas características e limites socioculturais de importantes segmentos dessas sociedades, como os ameríndios. Em terceiro lugar, os discursos e os cânones também começaram a ser repensados à luz da subalternidade, eventualmente percebida, em relação aos produtos do pensamento, da cultura e das populações do ocidente; por fim, o projeto político ocidental também encontrou limites às suas instituições republicanas e democráticas, não podendo sequer homogeneizar, sistematicamente, seus cidadãos num projeto de Estado coeso, muito menos o de povo de uma nação. Valeria a pena recapitular, aqui, que os segmentos populacionais de origem africana e ameríndia foram os outros silenciados nas narrativas dominantes das jovens nações latino-americanas (Segato, 2007), pelo menos no momento fundador de sua constituição e nas décadas subsequentes.

Devido a essa falência parcial do projeto de colonização e de aculturação, e, por outro lado, o sucesso da resistência e da busca de autenticidade e legitimidade, parece-nos importante compreender que a América Latina, e nela o Brasil, é um outro ocidente. E é esse *outro*, esse prefixo, que nos parece interessante examinar, já que propõe simultaneamente sua participação e exclusão do ocidente. Para tanto, iremos recorrer à sua acepção em Lévinas — decorrente da sua compreensão de Heidegger, o que considerou ser o ponto nevrálgico do Ocidente, a ontologia — para pensar primeiro a exclusão e depois sua inclusão.

A tese de Lévinas é de que, na história do pensamento ocidental, a predominância do pensamento ontológico acarretou o esquecimento

---

17. Universos múltiplos é o conceito utilizado por Nathan (2001) para descrever as realidades de populações cuja geocultura não sofreu o processo de secularização do ocidente. Ou seja, são sociedades nas quais as mais diversas realidades divinas, e os seres que nelas habitam, fazem parte de sua *res extensa* e possuem autenticidade e autonomia existencial que não é fruto do *ego cogitans* do sujeito.

e a exclusão da alteridade. O discurso prevalecente, desde a metafísica aristotélica, sustentado pela lógica, é aquele que enaltece a presença do ser e que afirma a substancialidade da realidade regida pelo princípio de identidade ou de não contradição, pelo qual um ente é compreendido por ele mesmo. Partindo dessa perspectiva, o pensador revela em sua obra o perigo inerente ao discurso ontológico de negação intrínseca do outro. A alteridade encontra-se ausente no discurso filosófico que caracteriza o pensamento ocidental-greco-europeu. Simultaneamente, o outro — entendido como a possibilidade da diferença — é anulado ou até barbarizado historicamente por essa visão única e ensimesmada, regida pelo discurso ontológico.

Por conseguinte, o filósofo critica o ontologismo como o único modo de pensar que predominou na história do ocidente e que determinou as relações históricas entre os povos que detinham o conhecimento e o poder, e os povos que simplesmente eram ignorados ou violentados em sua dignidade e singularidade. Para explicar esse tipo de relação de poder, Lévinas utiliza a categoria da "totalidade". Esta expressa a mesmidade do ser (de um povo dominante), isto é, o desejo de tudo açambarcar no horizonte do "Mesmo" (o único permitido). O argumento do autor é que a ontologia reduz à existência do mesmo tudo que é relação, negando a irrupção do diferente, da diversidade, isto é, do outro em sua radicalidade (Batista, 2002).

Nosso outro, dessa forma, vai além da incompletude do projeto colonial. A impossibilidade da participação no que a Europa chama de ocidente também advém, em sua raiz, de uma característica solipsista da ontologia europeia. Portanto, o projeto de extensão do ocidente que resultou nesse outro será sempre uma iniciativa que carrega a exclusão em seu âmago. Ou seja, não importa o quanto os outros se pareçam ao ocidente após terem sido sistematicamente colonizados e aculturados, pois o princípio de identidade não se mantém, o ocidental não se reconhecendo no outro: *o Brasil nunca poderá ser, sequer, uma extensão do ocidente europeu*. Para que essa adesão e participação fossem reconhecidas pelos países que o formam certas características fundamentais de identificação seriam necessárias, tais como uma aparente homogeneidade étnica caucasiana, uma aparente homogeneidade racial branca, a participação *in loco* social, econômica e política de processos e disposições históricas e atuais geopolíticas que moldaram as relações de poder, história e origem cultural compartilhadas pelo continente ocidental europeu.

Todavia, devido aos impactos duradouros dessa colonização em todas as esferas da produção humana de sentidos, a América Latina é um produto que resultou da atividade colonial desse ocidente e que carrega em si vários elementos dessa ontologia. Esse núcleo ontológico e cosmogônico, ao qual é feita referência sistemática, é o que permite a manutenção de um laço sócio-histórico identitário comum, incluindo-o nos discursos, nas instituições e na história do ocidente. Em outras palavras e ironicamente usando uma imagem literária europeia para gerar uma heurística acerca dessa posição ocupada, o outro ocidente é uma espécie de *Boule de Suif* — personagem que leva o nome do conto de Guy de Maupassant (1880) — reconhecido, quando estrategicamente necessário, e excluído quando se retomam os bons costumes das sociedades civilizadas. Usando uma referência local, somos a Geni da famosa música de Chico Buarque. De algum modo, o dilema brasileiro, em particular, e o latino-americano, em geral, são uma variação do tema da identidade diaspórica (Hall, 1997/2006, 2003) ou da etnia diaspórica (Clifford, 2000), ainda que constituído em um outro registro, pois não se trata da população migrante que se torna minoria étnica em um novo contexto nacional, mas de todo o problema da identidade nacional de uma ex-colônia tornada nação jovem.

Gostaríamos de tornar o foco da discussão um pouco mais específico ao lembrar que, quando falamos de outro ocidente, nesse caso a América Latina, o Brasil está implicitamente sendo incorporado a essa unidade geopolítica, apesar de a exclusão por não identificação fazer parte da nossa postura em relação aos nossos vizinhos *hispanohablantes*, uma clara herança ocidental que permeia nossa política externa e nossa ontologia nacional. Afinal, o Brasil foi o único país que deu continuidade ao projeto imperial das nações europeias, constituindo-se como um império durante 67 anos, de 1822 a 1889. Sobre as dinâmicas da nossa posição como outro ocidente, retomamos um argumento anterior pertinente a essa discussão:

> [...] o Brasil também se insere de forma problemática no "ocidente", pois, como outras ex-colônias, é uma nação periférica que vive várias relações de dependência — econômica, política, cultural, simbólica, etc. — com a metrópole, entendida em seu sentido amplo como a Europa e os Estados Unidos. Carvalho (1999) indica que a questão de em que medida estas nações pertencem ao 'ocidente' tem sido objeto de acirrados debates teóricos e políticos nas ciências humanas. No entanto, apesar da particularidade de sua própria condição, ou melhor, justamente devido a essa condição de dependência, a elite de nosso país é educada senão para considerar o Brasil como uma nação plenamente 'ocidental', ao menos para almejar sua ocidentalização. A despeito das pretensões de alguns à uniformização, com base em uma agenda modernizadora aparentemente inevitável, a cultura brasileira caracteriza-se pela pluralidade de vozes, pela 'simultaneidade de presenças' (Carvalho, 1996), pela coexistência, por vezes conflitiva, de manifestações pertencentes a níveis variados de profundidade histórica e por sua hibridização. No Brasil não se vivenciou o processo de secularização e racionalização — que caracterizaram, de acordo com a sociologia clássica (Turner, B., 1995; Carvalho, 1999), a sociedade urbana industrial moderna — na mesma medida em que os países europeus e os EUA, que ocupam uma posição mais central no mundo ocidental. Neste sentido, um Brasil exclusivamente moderno ou ocidental só pode ser o resultado de um silenciamento dos modos de vida de parte significativa da população (Bizerril, 2007b, p. 32).

Sem nos deter sobre os detalhes das críticas aos anseios de ocidentalismo da elite brasileira, gostaríamos de extrair a afirmação que indica ser o Brasil uma cultura caracterizada "pela pluralidade de vozes, pela 'simultaneidade de presenças' (Carvalho, 1996), pela coexistência, por vezes conflitiva, de manifestações pertencentes a níveis variados de profundidade histórica e por sua hibridização" (Bizerril, 2007a, p. 32).

Essa realidade complexa leva a questionar se é possível a aplicação acrítica de psicoterapias e de psicodinâmicas ocidentais num outro ocidente, nesse caso o Brasil. Nossa resposta é não, mesmo que valiosas tentativas sejam encenadas todos os dias e certos resultados sejam obtidos. Tanto o país quanto a América Latina compartilham, em maior ou menor medida, as mesmas características sócio-históricas de hibridez, polifonia e universos múltiplos. Uma clínica que não leva essas características em consideração está silenciando a população, a beneficiária da sua intervenção terapêutica. Inclusive, o silenciamento desses universos e de suas vozes seria a continuação do projeto de colonização, que irônica e tristemente seria retomado no lócus do sujeito colonial.

Considerando que, como argumenta Rose (2011), a psicologia é uma tecnologia para manejo das subjetividades e que não há como tematizar a subjetividade desvinculada da cultura (Bizerril, 2015), então, apesar de não reconhecido por muitos profissionais, o relativo fracasso ou irrelevância da intervenção psi para um segmento significativo da população brasileira, em particular, e latino-americana em geral, decorre justamente da desconsideração das particularidades culturais de suas subjetividades coletivas. Isso fica particularmente evidenciado no caso da desconsideração ao caráter produtivo e normal da experiência religiosa majoritária na população por parte de muitos e de muitas profissionais psi, acarretando uma patologização das subjetividades populares (Bizerril, 2007b, 2015), em vez de uma produtiva apropriação dessas experiências como importante recurso cultural para constituição da subjetividade e para superação de dilemas existenciais (Bizerril & Neubern, 2012).

Disso decorre nosso interesse em esboçar uma possibilidade de encaminhamento alternativo da tarefa da psicoterapia, mais sintonizado com o problema da diferença e da particularidade cultural de seu público-alvo. Aqui entra Nathan.

Uma Clínica Psicoterápica para a Pluralidade de Vozes e Presenças

Tobie Nathan não é, como muitas vezes a ocasional a-historicidade da ciência nos dá a impressão, um sujeito/fenômeno teórico que surge isolado no mundo das/dos autoras/es e de suas ideias. Seu trabalho tem sido publicado sistematicamente desde a década de 1980, transformando-se ao longo desse tempo, pondo distância entre a sua compreensão e a de etnopsiquiatria concebida por Georges Devereux[18] ou François Laplantine, e resultando numa construção/intervenção psicoterápica singular que carrega em si deslocamentos teóricos radicais e premissas decoloniais fundamentais para a sua aplicação num outro ou não ocidente.

Percebemos que muito tem se falado de etnopsiquiatria e uma noção indireta dela deve estar se tornando dedutível para a leitora ou o leitor. Para dissipar dúvidas e dar contornos claros à construção/intervenção psicoterápica da qual estamos falando, faremos uma breve exposição de suas origens, seu desenvolvimento e de como Nathan se insere e rompe com sua genealogia epistêmica, chegando então à construção que nos interessa articular em um contexto brasileiro de outro ocidente.

Géza Róheim foi o primeiro autor a unir o método psicanalítico à antropologia. O encontro partiu da observação que ambas as disciplinas se dedicam aos fenômenos humanos, em particular à relação de interdependência entre sujeito e cultura. Portanto, sua produção conjunta de conhecimento — ainda não necessariamente interdisciplinar — poderia ser mutuamente esclarecedora, completando, em ambas as disciplinas, lacunas de conhecimento pertinentes aos seus programas de pesquisa na primeira metade do século XX. Esse encontro, chamado num primeiro momento de psicanálise antropológica, possibilitava o seguinte diálogo: para a psiquiatria, o método antropológico permitiria a identificação de padrões de comportamento

---

18. Teórico e etnólogo, Devereux abriu e elaborou um novo domínio científico: a etnopsiquiatria. Em seus primórdios, esta quase foi chamada de etnopsicanálise, nome dado pelo seu precursor, Géza Róheim, que vinha da mesma cultura e origem que Devereux (ambos foram judeus nascidos no império austro-húngaro). Tanto a disciplina de Róheim quanto a de Devereux se inscrevem na corrente de estudos interdisciplinares nas ciências psi, nascida com a publicação de *Totem e tabu*, de Sigmund Freud (1913), corrente que não teve tantos herdeiros. Devereux também foi o iniciador de uma prática psiquiátrica transcultural, que busca explicar as relações entre psiquismo e cultura, e entre normas sociais e desordens psíquicas.

comuns e recorrentes de doença mental em culturas diferentes; para a antropologia, a psiquiatria demonstraria que padrões de comportamento de sociedades não ocidentais, considerados exóticos, teriam as mesmas funções básicas que os familiares comportamentos ocidentais (Kluckhorn, 1956). Em outras palavras, o diálogo entre as disciplinas permitiria uma compreensão e tradução mútua, quase direta e linear, do comportamento do outro não ocidental. Assim seria estabelecido, pelo princípio de mesmidade, um arcabouço teórico comum que permitiria a esse outro tornar-se um objeto de estudo compreensível e articulável por ambas as disciplinas ocidentais.

De Róheim para Laplantine, passando por Devereux, há um longo percurso epistêmico recorrido, que não cabe ser aprofundando neste capítulo. Mas, a cada retomada da construção e do desenvolvimento da clínica etnopsiquiatriátrica pelos autores, foram feitas ampliações e modificações teórico-metodológicas. A que nos interessa é a alteração gradual de parte do arcabouço axiomático, que resultará na ruptura completa, feita por Nathan, com dois dos três pilares epistêmicos da etnopsiquiatria: a psicanálise, uma teoria psicodinâmica ocidental que já foi criticada sistematicamente (Onfray, 2001) por sua falta de rigor epistêmico, sua pretensão de universalidade, sua imposição teórica e seu silenciamento da polifonia das vozes subalternas; e a psicopatologia ocidental, que nela baseia sua etiologia e nosologia.

O distanciamento do núcleo axiomático da psicanálise já pode ser percebido em Laplantine, que não pensa mais em uma psicanálise antropológica — Róheim —, e sim numa etnopsiquiatria em cujo contexto a interdisciplinaridade gera a necessidade do estabelecimento de um terceiro discurso, em que o pesquisador deixa de ser o portador da sociedade observada e o ideólogo da sua própria, para se tornar um observador crítico de ambas. Essa é uma postura que nos interessa, já que implicaria a criação de uma metapsiquiatria, na qual ambos os discursos, instituições e tecnologias, tanto do pesquisador quanto do sujeito pesquisado, estão sob o escrutínio crítico para que não haja a primazia ou a imposição epistêmica de um sobre o outro (Laplantine, 1998):

> Considerada quase sempre na primeira acepção do termo, a etnopsiquiatria como etnociência não designa o discurso nosológico e terapêutico local, mas o procedimento científico que procura dar conta desse discurso. É o que os pesquisadores anglo-saxões chamam de *folk-psychiatry*, isto é, "psiquiatria popular", "psiquiatria selvagem", ou ainda, mais exatamente, as "psiquiatrias indígenas", que são práticas de cura que não ficam nada a dever ao ensino das faculdades de medicina ocidental. A etnopsiquiatria, assim encarada, procura analisar as maneiras com que outras sociedades, que não a nossa, procedem a seu tratamento e interpretam suas próprias concepções etimológicas e terapêuticas (Laplantine, 1998, p. 41).

Por mais ponderada que soe essa proposta, sua validade é questionável, a criação desse terceiro discurso sendo problematizada com um simples argumento: o fiel dessa balança é a manutenção de uma postura investigativa absolutamente crítica, com todos os desdobramentos da sua relação com o poder, aplicada a ambos os fenômenos. Ou seja, não é suficiente ter em mente que aspectos subjetivos permearão a produção de conhecimento, afinal, é essa postura que irá permitir incluir aspectos fundamentais para o processo de observação e de produção de saber. É necessário ir além, já que, quando não se questiona o lócus de enunciação que parte da premissa da universalidade do conhecimento, a questão da objetividade do/a psicoterapeuta permanece puramente escolástica. O/a psicoterapeuta torna-se, assim, um agente da busca e da reprodução de padrões ocidentais de comportamento e subjetivação. Em outras palavras, ocorrem uma mutilação e uma adequação da voz do outro[19] à teoria psicoterápica, em vez do acolhimento de sua expressão singular polifônica do não ou outro ocidente.

---

19. "Interpretando suas reverberações além de si mesmo, o analista pretende interpretar também o inconsciente do paciente. Trata-se, com toda evidência, de uma hipótese e, além disso, uma hipótese que implica a suposição suplementar de que o inconsciente do analista é quase idêntico ao de seu paciente, sobretudo porque o inconsciente de um indivíduo é uma função, ou uma parte relativamente indiferenciada da psique, e pode, portanto, parecer-se àquele de outro indivíduo mais do que a consciência, que é altamente diferenciada. Todo analista que acredita poder perceber diretamente o inconsciente de seu paciente, em vez do seu próprio, comente autoengano. Os que praticam análise a partir desta hipótese errônea não operam senão

A Retirada da Psicopatologia e da Psicanálise e seus Desdobramentos Epistêmicos

Ao romper com a psicanálise, Nathan (2001) escapa dos problemas epistêmicos desse terceiro discurso ao retirá-lo dessa dialética, desconsiderando o espaço produzido pela síntese desse encontro como o único lugar teórico onde se podem produzir inteligibilidade e insumos para intervenções clínicas.

Ao contrário, ele propõe uma ruptura com o primeiro e busca derivar um sistema diretamente da produção de sentidos do outro. Mas como? Porque mesmo assim, essa postura pode dar a impressão de que Nathan não está fazendo nada mais do que uma continuação — mais extrema, talvez — do projeto de Laplantine. E, de fato, o faz, mas não como terceiro passo de uma dialética hegeliana, e sim como ruptura dessa causalidade, com o reposicionamento do olhar que dá sentido à realidade, partindo do que está contido nas entrelinhas que sustentam o pensamento autóctone do outro, ou seja, usando os recursos terapêuticos e culturais já presentes na cultura do outro. Essa é uma proposta ousada, cujas premissas aparecem na seguinte citação:

> [...] Etnopsiquiatria é a prática da diplomacia no mundo da psiquiatria; etnopsiquiatria é uma abordagem que propõe "aproveitar" a presença de migrantes para fornecer psicoterapia que atenda aos princípios mínimos da democracia, incluindo a introdução do contraditório dentro do dispositivo clínico [tradução nossa] (Nathan, 2001a, p. 89).

É importante observar o uso estratégico do termo "diplomacia", já que este não consiste na redução da postura do outro, nem tampouco na total adesão a ela. A diplomacia pode ser um lugar liminar

---

pseudocuras. Eles praticam a análise mecanicamente e, fazendo isso, transformam o analisado naquilo que, por vezes, chamamos de 'nabo', mas que poderíamos também chamar de zumbi. É também uma maneira de 'liquidar' (*abtöten*) a pessoa e de realizar por meios psicológicos o que o eletrochoque ou a lobotomia realizam por meios físicos" [tradução nossa] (Nathan, 2001b, p. 27).

por excelência, pois não propõe a tradução direta da experiência do outro, e sim sua compreensão no estado em que se encontra, com uma posterior passagem do observado à língua da nação do diplomata, cujo intuito é gerar sentidos sobre essas experiências — lembrando sempre que esse mesmo diplomata, a pessoa em si, pode ser um/uma agente de um Estado com desígnios de conquista e subjugação. Ou seja, o diplomata observa a cultura do outro a partir de seus referenciais, mas deve fazê-lo suspendendo julgamentos *a priori*: não se torna nativo, mas tampouco silencia e coloniza.

Outro elemento fundamental dessa postura é o fato de acolher aquilo que é contraditório, aqueles elementos que só podem ser plenamente compreendidos ao se abandonar a engenharia reversa do pensamento científico, obrigando-o a dispensar sua posição de hegemonia epistêmica e hermenêutica. Além disso, o contraditório, ao não poder ser reduzido por ser um paradoxo — implicando a ausência de axiomas complementares —, resulta numa condição de pesquisa em que é necessário criar com o outro, considerar com igual peso e legitimidade a totalidade de seu conhecimento. É possível que nesse momento o questionamento que surja seja: como fazer psicoterapia usando insumos culturais do outro? Seria necessário abandonar a *démarche* psicoterápica e fazer uma psicoterapia selvagem?

De forma alguma. O deslocamento do olhar para a totalidade do outro e suas estratégias terapêuticas não quer dizer, como muitas críticas desinformadas propõem, que a psicopatologia deva ser substituída por estratégias divinatórias, o terapeuta tornando-se um sacerdote, oficiante ou adivinho. Essa nativização é contrária à postura de diplomata e não resultaria na produção de um saber limiar, e sim na caricatural mímese do outro, abandonando o projeto crítico de produção de saber pela ciência. Ou seja, desrespeita simultaneamente o lugar do outro e o seu próprio. A proposta seria fazer uma descrição minuciosa dos terapeutas e de suas técnicas, não dos doentes; observá-los — inclusive a agência dos seres sobrenaturais que existem no mundo do sujeito da terapia — e compreender as construções recorrentes por trás do processo de cura. O contrário, porém, geralmente ocorre:

> Pois, de costume, os psicopatologistas desqualificam os "pensamentos selvagens", fingindo 'compreender' seu simbolismo. Se os 'selvagens' utilizam procedimentos mágicos, eles pensam, é porque eles deslocam *simbolicamente* as verdades que os sábios, esses, conseguem aprender por 'contato direto', ou seja, sem sua trupe fantasmagórica. Os que "acreditam" têm apenas acesso ao símbolo, enquanto que os que "pensam" teriam acesso à coisa simbolizada, ao próprio ser da coisa [tradução nossa] (Nathan & Stengers, 2012, p. 49, grifo dos autores).

Para que isso não ocorra, é necessário pensar a cultura do outro e a própria cultura como um fenômeno complexo, cujas variantes não podem ser reduzidas ao pressuposto de que a relação entre significante e significado, contida no signo, subjaz a todos os processos cognitivos e culturais humanos. Mais do que isso, de que o ocidente é o autointitulado depositário de todos os símbolos das culturas humanas, classificados e compendiados, detendo a definição última do que é "ser humano". É como se não fossem levados em consideração dois conceitos fundamentais que já foram longamente estabelecidos em reação à produção de sentidos humanos permeados pela linguagem — em particular, o fato de que a relação entre significante e significado, que é arbitrária, ou seja, subjetiva e culturalmente definida (segundo Ferdinand Saussure, 2006), e de que a heteroglossia, que é uma condição inegável da infinita variabilidade da produção de sentidos humana (segundo Mikhail Bakhtin, 2017). Ou, ainda, de que pode haver processos que integram o fazer da cultura e são da ordem do pré-objetivo e do simbólico (segundo Maurice Merleau-Ponty, 2006). Assim, ambas as condições implodem a ilusão de que os procedimentos mágicos primitivos se referem a uma simbologia concebida pelo ocidente e recuperada por ele da superficialidade irracional do pensamento primitivo. Nathan repete que é necessário entrar na cultura do outro não ocidental, assumindo a autenticidade e a efetividade de seu conhecimento local:

> O pertencimento a uma 'cultura', no sentido da etnopsiquiatria, seria, portanto, esse pertencimento que inclui a possibilidade, quando

> a necessidade aparece, de convocar as 'causas', de convocar o que tem o poder não de responder a nossos questionamentos, mas de nos capturar, o que serve na hora de negociar, ser astuto, comerciar. Nesse sentido, a definição de cultura não é, aqui, questão de colocar à prova (o que é uma verdadeira cultura? Qual seria a resposta?), mas questão de eficácia: onde estão aqueles que podem nomear o que o aflige e possuem os utensílios para convocar a causa de sua aflição? [tradução nossa] (Nathan, 2001a, p. 43).

Para Nathan, a questão deslocou-se. Ele não está mais interessado em se inscrever nos processos de produção que silenciam ou desautorizam o outro. E a eficácia dessas terapêuticas não se reduz a procedimentos posteriores ou ocultos que, finalmente, serão desvelados pela superioridade analítica do pensamento ocidental. De fato, ao recorrer à eficácia desses tratamentos, o autor retira a compreensão etnocêntrica e deslegitimadora dos enunciados terapêuticos do outro, ou a consideração de que instâncias irreais constituem o processo, ao focar uma característica sua muito clara: eles resolvem a queixa, trazem a cura. Tragamos esse exemplo para a realidade brasileira: Por que há a compreensão e o acordo comum entre grupamentos sociais e vastos segmentos da população, de todos os estamentos socioeconômicos, de que certas patologias, ou desordens, são de origem espiritual e, devido a isso, só podem e são resolvidas por procedimentos terapêuticos espirituais tradicionais, tais como os executados pelo candomblé, pela umbanda, pelo espiritismo e, mais recentemente, pelo cristianismo pentecostal?

Certamente, não é porque os que se submetem a eles sejam bons selvagens, cujo pensamento primitivo é inocente e se deixam levar pelas melífluas palavras e vazias promessas de um charlatão. Não, é porque essas terapêuticas são eficazes, identificam a causa da queixa, propõem um tratamento para o que está ocorrendo e solucionam o problema. As agências espirituais não ocidentais constituem mundos culturais da vida, estruturantes para seus habitantes humanos. Independentemente de o profissional psi, identificado com a razão agnóstica ocidental, acreditar ou não em sua existência, essas agências são eficazes e têm efeito nos mundos culturais que habitam. Entretanto, há instâncias em que não são eficazes? Sim, da mesma forma que as terapêuticas ocidentais tampouco o são em várias instâncias, ocasionando a peregrinação do doente por terapeutas e médicos até que um determinado tratamento funcione ou atenue os efeitos da patologia. No rol das doenças ocidentais, cujos diagnósticos são praticamente um assunto esotérico e cujos tratamentos são pouco eficazes, podemos encontrar aquelas rotuladas como autoimunes, de origem psicossomática, ou síndromes, que nada mais são do que um agrupamento de sintomas em que a etiologia do mal muitas vezes é idiopática.

Consequentemente, que postura devemos adotar em relação aos procedimentos terapêuticos de outra cultura? Nathan sugere os seguintes:

> [...] toda ação culturalmente definida — um rito, um sacrifício, uma oferenda, uma proteção [...] 1. é exatamente o que ela pretende ser; 2. é geralmente eficaz no que concerne a sua própria definição. (Por exemplo, um rito da chuva é destinado a relacionar-se com as forças da chuva. E ele geralmente consegue!) Logo, uma tal ação não precisa de interpretação alguma. Se aceitarmos esse postulado, o trabalho do observador se revelará bem mais simples em seu procedimento e bem mais considerável por sua extensão. Pois ele precisará então reconstituir o conjunto do pensamento na origem da ação culturalmente definida, e, ainda assim, trata-se de um pensamento não analítico, mesmo que se trate de um pensamento em atos [...] [tradução nossa] (Nathan & Stengers, 2012, p. 46).

Resumindo, estas são algumas posturas que um/a psicoterapeuta que comece a considerar a etnopsiquiatria como sistema a ser aplicado no consultório deve adotar: 1) considerar, de fato, a queixa do outro e seu pertencimento a outro lócus como um fenômeno cultural total, não incorrendo na sua redução ao meu arcabouço teórico por meio de uma traidora tradução epistêmica; 2) suspender uma postura hegemônica e abandonar a concepção do outro como um bom selvagem, ou sujeito cuja *epistème* é inferior ou ineficaz; 3) afirmar que sua queixa deve ser concebida dentro do universo que causou a desordem, e que esse universo apresenta intervenções sofisticadas e eficazes para tratá-la; e 4) preparar-se para a complexidade que uma intervenção do gênero contém, principalmente para o fato de que não será o outro não ocidental a adentrar nosso lócus de enunciação, e sim o contrário — inversão que suscita, ironicamente, violentas resistências afetivas inconscientes, que são sublimadas em negações e críticas pouco fundadas epistemicamente.

Disposições Práticas da Clínica Etnopsiquiátrica de Tobie Nathan

Começaremos com um aviso: a exposição que faremos da abordagem pode ser considerada contraintuitiva, já que Nathan não separa seus elementos constitutivos, preferindo deixar que a definição e o desenvolvimento de um elemento vazem no outro. Ao fazer essa narrativa interligada, o autor adota um estilo que evita a sua cristalização em conceitos fechados que iriam na contramão da tendência metodológica de desconstrução do objeto de pesquisa: um conjunto de blocos, ou elementos, que podem ser recombinados para formar uma proposta de inteligibilidade, ou seja, a reprodução da engenharia reversa da ciência. Porém, para deixar claros certos elementos que gostaríamos de discutir *a posteriori*, separamos algumas interseções de sua rede de sentidos e as colocamos em evidência.

Portanto, pediremos que Nathan situe sua prática, seu público-alvo e o problema central que encontra ao exercer a sua terapia — a escolha entre duas posturas clínicas muito distintas:

> Assim que começamos a nos ocupar das dificuldades psicológicas dos migrantes, encontramo-nos rapidamente diante de duas hipóteses:

> as ligações e as "coisas" às quais os migrantes permanecem manifestamente fiéis são não pertinentes ao olhar das teorias psicológicas constituintes — assim, a migração de uma pessoa é um não acontecimento para o psicólogo — ou ele se dedica a transformar os laços culturais apresentados pelos imigrantes em uma questão para a sua disciplina, interrogando suas teorias e práticas, constrangendo-o a se apresentar de outra maneira, a redefinir suas modalidades de ação, a reconstruir seu pensamento. É esta segunda solução que eu adotei e que nós desenvolvemos em equipe no Centro Georges Devereux, na Universidade Paris-VII [tradução nossa] (Nathan, 2001a, p. 52).

Gostaríamos de chamar atenção para o público-alvo: os imigrantes. Longe de ser simplesmente uma definição da condição identitária de uma população que deixa seu local de origem e residência para buscar possibilidades de assentamento num outro território, onde reside outra população, os imigrantes mencionados pelo autor têm uma origem comum: as antigas colônias francesas na África e nas Antilhas. A subjetividade dos imigrantes que chegam a Nathan, portanto, foi constituída em uma condição de subalternidade e colonialidade. Ainda que ambas as populações pareçam distantes da realidade contemporânea brasileira, a população que gera e vive nessa realidade está sob a égide de condições e efeitos históricos, cristalizados sob a forma do colonialismo interno, mesmo que estes se conformem de maneiras diferentes devido a processos sócio-históricos próprios.

Ou seja, esses são sujeitos cuja identidade se construiu dentro da noção da sua inferioridade perante a hegemonia do colonizador; são sujeitos que, na França, sofrem uma dupla discriminação: a de ser estrangeiros e a de ser oriundos de uma população colonizada, subjugada, dos perdedores dos jogos de poder. Logo, podemos dizer que sua identidade tem a característica marcante da (des)inclusão, cuja construção, apesar de advir, em parte, da cultura colonizadora, não é suficiente para que esse sujeito seja aceito por ela. Não é preciso ressaltar que essas condições tenham como corolário a deslegitimação em vários graus de seus discursos, suas práticas, sua cultura; o lócus de enunciação que prevalece é o da população que os colonizou e que agora, bem ou mal, os abriga.

Imaginamos ser essa uma experiência muito marcante, já que, ao buscar a ajuda das psicoterapias do colonizador ou ao ser levado a elas pelo Estado que os asila — devido a uma desordem na vida tanto do sujeito quanto dos cidadãos —, os imigrantes já se apresentam numa condição de subalternidade. Eles são, assim, passíveis de que suas experiências sejam recortadas e rearticuladas com base nas exigências do lócus de enunciação daquele que está imbuído de e inserido na autoridade da razão ocidental. Ao se retirar desse lócus que silencia e reprime, optando por convidar o subalterno a falar, Nathan não só se desloca da sua posição hegemônica, invertendo a direção do poder no *setting* clínico, como também leva o sujeito a rever o mundo que o acompanha e aquilo que nele existe: contradições, posturas, afetos, laços sociais, histórias pessoais e metanarrativas que permeiam seu discurso. Redobrar as percepções do sujeito sobre sua própria narrativa e vivência representa a mesma eficácia de qualquer abordagem psicoterapêutica ocidental, que, aliás, busca em vários momentos fazer o mesmo. Diremos aqui o que repetiremos ao longo deste segmento: fazer o deslocamento do lócus de enunciação não implica a nativização do terapeuta e a relativização do arcabouço teórico e técnico da sua intervenção, nem tampouco a mistificação da sua prática. Implica uma postura de crítica ao próprio arcabouço e práxis.

Diante desse deslocamento, pensamos, lendo o autor, que muitos problemas epistêmicos se simplificariam; no entanto, essa segunda solução também apresenta desafios, entre eles a questão recorrente do universal e do singular humano, *themata* do pensamento ocidental, que emerge toda vez que um pensador dessa tradição se depara com as diferenças intrínsecas ao outro e que já implodimos anteriormente por outros argumentos. Nathan, porém, irá implodi-la ao redefinir alguns axiomas da construção etnopsiquiátrica:

> Sem dúvida querem pretender que a etnopsiquiatria que pratico teria renunciado à busca de um universal humano. Isso é situar o debate, de

> maneira falsamente inocente, ali onde ele não tem lugar. É agir como se o trabalho necessário para remontar do singular ao específico e do específico ao universal estivesse realizado de uma vez por todas quando substancializamos 'uma cultura' — a nossa. A universalidade do homem (sic) é uma evidência, um dado imediato que 'não pertence a ninguém'; que não tem mais sentido para o psicanalista, o antropólogo ou o praticante de etnopsiquiatria. É a maneira de inscrever esta universalidade em um dispositivo concreto que define para cada prática seus riscos próprios. Por sua vez, a etnopsiquiatria definiu seus riscos assim: é a presença dos imigrantes no seio dos dispositivos de cuidado que pode nos ensinar sobre nós mesmos e sobre nossas maneiras de curar. Tal proposição rompe definitivamente tanto com o universalismo quanto com o relativismo. Em outros termos, se o homem (sic) é por toda parte o mesmo, a tal ponto de se abster de buscar a confirmação deste enunciado nas conclusões de cada busca de campo, em revanche, os objetos fabricados pelos grupos de homens (sic) são diferentes (Nathan, 2001b, p. 108).

Nathan decide não se engajar numa discussão circular e deixa clara a implosão anunciada: a questão da universalidade e da singularidade é vazia, fazendo parte de uma dicotomia que deve ser superada. Ao buscar classificar algo de universal, haverá sempre o problema da hegemonia do lócus de enunciação: quem diz isso, de onde diz isso e quais são as categorias utilizadas para fazer essa declaração? Numa elegante solução, Nathan leva essa argumentação ao oposto dos raciocínios singularistas que a confrontam e geram novos problemas: sim, o ser humano como gênero biológico é universal, mas cada agrupamento pensa a sua humanidade e os sucessivos desdobramentos de pensar a si e seu mundo, construindo discursos, instituições, cosmogonias e ontologias próprios — o que pode soar como um lugar comum antropológico, entretanto, ainda é uma ideia desafiadora para as ciências psi que buscam produzir conhecimento homogêneo e monolítico sobre o sujeito. Em suma, retomar essa discussão resulta no risco de construir conhecimento que será sempre incompleto, mas não devido ao fato de que o é por natureza, e sim porque essa dicotomia faz um recorte contraproducente para o objetivo de qualquer psicoterapia: o de apreender ao máximo possível o outro, algo fatal no caso da etnopsiquiatria, já que esta antepõe a busca e a aplicação de categorias de inteligibilidade universal à articulação dos elementos específicos da cultura do sujeito.

Como dissemos anteriormente, a produção de Nathan é feita em rede, sua teoria sendo apresentada em um fluxo de consciência que vai fazendo pontuações ao longo do trajeto. Cada um desses pontos é uma possibilidade de partida para outras áreas da sua construção de conhecimento e de intervenção psicoterápica. Consequentemente, para continuar esse segmento, escolhemos o ponto no qual o autor abandona a ideia de que a produção de conhecimento tem que estar atrelada a determinados axiomas canônicos das ciências sociais ocidentais. Como já apresentado, Nathan começa por deixar a psicanálise, nosologia central da etnopsiquiatria de Devereux e Laplantine:

> [...] Ferenczi havia notado que a alma do dispositivo terapêutico consistia em uma modificação profunda da lógica do paciente, da 'sua língua', e que esta modificação resultava de um constrangimento; que ela havia sido imposta com violência pela lógica do psicanalista, sempre perceptível, apesar de suas defesas e de seus disfarces, pois 'não importa como eles (os pacientes) adivinham, de uma maneira quase extralúcida, os pensamentos e as emoções do analista' [tradução nossa] (Nathan e cols., 1998, p. 22).

Aqui não se trata mais de discutir a universalidade do inconsciente subjacente aos processos cognitivos e afetivos dos sujeitos de todas as culturas, mesmo que a discussão continue sendo a respeito do lócus de enunciação. Nessa citação, o autor desloca sua discussão dos axiomas em escala paradigmática e se centra no/na psicoterapeuta. Nathan mapeia com precisão um dos espaços de agenciamento da hegemonia e da imposição das narrativas ocidentais, a microfísica do poder do consultório psicanalítico. Ironicamente, é Sándor Ferenczi (1873-1933) que percebe como não há uma reflexividade simétrica inerente ao processo de contratransferência, pelo contrário, ocorre a imposição da linguagem do analista. De fato, essa é uma questão problemática para o divã ocidental e para o sujeito que nele se deita. E para o não ocidental? A/o psicoterapeuta não é um instrumento objetivo que, após longos treinos das *démarches* de suas abordagens psicoterapêuticas — leiam-se doutrinações —, tornou-se um espelho dos processos cognitivos e psicoafetivos do outro. Pelo contrário, tornou-se um especialista em escuta seletiva.

Mas a discussão não fica por aí. O terapeuta também é um representante do lócus de enunciação e, como boa parte das teorias psicoterapêuticas se originou no ocidente, este leva em suas posturas seus desígnios hegemônicos implícitos, não só nos postulados de sua abordagem, como também na linguagem que utiliza. À vista disso, o/a analista, ou psicoterapeuta, se torna um agente da razão colonizadora. Nesse processo, cujo virtuoso objetivo é a compreensão da desordem e a sua superação, ele acaba por perniciosamente reinstituir os instrumentos de subjugação colonial, aprofundando o seu sujeito não ocidental, ou de outro ocidente, em sua condição de subalternidade ao silenciar sua voz cada vez mais, imaginando que está libertando-a da sua razão primitiva.

Gostaríamos de deixar claro que o silenciamento dessa voz não implica somente ignorar certas dimensões dessa existência, ele também carrega outras exclusões e imposições, como a inserção do outro não ocidental num *aqui* e *agora* ocidental, que exige a anulação de sua origem e a adequação e aquisição das disposições históricas e geopolíticas demandadas pelo terapeuta para gerar inteligibilidade. Em outras palavras, uma negação daquilo que está na origem constitutiva de si. Implica também o uso da língua do outro ocidental para falar de experiências culturais e ontológicas que formam a si, ou seja, a obrigação — muitas vezes paulatinamente negada, gerando comunidades de imigrantes, ou comunidades autóctones sob o regime socioeconômico e geopolítico de colonialismo interno, que optam por não falar a língua local como estratégia de resistência — de expressar a própria experiência através do sistema de signos e significantes do outro ocidental, construção que constitui e está intimamente ligada ao lócus de enunciação. Ou seja, ser obrigado a adotar a língua do colonizador para expressar parcialmente a própria experiência pode tornar-se uma negação de quem se é e de como se é feito.

O que nos leva a uma discussão fundamental proposta pelo autor: o descentramento do ocidente e o resgate da voz do subalterno, pensada a partir da inclusão da linguagem do outro no *setting* terapêutico:

> Compreender a língua como uma coisa — mais precisamente um sistema de coisas — torna subitamente contraditório o espaço terapêutico — contraditório, pois contém doravante uma maneira de fazer os interlocutores concordarem, de não se encontrar novamente confinado no campo fechado do conflito dual, em que se trata sempre de saber qual dos dois entendeu melhor o significado da palavra. É por isso que a etnopsiquiatria clínica se desenvolve em grupo — grupo de terapeutas, provenientes de mundos diferentes, praticando uma multiplicidade de línguas, grupo contendo, portanto, uma multiplicidade de interpretações. A multidão de palavras possíveis, de "mundos possíveis", cria e estabiliza um espaço que não é suscetível de se degenerar em arena de confrontos duais. Essa inovação clínica da etnopsiquiatria considera a transformação como especificamente interessante [tradução nossa] (Nathan, 2001b, p. 53).

Ao incorporar a linguagem do outro não ocidental, o autor não está adotando uma estratégia que torne o sujeito mais passível de escrutínio pelos instrumentos da abordagem. Pelo contrário, o psicoterapeuta se despoja da imposição do seu sistema de codificação linguística da realidade, que sempre irá resultar numa tradução parcial e enviesada da expressão do outro não ocidental, fazendo ressurgir na sua voz o lócus de onde vem essa enunciação, sua existência, sua cosmogonia, sua cultura, da qual aquele sujeito é representante e cujos elementos utiliza para se conceber. E não para por aí, o fato de que há uma multiplicidade de linguagens permite que não haja a hegemonia de uma só, evitando o duelo que decorreria de uma simples dualidade e enriquecendo o escopo da abordagem.

Nathan chegou a essa *démarche* particular ao conceber a língua como um objeto fabricado por um grupo e que, simultaneamente, fabrica os indivíduos desse grupo. Desse modo, são os locutores que fabricam a língua em todo momento, tornando-se os artífices de suas formas, de seus usos e da interpretação específica de suas palavras, que será mantida caso seja ratificada, por adoção geral, dos membros do grupo. Devido a essa característica construtiva, a língua dá uma sustentação metodológica firme sobre a qual trabalhar com o sujeito não ocidental, afinal de contas, tanto um ocidental quanto um não ocidental estarão envolvidos da mesma forma nessa construção. Porém, o uso da linguagem como instrumento de acesso à voz do subalterno não é um retorno à discussão do que é singular e universal — já que foi definido que ser humano é universal e "o ser humano" não o é —, mas mostra que há objetos que podem ser articulados, com objetivos terapêuticos, de formas extremamente interessantes, sem que seja necessário remeter-se obrigatoriamente a arcabouços teóricos ocidentais para produzir inteligibilidade acerca da experiência do outro não ocidental [tradução nossa] (Nathan, 2001a, p. 25).

Cerne da Articulação Clínica de Tobie Nathan, os Objetos, os Universos Múltiplos e Algumas outras Instâncias Teóricas

Retomando a estratégia de conceber a linguagem como objeto, fica claro ao longo da obra do autor que o conceito de *objeto* ou de *coisa* é um pivô conceitual que permite a articulação de uma série de fenômenos socioculturais. Longe de ser um termo que devido à sua imprecisão conceitual possa abraçar qualquer instância à qual se aplique, o objeto se insere nela, e é definido como aquela coisa que é construída coletivamente na cultura:

A diferença que vale a pena ser estudada se encontra nos objetos, nas 'coisas', e não nos humanos, evidentemente. É importante lembrar

> também que quando falo de 'coisas', tratam-se de objetos fabricados por coletivos e não por indivíduos, mesmo em grupos. Exemplos de 'coisas' tais como as entendo: as línguas, os sistemas de cura, as técnicas de divinação ou de fabricação de fetiches... Esta concepção merece levantar toda uma série de contradições e permite, além disso, propor dispositivos técnicos originais e frequentemente eficazes. A etnopsiquiatria se interessa por esses "objetos", por essas "coisas" e não pelo "ser étnico" que não sai de seu próprio domínio [tradução nossa] (Nathan, 2001a, p. 109).

Ao fazer uso desse conceito, o autor cria uma categoria explicativa com limites e características claras: são fenômenos construídos coletivamente e, nesse processo, são reconhecidos pelos membros daquela cultura como sendo parte viva e integrante dela. Devido a isso, eles apresentam uma dimensão de materialidade objetiva como qualquer objeto ou coisa no ocidente, ou seja, são parte da relação de interação entre a *res extensa* e o *ego cogitans* dos sujeitos dessa cultura, resultando da intermediação dessas instâncias pela linguagem. O objeto, portanto, tem como característica segunda o fato de ser irredutível ao simbólico ou biológico subjacente, obrigando o pesquisador a compreendê-lo tal qual se apresenta.

Isso implica não ser passível de teorização e que não possa ampliar a sua compreensão ao interligá-lo a outras dimensões dos fenômenos que constituem sua existência? De forma alguma. Os deuses, orixás ou santos católicos, entre outros, por exemplo, podem proporcionar uma cura, enquanto há a reconstrução da rede social do sujeito que se encontrava num estado de anomia, a reconfiguração de sua autoimagem e o aumento dos níveis de serotonina em certas partes do seu cérebro (Newberg e cols., 2017). No entanto, os deuses, um objeto dessa cultura, não podem ser reduzidos às outras dimensões desse fenômeno — sócio/psico/orgânicas —, já que, como objeto, existem de forma autônoma e legítima pela população que os criou e por quem foi criada. Entretanto, esse objeto também pode ser pensado como desdobramento de dinâmicas sociais dessa cultura, ou como conceitos linguísticos que organizam o pensamento do sujeito?[20] Sem dúvida, desde que não sejam reduzidos a nenhum dos anteriores, todavia podendo ser complementados por essas leituras.

Ao se posicionar de tal forma, Nathan se desloca mais uma vez para o lócus de enunciação do outro não ocidental, ou de outro ocidente, ao legitimar o lócus e a experiência do outro que é constituída por uma multiplicidade de universos além da *res extensa*, tão reais quanto esta e que estão em constante comunicação e interação. Pode, à primeira vista, parecer mais uma questão de suspensão de juízo do que de aceitação, porém não se pode esquecer que um dos axiomas centrais que sustentam os modos de subjetivação cientificizada ocidental é a secularização de suas sociedades, ou o afastamento de todas aquelas instâncias cuja existência não é passível de ser comprovada pelos instrumentos do laboratório científico. Dessa forma, devido aos desdobramentos e à superação da escolástica no pensamento filosófico-científico, o divino ocidental hoje foi reduzido à metafísica ou, como diria Wittgenstein em seu *Tractatus logicus-philosophicus* (1922), ao não ser empírico, que não vale a pena ser pensado.

As últimas considerações nos levam a uma discussão que tem sido extremamente problemática para as ciências sociais, os sistemas psicodinâmicos e a psicologia clínica, e que, antes de continuar a exposição sobre os objetos, deve ser resolvida: a questão dos universos múltiplos de uma sociedade. Mais uma vez, o autor irá conceber esses universos como um objeto que faz parte daquelas sociedades, resultando na seguinte postura:

> Eu sei, doravante, que a psicoterapia não tem nenhuma justificativa se for o desenrolar de uma narrativa de vida que terá como única consequência

---

20. Aliás, assim fez a antropologia nos seus estudos clássicos de fenômenos (por exemplo, Mauss, 2003; Evans-Pritchard, 1972; Lévi-Strauss, 2008; Turner, 1967) de fenômenos que foram denominados por pesquisadores ocidentais como xamanismo, feitiçaria, bruxaria, cura ritual. Para uma leitura mais encarnada dessas temáticas, recomendamos autores mais recentes, de corte fenomenológico (por exemplo, Csordas, 2008; Stoller, 1989, 1995, 1997; Jackson, 1989, 1996). As contribuições desta segunda alternativa foram previamente discutidas por Bizerril (por exemplo, 2007a).

> o empobrecimento do mundo, de substituir os seres que acompanham os seres humanos por toda parte em meras alegorias sem consistência. Os imigrantes me introduziram ao conhecimento de seres que se impõem, que nos obrigam, que nos constrangem a reformular nossas hipóteses, a reconstruir nosso pensamento profissional. Como ser psicólogo e tomar a sério a existência de *djinns*, a eficácia de práticas mágicas, o chamado dos ancestrais? [...] Se os imigrantes exibem com facilidade os seres que os acompanham, é devido à ausência de um mundo que viria confortá-los, celebrar seu comércio e se alegrar pelos sucessos de suas negociações. Mas os seres dos modernos não se livram com tanta facilidade. Não que estes últimos os hajam perdido, como com frequência o pensamento comum propõe, pelo contrário, eles se esconderam em uma interioridade temerosa [tradução nossa] (Nathan, 2001b, p. 61).

Não nos deteremos sobre a *interioridade inquieta* do divino ocidental. No entanto, o lugar dos deuses ou seres de outros universos de sociedades não ocidentais merece considerações mais aprofundadas. Ao observar a cruzada ateia empreendida por Richard Dawkins no presente, ou a redução do Deus cristão a um complexo paterno mal resolvido por Freud em *O futuro de uma ilusão* (1926), no passado, fica claro o ímpeto secularista ocidental. Seu advento não foi uma consequência natural, evolutiva, da razão ocidental universal, como muitas vezes é proposto. Pelo contrário, é o resultado de sangrentas lutas geopolíticas pela hegemonia de certos estamentos e classes sociais europeias, a ciência tendo sido, e sendo, o veículo de propagação dos discursos e dispositivos dessas classes e estamentos no cenário acadêmico e intelectual europeu e norte-americano. Portanto, a secularização não tem nada de inerente ao método ou ao empreendimento científico, entretanto, tendo sido e sendo um dos discursos que o elevou e o manteve na posição de estabelecedor e mantenedor de regimes de verdade. O corolário dessa relação é a ciência ter sido utilizada como instrumento de dominação colonial e imposição institucional, discursiva e como maquinário de subjetivação do ocidente.[21]

21. A esse respeito, ver a discussão Latour (2009) sobre modernidade.

Duas posturas deveriam decorrer da genealogia desse axioma do discurso científico, a primeira sendo a desconstrução da *cruzada* científica contra o divino, devido ao simples fato de que seu método não foi criado para a compreensão de outro universo a não ser aquele concebido como a *res extensa* (já se tornando problemático, como foi exposto anteriormente, quando aplicado ao *ego cogitans*), retirando assim a ciência duma postura, ironicamente, irracional, na qual a disputa pelo estabelecimento de hegemonia geopolítica a colocou; e a segunda sendo a adotada por Nathan, já que como foi definido na primeira, a inclusão de outros universos e seres na observação clínica não invalida seu projeto de ciência. Muito pelo contrário, enriquece esse projeto ao pô-lo em risco somando novos objetos à criação de técnicas e intervenções que se busca construir, simultaneamente respeitando a diferença da razão colonial ou da não ocidental que se fazem em universos múltiplos, onde a secularização não se escamoteia entre os axiomas de seus sistemas de conhecimento.

Assim, os deuses e as entidades de sociedades de universos múltiplos podem ser protagonistas fundamentais de narrativas, já que, em sua ausência, estas se tornam surreais — ou certamente patológicas — e às quais as psicoterapias ocidentais adicionariam elementos arbitrários — não pertencentes ao lócus de enunciação da narrativa — para lhes dar uma inteligibilidade que se conforma a padrões e exigências da teoria do/da psicoterapeuta e não do sujeito dessas sociedades. Retomando o conceito de fenômeno social total, Nathan não só mantém esses universos intactos e ativos na experiência do outro não ocidental, como também retira deles — e onde mais estariam? — as causas das desordens que afligem os sujeitos que a ele vêm.

Esse deslocamento da desordem para o invisível, não se originando no sujeito, é uma inversão que Nathan destilou da observação de várias terapias tradicionais ou *selvagens* ao longo das etnografias que fez com feiticeiros e feiticeiras de várias etnias africanas, com curandeiras e curandeiros caribenhos, e com sacerdotes muçulmanos e judeus encarregados de produzir sortilégios para seus fiéis. Nelas, a desordem resulta de algum desígnio desconhecido do invisível, que deve ser revelado e endereçado para que possa haver o retorno da ordem na experiência do sujeito, da família ou da comunidade afetada. No intuito de discutir as consequências dessa inversão, iremos expor a sequência elaborada pelo autor:

> O princípio segundo o qual todo acontecimento produzindo desordem revela uma intenção invisível é, na realidade, um *princípio técnico*. 2. Ele é destinado a engendrar ações. Isso implica que este princípio não é uma teoria falsa (uma 'crença', uma intuição empírica, uma prototeoria científica), mas uma forma de interface entre o pensamento e o mundo. *É um utensílio*. 3. Ora, um utensílio não é o pensamento! Este se encontra escondido, condensado nas *maneiras de fazer* ações técnicas então mobilizadas e jamais, apesar das aparências, em seus enunciados que parecem tão esotéricos. Assim, a aplicação deste princípio desencadeia sempre sequências complexas associando quatro elementos: 1) a constatação da desordem; 2) o postulado da intenção do invisível; 3) a explicação dessa intenção; 4) a sequência mais importante, geralmente a única visível para um observador: a resposta adequada, sempre dirigida ao invisível [tradução nossa] (Nathan & Stengers, 2012, p. 62, grifos dos autores).

Fica claro que as medicinas tradicionais ou selvagens agem de outra forma. Em primeiro lugar, a desordem não está contida em si, mas no invisível. Assim, o sujeito não ocidental não permanece no lugar de doente que deve ser isolado ou esperar pelo olhar do especialista, já que são os deuses que devem ser interrogados para saber o que ocorre na vida daquele sujeito. Seu discurso tampouco é deslegitimado, mas reconhecido pelos outros membros da sociedade, já que sua queixa está atada às dinâmicas dos universos nos quais existe. Em segundo lugar, quem é isolado é o adivinho ou o intérprete do invisível, que ocupa uma posição onde o contato com o invisível o torna desviante — um indivíduo que existe entre universos e que detém práticas de sua interpelação e ativação, as quais o tornam perigoso e diferente para sua comunidade. Em terceiro lugar, a cura é obtida reatando-se o sujeito a um novo agrupamento social de outros similares a ele por meio de sua iniciação. Portanto, é oferecido um conjunto de experiências, símbolos e práticas que acolhem esse sujeito entre seus similares, reagregando-o ao social. Dessa diferença de abordagem da desordem do sujeito e de sua reprodução por Nathan, decorre o exato oposto da reinstituição do processo de colonização, devido à retomada das terapêuticas tradicionais. Em síntese, ao ter sua experiência ratificada e abordada em uma terapêutica que retoma os processos daquela que lhe é familiar, o sujeito sob os efeitos da desordem do invisível pode fazer uso dos seus próprios recursos subjetivos e cosmogônicos para ressignificar suas relações com seus universos, tanto materiais quanto divinos. Não se invalida seu lócus de enunciação, nem há imposição hegemônica das *démarches* terapêuticas ocidentais, a perda dos referenciais de "aqui" e "agora" ou o isolamento social.

Nessa passagem também fica evidente como se opera a mudança do lócus de enunciação que permite levar a atenção do pesquisador às *epistèmes* locais. Ou seja, o invisível que organiza o cotidiano dessas pessoas é também seu arcabouço cosmogônico e subjetivo.[22] Portanto, nele estão contidos os axiomas que orientam a produção de seu saber acerca do mundo e de si mesmas. Ao não reduzir o invisível ao inconsciente, a outra instância intrapsíquica ou social, é possível ver no mundo o lugar do outro sem se tornar ele. Em seguida, o abandono de uma postura de hegemonia do próprio saber permite a legitimação dessas *epistèmes* e devolve a autoridade a quem as detém, fazendo com que o terapeuta não invalide ou falseie as teorias locais. Afinal, o que são axiomas senão princípios estabelecidos de interação entre mundo e pensamento? Também há a consideração do "aqui e agora" do sujeito, que trouxe seus elementos culturais e históricos como coisas a serem articuladas em sua narrativa, ou seja, como utensílios propostos pelos modos de fazer das ações técnicas. Aqui é importante compreender a técnica como arte ou ofício terapêutico desenvolvido dentro das exigências de tempo e espaço da cultura do outro não

22. A biografia mítica dos deuses infiltra-se na identidade e biografia de seus fiéis, alterando-as, enriquecendo-as, em suma, fornecendo subsídios para que sejam gerados sentidos a respeito de suas ontologias (Augras, 2008; Segato, 2005).

ocidental — já que estas não são atemporais e que, à medida que as sociedades mudam, são feitas adequações às novas exigências socioculturais.[23] Por último, ocorre a escuta da voz do subalterno, na qual suas formas e estratégias de inteligibilidade estão contidas, sendo a intervenção terapêutica adequada às demandas da desordem do sujeito, e não às exigências da teoria ocidental que dirige a intervenção.

Como ocorre, portanto, a intervenção do/da psicoterapeuta guiado/a por essa *démarche*? O ponto de partida é esclarecer que o trabalho de qualquer terapeuta não é a busca da verdade, e sim a modificação de certas características da pessoa. O sujeito não está interessado no conteúdo das palavras do terapeuta. O terapeuta, por sua vez, concentra toda a sua atenção na teoria que essas palavras veiculam, ou nos modos de fazer nela contidos. Dessa forma, a teoria é o dispositivo total, mesmo que para um olhar externo pareça contingente, arbitrária. Para que permaneça secreto e magnetize a totalidade do processo, o dispositivo tem que se referir a um universo sem seres humanos, ou seja, o lugar do invisível (Nathan e cols., 1998).

Em seguida, Nathan define a interpretação como a parte dos sentidos que emanam do terapeuta e respeitam duas obrigações fundamentais. A primeira é impor a ideia de que o terapeuta conhece a origem do mal e sua ecologia, em suma, que ele é o mestre da teoria. A segunda é convencer seu sujeito de que ele, o sujeito, pode renunciar não somente ao seu conhecimento do mal, como também à esperança de que seu mal é familiar, ou ainda de que ele é um profissional de seu próprio mal. Dessa forma, o terapeuta torna-se o mestre de uma teoria abstrata, complexa e aparentemente enigmática. Torna-se um especialista ao inverter o lócus de enunciação, sem impor sua teoria ao sujeito e sem se apoderar do conhecimento do outro, mas utilizando-o de tal maneira que sua influência se torne eficaz. Ele parece ainda mais eficaz quando reconhecido em seu ambiente por

---

23. O antropólogo Paul Stoller (1995) dá um exemplo dessa criatividade e adaptabilidade do divino ao etnografar o surgimento do culto de possessão pelos Hauka, os deuses da tecnologia, entre a etnia Songhay, do Mali e Níger, para lidar com as novas exigências sociais e culturais advindas da sua colonização pelos franceses e ingleses.

um grande número de pessoas, indicando que o terapeuta está numa relação de familiaridade com o invisível — a principal característica reconhecida pelos seus sujeitos — e detém as modalidades específicas de engajamento com esses seres. Dessa forma, o terapeuta é sempre o portador de um mito de criação da humanidade e do mundo — de uma cosmogonia — que ele encarna, reconta e demonstra sem cessar, por meio de atos e palavras (Nathan e cols., 1998).

Finalmente, o terapeuta propõe uma ruptura com o passado e a reinserção do sujeito em seu meio cultural dotado de seu instrumental técnico. Assim, o autor evita uma série de problemas decorrentes da psicologia ocidental, sustentada pelo método científico, e que, no caso do imigrante, seriam o prosseguimento do processo de colonização. Nathan mostra que a psicologia clínica e as psicoterapias ocidentais, devido à sua construção como intervenção num indivíduo atomizado e portador de doença mental, tendem a isolar os sujeitos de seus grupos sociais ao encerrá-los no diagnóstico de uma psicopatologia. Ela os retira do grupo das pessoas sãs, ou cujo estado de saúde é considerado normal, passando a pertencer apenas à categoria estatística de portadores daquela patologia. Mais do que o isolamento, ocorre a imputação do sujeito como único culpável pelo estabelecimento da psicopatologia, já que esta se origina dos seus processos inconscientes ou de suas escolhas individuais. E, para agravar o cenário, seu discurso é considerado menos legítimo devido ao fato de que está adoecido, portanto com a razão — origem da sua legitimidade — comprometida. Finalmente, seu discurso é escutado de forma seletiva por um especialista da sua condição, não só patológica como subjetiva, para corroborar os postulados de uma teoria que justificarão certas intervenções terapêuticas. Fica claro como a psicologia ocidental aplicada ao imigrante, ou a outro não ocidental, seria a continuação do processo de colonização, pois implicaria a imposição não apenas de um tipo de inteligibilidade, mas também uma pedagogia de subjetivação imdividualizante.

Formularemos, então, uma breve pergunta: A etnopsiquiatria de Nathan é uma teoria sobre um assunto novo, mas não a constituição de um novo sujeito epistemológico que pensa a partir das fronteiras e sobre elas?. Não, muito pelo contrário. O que há de revolucionário em sua metodologia, psicoterapia e arcabouço teórico é exatamente a constituição de um novo sujeito epistemológico, já que o autor assume posturas epistêmicas que podem ser consideradas o exato oposto de algumas daquelas sustentadas pelo paradigma científico, suas formas de produção de conhecimento, e os regimes de verdade mantidos pelas ciências sociais e pelas psicoterapias ocidentais. Agora, passaremos para as considerações de sua aplicação às realidades brasileiras.

A Etnopsiquiatria no Brasil, Considerações Fundamentais

Partiremos de um lugar-comum das ciências sociais a respeito da heterogeneidade populacional e cultural do Brasil: somos uma sociedade que vive os três tempos identitários de Hall (2007). Nossos sujeitos são oriundos de várias etnias e raças, nossas narrativas ontológicas e cosmogônicas não são homogêneas — a maior parte de nossa população existindo, comunicando e negociando com os entes de universos múltiplos. Ou seja, somos e nos fazemos de formas muito diferentes das demais populações do ocidente. Isso implica a adoção parcial de suas instituições, seus discursos e de seus modos de subjetivação. Portanto, podemos dizer que a ciência é a base da explicação desencantada de mundo que é hegemônica na Europa ocidental e nos Estados Unidos. Porém:

> [...] é preciso também considerar em que medida essa interpretação também teria validade para se compreender o caso brasileiro, em que este processo de "desencantamento do mundo" — tão caro aos seguidores de Max Weber — teve uma extensão muito menos ampla. Para um vasto segmento da sociedade brasileira não houve ruptura significativa com o mundo encantado (Bizerril, 2007b, p. 36).

Sem mais demoras, recorrendo a tudo que já foi discutido, podemos afirmar que o Brasil é um solo fértil para a abordagem etnopsiquiátrica. Devido a essas características populacionais, histórico-culturais e de gênero, como se daria uma psicoterapia etnopsiquiátrica no Brasil? Quais temas deveriam ser abordados?

Ao pensar as possibilidades dessa clínica, que em boa medida são aplicadas por um dos autores deste capítulo — de forma experimental, em certos casos, e sistemática, em outros — em seu consultório, temos chegado a quatro eixos que nos parecem fundamentais para adequar e transcender a vertente de Nathan, numa geocultura e num cenário sociopolítico bem diferentes daqueles da França contemporânea e dos imigrantes que nela se encontram: o Brasil contemporâneo. Essa diferença suscita novos questionamentos inerentes à realidade na qual a psicoterapia se desenvolve, exigindo reflexões e posturas clínicas outras, algumas tantas para além da proposta sob o escrutínio.

Em primeiro lugar, é necessário considerar que a população brasileira não pode mais ser definida com base na identidade de migrante, afinal, em maioria não somos mais migrantes, mas sim sujeitos diaspóricos, psiquicamente com um pé na África, ou na América indígena, ou na Europa ibérica criptojudaica ou herética, ou ainda, numa vertiginosa combinação de alguns ou todos esses elementos. Isso sem nem falar da presença árabe, japonesa ou chinesa no Brasil. A compreensão dessa conformação étnica, afastando-se dos mitos de democracia racial ainda tão presentes como estratégia de negociação com a dura realidade do nosso passado e presente mergulhados em colonialidade, é fundamental para uma psicoterapia que se propõe a trabalhar com a caleidoscópica alteridade do nosso cenário populacional contemporâneo. Precisamos assumir, frustrando os desígnios de embranquecimento das nossas elites intelectuais e econômicas historicamente situacionais e reacionárias, que nossa população é formada, em sua maioria, por negros e negras.[24] Não se pode parar

24. Negros são a maioria da população brasileira, de acordo com os dados do Censo do IBGE de 2010: 96,7 milhões — o equivalente a 50,7% da população —, contra 91 milhões de

nessa afirmação e pensar que as vertentes de psicoterapia brasileiras, entrincheiradas no mito da democracia racial ou do sujeito universal, darão conta de pensar e articular as demandas da mulher negra e do homem negro. Independentemente de serem maioria, o simples fato de que essas etnias e populações negras oriundas da diáspora conformam a heterogênea geocultura brasileira deveria nos obrigar eticamente a pensar o lugar desses sujeitos, começando por buscar a história dos impérios e das populações da África, seu pensamento, sua produção de conhecimento e suas variações geoculturais; os impactos históricos, sociais, econômicos, políticos e subjetivos da diáspora sobre essas populações, durante a ocorrência dela e após o último ciclo escravista, do final do século XIX ao tempo presente; e a situação socioeconômica contemporânea, bem como a luta política contra a discriminação, a exclusão e o racismo no Brasil.[25]

Nossa genealogia, nosso escrutínio e nossa compreensão da população brasileira não podem parar por aí, já que as histórias das imigrações europeias e asiáticas, que ocorreram ao longo de toda a história do Brasil — no caso da primeira, intensificando-se e variando, em conjunção com a segunda, a partir da metade e do final do século XIX, e do começo do século XX —, também precisam ser compreendidas. São essas duas correntes migratórias, cujas populações conformam a elite brasileira (em maior proporção a primeira e, em menor, a segunda),[26] que articulam, com balas, com chifres, com

brancos (47,7%), 2 milhões de amarelos (1,1%) e 817,9 mil indígenas (0,4%). No total, à época, éramos 190.755.799 habitantes (IBGE, 2010).

25. Para tanto, aconselhamos a leitura dos *Cadernos Penesb* e da *Revista do Programa de Educação sobre o Negro na Sociedade Brasileira*, editada pela Faculdade de Educação da Universidade Federal Fluminense (UFF). Em relação ao tema da diáspora, sugerimos a obra do professor e doutor dessa mesma instituição, Júlio César de Tavares.

26. "A mobilidade social ascendente dos imigrantes nas cidades é fora de dúvida, como atesta seu êxito em atividades comerciais e industriais em Estados como São Paulo, Rio Grande do Sul, Paraná, Santa Catarina. [...] Com o decorrer do tempo, muitos imigrantes escalaram posições na sociedade. Uns poucos se tornaram grandes fazendeiros. A maioria passou à condição de pequenos e médios proprietários, abrindo caminho para que seus descendentes viessem a ser figuras centrais da agroindústria paulista. [...] O predomínio das atividades agroexportadoras, durante a Primeira República, não foi absoluto. Não só a produção agrícola para o mercado

grãos, com bíblias e maquinário industrial as instituições, os discursos e os dispositivos instituídos pelo Estado. Delas advêm, e são mantidas, as normas que regulam a sexualidade, a ascensão e a afluência socioeconômica, a participação política, o conteúdo educacional e cultural, as políticas públicas, em suma, o *status quo* que enseja, no Brasil, as atuais conjecturas geopolíticas e socioculturais. Sem fazer uma arqueologia e uma genealogia da influência das elites, a permanência ignara nas estruturas da colonialidade do poder e de sua perpetuação — infelizmente muito pouco, *malgré soi* — será sempre um fator iatrogênico em qualquer vertente psicoterapêutica que se proponha a clinicar no Brasil.

Por fim, importa compreender as causas indígenas brasileiras, mantendo e fazendo novos resgates de suas vozes silenciadas ao longo de cinco séculos de opressão. Essa também é uma demanda fundamental, apesar do pequeno contingente populacional indígena, como registrado no Censo de 2010 do IBGE, pois os povos indígenas estão profundamente enraizados nas genealogias e na geocultura brasileira. O caso não se resume a assumir e a garantir sua participação histórica, política e social na construção do devir brasileiro. Envolve também a capacidade de se deslocar para seu lócus de enunciação, o que pode vir a ser — esperamos — o começo da apreensão de como os mecanismos de dominação podem ser tão efetivos, em sua brutalidade, no esvaziamento da legitimidade identitária, subjetiva e intelectual de etnias não ocidentais. Em termos psicoterapêuticos, isso nos leva imediatamente, mais uma vez, a repensar o caráter colonizador de uma abordagem.[27]

Em segundo lugar, para transliterar e expandir a metodologia de Nathan no Brasil, é necessário pensar a pluralidade étnica e econômica

---

interno teve significação como a indústria foi-se implementando com força crescente. O Estado de São Paulo esteve à frente de um processo de desenvolvimento capitalista caracterizado pela diversificação agrícola, a urbanização e o surto industrial" (Fausto, 2001, pp. 158-159).

27. À medida que o fluxo migratório mais recente de povos de outros países da América Latina e do Caribe se intensificar, com sua gradual inclusão em nossas estruturas sociais, política e culturais, estes também terão que ser compreendidos em sua alteridade e vislumbrados desde seu lócus de enunciação. Isso sem falar na presença de paquistaneses e africanos de diversas nacionalidades, recentemente emigrados para o Brasil.

no âmbito urbano. Ao nos determos sobre o sempre presente fenômeno do êxodo rural — às vezes mais ou menos intenso, mas inerente àquelas sociedades que acumulam em suas maiores urbes os empregos mais bem pagos e a facilidade de acesso a bens e serviços imprescindíveis para os sujeitos contemporâneos —, percebemos que nossas cidades podem ser pensadas como amostragens urbanas representativas, em alguma boa medida, da diversidade étnica da região geoeconômica na qual se encontram. Dessa forma, Recife, Brasília, São Paulo ou Manaus, entre outras, contêm um retrato da população que habita os vários municípios de seus estados e de suas regiões geoeconômicas. Devido a essa diversidade de origens geográficas e geoculturais, também encontraremos cidadãos que vivem os três tempos identitários de Hall (2007). Logo, os habitantes de uma cidade que têm acesso à psicoterapia não se originam de uma ideal matriz identitária urbana homogênea, fazendo com que a compreensão de suas origens regionais, econômicas e identitárias seja um fator fundamental para a compreensão de seu lócus de enunciação. Podemos ir além dessa observação e adicionar a esses fatores a lógica da distribuição espacial urbana e sua correlação com o estamento social que a habita, já que a periferização dos estamentos menos afluentes é uma forma de reproduzir a exclusão inerente à oposição colonialista centro-periferia, herdada, por sua vez, do dualismo metrópole-colônia.

Para ilustrar a última afirmação, usaremos o caso de Brasília, a cidade natal e de residência dos autores, onde é muito mais conveniente e socialmente aceitável numa sessão de psicoterapia — ou em qualquer situação de interação social em que se busca preservar a legitimidade do próprio discurso e *performance* — dizer que não se mora no Varjão, mas sim no começo do Lago Norte. Essa estratégia evita a identificação com um bairro pobre da cidade, estigmatizado pela violência, pela pobreza e pela ausência parcial, ou completa, do Estado e dos atores do mercado.[28] Logo, o que encontramos nas

28. Uma análise interessante e esteticamente valiosa do tema é o documentário *Brasília: contradições de uma cidade nova* (1967), dirigido por Pedro de Andrade, que já na época evidenciava

urbes brasileiras é a convivência de estamentos sociais radicalmente distantes em exíguos espaços, cujo resultado é a exacerbação da mentalidade segregacionista das elites urbanas, que implica diretamente o aprofundamento das condições de pobreza e de vulnerabilidade de estamentos menos afluentes.

Em terceiro lugar, há as questões de gênero e sexualidade.[29] O Brasil contemporâneo encontra-se num cenário em que a heteronormatividade e sua reprodução violenta — em todos os sentidos, tanto discursivos e institucionais, quanto físicos —, bem como a ruptura com sua lógica, estão em foco nos debates entre a sociedade civil e o Estado, na academia e no cotidiano das mulheres e dos sujeitos LGBT+, que questionam e minam a lógica de manutenção de poder do patriarcado promovida pelas elites tradicionais e reacionárias. É necessário dizer que uma psicoterapia que não pensa as mulheres e os sujeitos LGBT+,[30] em sua alteridade radicalmente diferente das masculinas tradicionais, é um instrumento de reiteração e reprodução dos dispositivos de domínio patriarcal. Entre invejas do falo, complexos de Electra, patologização de relações homoafetivas, declarações frenológicas sobre a inferioridade do encéfalo feminino e dos sujeitos LGBT+, afirmações sobre a natural imoralidade feminina e a perversidade dos sujeitos LGBT+, ou concepções de sujeito universais que

---

a reprodução da exclusão do periférico embutida perniciosamente no projeto da capital do país

29. "Jurema Wernerk, haciendo un análisis de las luchas políticas de las afrobrasileñas, elabora una genealogía que recupera la historia de las Ialodês, mujeres líderes africanas que resistieron a cualquier pretensión de dominio y sumisión. Esta herencia es reconocida en las mujeres de la diáspora, y coloca la lucha política de las mujeres mucho antes de haber nacido el feminismo como teoría (Wernerk, 2005). Por su parte, Sueli Carneiro ha aportado un análisis de la división del trabajo al evidenciar cómo en el caso de las mujeres negras, las esferas pública y privada nunca fueron separadas, ya que desde los tiempos de la esclavitud siempre trabajaron en las calles y en las casas. Carneiro ha propuesto ennegrecer al feminismo para entender la relación entre racismo y sexismo y feminizar la lucha antirracista para entender los efectos del racismo en las mujeres (Carneiro, 2005)" (Curiel, 2007, p. 98).

30. Mesmo com pautas de interesses políticos e questões identitárias completamente diferentes, a junção da maioria das mulheres e da minoria dos sujeitos LGBTTTI está sendo feita nesta seção por uma questão de semelhança a respeito de como os mecanismos de opressão do patriarcado agem em ambos os casos.

não se debruçam sobre a diversidade inerente às experiências singulares e coletivas das mulheres e dos sujeitos LGBTTTI — advindas de várias geoculturas —, as psicoterapias ocidentais, no passado e em alguma medida até o presente, têm prestado verdadeiro desserviço. Entretanto, devido à crescente e poderosa presença de mulheres e sujeitos LGBTTTI no cenário social, acadêmico e político, essa situação de ausência de reflexão sobre a subjetividade de ambos tem mudado sistematicamente desde a década de 60 do século XX, mesmo que uma resistência machista ainda impeça suas velas de se encherem plenamente dos inexoráveis ventos de uma mudança que já vem atrasada.

Logo, é uma clínica da exclusão, uma verdadeira apologia ao silenciamento do sujeito e à sua manutenção em um estado de extrema vulnerabilidade ao sofrimento psíquico, uma psicoterapia que não leva em consideração: a) a opressão vivida pelas mulheres em seu cotidiano, que se manifesta no agenciamento dos dispositivos materno, amoroso e estético, na reiteração de uma falaciosa inferioridade intelectual e física que resulta em sua exclusão de certos espaços públicos — como o profissional, o acadêmico e o esportivo — e nas altas taxas de violência doméstica e de mortes perpetradas por seus companheiros ou por outros homens; e b) a discriminação e a opressão vividas pelos sujeitos LGBTTTI, perseguidos por sua identidade de gênero e sua orientação sexual, que não se encaixam no paradigma binário heteronormativo imposto pelo patriarcado, resultando em altas taxas de violência perpetradas por héteros — incluindo muitas mortes —, no silenciamento e na exclusão dos espaços públicos já enumerados, além da exposição a "terapias do armário", que partem do pressuposto de que essas identidades e orientações são patológicas, frequentemente reiterando discursos de ódio religioso.

Em quarto e último lugar, está o que já foi amplamente discutido de forma direta e indireta neste capítulo: a inclusão da experiência mística e espiritual das terapêuticas e crenças tradicionais como expressões subjetivas válidas e articuláveis num contexto de psicoterapia. Incluir essa experiência mística é elementar, uma vez que 95% da população brasileira se considera adepta de alguma matriz religiosa (IBGE, 2010);

ou seja, 95% deste país está inserido numa relação subjetiva e singular com os entes desses universos múltiplos. A adesão religiosa no Brasil é um fenômeno basilar para a compreensão da produção de sentidos de seus sujeitos identitariamente heterogêneos, geoculturalmente polifônicos e subjetivamente singulares; apesar disso, devido a certa inépcia epistêmica e metodológica dos sistemas psicoterápicos ocidentais, ela tem ocupado um lugar marginal, quando não é excluída, pelo afã científico de empiria ateísta.[31]

A história dos crimes sustentados, ou mesmo perpetrados pelas religiões, é bem conhecida, e não pode ser esquecida, sendo no ocidente a religião de matriz judaico-cristã — e suas vertentes — aquela que esteve diretamente envolvida na manutenção de regimes autocráticos

31. Para compreender a importância do Sagrado na realidade brasileira de universos múltiplos, é necessário entender o que é a manifestação desse mundo e o que é o Sagrado. Partiremos da conceituação que nos parece a mais interessante para os propósitos da nossa argumentação, aquela feita no final do século XX pelo teólogo Rudolf Otto (2005) e pelo filósofo William James (2017) a respeito do fenômeno religioso: o Sagrado é inefável. Em outras palavras, não se pode falar sobre ele. Logo, este não pode ser exaurido numa construção de sentido que o resuma a um código moral racionalizado e hipostasiado em uma ou mais representações do Sagrado; num conjunto de normas socioculturais de um determinado grupamento humano num período histórico; ou reduzido às confabulações imaginativas de mentes um tanto enérgicas. O Sagrado, como diz Otto (1917), é numinoso, é um Outro totalmente diferente que se encontra fora do sujeito, não emana de sua agência, e que se faz sentir "sensação de dependência" do ser criatura, seguida da sensação de sua "superioridade absoluta". Parece que aqui nada mais fazemos do que uma pequena conceituação que estabelece o recorte do fenômeno. Ledo engano. Ao perceber o Sagrado como Outro, ocorre um deslocamento expressivo, em que a colonização pela psicologia ocidental do fenômeno espiritual cai por terra. É necessário levar em conta que esse movimento colonizador busca impor uma experiência ateia ou hegemonicamente judaico-cristã no Ocidente. Portanto, é fundamental desconstruir um dos problemas mais evidentes dessa colonização: o fato de que a psicoterapia, como possibilidade de construção e de interpretação da experiência do sujeito, tem sido praticada no mundo apoiando-se sobre métodos de produção capitalista-mercantil que, em sua origem — Revolução Industrial europeia, diga-se então "branca" — e seu desenrolar, são responsáveis pelo modo de pensamento técnico-calculante. Dá-se, porém, como disse anteriormente, que o Sagrado é inefável; não se pode falar sobre ele, não se pode apreendê-lo nem reduzi-lo a fenômenos imaginativos da psique, a anomalias de uma patologia ou a um conjunto de repercussões das interações de um contexto sociocultural. Além do mais, este é responsável por uma inserção do sujeito no mundo que é inextricável de sua construção identitária e subjetiva. Afinal, o Sagrado, ao ser Outro, permite que nos reconheçamos como sujeito. O Sagrado gera sentidos de identidade, de pertencimento e de vocação.

e despóticos da modernidade ocidental, como foi o caso da Espanha Franquista ou da República de Vichy, na França. Foi também essa matriz que, noutros tempos, sustentou a incursão bélica de interesses econômicos vorazes e genocidas em outras geoculturas — e na própria Europa, como durante as Cruzadas, na Idade Média, ou a posterior colonização do não e outro ocidente —, produzindo um impacto negativo sobre a produção de sentidos e a subjetivação no ocidente, e suas esferas geopolíticas de influência: o ostracismo do corpo como dimensão de produção de sentidos considerados impuros, assim como o controle das expressões de orientação sexual e de identidade de gênero. Tal operação, além de sustentar argumentos políticos falaciosos, aplicava os instrumentos da retórica aos cânones sagrados para declarar a ausência da alma em certas etnias e, assim, justificar sua escravização.

Todavia, as religiões também serviram como instrumento de resistência à dominação: a construção do candomblé nas travessias do Atlântico e nas senzalas dos engenhos mantinha vivos, em suas narrativas míticas, vários sentidos fundamentais das identidades geoculturais de matriz africana, ou a teologia da libertação, na América Latina ditatorial da segunda metade do século XX. E também como inspiração: a produção de conhecimento e de arte durante o Renascimento europeu, com suas temáticas religiosas, a tradução dos textos filosóficos gregos, desde a Baixa Idade Média, mas também durante o Iluminismo, e o enriquecimento da identificação da/do negra/o com suas origens culturais africanas no movimento negro brasileiro, iniciado na segunda metade do século XX; como arcabouço de referenciais simbólicos, ontológicos para a construção das subjetividades; e, finalmente, e muito simplesmente, como aquilo que são deusas e deuses, orixás, santos, espíritos, bodhisattvas, mestres etc.: seres que acompanham, sustentam, educam, fortalecem, castigam, ajudam, curam, adoecem, organizam e caotizam, que conversam com os sujeitos que, por meio das tecnologias de si e do pertencimento à sua matriz religiosa, convivem com elas/es. É essa segunda dimensão que nos interessa reconhecer e explorar no *setting* clínico, uma vez que a *démarche* de uma psicoterapia não deveria discutir a veracidade ou a materialidade desses entes, e sim legitimar sua presença e ação na vida das/dos pacientes, sendo capaz de articular essas relações num contexto psicoterápico.

Conclusão

O que é uma psicoterapia? É encontro, compreensão, acolhimento, suspensão do julgamento, troca de sentidos, de afetos e de sensações. É o encarnado, o simbólico, o linguístico e o metafísico. É a mudança que observamos na *performance* dos sujeitos que nos buscam, muitas vezes minúscula, uma impressão sutil que parece ecoar monumentalmente no espaço e no tempo dilatados/contraídos do encontro. Um conhecimento construído artesanalmente num diálogo incessante com o não dito e intuído em si e no outro.

Parece-nos que essa descrição fenomenológica, afetiva e perceptual é comum e compartilhada por nossos/as colegas de profissão que vivem o cotidiano da prática clínica da psicoterapia. Entretanto, essa definição está incompleta, por mais que aqueça nossos peitos e mobilize nossas lembranças mais acalentadoras. Falta algo muitas vezes esquecido em prol das características mais esotéricas e herméticas desse encontro: psicoterapia é ciência, é conhecimento feito crítica, ética e politicamente. O sujeito que se senta diante de nós não é um fenômeno humano tridimensional, um binômio corpo/mente que traz consigo queixas ou psicopatologias que ocorrem em um corpo a-histórico. Tampouco somos simples técnicos/as que se resumem a diagnosticar e intervir, por mais que nosso *rapport* seja empático, carismático, intuitivo e penetrante, ou nosso arcabouço teórico e técnico seja sofisticado e nos dê a impressão de ser epistemicamente seguro e até incontestável. A pergunta persegue: O que é uma psicoterapia?

Gostaríamos de propor uma nova conceituação que aplica totalmente a ideia de que fazer ciência é se arriscar, é arriscar o conhecimento "natural", caro ao afeto impensado: o que fazemos é uma intervenção psicoterápica liminar que, ao caracterizar-se pelo encontro com outro não ocidental, também deveria se caracterizar pelo encontro entre áreas de conhecimento muitas vezes díspares, articulando-se para encontrar o outro não ocidental em seu lócus de enunciação, sendo produzida por e produzindo um pensamento liminar:

> O potencial epistemológico do pensamento liminar, de um 'outro pensamento', tem a possibilidade de superar a limitação de pensamento territorial (isto é, a epistemologia monotópica da modernidade), cuja vitória foi possibilitada por seu poder de subalternizar o conhecimento localizado fora dos parâmetros das concepções modernas de razão e racionalidade. [...] Assim uma descrição consequente de um 'outro pensamento' é a seguinte: uma maneira de pensar que não é inspirada em suas próprias limitações e não pretende dominar e humilhar; uma maneira de pensar que é universalmente marginal, fragmentária e aberta; e, como tal, uma maneira de pensar que, por ser universalmente marginal e fragmentária, não é etnocida (Khatibi citado por Mignolo, 2001 p. 103-104).

Uma psicoterapia liminar, como a etnopsiquiatria, é isto: um sistema psi que não silencia, violenta ou ignora o outro não ocidental. Um sistema que carrega em si a certeza de que deve ser sistematicamente criticado, repensado, adequado — e, por que não, descartado e reformulado — quando seus axiomas teóricos se sobrepõem ao encontro com a alteridade singular do outro não ocidental, onde reside, tal uma sinédoque, a totalidade de uma geocultura e de sua história em cada palavra e cada gesto. Parece uma tarefa difícil, exigindo um aprofundamento sistemático em áreas de conhecimento das quais o ensino da psicologia foge: epistemologia, filosofia, história, antropologia, sociologia, semiótica, literatura etc. Entretanto, a validade desse imperativo fica claramente demonstrada pelo fato de que raramente questionamos a origem e os dispositivos de controle que estão contidos em nossos sistemas psi, como se estes fossem, tal qual o "ser humano", universais. Nesse lapso, a consistência teórica do que aplicamos vai ao chão. Afinal, nosso conhecimento não descreve elétrons que ignoram ser partículas, e sim seres humanos que constroem sistemas de saber que são a expressão do período histórico e da geocultura em que residem.

Temos que descartar a impressão errônea de que o conhecimento científico é despolitizado, livre de influência subjetiva. Nossos sistemas não surgiram de um ímpeto criativo radical e original, vivido por um autor ou uma autora, fora do tempo histórico e do espaço cultural de sua origem. Todos eles foram desenvolvidos do encontro entre vários saberes e pelos quais transitavam seus criadores e suas criadoras em suas respectivas geoculturas.[32] Por que paramos de buscar esses limiares, esses espaços de diálogo, de interdisciplinaridade e de diplomacia? Porque todos os sistemas continham em si o ímpeto de ser a explicação e o método universal que subjugaria todos os outros e descreveria e articularia a totalidade do fenômeno humano. Soa neocolonial e imperialista, não é? Certamente não soa como se arriscar a produzir conhecimento, sempre temporal, sempre incompleto, sempre convidando a transformação da compreensão.

Ironicamente, ou nem tanto, apesar de não sermos psicoterapeutas ocidentais — pois não somos sujeitos ocidentais —, mesmo assim, devido ao fato de a história ensinada por quem está no poder vir desprovida de dispositivos de análise crítica de si, nós nos colocamos num lugar de não questionamento identitário e epistêmico. Vemo-nos como a continuação de uma linha ininterrupta de pensamento ocidental, não percebendo que somos pasteurizados e homogeneizados por essa tradição de imposição e de silenciamento do outro não ocidental. Estamos lidando, portanto, com o mal-estar de quem vem ao nosso encontro sem muitas vezes reconhecer o mal-estar que se

32. Curiosamente, o exemplo do pai da psicanálise é notório: Freud lia sociologia — Durkheim —, antropologia — McDougal, Frazer —, filosofia — Kant, Schopenhauer e Nietzsche —, literatura — Shakespeare e Sófocles — entre outros autores, além dos tratados de neurologia e de medicina da época.

encontra no bojo da criação de nossos sistemas e de suas aplicações, principalmente na exclusão da nossa própria identidade brasileira, de outro ocidente.

Muito se falou sobre o outro e o/a psicoterapeuta. Imaginamos a revolta e o mal-estar que vários dos/das nossos/as leitores/as possam ter sentido ao pensar que tenhamos desautorizado e taxado seus sistemas psi de dispositivos de opressão colonial e subalternização. Contudo, ao realizarmos uma genealogia epistêmica dos sistemas mais difusos, nos deparamos com o fato de que existem poucos[33] sistemas feitos pelo outro não ocidental para outro não ocidental. Por quê? Nas palavras de Rose (2011, p. 83):

> Há batalhas pela verdade, nas quais evidências, resultados, argumentos, laboratórios, *status* e muito mais são empregados como recursos na tentativa de ganhar aliados e forçar algo a se tornar verdadeiro [...]. Isto é, a verdade é sempre posta em seu trono por atos de violência. Isto acarreta um processo social de exclusão no qual argumentos, evidências, teorias e crenças são empurrados para as margens, não autorizados a fazer parte do 'verdadeiro'. Caso se queira um exemplo disto, não se precisa procurar para além das 'batalhas pela verdade' que têm caracterizado a relação entre a Psicologia e a Psicanálise em diferentes territórios nacionais: batalhas pelo *status* de suas teorias, seus resultados, suas descobertas, seus profissionais.

Fomos empurrados para a margem, e fomos feitos soldados e soldadas das batalhas de um ocidente que sempre nos explorou e nunca se dispôs a pensar nosso lócus de enunciação, nossas particularidades geoculturais e nossa variedade étnica. Após tudo que foi dito, não nos parece que esse lugar seja produtivo e o preço que temos cobrado de nós mesmos é o descarte, a inferiorização e a colonização impensada

---

33. Três sistemas/construções que possuem essas características são a subjetividade social de Fernando González Rey, a psicologia sócio-histórica em que se destacam Sílvia Lane e Ana B. Bock, ou a psicologia comunitária desenvolvida por tantos autores e autoras brasileiras.

das nuances polifônicas da nossa identidade heterogênea brasileira, dos psicoterapeutas e dos sujeitos que os/as buscam.

Psicoterapia não é só etnopsiquiatria, tanto que não se precisa necessariamente da segunda para se fazer a primeira. Mas psicoterapia é conhecimento. E se ela não se conhecer como *epistème*, vinda de quem tampouco se conhece como sujeito inserido na sua história e sua geocultura, sujeito e ator acrítico, então essa não é mais psicoterapia.

Acreditamos, portanto, que atentar para os mundos culturais que habitamos é um passo necessário para uma teorização e uma prática profissional que não mais nos condene, como profissionais, a reproduzir a tarefa ocidentalizante do colonizador, nem silencie as experiências daqueles e daquelas que buscam nossa escuta para dar conta de seus dilemas existenciais cotidianos.

Referências

Andrade, J. P. (1967). *Brasília: Contradições de uma cidade nova*. Documentário dirigido por Joaquim Pedro de Andrade.

Augras, M. (2008). *O duplo e a metamorfose: A identidade mítica em comunidades Nagô*. Petrópolis: Vozes.

Bakhtin, M. (2017). *Notas sobre literatura, cultura e ciências humanas*. São Paulo: Editora 34.

Batista de Souza, J. T. (2002). Hermenêutica e alteridade em Emmanuel Lévinas. *Revista Symposium*, Universidade Católica de Pernambuco, ano 3, número especial.

Bizerril, J. (2007a). *O retorno à raiz: Uma linhagem taoista no Brasil*. São Paulo: Attar Editorial.

Bizerril, J. (2007b). Dilemas classificatórios: Fronteiras entre a experiência religiosa e a psicopatologia. In M. H. Freitas & O. P. Pereira (Orgs.), *Vozes do silenciado: Estudos nas fronteiras da filosofia, antropologia e psicologia* (pp. 129-152). Brasília: Universa.

Bizerril, J. (2015). O lugar da diferença religiosa nas subjetividades sociais brasileiras e suas implicações para a saúde. In F. González Rey & J. Bizerril (Orgs.), *Saúde, cultura e subjetividade: Uma referência interdisciplina*r (pp. 35-58). Brasília: UniCEUB. Recuperado em 5 de abril de 2012, de http://www.repositorio.uniceub.br/bitstream/235/5756/1/Saúde_Cultura_Subjetividade.pdf.

Bizerril, J. & Neubern, M. (2012). Experiência religiosa e subjetividade no contexto contemporâneo: Diálogo entre psicologia e antropologia. In M. H. Freitas & G. J. Paiva (Orgs.), *Religiosidade e cultura contemporânea: Desafios para a psicologia* (pp. 231-260). Brasília: Universa.

Carrara, O. V. (2012). Ética e ontologia em Emmanuel Lévinas. *Revista Estudos Filosóficos, 8* — versão eletrônica — ISSN 2177-2967 — São João del-Rei, DFIME — UFSJ, 33-50. Recuperado de: http://www.ufsj.edu.br/revistaestudosfilosoficos.

Casanova, P. G. (2007b). *Colonialismo interno: Una redefinición*. México: Unam, Instituto de Investigaciones Sociales.

Clifford, J. (2000). Culturas viajantes. In A. A. Arantes (Org.), *O espaço da diferença*. Campinas: Papirus.

Csordas, T. (2008). *Corpo significa cura*. Porto Alegre: UFRGS Editora.

Curiel, O. (2007, Abril). *Crítica poscolonial desde las prácticas políticas del feminismo antirracista*. Bogotá: Nómadas, Fundación Universidad Central.

Devereux, G. (2010). *Essais d'ethnopsychiatrie générale*. Paris: Éditions Tel Gallimard.

Eliade, M. (2001). *O sagrado e o profano: A essência das religiões*. São Paulo: Martins Fontes.

Evans-Pritchard, E. E. (1972). *Witchcraft, oracles and magic among the azande*. London: Oxford University Press.

Fausto, B. (2001). *História concisa do Brasil*. São Paulo: Edusp.

Foucault, M. (1997). *Vigiar e punir*. Petrópolis: Vozes.

Foucault, M. (1999). *A ordem do discurso: Aula inaugural para o Collège de France pronunciada em 2 de dezembro de 1970*. São Paulo: Loyola.

Foucault, M. (2000). *As palavras e as coisas: Uma arqueologia das ciências humanas*. São Paulo: Martins Fontes.

Freud, S. (2010). *O futuro de uma ilusão*. São Paulo: LP&M.

González Rey, F. (2007). *Psicoterapia, subjetividade e pós-modernidade: Uma aproximação histórico-cultural*. São Paulo: Thomson.

Hall, S. (2007). *A identidade cultural na pós-modernidade* (11. ed.). Rio de Janeiro: DP&A.

Hall, S. (2003). *Da diáspora: Identidades e mediações culturais*. Belo Horizonte: Editora UFMG/Brasília: Unesco.

Ho, D. Y. F. (1995). *Selfhood and identity in Confucianism, Taoism, Buddhism, and Hinduism: Contrasts with the West*. Recuperado de: https://doi.org/10.1111/j.1468-5914.1995.tb00269.x.

IBGE. Censo de 2010. Disponível em: <http://www.ibge.gov.br/home/estatistica/populacao/censo2010/default.

Jackson, M. (1989). *Paths toward a clearing: Radical empiricism and ethnographic inquiry*. Indianapolis: Indiana University Press.

Jackson, M. (Ed.) (1996). *Things as they are: New directions in phenomenological anthropology*. Bloomington/Indianapolis: Indiana University Press.

Kiermeyer, L. J. (2006). Beyond the 'new cross-cultural psychiatry': cultural biology, discursive psychology and the ironies of globalization. *Transcult Psychiatry, 43*, 126. DOI: 10.1177/1363461506061761.

Kluckhorn, C. K. (1956). *The influence of psychiatry on anthropology in America for the last hundred years*. New York: Columbia University Press.

Laplantine, F. (1998). *Aprender etnopsiquiatria*. São Paulo: Brasiliense.

Latour, B. (2009). *Nunca fomos modernos*. São Paulo: Editora 34.

Lévi-Strauss, C. (2008). *Antropologia estrutural*. São Paulo: Cosac & Naify.

Mauss, M. (2003). *Sociologia e antropologia*. São Paulo: Cosac & Naify.

Merleau-Ponty, M. (2006). *Fenomenologia da percepção*. São Paulo: Martins Fontes.

Mignolo, W. D. (2001). *Histórias locais/projetos globais: Colonialidade, saberes subalternos e pensamento liminar*. São Paulo: Humanitas.

Nathan, T. (2000, fevereiro). *L'héritage du rebelle.* Paris: Ethnopsy — Les Monds Contemporains de la Guérison. Recuperado de : http://www.ethnopsychiatrie.net/.

Nathan, T. (2001a). *Nous ne sommes pas seuls au monde: Les enjeux de l'ethnopsychiatrie.* Paris: Points.

Nathan, T. (2001b). *L'Influence qui guérit.* Paris: Éditions Odile Jacob.

Nathan, T., Blanchet, A.; Ionescu, S., & Zadje, N. (1998). *Psychothérapies.* Paris: Éditions Odile Jacob.

Nathan, T. & Stengers, I. (2012). *Médecins et sorciers.* Paris: Éditions La Découverte.

Neubern, M. (2013). *Psicoterapia e espiritualidade.* Belo Horizonte: Editora Diamante.

Newberg, A. B., Wintering, N., Yaden, D. B., Li, Z., Bowen, B., Averick, N., & Monti, D. A. (2017). Effect of a one-week spiritual retreat on dopamine and serotonin transporter binding: A preliminary study. *Religion, Brain & Behavior,* DOI: 10.1080/2153599X.2016.1267035.

Nogueira, P. (2010). *Édipo em colônia: Contribuições da crítica pós-colonial a uma história da psicanálise no Brasil.* Brasília: UniCEUB.

Nogueira, P. (2015). *Enterre meu coração no limiar de Outro Ocidente: Diálogos interdisciplinares entre a etnopsiquiatria de Tobie Nathan e a gnosiologia liminar de Walter Mignolo.* Brasília: Programa de Pós-graduação em Clínica e Cultura — IP/UnB.

Onfray, M. (2001). *Antimanuel de philosophie.* Paris: Breal.

Rose, N. (2011). *Inventando nossos selfs: Psicologia, poder e subjetividade.* Petrópolis: Vozes.

Roudinesco, É. (1999). Je plaide pour la liberté de ne pas être toujours ramené à mes racines. *Politis, 577,* 20-23.

Said, E. W. (2013). *Orientalismo: O oriente como invenção do ocidente.* São Paulo: Companhia das Letras.

Saussure, F. (2006). *Curso de linguística geral.* São Paulo: Cultrix.

Segato, R. L. (2003). A célula violenta que Lacan não viu: Um diálogo (tenso) entre antropologia e psicanálise. *Clinamen, 2,* 121-151.

Segato, R. L. (2005). *Santos e Daimones: O politeísmo afro-brasileiro e a tradição arquetipal*. Brasília: EDU — UnB

Segato. R. L. (2007). *La nación y sus otros: Raza, etnicidad y diversidad religiosa en tiempos de políticas de identidad.* Buenos Aires: Prometeo Libros.

Stoller, P. (1989). *The taste of ethnographic things: The senses in anthropology*. Philadelphia: University of Pennsylvania.

Stoller, P. (1995). *Embodying colonial memories: Spirit possession, power and the Hauka in West Africa*. New York/London: Routledge.

Stoller, P. (1997). *Sensous scholarship*. Philadelphia: University of Pennsylvania Press.

Stüepp, M. (2014, edição de primavera). Epistemology. *The Stanford Encyclopedia of Philosophy*. Recuperado de: http://plato.stanford.edu/archives/spr2014/entries/epistemology/.

Turner, V. (1967). *The forest of symbols*. Ithaca: Cornell University Press.

Wittgenstein, L. (2017). *Tractatus logicus-philosophicus*. São Paulo: Edusp.

PARTE 2

Pesquisa e Prática Profissional

CAPÍTULO 6

Gênero e Sexualidade na Escola:
Processos Identitários, Diversidade e Preconceito na Perspectiva da Psicologia Cultural

Ana Flávia do Amaral Madureira
João Mendes Gomes Brasil de Holanda
Luciana Dantas de Paula
Jordana Viana Carvalho Fonseca

> *[...] Eu considero a mentalidade aberta como uma disposição para construir conhecimento e valores a partir de perspectivas múltiplas, sem perda do comprometimento com os nossos próprios valores. Mentalidade aberta é a pedra fundamental do que nós denominamos cultura democrática. [...] Eu considero o construtivismo da psicologia cultural como uma expressão profunda da cultura democrática. [...] Ele se baseia em valores que, acredito eu, se mostram mais aptos a lidar com as mudanças e rupturas que se tornaram uma característica tão presente na vida moderna (Bruner, 1997, pp. 34-35).*

Inicialmente, é importante explicitar dois pontos centrais que nortearam a elaboração do presente capítulo (Madureira, Holanda, Paula & Fonseca) e do próximo (Madureira, Barreto, Silva & Bastianello): (a) de forma coerente com a proposta deste livro, partimos da convicção de que a psicologia é, acima de tudo, uma ciência humana; e (b) é fundamental reconhecermos que vivemos em uma sociedade adoecida que se "alimenta", de maneira perversa, do sofrimento das pessoas, como será discutido a seguir.

De forma mais específica, concebemos a psicologia como uma ciência situada nas fronteiras entre as ciências biológicas e as ciências sociais, em sintonia com a discussão apresentada na Introdução da presente obra. Contudo, tal concepção — inspirada na forma como Wilhelm Wundt (1832-1920) concebia o espaço da psicologia entre as demais ciências — foi, historicamente, substituída pela concepção da psicologia como um ramo das ciências biológicas, especialmente nos Estados Unidos (Figueiredo & Santi, 2011). Tais mudanças tiveram (e ainda têm) repercussões importantes na psicologia, como ciência e campo de atuação profissional. Ou seja, tais mudanças não tiveram implicações apenas na esfera da produção científica em psicologia, mas também no âmbito das práticas profissionais cotidianas nas diversas áreas que integram a psicologia.

Afinal, concebermos a psicologia como uma ciência eminentemente biológica, quantitativa e experimental ou como uma ciência humana, que precisa, portanto, promover diálogos interdisciplinares com outras ciências humanas faz muita diferença, na produção teórica, na realização de pesquisas empíricas, bem como nas práticas profissionais. Além disso, concebermos a psicologia como ciência humana favorece a incorporação efetiva das metodologias qualitativas de investigação como aportes metodológicos relevantes na construção de interpretações mais aprofundadas sobre diversos fenômenos relevantes no âmbito da ciência psicológica (González Rey, 2005; Madureira & Branco, 2001).

No que se refere aos compromissos éticos e sociais dos/as psicólogos/as, é fundamental e estratégico reconhecermos que estamos vivenciando um momento histórico em que um quadro sistêmico gerador de sofrimento, físico e psicológico, tem sido constantemente reforçado nas práticas cotidianas. Tal quadro sistêmico deve ser seriamente problematizado e questionado, tanto na formação como na atuação em psicologia (Madureira & Barreto, 2018; Madureira, Barreto & Paula, 2018). Para tanto, *é fundamental que a psicologia construa análises mais aprofundadas sobre os processos de significação e a constituição da subjetividade, de forma culturalmente contextualizada e eticamente comprometida com a promoção da saúde e do bem-estar das pessoas nos diversos espaços sociais, incluindo o contexto escolar.*

Portanto, neste capítulo e no próximo, buscaremos nos distanciar dessa visão tradicional da psicologia ancorada no individualismo e na patologização das pessoas. Tal visão tradicional é, frequentemente, associada ao essencialismo biológico presente nas formas mais arcaicas e menos autocríticas do modelo biomédico. O essencialismo biológico é utilizado, muitas vezes, para justificar diversas práticas discriminatórias (Louro, 2001; Madureira, 2007a, 2007b; Woodward, 2000). Na contramão do essencialismo biológico, consideramos a gênese social do psiquismo humano a fim de compreendermos, de modo mais aprofundado e crítico, os mecanismos sociais e culturais que fomentam o sofrimento, físico e psicológico, em indivíduos pertencentes a diferentes grupos sociais, historicamente marginalizados, em termos de gênero, orientação sexual, pertencimento étnico-racial etc.

Em linhas gerais, ambos os capítulos (capítulos 6 e 7) buscam, em sintonia com a proposta do presente livro, estimular discussões e reflexões críticas sobre a relevância de incorporarmos, efetivamente, o conceito de cultura na psicologia, como ciência e campo de atuação profissional. De forma mais específica, adotaremos os pressupostos epistemológicos e teóricos da psicologia cultural, a partir de contribuições, especialmente, de dois autores importantes no âmbito dessa perspectiva teórica: Jaan Valsiner e Jerome Bruner.

Neste capítulo, os processos identitários e os preconceitos serão analisados como fenômenos de fronteira, na direção das discussões teórico-conceituais desenvolvidas, na última década, pela primeira autora (Madureira, 2007a, 2007b, 2010, 2012, 2018). Buscaremos construir algumas "pontes" interdisciplinares entre a psicologia cultural e as ciências sociais, no que se refere às questões de gênero e sexualidade no contexto escolar. A promoção de diálogos interdisciplinares se configura como um dos caminhos necessários à superação das perspectivas individualistas e patologizantes tão presentes na história da psicologia. Perspectivas que acabaram, infelizmente, por legitimar inúmeras práticas discriminatórias, incluindo práticas que reforçam o sexismo e a LGBTfobia nas relações sociais cotidianas.

Ao final do capítulo, são abordadas pesquisas empíricas vinculadas ao projeto de pesquisa guarda-chuva intitulado "Identidades Sociais, Diversidade e Preconceito" (Psicologia — UniCEUB), coordenado pela primeira autora. Tal projeto amplo de pesquisa, que integra diversos projetos específicos, apresenta como referencial teórico a psicologia cultural. Acreditamos que a produção de novos conhecimentos, mediante a realização de pesquisas empíricas, está articulada ao *compromisso social e ético de contribuir com o delineamento de estratégias concretas de promoção do respeito à diversidade, da saúde psicológica e da melhoria dos processos educativos no contexto das instituições de ensino.*

Nesse sentido, um dos obstáculos a serem superados corresponde à desconstrução de preconceitos nas escolas. Dentre as inúmeras formas de preconceito que, infelizmente, se fazem presentes no dia a dia das escolas, focalizaremos o sexismo e a LGBTfobia neste capítulo.

Psicologia Cultural, Processos Identitários e Preconceitos

> *[...] O culturalismo toma como primeira premissa a afirmação de que a educação não é uma ilha, mas parte do continente da cultura. [...]* (Bruner, 2000, p. 29).

Ao contrário do que tem sido defendido por setores ultraconservadores da sociedade brasileira: é necessário (e urgente) que as questões de gênero e sexualidade sejam discutidas e problematizadas na formação, inicial e continuada, de professores/as e nas escolas, como tem sido discutido por diversos/as autores/as na atualidade (Fonseca, 2016; Holanda, 2016; Junqueira, 2009, 2010; Louro, 1999, 2001; Madureira, 2007a; Madureira & Branco, 2012, 2015; Miskolci, 2016; Paula, 2016). Buscamos, neste capítulo, contemplar algumas contribuições nesta direção. Antes, entretanto, é necessário explicitar alguns pressupostos e conceitos importantes do nosso "ponto de partida" teórico: a psicologia cultural.

A psicologia cultural, assim como outras correntes teóricas sociogenéticas no campo da ciência psicológica, apresenta como um dos seus pressupostos centrais a consideração da *gênese social do psiquismo humano*. Consideramos de fundamental importância a investigação dos *processos de significação*, ou seja, dos processos envolvidos na construção de significados (Bruner, 1997). Além disso, consideramos que as experiências humanas sempre ocorrem em contextos culturais estruturados, perpassados por crenças, valores e práticas enraizadas historicamente e que canalizam, de diferentes formas, os processos de significação (Madureira, 2012, 2016, 2018). Para investigarmos os processos de significação relativos a diferentes temáticas, adotamos como ferramentas teórico-conceituais estruturantes do nosso "olhar" os conceitos: (a) de cultura (em sua vertente semiótica); (b) mediação semiótica; (c) e experiência (Madureira, 2012, 2016; Madureira & Branco, 2012; Valsiner, 2012, 2014; Valsiner & Rosa, 2007a, 2007b).

Cabe esclarecer que a utilização do conceito de canalização cultural (Valsiner, 2012) é preferível à utilização do conceito de determinação cultural, pois destacamos o papel ativo das pessoas concretas nos processos de significação em relação ao mundo social em que estão inseridas e em relação a si mesmas. Ou seja, o conceito de canalização cultural é coerente com a adoção de um modelo de transferência cultural bidirecional (Valsiner, 2012), em que as mensagens culturais são continuamente reelaboradas, de forma ativa, pelas pessoas. Além disso, a psicologia cultural considera seriamente a necessidade de desenvolvimento de modelos interpretativos dinâmicos sobre os processos de significação. Afinal, considerar seriamente a irreversibilidade do tempo é um princípio fundamental na perspectiva da psicologia cultural (Valsiner, 2012).

Nesse sentido, a Teoria dos Campos Afetivos (*Semiotic Regulatory System Model*) desenvolvida por Valsiner (2012, 2014), de modo coerente com uma perspectiva dinâmica sobre os fenômenos psicológicos, contempla diferentes níveis que se encontram articulados, de forma dinâmica, no fluxo das experiências vivenciadas pelos sujeitos: desde o Nível 0 (nível fisiológico) até o Nível 4 (campo semiótico afetivo hipergeneralizado) — que contempla os domínios mais abstratos e generalizados de mediação cultural —, sendo de especial interesse no contexto da discussão desenvolvida neste capítulo. Ou seja, o Nível 4 corresponde a valores e preconceitos ativamente internalizados pelo sujeito ao longo da sua história ontogenética (Madureira, 2007a; Madureira & Branco, 2012) e integra os signos promotores (Valsiner, 2012), que apresentam um maior 'poder generalizador' no sentido de canalizar, de diferentes formas, o pensar, o sentir e o agir das pessoas imersas no fluxo irreversível do tempo.

No que se refere à construção de significados sobre si mesmo/a e sobre os diversos grupos presentes na sociedade, os processos identitários ocupam um papel de destaque, pois envolvem as articulações complexas e dinâmicas entre as identidades pessoais e as identidades sociais (Deschamps & Moliner, 2009). De forma mais específica:

> [...] A reflexão sobre a identidade levanta o problema mais geral da integração das pessoas num espaço coletivo (o reconhecimento de uma pertença) e, simultaneamente, o problema ligado ao fato de que essas pessoas buscam um lugar específico neste mesmo espaço coletivo (elas buscam diferenciar-se, singularizar-se). [...] (Deschamps & Moliner, 2009, p. 17).

Por um lado, as *identidades pessoais* estão relacionadas à construção do sentimento de diferença, de singularidade em relação aos outros sociais (Deschamps & Moliner, 2009). Por outro, as *identidades sociais* (como, por exemplo, as identidades de gênero, as identidades sexuais, as identidades nacionais etc.) cumprem, basicamente, duas funções importantes: (a) vinculam o sujeito singular aos grupos sociais, na medida em que estão relacionadas à construção de sentimentos de pertencimento a determinados grupos presentes na sociedade; e (b) funcionam como coordenadas culturais que orientam, de diferentes formas, a constituição da subjetividade (Madureira, 2007a, 2012; Madureira & Branco, 2007).

Se a marcação simbólica da diferença (Woodward, 2000) é de fundamental importância nos processos de significação, na construção das identidades sociais e na constituição da subjetividade, as fronteiras marcam as diferenças: "[...] Não existe 'fora' (ou 'dentro') de um círculo sem um contorno — a fronteira cria a separação-integrada de partes" (Valsiner, 2007, p. 221). Em um sentido biológico, mais precisamente relacionado ao campo da citologia, as fronteiras funcionam como membranas semipermeáveis: "[...] Todas as membranas são fronteiras — e a sobrevivência dos organismos depende do quão apropriadas são as transposições de substâncias químicas através do funcionamento dessas membranas" (Valsiner, 2007, p. 221).

A imagem metafórica das fronteiras como membranas semipermeáveis parece se constituir em um frutífero caminho na investigação de diversos fenômenos sociais e psicológicos, tais como: os processos identitários, as relações, alianças, tensões e conflitos entre o 'nós' (dentro) e os 'outros' (fora), os preconceitos e as práticas discriminatórias, como preconceitos postos em ação (Madureira, 2007a, 2012). Nesse sentido, adotamos a seguinte conceituação de preconceitos no presente capítulo: os preconceitos correspondem a "fronteiras simbólicas rígidas, construídas historicamente, com profundas raízes afetivas e que funcionam como barreiras culturais entre grupos sociais e indivíduos" (Madureira, 2007a, p. 42).

Se desejamos contribuir com a construção de uma cultura democrática inclusiva nas escolas — marcada pela concepção de que a diversidade é uma riqueza e não um problema que deve ser superado em nome de uma pretensa homogeneidade idealizada —, é fundamental aprofundarmos a nossa capacidade analítica e interpretativa no que se refere aos mecanismos sociais e psicológicos subjacentes à reprodução dos preconceitos (dentre eles, o sexismo e a LGBTfobia). Portanto, é estratégico compreendermos de modo mais aprofundado: como os outros sociais são transformados em potenciais inimigos que devem ser 'convertidos', 'eliminados' simbolicamente ou mesmo concretamente (como nos casos extremos de violência e intolerância materializados nos crimes de feminicídio e de ódio fomentado pela LGBTfobia)?

Em um estudo anterior (Madureira, 2007a), que teve como objetivo analisar as concepções e crenças de professores/as do Ensino Fundamental II da rede pública de ensino do Distrito Federal em relação às questões de gênero, sexualidade e diversidade, foi identificada uma lacuna, em termos de formação de professores/as, para lidar com as questões de gênero, sexualidade e diversidade na escola. A pesquisa em questão envolveu a aplicação de 122 questionários (primeira etapa — sete escolas), bem como a realização de dez entrevistas individuais semiestruturadas e oito sessões de grupo focal (quatro sessões em cada escola — duas escolas que colaboraram na primeira etapa da pesquisa) com os/as professores/as (segunda etapa).

A pesquisa em questão (Madureira, 2007a) indicou que, ao lidar com as questões de gênero e sexualidade, os/as professores/as utilizam, frequentemente, suas experiências e opiniões pessoais. Além disso, há um silêncio sobre a dimensão afetiva e prazerosa da sexualidade, o que parece distanciar o discurso dos/as professores/as do universo de preocupações e dúvidas dos/as estudantes. A pesquisa indicou, também, a necessidade de utilização de uma abordagem integrada de combate à homofobia e ao sexismo nas escolas, bem como a incorporação efetiva de discussões sobre as questões de gênero e sexualidade na formação, inicial e continuada, de professores/as que atuam na Educação Básica.

Nesse sentido, consideramos bastante frágil o argumento de que a escola não deve abordar as questões de gênero e sexualidade, pois a prática pedagógica deve ser "neutra" e "imparcial". Não há prática pedagógica neutra! Toda prática pedagógica está vinculada, de forma explícita ou implícita, a determinado projeto de sociedade. A questão a ser respondida por todos/as nós é: que sociedade nós queremos deixar de legado para a próxima geração? Em última instância, a (suposta) neutralidade pedagógica é um mito, ancorado em outro mito: o mito da neutralidade do conhecimento científico, insustentável em termos epistemológicos (Madureira, Barreto & Paula, 2018).

Diversas pesquisas têm indicado as dificuldades que as escolas, de modo geral, apresentam para lidar com as questões de gênero e sexualidade, de forma a promover uma cultura democrática de valorização da diversidade (Fonseca, 2016; Holanda, 2016; Junqueira, 2009, 2010; Louro, 1999, 2001; Madureira, 2007a; Madureira & Branco, 2012, 2015; Miskolci, 2016; Paula, 2016). Na esfera da sexualidade, não podemos ignorar o peso histórico de significados culturais arcaicos pejorativos sobre o corpo e os prazeres nas sociedades ocidentais por parte de uma longa tradição judaico-cristã (Delumeau, 1990; Vainfas, 1992). Como é discutido por Delumeau (1990), nas entrelinhas da tradição judaico-cristã, está presente uma "antropologia angelical". Em outras palavras, há a valorização da concepção de que os seres humanos deveriam se aproximar dos anjos que seriam, em última instância, "seres celestiais" sem corpo e sem sexo (Madureira, 2007a).

Enquanto muitos/as profissionais da educação — em todos os níveis educacionais, da educação infantil ao ensino superior — investem esforços na direção da normatização das pessoas no que tange às identidades de gênero, bem como no que tange ao exercício da sexualidade, questões fundamentais não são abordadas... Dentre elas: a prevenção à violência contra as mulheres e contra a população LGBT. Essa é uma questão ética de fundamental importância. O sexismo e a LGBTfobia também se expressam, de maneira perversa, na forma de abusos sexuais. Isso, sim, deveria ser abordado nas escolas e nas universidades!

Defendemos que um princípio norteador fundamental na abordagem das questões de sexualidade em escolas e universidades é a promoção da construção de uma relação marcada pela autonomia, responsabilidade e prazer no que se refere ao corpo e à sexualidade (Paula, Holanda, Barreto & Madureira, 2018). Temos, realmente, muitos desafios pela frente. Nos próximos tópicos, buscaremos trazer algumas contribuições no enfrentamento desses desafios, de forma crítica e reflexiva.

Gênero, Sexualidade e Corporeidade nas Escolas

Um aspecto inegável da realidade brasileira é a marcante violência contra as mulheres e membros da população LGBT (Waiselfisz, 2015; Trans Murder Monitoring, 2015). Por meio de piadas, olhares "esquisitos" ou mesmo atos de explícita agressão física e verbal, mulheres, gays, lésbicas, pessoas trans (transexuais, transgêneros e travestis), dentre outros/as, são discriminados/as e tratados/as de forma subalternizada. Nas escolas brasileiras, os indicadores estatísticos preocupantes se repetem. Diversos estudos quantitativos indicam números alarmantes de violência e discriminação contra estudantes e funcionários/as devido a seu gênero, sua sexualidade ou sua forma de agir (Abramovay, Cunha & Calaf, 2009; Castro, Abramovay & Silva, 2004; Mazzon, 2009).

Dessa forma, analisar criticamente o papel da escola, como instituição social relevante no contexto das sociedades contemporâneas letradas, assim como os processos culturais e históricos mais amplos que contribuem para a manutenção desse quadro naturalizado de práticas discriminatórias, configura-se como uma tarefa de fundamental importância na direção da construção de uma cultura democrática de valorização da diversidade nas escolas.

Segundo Branco, Freire e González (2012), a escola é um contexto de desenvolvimento muito privilegiado, que afeta e faz parte da vida de milhões de brasileiros/as, ao menos no sentido do tempo despendido no espaço escolar. Infelizmente, a escola não corresponde, necessariamente, a um espaço privilegiado no sentido da qualidade das relações interpessoais que ali se estabelecem (Marques & Castanho, 2011). Sendo assim, é importante destacar que a escola é um espaço contraditório. Ou seja, ao mesmo tempo que pode reforçar preconceitos, discriminações e contribuir para produção de mentes e corpos dóceis, pode também ser um lugar de construção de outras formas de pensar, agir e se relacionar consigo mesmo e com os outros (hooks, 2013; Junqueira, 2009; Lionço & Diniz, 2009; Lopes 2008; Louro, 1999; Madureira, 2007a; Madureira & Branco, 2012, 2015; Miskolci, 2016).

Reconhecer essa contradição no espaço escolar é relevante, pois, ao mesmo tempo que a escola pode se tornar uma ferramenta de manutenção das relações desiguais de poder (sistemas de dominação), em que o ajustamento social e a padronização são reforçados (Foucault, 1979), o espaço escolar também pode se configurar como um local promotor de direitos, de saúde e bem-estar. Em síntese: a escola pode se configurar como um espaço que está comprometido com a educação como prática de liberdade e construção de autonomia (Freire, 1996, 1987; hooks, 2013; Lopes 2008; Louro, 2001; Madureira, 2007a).

Pensar sobre uma nova escola comprometida com a promoção da autonomia e da responsabilidade, de maneira integrada, requer pensar, também, sobre novas formas de aprendizagem. Segundo González Rey (2008), a aprendizagem é erroneamente vista como a reprodução de conhecimentos, em vez da construção de novos saberes.

Resgatar a singularidade dos/as estudantes durante o processo de aprender, considerando além dos processos cognitivos, os processos afetivos, sociais e culturais dos/as estudantes, é central na promoção de uma educação que valorize as diferenças. A educação escolar, portanto, tem um papel estratégico em relação às discussões sobre questões de gênero e sexualidade. De modo a aprofundar a discussão, faz-se necessário definir o que se compreende pelos termos gênero e sexualidade.

Gênero é um termo que surge a partir de acadêmicas feministas anglo-saxãs, de forma a discutir criticamente as diferenças entre homens e mulheres, com enfoque nas implicações sociais e culturais que permeiam essas diferenças, distanciando-se assim de uma visão linear e reducionista ancorada estritamente no discurso biológico (Louro, 2001). Isto é, gênero é um conceito que expressa uma construção social e não um "dado da natureza". Na tentativa de evidenciar o feminino, categoria historicamente invisibilizada, e também na rejeição de um determinismo biológico no uso da palavra "sexo" (percepção da diferença sexual), as feministas passaram a utilizar o termo gênero. Assim, esse conceito é problematizado não como um "dado da biologia", mas como uma categoria política, histórica e culturalmente construída por meio das relações sociais cotidianas (Carvalho, 2008; Louro, 2001; Scott, 1986).

As discussões sobre as questões de gênero estão, frequentemente, articuladas com discussões sobre sexualidade (Carvalho, 2008; Louro, 2001; Madureira & Branco, 2007). De acordo com Linda Nicholson (1994), a princípio, a distinção realizada pelo movimento feminista sobre os termos "sexo" e "gênero" tinha o objetivo de explicitar o caráter biologizante do uso da palavra "sexo" e o caráter socialmente construído do uso do conceito "gênero". Inicialmente, tal conceito se referia a comportamentos e "traços" de personalidade; posteriormente, à forma como interpretamos as diferenças dos corpos masculinos e corpos femininos (Nicholson, 1994).

Por muito tempo, "sexo" e "gênero" foram concebidos como opostos por teóricas feministas e como complementares ou "a mesma coisa" pelo senso comum. Entretanto, para Nicholson (1994, p. 79):

> [...] muitos vieram a perceber que a sociedade não só molda a personalidade e o comportamento, ela molda as formas em que o corpo é percebido. Mas se o corpo, em si mesmo, é sempre visto através da interpretação social, então sexo não é algo separado do gênero, mas é, na verdade, inserido e pressuposto no gênero [tradução nossa].

Ressaltamos que, muitas vezes, o sexo é entendido como um "dado da natureza", algo estritamente biológico. De fato, não podemos negar que os aspectos biológicos são uma parte constitutiva de todas as espécies de nosso planeta, incluindo, obviamente, a nossa espécie. O sexo (macho e fêmea) é parte integrante desses aspectos biológicos. Porém, e este é um aspecto de fundamental importância, as formas como interpretamos os aspectos biológicos são sempre perpassadas por significações culturais. Ou seja, interpretamos o corpo a partir de categorias culturais (Louro, 2004; Nicholson, 1994). Como afirma Louro (2004, p. 76):

> É um engano, contudo, supor que o modo como pensamos o corpo e a forma como, a partir de sua materialidade, 'deduzimos' identidades de gênero e sexuais seja generalizável para qualquer cultura, para qualquer tempo e lugar. [...] Precisamos estar atentos para o caráter específico (e também transitório) do sistema de crenças com o qual operamos; precisamos nos dar conta de que os corpos vêm sendo 'lidos' ou compreendidos de formas distintas em diferentes culturas, de que o modo como a distinção masculino/feminino vem sendo entendida diverge e se modifica histórica e culturalmente.

Assim, os gêneros não se reduzem apenas à noção simplificada relativa aos papéis sociais e às transgressões em relação às expectativas no que tange a feminilidades e masculinidades, além disso, eles estão inscritos nos corpos e se fundamentam na eficácia performativa das palavras, as quais inserem o corpo no campo da linguagem (Bourdieu, 2007). Nesse sentido, como bem destaca Bento (2008) e Scott (1986), o corpo é atravessado pelas normas de gênero. Ou seja, os gêneros estão inscritos nos corpos e se fundamentam na eficácia performativa da linguagem (para além da linguagem estritamente verbal). Assim, não há corpo que esteja inerte aos investimentos discursivos presentes na cultura, pois, antes mesmo de nascer, o indivíduo já está inscrito em um campo discursivo (Bento, 2008).

Por exemplo, a materialidade do corpo só toma forma quando é anunciado o sexo do bebê. A partir dessa marcação, cria-se um mundo de significados e expectativas sociais para aquele corpo que será construído como menino ou como menina. Dessa forma, produzem-se masculinidades e feminilidades que são construídas através dos brinquedos, das cores, dos nomes, dos discursos, das vestimentas; antes mesmo do corpo vir ao mundo (Bento, 2008). Assim, são demarcadas fronteiras simbólicas (Madureira, 2007a) que irão regular os modos de ser, de se comportar, de pensar e de sentir associados a masculinidades e feminilidades, frequentemente, na direção da manutenção do sexismo na vida cotidiana (Madureira, 2012).

Nesse sentido, como destacado por Louro (2001), as demarcações no espaço que se dão a partir da instituição de "papéis de gênero" acabam sendo consideradas "naturais" e se manifestam tão fortemente no meio escolar que, muitas vezes, impedem os/as educadores/as de notar tais demarcações. São as chamadas identidades "escolarizadas". Ou seja, gestos, movimentos, sentidos e preferências são produzidos no espaço escolar e incorporados por meninas e meninos (Louro, 2001). Ambos aprendem com quais brinquedos devem brincar, o que podem e não podem fazer, o que podem e não podem ser, o que podem ou não podem sentir e desejar; demarcando, assim, simbolicamente e de forma rígida, as diferenças.

Dessa maneira, o binarismo de gênero, ao conceber o feminino e o masculino em posições opostas e excludentes, institui uma dicotomia e uma cristalização no que diz respeito ao ser mulher e ao ser homem, a partir da demarcação de fronteiras simbólicas rígidas e hierarquizadas entre o que é socialmente considerado feminilidade e masculinidade, sendo esta última legitimada como superior; ou seja, em uma palavra: sexismo (Madureira, 2007a, 2010, 2012; Madureira & Branco, 2012). Em outras palavras, de forma didática, o sexismo pode ser compreendido como: distinção rígida e excludente entre os gêneros + relações de poder desiguais historicamente estabelecidas + preconceito que marca simbolicamente as desigualdades nas relações entre homens e mulheres (Madureira, 2007a; Madureira & Branco, 2012). O sexismo apresenta inúmeras implicações preocupantes, como, por exemplo, o fomento da violência contra as mulheres nas práticas cotidianas.

Nesse sentido, a partir dessa divisão binária, rígida e hierarquizada acaba por emergir barreiras culturais entre os gêneros de modo que, quando há a transgressão dessas fronteiras por indivíduos que não "obedecem" aos limites rigidamente estabelecidos, ações discriminatórias e violentas são postas em prática como forma de manter o respeito às hierarquias e às desigualdades historicamente impostas entre mulheres e homens (Madureira & Branco, 2012). Assim, o sexismo configura-se como base para práticas violentas como, por exemplo, a violência doméstica, o feminicídio, a transfobia e a homofobia. Consequentemente, o sexismo influencia as percepções de professoras e professores, pois a escola, frequentemente, reproduz o sexismo presente na sociedade brasileira, bem como a heteronormatividade,[1] que institui a heterossexualidade como a única forma legítima de manifestação da sexualidade (Vianna & Ridenti, 1998).

Dessa forma, é fundamental desenvolver um olhar mais atento para as questões de gênero e sexualidade na escola. Visto que, ainda que muitas práticas discriminatórias voltadas para a exclusão das identidades sociais não hegemônicas sejam invisibilizadas, elas estão constantemente presentes no espaço escolar. Em outras palavras, é comum que situações de sexismo e/ou LGBTfobia sejam vistas pelos/as profissionais de educação como "coisa de menino", "é só uma brincadeira", entre outros. Assim, as intervenções pedagógicas nessas situações são pouco eficazes, pois acabam, frequentemente, desconsiderando a sua gravidade.

Nesse sentido, Miskolci (2016) afirma que, infelizmente, a primeira experiência das pessoas em relação à sexualidade é, com frequência, a injúria. Através de piadas, xingamentos, humilhações aprendidos sobre a sexualidade, sobre o que é ou não é aceitável socialmente. O autor destaca que isso não ocorre apenas para aqueles/as que são alvos dessas situações, mas também para aqueles/as que praticam e os/as que presenciam (Miskolci, 2016). Ou seja, todos/as são afetados/as.

1. A heteronormatividade tem seu fundamento em um discurso biológico, que naturaliza a ideia de que a heterossexualidade é a única possibilidade legítima de se vivenciar/exercer a sexualidade (Lionço & Diniz, 2009; Louro, 2009; Warner, 1993).

Foucault (1979) já havia explicitado que o exercício do poder sobre outros/as se dá a partir das relações que ocorrem nas diversas instâncias sociais. Mecanismos e dispositivos de poder se estabelecem nas relações sociais, histórica e culturalmente localizadas, e vão exercendo controle sobre as pessoas no interior das diferentes instituições. As piadas e diversas injúrias são formas de controle social, que delimitam, de modo excludente, quais são os comportamentos e atitudes aceitáveis.

Como evidenciado por Moreira e Câmara (2008), não há educação que não esteja imersa nos processos culturais nos quais ela se insere. Junqueira (2009, p. 14) afirma que "[...] colocamos nossas boas intenções e nossa confiança em uma educação a serviço de um sistema sexista e heterossexista de dominação que deve justamente a essas intenções e confiança uma parte significativa de seu poder de conservação".

Cabe esclarecer que nosso objetivo aqui não é promover um ataque ao trabalho de professores/as e demais profissionais da educação. É preciso reconhecer os desafios na construção de práticas pedagógicas democráticas, entendendo que elementos da nossa cultura, como a heteronormatividade, as noções hegemônicas de feminino e masculino, as relações desiguais de poder, estão tão enraizados em nós que são "naturalizados" (Foucault, 1979; hooks, 2013). Ou seja, são vistos como "normais" ou "naturais".

Considerando a diversidade de crenças e valores que temos em nossa sociedade, frequentemente, os/as profissionais de educação se guiam pelos seus valores e crenças pessoais, acreditando estar fazendo o melhor por seus/suas alunos/as. No entanto, mesmo de forma não intencional, isso pode acabar reiterando sistemas de dominação e relações desiguais de poder no interior das escolas (Madureira, 2007a). Afinal, estamos todos/as inseridos nessa cultura, nas relações de poder, e não nos desvinculamos dela ao entrar na escola (hooks, 2013; Junqueira, 2009; Louro, 1999).

Ou seja, como afirma Bruner (2000, p. 29), "[...] a educação não é uma ilha, mas parte do continente da cultura [...]". Portanto, há, sim, diversos desafios a serem enfrentados na construção de escolas genuinamente democráticas, a começar pela formação desses/as profissionais para lidar com a diversidade do público das escolas brasileiras (Branco & Oliveira, 2012). Logo, ao reconhecer que as práticas pedagógicas não são desvinculadas das questões culturais presentes na sociedade, pois estes dois campos — educação e cultura — estão intimamente ligados, pode-se afirmar que a educação não é nem nunca será neutra (Freire, 1996; hooks, 2013; Madureira, Barreto & Paula, 2018).

Diante disso, para Nogueira, Felipe e Teruya (2008), quando os/as professores/as percebem em suas práticas pedagógicas como os gêneros são construídos discursivamente e utilizados para marginalizar o "outro transgressor", através de práticas que expressam uma violência explícita ou silenciada, podem contribuir para a construção de uma escola democrática. Para Nogueira, Felipe e Teruya (2008) e Miskolci (2016), é necessário ir além da tolerância em relação à diferença, mas efetivamente reconhecer que somos todos/as sujeitos de direitos.

Para isso, é imprescindível que um trabalho voltado à promoção de reflexões críticas, a partir de discussões, debates e (auto)avaliações, seja realizado com os/as profissionais de educação e seus/suas respectivos/as alunos/as (Branco, Freire & González, 2012). Dessa forma, estarão contribuindo para a construção de uma cultura democrática de valorização da diversidade no contexto escolar (Madureira & Branco, 2012), baseada na aceitação, no respeito à igualdade de direitos e de representatividade, tanto no que se refere aos conteúdos escolares como nas diversas instituições sociais, em um sentido mais amplo.

Assim, considera-se que as práticas pedagógicas voltadas à promoção da valorização da diversidade possuem um efeito multiplicador, visto que elas contribuem para aprendizagens que vão além do âmbito escolar, como modos não violentos de se comportar e de se relacionar com "o outro". Essas práticas têm o potencial transformador, no sentido de afetar não só a vida dos/as alunos/as de forma direta, mas também toda a comunidade escolar. Afinal, o que se ensina e se aprende na escola não ficam enclausurados naquele espaço.

Ou seja, professores/as sensibilizados/as e engajados/as em relação à importância de práticas pedagógicas democráticas podem sensibilizar seus/suas estudantes, que, por sua vez, poderão afetar suas famílias. Dessa forma, contribuindo para o enfrentamento de graves problemas sociais, como, por exemplo, a homofobia, a transfobia, o machismo, a violência contra as mulheres e contra pessoas que integram a população LGBT.

Exemplos Empíricos

A fim de ilustrar a discussão teórica apresentada neste capítulo, foram selecionados trechos significativos de pesquisas empíricas sobre questões de gênero e sexualidade nas escolas. As pesquisas foram realizadas pelos coautores/as, orientados/as pela primeira autora do capítulo. Todas as pesquisas foram realizadas no Distrito Federal e utilizaram uma metodologia qualitativa de investigação, envolvendo a realização de entrevistas individuais semiestruturadas com os/as participantes. Em alguns casos (Fonseca, 2016; Paula, 2016), foram utilizadas também imagens previamente selecionadas, de forma integrada às entrevistas realizadas. De maneira mais específica:

a) uma delas focalizou questões sobre gênero e diversidade sexual nas escolas a partir da perspectiva de professores/as da educação básica e foi realizada por Fonseca (2016);

b) outra pesquisa focalizou os temas mencionados a partir da perspectiva de psicólogos/as escolares, realizada por Paula (2016);

c) a terceira pesquisa, realizada por Holanda (2016), analisou as vivências de professores/as na implementação de projetos pedagógicos promotores da igualdade de gênero.

Uma contribuição significativa das pesquisas mencionadas foi evidenciar que as questões de gênero e sexualidade estão, sim, presentes nas escolas. Seja no contato entre os/as colegas, seja na relação aluno/a — professor/a, o fato de ser menino ou ser menina é um marcador significativo nas interações sociais cotidianas que ocorrem no contexto escolar. Para exemplificar as diferenças nas escolas, que muitas vezes não são explícitas, uma psicóloga escolar que trabalha na Sala de Altas Habilidades, entrevistada por Paula (2016), afirmou:

> *[...] se eu for tabular o tanto de pessoas que eu atendo, a proporção dá 10% de menina e 90% de menino, independente da queixa. Independente se é emocional, se é aprendizagem, se é avaliação para potencial cognitivo, independente [...]. Então o que que vem daí? Se a menina é mais caprichosa, porque ela não é indicada pra altas habilidades? Nós também temos um perfil masculino muito mais indicado do que um perfil feminino. [...] E para a dificuldade de aprendizagem também, muitos meninos são mais encaminhados do que meninas. [...]. Então, assim, a mulher ter potencial ainda é um bicho-papão [...].*

É importante mencionar que o processo de encaminhamento de alunos e alunas para avaliação de potencial cognitivo na Sala de Altas Habilidades é feito pelos/as professores/as. As crianças que têm acesso a esse atendimento especializado são indicadas e encaminhadas por seus/suas professores/as que identificam alguma "alta habilidade" dessas crianças em sala. Portanto, se o/a professor/a não identifica, por quaisquer motivos, que a criança tem um "potencial" significativo em seu processo de aprendizagem, ela não tem acesso a essa Sala de Recursos, pois depende fundamentalmente desse encaminhamento.

Carvalho (2008) afirma que o desempenho escolar dos/as alunos/as não é percebido da mesma forma, há diferenças em como os/as professores/as percebem as potencialidades e as dificuldades de meninos e meninas. Por exemplo, enquanto o bom desempenho das meninas está associado ao esforço e à organização, o desempenho dos meninos está associado a uma inteligência ou potencial "natural", no qual, é importante ressaltar, se considera aceitável que não haja um engajamento pessoal em sala de aula. A autora destaca que o menino considerado um "bom aluno" é descrito por professores/as como engraçado, curioso, danado, já as meninas consideradas "boas alunas" são descritas como caladas e não questionadoras. O menino é percebido como tendo um potencial "natural", já a menina precisa se "esforçar" (Carvalho, 2008; Louro, 1999).

Com isso, não se pretende afirmar que os/as professores/as, intencionalmente, percebam o desempenho de seus/suas alunos/as de formas diferentes; formas estas que não dizem respeito à especificidade de cada aluno/a individualmente, mas ao simples fato de o/a aluno/a ser menino ou menina. A questão é que existem comportamentos socialmente esperados de bons/boas estudantes, e esses não são os mesmos para todas as crianças, na verdade, como os/as participantes afirmaram, há diferentes expectativas em relação às meninas e aos meninos. Ou seja, os/as professores/as, ainda hoje, atuam em sala de aula baseando-se em expectativas sociais distintas sobre os interesses e desempenhos entre grupos de alunos/as, muitas vezes, nem se dando conta de que essas expectativas estão guiando suas ações (Louro, 2001).

Como evidenciado anteriormente, os/as professores/as, muitas vezes, atuam em sala de aula baseando suas práticas pedagógicas em discursos compartilhados socialmente no âmbito do senso comum. Assim, as expectativas pautadas no gênero têm impacto não só no desempenho escolar dos/as alunos/as, como também nos modos de se comportar, tendo em vista as tentativas, frequentes, de normatização presentes na escola. Esse fato fica evidente, por exemplo, em uma das falas de uma professora da educação básica, entrevistada por Fonseca (2016), ao ser questionada sobre possíveis intervenções pedagógicas em situações de discriminação:

> *[...] a gente teve um aluno, porque ele usava assim... ele gostava de usar rosa, de brincar de boneca e tal, e era motivo de piada pros meninos. Chamavam de "gay" e tudo. E assim, a minha orientação pra ele foi assim, que ele podia às vezes diminuir certos tipos de comportamento pra ele não ser agredido, né. Que se fosse a opção sexual dele, que ele iria escolher depois né, quando ele tivesse maturidade pra isso. Mas ele não precisava sofrer tanto naquele momento. Então pra evitar certo tipo de comportamento por conta dos colegas.*

Essa fala evidencia o que Louro (2001) identifica como identidades "escolarizadas", mencionadas anteriormente. Ou seja, gestos, movimentos, sentidos e preferências são produzidos no espaço escolar através do controle sobre os corpos de meninas e de meninos, evidenciando, dessa forma, o caráter homogeneizador e normatizador assumido, muitas vezes, pela escola.

Além disso, cabe destacar que a atitude da professora evidencia o que Junqueira (2010) denomina por "currículo oculto" em ação, referindo-se às diversas aprendizagens que permeiam o contexto escolar e que não fazem parte do currículo formal. Tais práticas são voltadas ao silenciamento e perpassam as atitudes, as orientações, os valores e acabam por reforçar a violência e a discriminação na escola. Como destacado no trecho apresentado anteriormente, a intervenção pedagógica realizada teve como base a tentativa de normatização do aluno, de acordo com pressupostos ancorados no binarismo de gênero e na heteronormatividade.

Efetivamente, promover debates e discussões sobre gênero e sexualidade na escola seria um passo estratégico em direção à construção de uma cultura de paz[2] na escola, ao enfrentamento dessas violências. Pois, como foi evidenciado nos resultados obtidos nas pesquisas (Fonseca, 2016; Paula, 2016), as discriminações sexistas e LGBTfóbicas não acontecem sempre de forma explícita. Tais resultados estão em sintonia com a discussão desenvolvida por Miskolci (2016, p. 35):

> Atos isolados de violência emergem quando formas anteriores, invisíveis de violência, se revelam ineficientes na imposição de normas ou convenções culturais. Estes atos chamam mais nossa atenção, mas não podemos nos iludir como sendo as únicas formas de violência que se passam no convívio social. Na verdade, ironias, piadas, injúrias e ameaças costumam preceder tapas, socos ou surras.

---

2. Cabe esclarecer que a construção de uma cultura de paz na escola não tem como objetivo a eliminação de conflitos nas relações interpessoais. Afinal, "[...] não cabe à educação eliminar os conflitos (pois estes geram desenvolvimento e mudanças), mas, sim, orientá-los de forma inovadora e construtiva. [...]" (Madureira & Branco, 2012, p. 155). Portanto, um aspecto fundamental da promoção de uma cultura de paz corresponde à busca cotidiana, individual e coletiva, de soluções não violentas para os conflitos que emergem no interior das comunidades escolares.

No entanto, nas práticas cotidianas que ocorrem no interior das escolas, infelizmente, tem sido bastante difícil implementar essas discussões devido às resistências em trabalhar essas questões com os/as estudantes por parte de determinados setores ultraconservadores da nossa sociedade, politicamente bem organizados e com inúmeros representantes no Poder Legislativo (seja no âmbito Federal, seja nos âmbitos Estaduais e Distrital).

Nesse sentido, muitas pessoas afirmam que falar sobre gênero e sexualidade seria uma forma de "incentivar" crianças e adolescentes a "escolherem" uma determinada "opção" afetivo-sexual, distinta da heterossexualidade. No entanto, uma das psicólogas entrevistadas por Paula (2016) trouxe um contraponto: "*Eu vou te dizer, [...] estou vivendo e digo, as crianças falam sobre isso [...]. E não é nem a gente que vai chegar aqui e implantar, é porque elas falam no discurso e aí a gente tem que trabalhar, entende?*" Dessa forma, é de suma importância reconhecermos que não se trata de uma tentativa de "implantar" esses temas na escola, mas de abordar o que os/as alunos/as já trazem no dia a dia. Para o professor entrevistado por Holanda (2016):

> *Esse debate ele é muito importante dentro da escola porque ele ajuda no sentido de desconstruir muitos padrões historicamente construídos na nossa sociedade e, consequentemente, nos nossos alunos. A gente cresce com determinados padrões e a gente passa a estranhar tudo o que foge ao padrão, que é um padrão heteronormativo [...] Então são coisas que são reproduzidas e que elas, principalmente dentro da escola, elas geram muitas confusões, tanto no sentido relacional [...] quanto também na questão do preconceito [...].*

A fala do professor remete à discussão apresentada anteriormente por Nogueira, Felipe e Teruya (2008), em que os autores defendem que profissionais da educação adotem uma prática reflexiva em sala de aula para questionar preconceitos e práticas discriminatórias. Questionar os padrões culturais presentes nas escolas é uma alternativa necessária na desconstrução da heteronormatividade e do sistema binário de gênero, que fomentam tanto a LGBTfobia como o sexismo. Segundo Lionço e Diniz (2009, p. 52), "nossa sociedade não é apenas heterossexual, mas marcadamente heteronormativa". Em outras palavras, a sociedade toma como princípio norteador da sexualidade a heterossexualidade e desvaloriza, de inúmeras formas, outras possibilidades de expressão da sexualidade.

Em sua fala, o professor comenta também como o sexismo e a homofobia, apesar de serem fenômenos distintos, estão presentes nas relações entre os/as alunos/as, gerando diversas "confusões" nas relações interpessoais. Nesse sentido, cabe destacar as contribuições de Madureira e Branco (2012), que defendem que tanto a homofobia quanto o sexismo se retroalimentam e são invenções culturais que colaboram para o desenvolvimento e a manutenção de fronteiras simbólicas rígidas, com raízes histórico-culturais e afetivas profundas, entre grupos e indivíduos. Em poucas palavras, tais fronteiras acabam por se constituir em barreiras culturais, ou seja, em preconceitos contra diversos grupos historicamente discriminados (Madureira, 2007a; Madureira & Branco, 2012).

Conforme o próprio professor relata, os padrões impostos por uma visão heteronormativa da sociedade contribuem no surgimento de preconceitos, que, por sua vez, podem atuar na manutenção de relações hierárquicas e que fomentam atos discriminatórios. Discriminação que ocorre por meio da homofobia, como um modo de valorização de uma forma específica de masculinidade, a masculinidade hegemônica, que corrobora com a perpetuação dos estereótipos de gênero (Junqueira, 2009). É importante destacar que, em sintonia com a definição de preconceito adotada no presente capítulo, não concebemos o preconceito como uma "invenção individual", mas sim como um fenômeno social e psicológico que apresenta uma gênese cultural. Mais um exemplo, portanto, que ilustra a importância fundamental de a psicologia desenvolver análises culturalmente contextualizadas, de forma coerente com a discussão apresentada na Introdução da presente obra.

Contudo, é necessário perceber que os agentes escolares não se restringem apenas aos/às professores/as, mas também aos/às demais profissionais que atuam na escola, bem como o espaço ocupado pelas famílias dos/as alunos/as. Além disso, como evidenciado em uma das entrevistas realizadas por Fonseca (2016), ainda que uma das professoras tenha concordado que a escola deve discutir questões de gênero e sexualidade com os/as alunos/as, ela considera que, antes de tudo, deve haver uma capacitação profissional com os/as professores/as:

> *Eu até concordo que a escola trabalhe* [questões de gênero, sexualidade e diversidade], *mas se antes disso for feito um trabalho com a escola, comunidade, pais, professores. Não simplesmente jogar o assunto pro professor [...]. Concordo que é papel da escola junto com a comunidade, não sozinha. [...] O professor tá sozinho. Eu já falei, pra nós é muito difícil.*

Assim, as dificuldades encontradas pelos/as profissionais da educação ao abordar as questões de gênero, sexualidade e diversidade refletem um dos grandes desafios que a escola deve enfrentar, o qual consiste em abrir espaços para a valorização da diversidade, da diferença e, sobretudo, para o diálogo (Moreira & Câmara, 2008). Além disso, diante dos relatos mencionados, fica evidente a necessidade da incorporação efetiva dos estudos de gênero e de diversidade sexual não só nas escolas, como também na formação profissional, inicial e continuada, de professores/as. Porém, essa não é uma tarefa fácil. É preciso enfrentar vários desafios (Fonseca, 2016).

Como destaca Madureira e Branco (2012, 2015), um dos desafios corresponde à lacuna existente na formação acadêmica e profissional de professores/as no que tange às questões de gênero, sexualidade e diversidade. Sendo assim, uma estratégia necessária (e urgente) corresponde à incorporação dessas temáticas no currículo acadêmico desses profissionais, tanto na formação inicial nos cursos de Licenciatura como nos cursos voltados à formação continuada, para que, mediante uma capacitação adequada, seja possível construir um terreno fértil para a discussão das temáticas em questão no contexto escolar.

Além disso, cabe mencionar que a presença de outros atores sociais na escola além dos profissionais, como, por exemplo, a família, fica evidente quando a realidade familiar vivenciada pelos/as alunos/as é expressa, de diferentes formas, no âmbito escolar. Sabe-se que a persistência da violência contra as mulheres e contra pessoas da população LGBT é uma realidade presente na sociedade brasileira (Waiselfisz, 2015; Trans Murder Monitoring, 2015; Abramovay, Cunha & Calaf, 2009; Castro, Abramovay & Silva, 2004; Mazzon, 2009). Sendo assim, estudantes estão sujeitos/as a vivenciarem ou observarem casos de agressão e/ou violência nos diferentes contextos em que estão inseridos/as (contextos familiares, escolares e sociais, em um sentido mais amplo).

As escolas, portanto, devem estar atentas a essa realidade e atuarem de forma preventiva e interventiva, agindo na direção contrária às práticas de violência contra qualquer grupo social. Ciente dessa realidade e consciente do potencial de transformação da educação, uma coordenadora pedagógica, entrevistada por Holanda (2016), comentou:

> *O que facilitou foi a nossa vontade muito grande de ver [a escola] melhorar. De ver os nossos alunos saírem dessas condições de humilhação, segregação, exclusão, marginalização... Isso não é vida, né? E a gente quis empoderá-los. E a gente não pode empoderar dando dinheiro, dando carro, dando mansão. Mas a gente pode empoderá-los dando autoestima e conhecimento. E é o que a gente faz. A gente arma esses alunos de conhecimento pra que se porventura acontecer uma situação de discriminação, que eles saibam se portar e saibam responder, acionar os meios legais pra evitar isso daí. Que tenham autoestima suficiente pra superar.*

Conforme discutido anteriormente, as escolas podem tanto atuar reforçando relações desiguais de poder e dominação, quanto agirem na contramão, promovendo o reconhecimento dos direitos, bem como o bem-estar dos/as seus/suas integrantes, sendo um espaço comprometido com a educação como prática de liberdade e construção de autonomia (Freire, 1996, 1987; hooks, 2013; Lopes 2008; Louro, 2001; Madureira, 2007a; Madureira & Branco, 2012). O trecho da entrevista realizada por Holanda (2016), mencionado anteriormente, demonstra de maneira clara o potencial da escola na promoção de transformações sociais significativas.

No entanto, sabe-se que a resistência para trabalhar esses temas, por parte das comunidades e das famílias dos/as alunos/as, dificulta que esse trabalho seja efetivamente implementado. É preciso enfrentar o desafio de legitimar e empoderar as escolas e seus profissionais, para atuarem de uma maneira democrática, ressaltando a relevância do respeito em relação a todos/as, pedra angular de uma cultura democrática e inclusiva.

Assim, incluir as famílias nesse processo é de fundamental importância para desmistificar crenças equivocadas sobre essa atuação. Crenças equivocadas, como, por exemplo, acreditar que seus filhos e filhas "vão se transformar em gays/lésbicas" simplesmente por terem acesso a debates, fundamentados em conhecimentos produzidos pelas Ciências Biológicas e pelas Ciências Humanas sobre questões de gênero, sexualidade e diversidade. Afinal, ninguém "muda repentinamente" de orientação afetivo-sexual simplesmente por ter acesso a determinados conhecimentos científicos. Conhecimentos que, no contexto de sociedades democráticas, as novas gerações têm o direito a terem acesso (Madureira, Barreto & Paula, 2018). Em síntese: é fundamental que as escolas construam uma relação de parceria com as famílias (Szymanski, 2007).

Considerações Finais

A partir do referencial da psicologia cultural e da conceituação dos processos identitários e dos preconceitos como fenômenos de fronteira, as pesquisas empíricas focalizadas no presente capítulo (Fonseca, 2016; Holanda, 2016; Paula, 2016), apesar das especificidades metodológicas, buscaram contribuir com o aprofundamento das discussões sobre gênero, sexualidade e diversidade nas escolas. Defendemos que trabalhar as questões de gênero, sexualidade e diversidade nas escolas não deve ser visto como um "capricho" ou uma "imposição ideológica" de certos/as educadores/as, mas sim como uma forma de mudar a realidade dos/as estudantes/as, promovendo a construção de relações marcadas pela autonomia, responsabilidade e prazer no que se refere ao corpo e à sexualidade (Paula, Holanda, Barreto & Madureira, 2018). Em um sentido mais amplo, tornando-os/as cientes dos seus direitos e deveres, assim como do papel do Estado na garantia desses direitos.

Os resultados analisados indicaram possibilidades de intervenção e focos de prevenção por parte dos/as psicólogos/as e de profissionais da educação na desconstrução de práticas violentas, destacando a necessidade do diálogo com outras áreas das ciências sociais. Ademais, destacamos o potencial da educação na promoção de mudanças estruturais na sociedade. Enxergamos em uma educação inovadora, voltada para as questões de gênero e sexualidade, uma ferramenta essencial para a transformação social, podendo contribuir efetivamente para a construção de uma cultura de paz, de respeito e de valorização da diversidade, para além dos muros das escolas.

Para tanto, em um sentido mais amplo, é fundamental que as pesquisas realizadas na psicologia incorporem, efetivamente, um olhar atento em relação aos processos de significação, sendo que tais processos ocorrem sempre no interior dos contextos culturais estruturados em que as pessoas estão inseridas. Ou seja, sem a integração da cultura no estudo do psiquismo humano, não é possível o desenvolvimento de análises consistentes sobre os processos envolvidos na construção de significados acerca de diferentes temas socialmente relevantes, incluindo as questões de gênero, sexualidade e diversidade.

Por fim, compartilhamos a convicção de que uma educação inovadora e democrática corresponde, em termos metafóricos, a um poderoso "antídoto" contra a expansão preocupante dos discursos de ódio e intolerância contra inúmeros grupos, incluindo as mulheres e as pessoas que fazem parte da população LGBT, tanto no Brasil como em diversos países na atualidade. Compreendermos, de modo mais aprofundado, os mecanismos de canalização cultural geradores de sofrimento psíquico é um passo estratégico na direção da construção coletiva de uma sociedade mais justa, igualitária e feliz.

Referências

Abramovay, M., Cunha, A. L., & Calaf, P. P. (2009). *Revelando tramas, descobrindo segredos: Violência e convivência nas escolas*. Brasília: Rede de Informação Tecnológica Latino-Americana.

Bento, B. (2008). *O que é transexualidade*. São Paulo: Brasiliense.

Bourdieu, P. (2007). *A dominação masculina*. Rio de Janeiro: Bertrand Brasil. (Brandão Cipolla, Trad.) São Paulo: WMF Martins Fontes (Trabalho original publicado em 1994).

Branco, A. M. C. U., Freire, S. F. C. D., & González, A. M. B. (2012). Ética, desenvolvimento moral e cultura democrática no contexto escolar. In A. M. C. U. Branco & M. C. S. L. Oliveira, *Diversidade e cultura de paz na escola: Contribuições da perspectiva sociocultural*. Porto Alegre: Mediação.

Branco, A. U. & Oliveira, M. C. S. L. (2012). Posfácio: Perspectivas para o futuro. In A. U. Branco & M. C. S. L. Oliveira (Orgs.), *Diversidade e cultura de paz na escola: Contribuições da perspectiva sociocultural* (pp. 371-374). Brasília: Letras Livres.

Bruner, J. (1997). *Atos de significação*. Porto Alegre: Artes Médicas.

Bruner, J. (2000). *Cultura da educação*. Lisboa: Edições 70.

Carvalho, M. P. (2008). Gênero na sala de aula: A questão do desempenho escolar. In A. F. Moreira & V. M. Candau (Orgs.), *Multiculturalismo: Diferenças culturais e práticas pedagógicas* (pp. 38-66). Petrópolis: Vozes.

Castro, M. G., Abramovay, M., & Silva, L. B. (2004). *Juventudes e sexualidades*. Brasília: Unesco.

Delumeau, J. (1990). *Sin and fear: The emergence of a Western guilt culture 13th-18th centuries*. New York: St. Martin's Presse.

Deschamps, J. & Moliner, P. (2009). *A identidade em psicologia social: Dos processos identitários às representações sociais*. Petrópolis: Vozes.

Figueiredo, L. C. M. & Santi, P. L. R. (2011). *Psicologia: Uma (nova) introdução*. São Paulo: Educ.

Fonseca, J. V. C. (2016). *Gênero e diversidade sexual nas escolas a partir da perspectiva de profissionais da educação*. Relatório de Pesquisa. Faculdade de Ciências da Educação e Saúde, Curso de Graduação em Psicologia, Centro Universitário de Brasília, Brasília.

Foucault, M. (1979). *Microfísica do poder* (R. Machado, Trad.). Rio de Janeiro: Graal.

Freire, P. (1987). *Pedagogia do oprimido*. Rio de Janeiro: Paz e Terra.

Freire, P. (1996). *Pedagogia da autonomia: Saberes necessários à prática educativa*. São Paulo: Paz e Terra.

González Rey, F. L. (2005). *Pesquisa qualitativa em psicologia: Caminhos e desafios*. São Paulo: Pioneira Thomson Learning.

González Rey, F. L. (2008). O sujeito que aprende: Desafios do desenvolvimento do tema da aprendizagem na psicologia e na prática pedagógica. In M. C. V. R. Tacca (Org.), *Aprendizagem e trabalho pedagógico*. Campinas: Alínea.

Holanda, J. M. G. B. (2016). *As vivências de professores/as na elaboração de projetos pedagógicos promotores da igualdade de gênero* [Monografia, Faculdade de Ciências da Saúde, Curso de Graduação em Psicologia, Centro Universitário de Brasília, Brasília].

Hooks, B. (2013). *Ensinando a transgredir: A educação como prática da liberdade* (Marcelo Brandão Cipolla, Trad.). São Paulo: WMF Martins Fontes (Trabalho original publicado em 1994).

Junqueira, R. D. (2009). Homofobia nas escolas: Um problema de todos. In R. D. Junqueira (Org.), *Diversidade sexual na educação: Problematização sobre a homofobia nas escolas*. Brasília: Ministério da Educação, Secretaria de Educação Continuada, Alfabetização e Diversidade, Unesco.

Junqueira, R. D. (2010). Currículo heteronormativo e cotidiano escolar homofóbico. *Espaço do Currículo*, *2*(2), 208-230.

Lionço, T. & Diniz, D. (2009) Homofobia, silêncio e naturalização: Por uma narrativa da diversidade sexual. In T. Lionço & D. Diniz (Orgs.), *Homofobia e educação: Um desafio ao silêncio* (pp. 47-71). Brasília: Letras Livres.

Lopes, L. P. M. (2008). Sexualidades em sala de aula: Discurso, desejo e teoria Queer. In A. F. Moreira & V. M. Candau (Orgs.), *Multiculturalismo: Diferenças culturais e práticas pedagógicas* (p. 125-148). Petrópolis: Vozes.

Louro, G. L. (1999). Pedagogias da sexualidade. In G. L. Louro (Org.), *O corpo educado: Pedagogias da sexualidade*. Belo Horizonte: Autêntica.

Louro, G. L. (2001). *Gênero, sexualidade e educação: Uma perspectiva pós-estruturalista*. Petrópolis: Vozes.

Louro, G. L. (2004). *Um corpo estranho: Ensaios sobre sexualidade e teoria Queer*. Belo Horizonte: Autêntica.

Louro, G. L. (2009). Heteronormatividade e homofobia. In R. D. Junqueira (Org.), *Diversidade sexual na educação: Problematização sobre homofobia nas escolas* (pp. 85-93). Brasília: Ministério da Educação, Secretaria de Educação Continuada, Alfabetização e Diversidade, Unesco.

Madureira, A. F. A. (2007a). *Gênero, sexualidade e diversidade na escola: A construção de uma cultura democrática* [Tese de Doutorado, Instituto de Psicologia, Universidade de Brasília, Brasília].

Madureira, A. F. A. (2007b). The psychological basis of homophobia: Cultural construction of a barrier. *Integrative Psychological & Behavioral Science, 41*(3-4), 225-247.

Madureira, A. F. A. (2010). Gênero, fronteiras simbólicas e imagens: Implicações metodológicas e educacionais. *Anais — Simpósio: Gênero e Psicologia Social* (pp. 17-30). Brasília: TechnoPolitik.

Madureira, A. F. A. (2012). Belonging to gender: Social identities, symbolic boundaries and images. In J. Valsiner (Ed.), *The Oxford handbook of culture and psychology* (pp. 582-601). New York: Oxford University Press.

Madureira, A. F. A. (2016). Diálogos entre a psicologia e as artes visuais: As imagens enquanto artefatos culturais. In J. L. Freitas & E. P. Flores (Orgs.), *Arte e psicologia: Fundamentos e práticas* (pp. 57-82). Curitiba: Juruá.

Madureira, A. F. A. (2018). Social identities, gender, and self: Cultural canalization in imagery societies. In A. Rosa & J. Valsiner (Eds.), *The Cambridge handbook of sociocultural psychology* (pp. 597-614). Cambridge: Cambridge University Press.

Madureira, A. F. A. & Barreto, A. L. C. S. (2018). Diversity, social identities, and alterity: Deconstructing prejudices in school. In A. U. Branco & M. C. S. L. Oliveira (Eds.), *Alterity, values, and socialization: Human development within educational contexts* (pp. 167-190). Cham: Springer International Publishing.

Madureira, A. F. A., Barreto, A. L. C. S., & Paula, L. D. (2018). Educação, política e compromisso social: desconstruindo o mito da neutralidade pedagógica. In E. Tunes (Org.), *Desafios da educação para a psicologia* (pp. 137-153). Curitiba: CRV.

Madureira, A. F. A. & Branco, A. U. (2001). A pesquisa qualitativa em psicologia do desenvolvimento: Questões epistemológicas e implicações metodológicas. *Temas em Psicologia, 9*(1), 63-75.

Madureira, A. F. A. & Branco, A. U. (2007). Identidades sexuais não-hegemônicas: processos identitários e estratégias para lidar com o preconceito. *Psicologia: Teoria e Pesquisa, 23*(1), 81-90.

Madureira, A. F. A. & Branco, A. U. (2012). As raízes histórico-culturais e afetivas do preconceito e a construção de uma cultura democrática na escola. In A. U. Branco & M. C. S. L. Oliveira (Orgs.), *Diversidade e cultura da paz na escola: Contribuições da perspectiva sociocultural* (pp. 125-155). Porto Alegre: Mediação.

Madureira, A. F. A. & Branco, A. U. (2015). Gênero, sexualidade e diversidade na escola a partir da perspectiva de professores/as. *Temas em Psicologia (Ribeirão Preto), 23*(3), 577-591.

Marques, P. B. & Castanho, M. I. S. (2011). O que é a escola a partir do sentido construído por alunos. *Revista Semestral da Associação Brasileira de Psicologia Escolar e Educacional, 15*(1), 23-33.

Mazzon, J. A. (2009). *Projeto de estudo sobre ações discriminatórias no âmbito escolar, organizadas de acordo com áreas temáticas, a saber, étnico-racial, gênero, geracional, territorial, necessidades especiais, socioeconômica e orientação sexual.* São Paulo: Inep.

Miskolci, R. (2016). *Teoria Queer: Um aprendizado pelas diferenças.* Belo Horizonte: Autêntica.

Moreira, A. F., Câmara, M. J. (2008). Reflexões sobre currículo e identidade: Implicações para a prática pedagógica. In A. F. Moreira & V. M. Candau (Orgs.), *Multiculturalismo: Diferenças culturais e práticas pedagógicas* (pp. 38-66). Petrópolis: Vozes.

Nicholson, L. (1994). Interpreting gender. Sings. *Journal of Women in Culture and Society*, *20*(1), 79-105.

Nogueira, J. K., Felipe, D. A., & Teruya, T. K. (2008). Conceitos de gênero, etnia e raça: Reflexões sobre a diversidade cultural na educação escolar. *Seminário Internacional Fazendo Gênero 8 — Corpo, violência e poder* (p. 1-10), Florianópolis: UFSC.

Paula, L. D. (2016). *Gênero, sexualidade e diversidade na perspectiva de psicólogos/as escolares* [Monografia, Faculdade de Ciências da Educação e Saúde, Curso de Graduação em Psicologia, Centro Universitário de Brasília, Brasília].

Paula, L. D., Holanda, J. M. G. B., Barreto, A. L. C. S., & Madureira, A. F. A. (2018). Sexuality, gender and diversity in schools: Different voices. In O. Enok & J. Rolf (Eds.), *Understanding sexuality: Perspectives and challenges of the 21st century* (pp. 105-124). Hauppauge: Nova Science Publishers.

Scott, J. (1986). Gender: A useful category of historical analysis. *The American Historical Review, 91*(5), 1053-1075.

Szymanski, H. (2007). *A relação família/escola: Desafios e perspectivas.* Brasília: Liber Livro.

Trans Murder Monitoring 2015 do TGEU (Transgender Europe). Recuperado de: http://tgeu.org/tmm-idahot-update-2015.

Vainfas, R. (1992). *Casamento, amor e desejo no ocidente cristão.* São Paulo: Ática.

Valsiner, J. (2007). Looking across cultural boundaries. *Integrative Psychological & Behavioral Science, 41*(3-4), 219-224.

Valsiner, J. (2012). *Fundamentos da psicologia cultural: Mundos da mente, mundos da vida* (Ana Cecília de Sousa Bastos, Trad.). Porto Alegre: Artmed.

Valsiner, J. (2014). *An invitation to cultural psychology.* Londres: Sage.

Valsiner, J. & Rosa, A. (2007a). The myth, and beyond: Ontology of psyche and epistemology of psychology. In J. Valsiner & A. Rosa (Eds), *The Cambridge handbook of sociocultural psychology* (pp. 23-39). New York: Cambridge University Press.

Valsiner, J. & Rosa, A. (2007b). Editors' introduction — contemporary socio-cultural research: Uniting culture, society and psychology. In J. Valsiner & A.

Rosa (Eds.), *The Cambridge handbook of sociocultural psychology* (pp. 1-20). New York: Cambridge University Press.

Vianna, C. & Ridenti, S. (1998). Relações de gênero e escola: Das diferenças ao preconceito. In J. G. Aquino (Org.), *Diferenças e preconceito na escola: Alternativas teóricas e práticas* (pp. 119-134). São Paulo: Summus.

Waiselfisz, J. (2015). *Mapa da violência 2015: Homicídio de mulheres no Brasil.* Recuperado de: www.mapadaviolencia.org.br.

Warner, M. (1993). *Fear of a queer planet: Queer politics and social theory.* Minneapolis: University of Minnesota Press.

Woodward, K. (2000). Identidade e diferença: Uma introdução conceitual. In T. T. Silva (Org.), *Identidade e diferença: A perspectiva dos estudos culturais* (pp. 7-72). Petrópolis: Vozes.

Capítulo 7

Pertencimento Étnico-Racial e Racismo no Brasil:

Processos Identitários, Diversidade e Preconceito na Perspectiva da Psicologia Cultural

Ana Flávia do Amaral Madureira
Ana Luiza Cruz Sá Barreto
Márcia Regina Gomes da Silva
Míria de Amorim Bastianello

"Ninguém nasce odiando outra pessoa pela cor de sua pele, por sua origem ou ainda por sua religião. Para odiar, as pessoas precisam aprender, e se podem aprender a odiar, podem ser ensinadas a amar" (Nelson Mandela).

O presente capítulo, assim como o capítulo anterior (Madureira, Holanda, Paula & Fonseca), foi elaborado tendo como base dois pontos centrais que se constituíram como eixos norteadores da discussão desenvolvida. *Primeiramente, partimos da convicção de que a psicologia é, acima de tudo, uma ciência humana.* Conforme foi abordado no capítulo anterior e de forma coerente com a discussão apresentada na Introdução da presente obra, concebemos a psicologia como uma ciência humana situada nas fronteiras entre as ciências biológicas e as ciências sociais, inspirada na forma como Wilhelm Wundt (1832-1920) concebia o espaço da psicologia entre as demais ciências (Figueiredo & Santi, 2011).

Em segundo lugar, consideramos que é de fundamental importância reconhecermos que vivemos em uma sociedade adoecida que, de forma perversa, se "alimenta" do sofrimento das pessoas. Tal quadro sistêmico gerador de sofrimento deve ser seriamente problematizado e questionado, tanto na formação como na atuação em psicologia. Para tanto, compartilhamos a convicção de que a psicologia deve construir análises mais aprofundadas sobre os processos de significação e a constituição da subjetividade. Tais análises devem ser desenvolvidas de forma culturalmente contextualizada e eticamente comprometida com a promoção da saúde e do bem-estar das pessoas nos diversos espaços sociais da vida cotidiana, nos diferentes contextos educativos, incluindo o espaço escolar (Madureira & Barreto, 2018; Madureira, Barreto & Paula, 2018).

Em síntese: *em ambos os capítulos, buscamos nos distanciar da visão tradicional da psicologia centrada no individualismo e na patologização dos indivíduos; buscamos, em sintonia com a proposta do presente livro, estimular discussões e reflexões críticas sobre a relevância de incorporarmos, efetivamente, o conceito de cultura na psicologia, como ciência e campo de atuação profissional.*

Em nosso país, profundamente marcado por inúmeras desigualdades sociais, consideramos que só avançaremos, efetivamente, na concretização do compromisso social da psicologia com uma compreensão mais crítica e reflexiva acerca das profundas conexões entre cultura e psiquismo humano. Tal compreensão é de fundamental importância na desconstrução de "leituras intrapsíquicas" individualistas, desconectadas da realidade social e política que vivenciamos em nosso país. Precisamos, enfim, de uma ciência psicológica culturalmente contextualizada, afinada com os desafios do nosso tempo.

De forma mais específica, na discussão sobre questões relativas ao pertencimento étnico-racial e ao racismo, adotaremos os pressupostos epistemológicos e teóricos da psicologia cultural, dialogando com algumas contribuições: (a) da antropologia interpretativa proposta por Clifford Geertz, que parte de uma conceituação de cultura de base semiótica (Geertz, 1989, 2001); e (b) da antropologia dos sentidos proposta por David Le Breton.

Cabe esclarecer que consideramos que os preconceitos e os processos identitários são fenômenos sociais e psicológicos corporificados e não "desencarnados" (Madureira, 2007a, 2007b, 2010, 2012). Nesse sentido, serão considerados aspectos importantes relativos às representações acerca do corpo, às emoções, à educação cultural dos sentidos e, especialmente, da visão (Le Breton, 2007, 2016).

Ao analisarmos questões relativas ao racismo na sociedade brasileira, é fundamental considerarmos aspectos relativos às representações, que circulam no cotidiano, acerca do corpo negro (Gomes, 2002) e as articulações existentes com determinados estereótipos no campo das questões étnico-raciais. Estereótipos historicamente estabelecidos no Brasil e que são bastante resistentes a mudanças (Madureira & Branco, 2012; Myers, 2014; Pérez-Nebra & Jesus, 2011). Cabe mencionar também que, assim como no capítulo anterior, *os processos identitários e os preconceitos serão considerados como fenômenos de fronteira*, na direção das discussões teórico-conceituais desenvolvidas pela primeira autora na última década (Madureira, 2007a, 2007b, 2010, 2012, 2018).

Ao final do capítulo, são abordadas pesquisas empíricas vinculadas ao projeto de pesquisa guarda-chuva intitulado "Identidades Sociais, Diversidade e Preconceito" (Psicologia — UniCEUB), coordenado pela primeira autora, que apresenta como referencial teórico a psicologia cultural. Acreditamos que a produção de novos conhecimentos científicos deve estar articulada ao *compromisso social e ético de contribuir com o delineamento de estratégias concretas de promoção do respeito à diversidade, da saúde psicológica e da melhoria dos processos educativos no contexto das instituições de ensino.*

Nesse sentido, um dos obstáculos a serem superados corresponde à desconstrução de preconceitos no contexto escolar. Dentre as inúmeras formas de preconceito que, infelizmente, se fazem presentes no cotidiano das nossas escolas, focalizaremos, neste capítulo, o racismo. É de fundamental importância, portanto, questionarmos: *como determinadas marcas corporais, em princípio irrelevantes (como, por exemplo, a cor da pele e o tipo de cabelo), são transformadas em marcas corporais significativas que permitem classificar os indivíduos em grupos sociais distintos, que ocupam posições hierarquicamente desiguais no interior da nossa sociedade?*

Psicologia Cultural, Racismo e Marcas Corporais: Quando as Diferenças são Transformadas em Desigualdades...

"[...] Antes de qualquer coisa, a existência é corporal. [...] Do corpo nascem e se propagam as significações que fundamentam a existência individual e coletiva. [...]"
(Le Breton, 2007, p. 7).

Nosso ponto de partida teórico, do percurso trilhado neste capítulo, está situado na psicologia cultural. No âmbito da ciência psicológica, tal perspectiva teórica, assim como outras perspectivas sociogenéticas, apresenta como um dos seus pressupostos centrais a consideração da *gênese social do psiquismo humano*. Consideramos que as experiências humanas sempre ocorrem em contextos culturais estruturados, perpassados por crenças, valores e práticas enraizadas historicamente e que canalizam, de diferentes formas, os processos de significação (Madureira, 2012, 2016). Nesse sentido, a investigação dos *processos de significação*, ou seja, dos processos envolvidos na construção de significados (Bruner, 1997) é de fundamental importância.

Na realização de pesquisas empíricas acerca dos processos de significação relativos a diferentes temáticas — como, por exemplo, questões referentes ao pertencimento étnico-racial —, adotamos como ferramentas teórico-conceituais estruturantes do nosso "olhar" os conceitos: (a) de cultura, em sua vertente semiótica; (b) de mediação semiótica, como princípio explicativo; e (c) de experiências, referentes às vivências das pessoas que ocorrem sempre imersas no fluxo irreversível do tempo e em contextos culturalmente estruturados (Madureira, 2012, 2016; Madureira & Branco, 2012; Valsiner, 2012, 2014; Valsiner & Rosa, 2007a, 2007b).

Cabe esclarecer que preferimos utilizar o conceito de canalização cultural (Valsiner, 2012) em vez do conceito de determinação cultural, pois, de forma coerente com a adoção de um modelo de transferência cultural bidirecional (Valsiner, 2012), enfatizamos o papel ativo das pessoas nos processos de significação em relação ao mundo social em que estão inseridas, em relação a si mesmas e, em um sentido mais amplo, em relação ao seu desenvolvimento psicológico.

O conceito de cultura é, portanto, estruturante do nosso "olhar" teórico. Contudo, como é destacado por Valsiner (2012), não é uma tarefa intelectual fácil definir cultura. Na antropologia social, essa dificuldade é amplamente reconhecida. Ou seja, diferentes perspectivas antropológicas definem o conceito de cultura de distintas formas. Neste capítulo, consideramos a perspectiva da antropologia interpretativa desenvolvida por Clifford Geertz (1989, 2001) como uma vertente promissora na conceituação de cultura. É pertinente mencionar que há, inclusive, diálogos interessantes entre um autor reconhecido internacionalmente no âmbito da psicologia cultural, Jerome Bruner (1915-2016), e Clifford Geertz (1926-2006). Diálogos expressos em publicações de ambos os autores (Bruner, 1997; Geertz, 2001).

De modo específico, Geertz (1989) adota uma *conceituação semiótica de cultura, sendo o comportamento humano concebido como ação simbólica.* Para o autor, não existe "[...] o que chamamos de natureza humana independente da cultura [...]" (p. 35). A partir de uma leitura semiótica da cultura, inspirada nos trabalhos do sociólogo alemão Max Weber (1864-1920), Geertz (1989) defende a tese de que a antropologia é uma ciência humana que busca construir interpretações sobre o universo simbólico da cultura, levando seriamente em consideração os aspectos afetivos envolvidos. Como o próprio autor afirma: "Olhar as dimensões simbólicas da ação social — arte, religião, ideologia, ciência, lei, moralidade, senso comum — não é afastar-se dos dilemas existenciais da vida em favor de algum domínio empírico de formas não-emocionalizadas; é mergulhar no meio delas. [...]" (Geertz, 1989, p. 21).

A citação anterior ilustra o quanto a antropologia interpretativa configura-se como uma perspectiva fértil na interlocução com a psicologia cultural, considerando seus pressupostos epistemológicos e teóricos, que têm orientado o esforço empreendido por diversos/as pesquisadores/as em diferentes países na atualidade. Esforço empreendido na direção da construção de análises, mais aprofundadas, sobre o papel constitutivo da cultura em relação à gênese e ao desenvolvimento do psiquismo humano. Afinal, como afirma Geertz (2001, p. 181), é necessário abandonarmos a:

> [...] ideia de que o cérebro do *Homo sapiens* é capaz de um funcionamento autônomo, capaz de operar com eficácia, ou simplesmente sequer operar, como um sistema endogenamente acionado e independente do contexto. [...] Nosso cérebro não se encontra num tonel [mas em nosso corpo]. Nossa mente não se encontra em nosso corpo, mas no mundo. [...].

Nossa mente, portanto, "funciona" a partir da utilização de "ferramentas", externas ao nosso corpo, fornecidas pela cultura: os signos (Geertz, 2001; Pino, 2005; Valsiner, 2012, 2014). Como existem múltiplas possibilidades de combinações entre ícones, índices e símbolos, os signos (verbais e visuais) apresentam uma natureza híbrida que introduz uma grande complexidade nos processos de significação no fluxo irreversível do tempo (Valsiner, 2012). É curioso constatarmos que, enquanto as operações mentais que envolvem a utilização de símbolos,[1] que são signos arbitrários, implicam uma ampla e flexível

1. Símbolos são signos que expressam significados estabelecidos de forma arbitrária, sem relação com o objeto representado. Os ícones, distintamente, expressam significados a partir de

gama de possibilidades, os ícones e os índices permanecem vinculados, de diferentes formas, às qualidades perceptuais dos objetos representados (Valsiner, 2012).

Nesse sentido, podemos afirmar que as operações com signos são operações corporificadas, entendendo o corpo como o "lugar íntimo onde natureza e cultura se encontram" (Nightingale & Cromby, 2001 citado por Araiza & Gisbert, 2007, p. 115). Esta é uma questão central na discussão desenvolvida neste capítulo: *o corpo integra, por um lado, uma longa história filogenética e, por outro, as canalizações culturais vivenciadas pelas pessoas concretas; sendo os processos de significação compreendidos como processos corporificados que envolvem todo um hibridismo dinâmico entre diferentes signos no fluxo irreversível do tempo.*

É importante esclarecer que, na direção contrária à tradição dualista cartesiana, a atribuição de significados por parte das pessoas concretas às experiências vivenciadas por elas, à realidade social em que estão inseridas, demanda, necessariamente, um cérebro "ativo" e, portanto, vivo, corporificado. Portanto, cabe enfatizar, conforme mencionado anteriormente, "[...] Nosso cérebro não se encontra num tonel [mas em nosso corpo]. [...]" (Geertz, 2001, p. 181).

Na ciência psicológica, questões relativas à corporeidade não têm sido, infelizmente, problematizadas de modo crítico e aprofundado. Nas pesquisas sobre pertencimento étnico-racial e racismo, essa lacuna deve ser, necessariamente, superada. Como é discutido neste capítulo, o racismo é uma forma de preconceito que perpassa questões relativas aos significados compartilhados em relação às características do corpo, transformando determinadas marcas corporais (como a cor da pele e o tipo de cabelo) em signos visuais com forte conotação pejorativa. Tais signos visuais tendem a acionar uma série de estereótipos negativos (Myers, 2014; Pérez-Nebra & Jesus, 2011). No que tange à discussão

---

alguma semelhança (em diferentes níveis) com o objeto representado. De maneira mais precisa: "A iconicidade permite que os processos de abstração/generalização se movam suavemente entre o objeto real e sua apresentação sígnica. O estabelecimento de um limite dentro desse *continuum* dinâmico cria um outro tipo de signo, o símbolo. [...]" (Valsiner, 2012, p. 40).

sobre o corpo no campo das ciências sociais, um autor reconhecido internacionalmente por suas contribuições teóricas é David Le Breton (2007, 2016). Em sua obra, intitulada *Antropologia dos sentidos*, Le Breton (2016, pp. 58-59) afirma que:

> [...] Os sentidos trabalham conjuntamente a fim de tornar o mundo coerente e habitável. Não são eles que decifram o mundo, mas o indivíduo, através de sua sensibilidade e de sua educação. As percepções sensoriais o colocam no mundo, mas ele é seu mestre de obra. Não são seus olhos que enxergam, nem seus ouvidos que ouvem, nem suas mãos que tocam; ele está todo inteiro em sua presença no mundo, e os sentidos se misturam a todo instante ao seu sentimento de existir. [...] A carne é uma trama sensorial sempre em ressonância.

Os processos de significação estão, portanto, intrinsecamente vinculados ao corpo, às experiências sensoriais vivenciadas pelas pessoas concretas, sendo que tais experiências são culturalmente canalizadas. Ou seja, há toda uma educação cultural dos sentidos (Le Breton, 2016) que não deveria ser ignorada pela ciência psicológica. De forma mais específica, é importante que a psicologia cultural desenvolva pesquisas acerca das conexões entre, por exemplo, o sentido da visão e a regulação e autorregulação semiótica dos processos de significação (Valsiner, 2012).

Quando focalizamos, por exemplo, o papel dos estereótipos nas interações sociais cotidianas, essas conexões são fundamentais. Os estereótipos — que são crenças generalizadas, de modo apressado, sobre determinados grupos e seus integrantes (Myers, 2014; Pérez-Nebra & Jesus, 2011) — criam certas expectativas em relação aos indivíduos. Quando tais indivíduos fazem parte de grupos historicamente discriminados, que apresentam determinadas marcas corporais, como os/as negros/as na nossa sociedade, as expectativas tendem a ser direcionadas em um sentido pejorativo, envolvendo a desqualificação do outro (em termos de beleza, capacidade intelectual etc.). Como é destacado por Le Breton (2016, pp. 92-93):

> A expectativa é criadora de sentido, ela preenche eventualmente as insuficiências segundo os esquemas convencionais de representação da realidade. [...] O olho é sem inocência, ele chega às coisas com uma história, uma cultura, um inconsciente. Ele pertence a um sujeito. Enraizado no corpo e nos outros sentidos, ele não reflete o mundo, o constrói por suas representações. [...]

É possível, então, reconhecermos que a antropologia dos sentidos proposta por Le Breton (2016) é compatível com a discussão desenvolvida por Valsiner (2012) acerca dos complexos mecanismos de canalização cultural de pensamentos, sentimentos e ações das pessoas. Novamente, enfatizamos que *os processos de significação não são processos "desencarnados", mas sim processos intrinsecamente vinculados ao corpo.*

Neste momento, cabe retomarmos alguns pontos contemplados na discussão desenvolvida no capítulo anterior (capítulo 6). Se a marcação simbólica da diferença (Woodward, 2000) é de fundamental importância nos processos de significação, na construção das identidades sociais e na constituição da subjetividade, as fronteiras marcam as diferenças. Em um sentido biológico, mais precisamente relacionado ao campo da citologia, as fronteiras funcionam como membranas semipermeáveis (Valsiner, 2007).

Acreditamos que a imagem metafórica das fronteiras como membranas semipermeáveis corresponde a um caminho fértil na investigação de diversos fenômenos sociais e psicológicos, tais como: os processos identitários, os preconceitos e as práticas discriminatórias (Madureira, 2007a, 2012). Portanto, assim como no capítulo anterior, adotamos a seguinte conceituação de preconceitos neste capítulo: os preconceitos correspondem a "fronteiras simbólicas rígidas, construídas historicamente, com profundas raízes afetivas e que funcionam como barreiras culturais entre grupos sociais e indivíduos" (Madureira, 2007a, p. 42).

No caso específico do racismo, a marcação simbólica da diferença passa pela transformação de marcas corporais, em princípio, irrelevantes (como a cor da pele e o tipo de cabelo) em marcas corporais significativas, que vinculam determinados indivíduos a um grupo historicamente discriminado na sociedade brasileira: os/as negros/as. Se desejamos contribuir com a construção de uma cultura democrática inclusiva nas escolas, é fundamental aprofundarmos a nossa capacidade analítica e interpretativa no que se refere aos mecanismos de canalização cultural (Valsiner, 2012) que reforçam os preconceitos, dentre eles o racismo, gerador de sofrimento em tantas pessoas na nossa sociedade.

Desigualdades Raciais e Escolarização no Brasil

A partir dos indicadores estatísticos divulgados pelo Instituto Brasileiro de Geografia e Estatística (IBGE), no Censo publicado em 2010, foi revelado que ainda há fortes desigualdades no que tange ao acesso à educação escolar por parte da população, quando considerada a cor ou a raça. Por exemplo, no nível superior, encontravam-se 31,1% dos brancos nesse grupo etário, enquanto apenas 12,8% dos pretos e 13,4% dos pardos (IBGE, 2010).

Esses indicadores estatísticos, mencionados anteriormente, demonstram que as pessoas que se autodeclararam negros/as têm maiores dificuldades em ter acesso ao ensino superior. Apesar de o Estado, de maneira geral, "garantir" por lei a educação básica para todos/as, percebemos que não acontece da mesma forma em relação ao nível superior. As pessoas negras, geralmente, têm menos oportunidades de empregos quando comparadas às pessoas brancas, isso porque o mercado de trabalho exige, cada vez mais, que os/as profissionais sejam capacitados/as e especializados/as.

A crença de que vivemos em um país "democrático" no qual todos/as têm as mesmas oportunidades não é verdadeira. Também é importante reconhecer que as pessoas que têm ou tiveram acesso a uma "boa" educação escolar não a têm ou tiveram só por mérito próprio, mas, também, pelos esforços coletivos de outros (Oliveira, 2002). Nesse sentido, ressaltamos a importância das políticas públicas existentes em nosso país, as quais têm beneficiado cidadãos/ãs provenientes de famílias das camadas populares, possibilitando-lhes acesso ao ensino superior. Possivelmente, sem essas políticas públicas, seria bem mais difícil o ingresso em uma instituição de ensino superior.

A implantação de cotas nas universidades públicas brasileiras, a partir de 2003, foi um reconhecimento do nosso país no que tange à necessidade de adotar medidas que melhorassem as condições da população negra. Entretanto, esse reconhecimento não teria ocorrido sem a participação do Movimento Negro Unificado (MNU), que, a partir de 1979, passou a reivindicar mudanças na educação escolar, denunciando a forma estereotipada e preconceituosa presente nos livros didáticos, nos currículos e nas práticas de ensino em relação à história africana (Silva, 2008).

Com a luta política do MNU, as pessoas negras obtiveram duas conquistas importantes. A primeira conquista foi a criação de programas de ações afirmativas para o ingresso no ensino superior, como, por exemplo, a reserva de cotas para pessoas negras e pobres nas universidades públicas brasileiras; a criação de programas de financiamento como o FIES (Fundo de Financiamento ao Estudante do Ensino Superior) para pessoas de baixa renda; e a oferta de bolsas estudantis em universidades particulares, com o Programa "Universidade para Todos" (PROUNI) (Carvalho, 2005; Santos, 2012).

A segunda conquista relevante foi a aprovação da Lei n. 10.639/03, que tornou obrigatória a inclusão do ensino de história da África e da cultura afro-brasileira nas escolas públicas e particulares no Brasil. Conhecer as nossas raízes africanas é uma forma de superar o preconceito racial arraigado no imaginário social, na direção da valorização da diversidade racial e cultural que perpassa a sociedade brasileira (Gomes, 2008). É pertinente mencionar, entretanto, que a lei em questão, infelizmente, não tem sido efetivamente implementada nos espaços escolares, tal como foi idealizada.

Apesar das constantes lutas do Movimento Negro Unificado, da criação das ações afirmativas pelo Estado democrático brasileiro, ainda precisamos avançar muito, pois percebemos a partir das vivências das pessoas negras que ainda não superamos o racismo em nossa sociedade. Portanto, devemos promover discussões sobre o preconceito racial e as consequências da discriminação racial em nossa sociedade, nos seus diversos espaços, incluindo o espaço escolar.

O Mito da Democracia Racial e o Fortalecimento das Desigualdades entre Brancos e Negros no Brasil

Abordar questões envolvendo a temática do racismo, no Brasil, configura-se como um verdadeiro desafio. Embora as pessoas admitam a existência do fenômeno do racismo dificilmente reconhecem essas práticas em seu cotidiano, o que se torna mais claro quando analisamos cuidadosamente as peculiaridades desse fenômeno na sociedade brasileira (Figueiredo & Grosfoguel, 2009; Munanga & Gomes, 2016; Schwarcz, 2012).

As dificuldades em identificar situações de discriminação racial no Brasil e entender como o racismo opera se devem, em grande parte, à sutileza que, muitas vezes (mas nem sempre...), acompanha esse fenômeno. A concepção de racismo limitada a formas explícitas de interdição, como nos casos de segregação racial vivenciada em outros países, torna a compreensão e a identificação de outras formas de discriminação racial menos visíveis profundamente comprometidas (Figueiredo & Grosfoguel, 2009; Munanga & Gomes, 2016; Schwarcz, 2012).

Para compreender o surgimento do mito da democracia racial e a sua insistente permanência nos dias atuais, é necessário também compreender o processo histórico de colonização do Brasil. Dessa forma, o argumento que sustenta o mito em questão relaciona-se com o processo de miscigenação ocorrido na sociedade brasileira, "justificando" desse modo a crença na existência de relações harmoniosas e democráticas entre todos os sujeitos, independentemente do pertencimento étnico-racial (Bernardino, 2002; Fernandes, 2008; Gomes, 2005; Schwarcz, 2012).

Nesse sentido, a sutileza que, muitas vezes, acompanha as atitudes racistas em nosso país originou-se no período colonial. De acordo com Fernandes (2008), o silenciamento quanto às demandas da população negra, que imperou na sociedade brasileira após a abolição da escravatura, contribuiu para que as pessoas negras continuassem em uma situação de extrema vulnerabilidade.

O mito da democracia racial foi, portanto, muito útil para a manutenção do racismo em relação à população negra. Desse modo, o mito em questão atribuiu aos/às negros/as a responsabilidade pela situação precária vivenciada (desigualdades econômicas, sociais e políticas), isentando as pessoas brancas de qualquer responsabilidade, obrigação ou solidariedade moral para com os/as negros/as (Fernandes, 2008). Na atualidade, ancoradas na crença da democracia racial, muitas pessoas na sociedade brasileira acreditam que a diversidade racial é valorizada no país, uma vez que todos/as somos frutos da miscigenação (Bernardino, 2002; Munanga & Gomes, 2016).

De acordo com Munanga (1986), a colonização colocou em xeque a valorização da identidade das pessoas negras, que assimilaram as concepções negativas que os colonizadores propagaram a respeito dos negros. Frente a essa realidade, a população negra, muitas vezes, aspirava por se assemelhar à população branca na busca pelo reconhecimento dos seus direitos. Nesse sentido, o processo de colonização afetou profundamente a construção da identidade da população negra no Brasil que, diante das evidentes desigualdades vivenciadas, passou a considerar o "branqueamento" como uma forma de legitimar sua identidade.

O Papel da Escola no Enfrentamento ao Racismo

Muitos/as autores/as têm denunciado as estratégias e os mecanismos utilizados pela escola na direção de manter as desigualdades que caracterizam as relações entre brancos e negros em nosso país (como, por exemplo: Bastianello, 2016; Barreto, 2016; Ferreira & Camargo, 2011; Gomes, 2002, 2008; Madureira & Branco, 2012; Silva, 2014; Silva & Branco, 2012). A ausência de debates e discussões sobre as questões raciais no contexto escolar acaba por reforçar a ilusão de que vivemos em uma democracia racial e de que a escola é um espaço onde não há preconceito nem discriminação contra a população negra. A "pedagogia do silêncio" (Costa, 2016) serve para manter o *status quo* e "fazermos de conta" que o racismo é um problema do outro (de outros países, de outras pessoas) e não um problema nosso.

Muitas vezes, é na escola que as crianças negras vivenciam suas primeiras experiências de racismo, tendo de lidar com apelidos pejorativos ou "piadas" de mau gosto que desqualificam seus atributos físicos, como a cor da sua pele e o seu cabelo (Gomes, 2002; Silva, 2014; Silva & Branco, 2012). Essas situações são vivenciadas pelos/as alunos/as sem que haja, muitas vezes, um investimento institucional da escola na direção de preveni-las ou mesmo de enfrentá-las (Barreto, 2016).

Para Costa (2016), a escola atua na direção de controlar os movimentos de seus/as alunos/as, disciplinando seus corpos de forma a transformá-los/as em sujeitos úteis ao sistema político vigente. Interessado em estudar a docilização[2] do corpo negro, o autor considera, ainda, que as escolas não apenas exercem controle e disciplinamento sobre os corpos dos/as alunos/as negros/as, mas utilizando discursos e sistemas de enunciação que constroem representações da cultura africana como "exótica" e "primitiva", elas também disciplinam seus espíritos. Com isso, as escolas contribuem para a formação de sujeitos dóceis, que rejeitam qualquer ligação com a identidade negra e que aprendem, desde cedo, a manter silêncio sobre as injustiças que sofrem.

Outro aspecto que é importante mencionar é o despreparo de muitos/as professores/as e demais profissionais da educação para

---

2. Cabe mencionar que o autor (Costa, 2016) faz referência à perspectiva de Michel Foucault em sua obra *Vigiar e punir*, em que concebe a ideia de "corpos dóceis" como corpos que podem ser submetidos, utilizados e transformados.

lidar com as questões raciais em sala de aula (Bastianello, 2016; Costa, 2016; Ferreira & Camargo, 2011). Bastianello (2016), em uma pesquisa que buscou analisar a perspectiva de estudantes e profissionais da educação do Ensino Fundamental II sobre questões raciais na sociedade brasileira, revelou que os/as profissionais da educação lidam cotidianamente no contexto escolar com práticas discriminatórias e comentários racistas contra alguns/as alunos/as. Ao presenciar essas cenas envolvendo racismo, eles/elas, quando realizam alguma intervenção, fazem isso apenas com base em recursos pessoais (ancorados em suas opiniões e experiências pessoais), muitas vezes limitando as possibilidades de utilizarem essas situações de forma educativa, na direção da prevenção de episódios futuros de racismo.

Os currículos dos cursos de Licenciatura, frequentemente, não incluem a temática racial e isso, infelizmente, contribui para que professores/as não se sintam preparados/as para falar com propriedade sobre esse tema com seus/suas alunos/as (Moreira & Câmara, 2008). Desse modo, as questões em torno da temática racial não são discutidas nas salas de aula, e as escolas acabam promovendo a perpetuação de desigualdades históricas entre brancos e negros no contexto da sociedade brasileira.

Neste capítulo, defendemos que a escola não pode se eximir da responsabilidade de enfrentamento das desigualdades raciais no Brasil. Sendo reconhecida como uma das poucas possibilidades de ascensão social para as camadas menos favorecidas da nossa sociedade (Franco & Cicillini, 2015), a escola deve, portanto, assumir o desafio de trabalhar, cotidianamente, no sentido de problematizar e questionar os estereótipos e preconceitos sobre os quais se assentam as desigualdades, historicamente estabelecidas, entre pessoas brancas e negras no nosso país.

Temos de começar reconhecendo que existe racismo e que ele está presente dentro da escola, muitas vezes de maneira institucionalizada,[3]

3. Racismo institucional refere-se à inabilidade das instituições em garantir um ambiente democrático e isonômico às pessoas em virtude de sua cor, cultura ou origem étnica,

atuando cotidianamente para produzir identidades docilizadas. Como discutimos neste capítulo, *o silêncio é uma arma poderosa na manutenção dos preconceitos que estão na base das práticas discriminatórias racistas.* A escola pode (e deve) promover a tomada de consciência, por parte dos/as seus/as alunos/as, a respeito das situações de opressão presentes em nossa sociedade que colocam a população negra em gritante desvantagem em relação à população branca (Moreira & Câmara, 2008).

Pesquisas sobre as Relações Étnico-Raciais e o Racismo nas Instituições de Ensino: Exemplos Empíricos

Vinculadas ao projeto de pesquisa guarda-chuva intitulado "Identidades Sociais, Diversidade e Preconceito" (Psicologia — UniCEUB), coordenado pela primeira autora deste capítulo, as pesquisas empíricas que apresentamos neste tópico abordam o tema do pertencimento étnico-racial e discutem como o racismo está presente no contexto das instituições de ensino (escolas e universidades), causando sofrimento naqueles/as que são alvos de práticas discriminatórias racistas. Todas as pesquisas foram realizadas no Distrito Federal e utilizaram uma metodologia qualitativa de investigação. As pesquisas foram realizadas pelas coautoras, orientadas pela primeira autora do capítulo. Correspondem a pesquisas vinculadas aos Cursos de Graduação

---

permitindo, assim, a reprodução de práticas e comportamentos discriminatórios adotados no cotidiano. Considerando as iniciativas estatais que já foram apresentadas neste capítulo, como a publicação da Lei n. 10.639/03, que determina a inclusão do ensino de história da África e da cultura afro-brasileira nas escolas públicas e particulares no Brasil, e as políticas que buscam ampliar o acesso e a permanência de alunos/as negros/as no ensino superior, não se pode afirmar que o Estado brasileiro contemporâneo é racista. Entretanto, quando observamos que, dentro das instituições escolares brasileiras, há várias situações que reforçam e reproduzem as condições de desigualdade entre negros/as e brancos/as (como a utilização de livros didáticos que desvalorizam a cultura negra ou a ausência de debates que promovam a reflexão sobre a existência de racismo no Brasil), podemos dizer que se trata de um racismo institucionalizado.

em Psicologia e Mestrado em Psicologia do Centro Universitário de Brasília (UniCEUB).

De acordo com Ferreira e Camargo (2011), são poucos os estudos em psicologia voltados para as questões étnico-raciais, o que leva a crer que os/as psicólogos/as brasileiros/as estão pouco interessados/as nessa temática. Considerando que esses/as profissionais têm papel relevante na construção de estratégias voltadas à promoção da saúde psíquica dos sujeitos que vivem em nossa sociedade, é fundamental que os/as psicólogos/as invistam em pesquisas e estudos sobre essa temática (Ferreira & Camargo, 2011). De forma mais específica, apresentaremos, a seguir, o contexto de cada uma das três pesquisas, os procedimentos metodológicos utilizados e alguns dos principais resultados obtidos.

O estudo realizado por Ana Luiza Barreto (2016) buscou investigar como alunos/as do Ensino Médio de uma escola pública do Distrito Federal percebem o papel da escola na construção de diferentes identidades sociais, com foco nas identidades de gênero, de raça e sexuais. A pesquisa utilizou imagens como principal ferramenta metodológica, tanto nas reuniões de grupo focal como nas oficinas realizadas. Os/as participantes não apenas expressaram seu entendimento a respeito de imagens selecionadas pela pesquisadora, como também produziram imagens, através de colagens, formas em argila, desenhos e fotografias. A partir dessas produções imagéticas, foram promovidos debates sobre as ideias, as concepções, os valores e os sentimentos dos/as adolescentes a respeito dos temas: identidade social, gênero, sexualidade e raça/etnia (Barreto, 2016).

No relato a seguir, a aluna Juliana (nome fictício) explicou a colagem (Imagem 1 — Anexos) produzida em dupla com outra participante, durante a oficina que trabalhou especialmente as questões raciais. Atribuindo destaque a uma das imagens que compõem a colagem, a de uma garota retirando partes do seu rosto (Imagem 2 — Anexos), a participante considera que, ao alisarem os cabelos para se aproximarem do ideal de beleza branco, as mulheres negras podem causar sofrimento a si mesmas, porque estão alterando características corporais que lhes são próprias e assumindo uma identidade que não é sua para seguir um padrão estético hegemônico valorizado pelas pessoas, em geral, em nossa sociedade.

> *As jovens na escola, a maioria das mulheres negras não aceitam os seus cabelos como são. Querem passar chapinha porque as pessoas dizem e a mídia mostra que o cabelo liso é mais bonito, que as pessoas vão olhar, que tem mais destaque [...]. Elas querem seguir um padrão e acabam se machucando internamente, o psicológico [...] a sociedade impõe isso e acaba refletindo na escola também; que a gente tem que seguir um padrão senão a gente não é legal, é estranho* (Juliana).

Considerando o trecho apresentado anteriormente, cabe mencionar a genial obra literária *O olho mais azul*, de autoria de Toni Morrison. A obra em questão conta a história de Pecola Breedlove, uma menina negra moradora de uma região rural no sul dos Estados Unidos, que deseja, com toda intensidade, ter olhos azuis. Para a autora, o desejo estava relacionado à "aversão por si mesma, de origem racial" (Morrison, 2003, p. 210) e não nasceu com Pecola, mas foi aprendido, dolorosamente, através de sucessivas situações que contribuíram para que ela sonhasse ser o que não era. A história contada por Morrison (2003) se aproxima do aspecto abordado pela aluna na descrição da imagem da garota *se desmontando*. Ao relacionar o desejo de Pecola (de ter olhos que nunca poderiam ser os seus) à aversão por si mesma, Toni Morrison denuncia o modo perverso como a autoestima das pessoas negras se encontra, muitas vezes, em uma situação de vulnerabilidade diante dos ideais de beleza hegemônicos que apresentam as características fenotípicas caucasianas como mais valorizadas socialmente.

Portanto, consideramos que o enfrentamento ao racismo nas escolas e na sociedade brasileira, em um sentido mais amplo, deve considerar seriamente *os desafios envolvidos no questionamento e na desconstrução dos padrões estéticos corporais hegemônicos que são profundamente excludentes em termos étnico-raciais. Em síntese: o enfrentamento ao racismo passa, necessariamente, por questões relativas à valorização das marcas corporais associadas à negritude.*

A segunda pesquisa qualitativa, realizada por Silva (2014), teve como foco analisar as possíveis implicações do racismo e do sexismo durante o processo de escolarização de mulheres negras, bem como possíveis influências das questões raciais no contexto acadêmico, a partir da perspectiva de mulheres negras. Para tanto, foram realizadas entrevistas individuais semiestruturadas. Utilizou-se também, como recurso metodológico complementar, a apresentação de imagens previamente selecionadas. Assim, oito mulheres negras, com idade entre 27 e 48 anos, foram entrevistadas.

Como mencionado no decorrer do presente capítulo, as vivências de discriminação racial são sentidas profundamente pelas vítimas do racismo, gerando, muitas vezes, intenso sofrimento psíquico. O preconceito e a discriminação racial são fenômenos presentes em vários contextos sociais, não estando as instituições de ensino livres dos efeitos desses fenômenos. Afinal, como é destacado por Bruner (2000, p. 29), "[...] a educação não é uma ilha, mas parte do continente da cultura [...]".

Nesse sentido, a partir da análise e interpretação das informações construídas nas entrevistas realizadas por Silva (2014), verificou-se que as participantes identificaram que os mecanismos de manutenção das desigualdades étnico-raciais[4] também estão presentes no contexto escolar, levando à construção de uma imagem negativa e preconceituosa sobre a população negra. Sendo assim, podemos afirmar que existem diferentes mecanismos de canalização cultural[5] (Valsiner, 2012) que,

---

4. Entre os mecanismos que perpetuam as desigualdades étnico-raciais, encontram-se a desvalorização das características corporais, a depreciação das expressões culturais e religiosas, e a desconfiança em relação ao potencial intelectual de negros e negras.

5. Alguns exemplos desses mecanismos estão na forma como, muitas vezes, a cultura negra é desqualificada ou tratada como exótica no estudo da identidade do povo brasileiro. Também ficam evidentes quando, na sala de aula, professores e professoras se calam diante de situações em que um/uma aluno/a negro/a é agredido/a. Situações corriqueiras como essas ajudam a garantir que os/as estudantes aprendam, desde cedo, que o lugar reservado às pessoas negras em nosso país é um lugar desprivilegiado. Considerando que esses mecanismos de canalização cultural orientam nossos pensamentos, crenças e sentimentos em determinadas direções, podemos reconhecer que essa invisibilidade é produzida cotidianamente e que a ausência de debate sobre tais mecanismos amplia seu poder de direcionamento.

infelizmente, promovem a invisibilidade dos/as alunos/as negros/as nas escolas.

> *É um pouco difícil precisar situações específicas porque o meu sentimento era de que isso acontecia o tempo todo. [...] eu sinto que na escola tinha essa coisa das ofensas racistas serem tratadas como: "isso é briga de criança, então está tudo bem, deixa as crianças brigarem". De novo, eu acho que seria uma oportunidade excelente das escolas falarem: "é mesmo? Porque você está falando isso e acha que tem que ofender a pessoa com essa palavra ou esse jeito de falar?" [...] São as coisas que eu me lembro, são mais sutis* (Verônica, nome fictício).

Um dos aspectos relevantes da fala da participante Verônica se refere às estratégias de intervenção pedagógica que devem ser construídas e exploradas como forma de desconstrução de preconceitos. Conferir atenção, escuta e seriedade às questões que, cotidianamente, permeiam os espaços escolares é contribuir na construção de estratégias de enfrentamento de diferentes formas de preconceito e discriminação, incluindo o racismo.

No que se refere às estratégias de enfrentamento ao racismo, um aspecto de fundamental importância mencionado por todas as participantes da pesquisa (Silva, 2014) está relacionado à representatividade da população negra no contexto escolar e acadêmico, especialmente no que diz respeito à docência. A ampliação da representatividade dos/as negros/as nos espaços acadêmicos é fundamental para a desconstrução de preconceitos acerca das potencialidades e capacidades intelectuais dessa população. A docência foi um aspecto relevante apresentado pelas participantes nesse sentido. Para elas, o ingresso de estudantes negros/as nas universidades é fundamental, mas destacam também a importância da representatividade da população negra em outros setores da sociedade, como o funcionalismo público.

> *Acho que elas podem trazer repercussões muito significativas. Docência ainda é um lugar aonde nós negros, negras não chegamos ainda. [...] As ações afirmativas são geracionais e são muito difíceis de medir o impacto. A gente*

> *ainda está pra ver, eu acho, o impacto disso. No funcionalismo público também [programa de cotas], acho maravilhoso, fundamental. São as profissões mais estáveis que a gente tem, ou seja, é a possibilidade de tirar negros e negras... de colocar neles empregos formais e estáveis, que têm total garantia de longevidade e previdência, poder aposentar e receber* (Roberta, nome fictício).

De fato, a reduzida presença de docentes negros/as nas universidades se configura como um obstáculo a ser superado na luta contra o racismo. Nesse sentido, o aumento da representatividade da população negra no contexto escolar, acadêmico e nas instituições públicas, de modo geral, torna-se uma importante estratégia de enfrentamento em relação às desigualdades raciais e sociais presentes na sociedade brasileira.

A terceira pesquisa qualitativa, realizada por Bastianello (2016), teve como objetivo analisar as concepções e crenças de estudantes e profissionais da educação do Ensino Fundamental II em relação às questões raciais na sociedade brasileira. A pesquisa foi realizada com cinco estudantes e cinco professores/as de diferentes escolas de Ensino Fundamental II do Distrito Federal. Foram realizadas entrevistas individuais semiestruturadas, de forma integrada à apresentação de imagens previamente selecionadas. Os resultados mais significativos do estudo indicaram que, por um lado, os/as profissionais da educação e estudantes entrevistados/as percebem a importância de se discutir as questões raciais no contexto escolar. Por outro, a pesquisa (Bastianello, 2016) indicou que, a partir das entrevistas realizadas, os/as professores/as têm dificuldades em realizar intervenções pedagógicas, quando presenciam situações de discriminação racial e/ou a disseminação de discursos racistas na comunidade escolar.

Debater sobre questões raciais no contexto escolar é de fundamental importância porque a discriminação racial pode resultar em diversas consequências negativas, em termos emocionais e sociais, por parte dos indivíduos que sofrem constantemente esse tipo de violência. Mais especificamente, o racismo pode gerar sofrimento psíquico, levando à baixa autoestima, a sentimentos negativos, desesperança, medo, ansiedade etc. nas pessoas que são vítimas frequentes de práticas discriminatórias racistas (Williams & Priest, 2015).

Segundo Williams e Priest (2015), algumas pessoas de determinados grupos étnico-raciais historicamente marginalizados são tão estigmatizadas que começam a aceitar como verdadeiras as concepções prevalentes na sociedade sobre sua suposta "inferioridade biológica e/ou cultural". Os autores nomearam essa "aceitação" como racismo internalizado. Portanto, "o racismo internalizado pode afetar adversamente a saúde ao fomentar a aceitação e a adesão pessoal a noções sobre defeitos inerentes ao próprio indivíduo e a seu grupo" (Williams & Priest, 2015, p. 151).

Como mencionado anteriormente, a escola é em geral o primeiro ambiente no qual a criança aprende a "conviver" com o racismo, chegando, muitas vezes, a se "acostumar" com esse tipo de situação e/ou, de alguma forma, esperar que tal situação ocorra dentro ou fora do ambiente escolar. Entretanto, toda vez que essas experiências de racismo acontecem, sem dúvida, deixam marcas dolorosas na vida do indivíduo. Um dos participantes da pesquisa de Bastianello (2016) relatou que, em diversos momentos da sua vida, sempre vivenciou nos espaços em que estivera inserido algum nível de racismo, mas o que o ajudou a se fortalecer diante dessas experiências foi o fato de a família tê-lo preparado para lidar com essas situações. No entanto, a experiência dele, que será relatada a seguir, lhe causou bastante dor no momento. Foi possível notar que, mesmo com o passar do tempo, relembrar a situação ainda lhe causava muito sofrimento.

> *[...] Eu estava parado esperando um amigo sair do trabalho em um shopping e vieram duas motos da PM, [...] eles me fecharam e desceram da moto. Eles engatilharam a arma e falaram: "Não se mexe"... [eles fizeram várias perguntas ao professor] e ele [o policial] falou: "Cadê seu carro?" E eu falei: "Meu carro é esse aqui". E ele falou: "Você não tem cara que tem esse carro". [O professor tem um carro que não é popular] [...] Eles me levaram no carro e reviraram o carro [...] [quando os policiais confirmaram que não havia nada de errado] [...], foi a única coisa que saiu da minha boca: "Vocês fizeram isso tudo porque eu sou negro?" E aí eles não responderam. Pegaram a moto e*

> *saíram, e ali eu fiquei. Me deu vontade de chorar, mas eu não chorei. A única coisa que eu fiquei foi com vergonha. Não com vergonha de ser negro, mas com vergonha da situação, foi uma situação muito ruim* (Professor negro Carlos, nome fictício).

Essa situação explícita de discriminação racial sofrida por esse professor demonstra o despreparo, frequente, da polícia ao realizar abordagens de forma excessivamente violenta e desrespeitosa, principalmente quando o "suspeito" é uma pessoa negra. No caso, ele foi considerado suspeito por estar em um lugar (elitizado) onde pessoas negras "em tese" não são bem-vindas. Além disso, a fala do policial: *"Você não tem cara que tem esse carro"*, nos remete às discussões no campo da psicologia social acerca dos estereótipos negativos (Myers, 2014; Pérez-Nebra & Jesus, 2011). De acordo com Myers (2014), os estereótipos referem-se à construção de crenças acerca de atributos compartilhados por um determinado grupo, podendo tanto ser positivos quanto negativos. As pessoas negras, geralmente, são associadas a estereótipos negativos, relacionados à marginalidade, à feiura, à pobreza, à maldade, à violência, entre outros.

Nesse sentido, é de suma importância que os/as psicólogos/as e profissionais da educação invistam esforços na direção da desconstrução, cotidiana, do racismo enraizado em nossa cultura, a fim de construirmos uma sociedade mais igualitária, justa e democrática, que valorize efetivamente a diversidade racial existente em nosso país. No contexto das sociedades letradas contemporâneas, a escola, como instituição social, assume um papel estratégico na desconstrução dos inúmeros tipos de preconceito que perpassam a sociedade brasileira, dentre eles, o racismo.

Considerações Finais

A partir do referencial da psicologia cultural (Bruner, 1997, 2000; Valsiner, 2007, 2012) e dos diálogos empreendidos com a antropologia interpretativa desenvolvida por Clifford Geertz (1989, 2001), bem como com a antropologia dos sentidos proposta por David Le Breton (2016), as pesquisas empíricas abordadas no presente capítulo (Bastianello, 2016; Barreto, 2016; Silva, 2014) buscaram contribuir com o aprofundamento das discussões sobre pertencimento étnico-racial e racismo no contexto das instituições de ensino.

Nos três estudos, os/as participantes puderam refletir sobre suas vivências no ambiente escolar, considerando as questões raciais. Todos/as eles/as reconheceram a existência de racismo na escola e seus efeitos nefastos nas vidas de estudantes negros e negras. Debater sobre essa temática é lançar luz sobre crenças e valores construídos socialmente que ganham força e direcionam nossas ações, nossos sentimentos e nossas visões de mundo. Não é uma tarefa fácil, mas é algo necessário e que pode (e deve) fazer parte do cotidiano das escolas.

Um aspecto central na discussão desenvolvida no decorrer deste capítulo corresponde à necessidade de a psicologia considerar seriamente as relações existentes entre marcas corporais e processos de significação, em um sentido mais amplo; bem como as relações existentes entre racismo e marcas corporais associadas à negritude, em um sentido mais específico. O corpo integra, de forma complexa, uma longa história filogenética e as canalizações culturais vivenciadas pelas pessoas concretas; sendo os processos de significação compreendidos como processos corporificados, que envolvem todo um hibridismo dinâmico entre diferentes signos no fluxo inexorável do tempo.

Conforme discutido no presente capítulo, as pessoas negras, geralmente, são associadas a inúmeros estereótipos negativos. É importante termos em mente que para que tais estereótipos negativos sejam mobilizados, muitas vezes, basta um simples "olhar" dirigido às pessoas negras. O que remete à relevância de a psicologia, como ciência e campo de atuação profissional, estar atenta aos processos envolvidos na educação cultural dos sentidos (Le Breton, 2016) e, de forma mais específica, atenta em relação às conexões entre o sentido da visão e a regulação e autorregulação semiótica dos processos de significação (Valsiner, 2012).

Este é, portanto, mais um exemplo que ilustra a importância fundamental de a produção científica em psicologia considerar seriamente as profundas conexões entre cultura e psiquismo humano no estudo de diversos fenômenos, dentre eles, o preconceito. Em sintonia com as discussões desenvolvidas na presente obra, defendemos a incorporação efetiva do conceito de cultura por parte da psicologia, como ciência e campo de atuação profissional.

De maneira mais específica, para contribuirmos com a desconstrução do racismo nas práticas cotidianas, conforme vimos nos relatos dos/as participantes das pesquisas empíricas, é fundamental questionarmos o mito da democracia racial ainda vigente em nosso país. Além disso, é fundamental compreendermos, de modo mais aprofundado, como determinadas marcas corporais, em princípio irrelevantes, são transformadas em marcas corporais significativas que permitem classificar os indivíduos em grupos distintos, em termos de pertencimento étnico-racial. Grupos que, historicamente, ocupam posições hierarquicamente desiguais no interior da nossa sociedade.

Nesse sentido, é pertinente mencionar que até mesmo as religiões de matrizes africanas são, frequentemente, associadas a estereótipos negativos (Caputo, 2008). *Em síntese: os mais diversos aspectos vinculados à negritude (marcas corporais, religiosidade etc.) são, muitas vezes, associados a estereótipos negativos que acabam por reforçar o preconceito racial, que se materializa em práticas discriminatórias racistas.*

Há, portanto, inúmeros desafios no enfrentamento em relação ao racismo presente nas diversas instâncias sociais em nosso país, incluindo as escolas e as universidades. Acreditamos que a psicologia cultural, ao promover diálogos interdisciplinares (com a antropologia, por exemplo), pode oferecer algumas contribuições relevantes nessa direção. Como foi abordado no presente capítulo, o racismo e as demais formas de preconceito apresentam uma gênese cultural. Ou seja, obviamente os preconceitos não estão inscritos, de forma inexorável, no código genético da nossa espécie. Afinal, como nos ensinou Nelson Mandela: *"Para odiar, as pessoas precisam aprender, e se podem aprender a odiar, podem ser ensinadas a amar".*

Referências

Araiza, A. & Gisbert, G. (2007). Transformaciones del cuerpo en psicología social. *Psicologia: Teoria e Pesquisa, 23*(1), 111-117.

Barreto, A. L. C. S. (2016). *A escola e seu papel na construção de diferentes identidades sociais* [Dissertação de Mestrado, Programa de Mestrado em Psicologia — Linha de Pesquisa: Psicologia e Educação — Centro Universitário de Brasília, Brasília].

Bastianello, M. A. (2016). *Questões raciais na sociedade brasileira a partir da perspectiva de estudantes e profissionais da educação.* Programa de Iniciação Científica (PIC — UniCEUB), Brasília.

Bernardino, J. (2002). Ação afirmativa e a rediscussão do mito da democracia racial no Brasil. *Estudos Afro-Asiáticos, 24*(2), 247-273.

Bruner, J. (1997). *Atos de significação.* Porto Alegre: Artes Médicas.

Bruner, J. (2000). *Cultura da educação.* Lisboa: Edições 70.

Caputo, S. G. (2008). Ogan, adósu, oje, egbonmi e ekedi: o candomblé também está na escola. Mas como? In A. F. Moreira & V. M. Candau (Orgs.), *Multiculturalismo: Diferenças culturais e práticas pedagógicas* (pp. 149-181). Petrópolis: Vozes.

Carvalho, J. J. D. (2005). Usos e abusos da antropologia em um contexto de tensão racial: O caso das cotas para negros na UnB. *Horizontes Antropológicos, 11*(23), 237-246.

Cavalleiro, E. S. (2003). *Do silêncio do lar ao silêncio escolar: Racismo, preconceito e discriminação na educação infantil.* São Paulo: Contexto.

Costa, A. R. (2016). Processos de docilização e resistência do corpus negro em uma escola pública do Distrito Federal. *Revista Com Censo: Estudos Educacionais do Distrito Federal, 3*(4), 12-20.

Fernandes, F (2008). *A integração do negro na sociedade de classes: o legado da "raça branca".* Volume I. São Paulo: Globo.

Franco, N. & Cicillini, G. A. (2015). Professoras trans brasileiras em seu processo de escolarização. *Estudos Feministas, 23*(2), 325-346.

Ferreira, R. F. & Camargo, A. C. (2011). As relações cotidianas e a construção da identidade negra. *Psicologia: Ciência e Profissão, 31*(2), 374-389.

Figueiredo, A. & Grosfoguel, R. (2009). Racismo à brasileira ou racismo sem racistas: Colonialidade do poder e a negação do racismo no espaço universitário. *Sociedade e Cultura, 12*(2), 223-234.

Figueiredo, L. C. M. & Santi, P. L. R. (2011). *Psicologia: Uma (nova) introdução.* São Paulo: Educ.

Geertz, C. (1989). *A interpretação das culturas.* Rio de Janeiro: LTC.

Geertz, C. (2001). *Nova luz sobre a antropologia.* Rio de Janeiro: Jorge Zahar.

Gomes, E. S. (2005). Alguns termos e conceitos presentes no debate sobre relações raciais no Brasil: Uma breve discussão. In *Educação Anti-racista: Caminhos abertos pela Lei Federal n. 10.639/03.* Brasília: Ministério da Educação, Secretaria de Educação Continuada, Alfabetização e Diversidade, 2005.

Gomes, N. L. (2002). Trajetórias escolares, corpo negro e cabelo crespo: Reprodução de estereótipos ou ressignificação cultural? *Revista Brasileira de Educação, 21*, 40-51.

Gomes, N. L. (2008). A questão racial na escola: Desafios colocados pela implementação da Lei 10.639/03. In A. F. Moreira & V. M. Candau (Orgs.), *Multiculturalismo: Diferenças culturais e práticas pedagógicas* (pp. 67-89). Petrópolis: Vozes.

IBGE (2010). *Censo 2010: Número de católicos cai e aumenta o de evangélicos, espíritas e sem religião.* Recuperado de: http://censo2010.ibge.gov.br.

Le Breton, D. (2007). *A sociologia do corpo.* Petrópolis: Vozes.

Le Breton, D. (2016). *Antropologia dos sentidos.* Petrópolis: Vozes.

Madureira, A. F. A. (2007a). *Gênero, sexualidade e diversidade na escola: A construção de uma cultura democrática* [Tese de Doutorado, Instituto de Psicologia, Universidade de Brasília, Brasília].

Madureira, A. F. A. (2007b). The psychological basis of homophobia: Cultural construction of a barrier. *Integrative Psychological & Behavioral Science, 41*(3-4), 225-247.

Madureira, A. F. A. (2010). Gênero, fronteiras simbólicas e imagens: Implicações metodológicas e educacionais. *Anais — Simpósio: Gênero e Psicologia Social* (pp. 17-30). Brasília: TechnoPolitik.

Madureira, A. F. A. (2012). Belonging to gender: Social identities, symbolic boundaries and images. In J. Valsiner (Ed.), *The Oxford handbook of culture and psychology* (pp. 582-601). New York: Oxford University Press.

Madureira, A. F. A. (2016). Diálogos entre a psicologia e as artes visuais: As imagens enquanto artefatos culturais. In J. L. Freitas & E. P. Flores (Orgs.), *Arte e psicologia: Fundamentos e práticas* (pp. 57-82). Curitiba: Juruá.

Madureira, A. F. A. (2018). Social identities, gender, and self: Cultural canalization in imagery societies. In A. Rosa & J. Valsiner (Eds.), *The Cambridge handbook of sociocultural psychology* (pp. 597-614). Cambridge: Cambridge University Press.

Madureira, A. F. A. & Barreto, A. L. C. (2018). Diversity, social identities and alterity: Deconstructing prejudices in school. In A. U. Branco & M. C. L. Oliveira (Eds.), *Alterity, values and socialization: Human development within educational contexts* (pp. 167-190). Cham: Springer.

Madureira, A. F. A., Barreto, A. L. C. S., & Paula, L. D. (2018). Educação, política e compromisso social: Desconstruindo o mito da neutralidade pedagógica. In E. Tunes (Org.), *Desafios da educação para a psicologia* (pp. 137-153). Curitiba: CRV.

Madureira, A. F. A. & Branco, A. U. (2001). A pesquisa qualitativa em psicologia do desenvolvimento: Questões epistemológicas e implicações metodológicas. *Temas em Psicologia, 9*(1), 63-75.

Madureira, A. F. A. & Branco, A. U. (2012). As raízes histórico-culturais e afetivas do preconceito e a construção de uma cultura democrática na escola. In A. U. Branco & M. C. S. L. Oliveira (Orgs.), *Diversidade e cultura da paz na escola: Contribuições da perspectiva sociocultural* (pp. 125-155). Porto Alegre: Mediação.

Moreira, A. F. & Câmara, M. J. (2008). Reflexões sobre currículo e identidade: Implicações para a prática pedagógica. In A. F. Moreira & V. M. Candau (Orgs.), *Multiculturalismo: Diferenças culturais e práticas pedagógicas* (pp. 38-66). Petrópolis: Vozes.

Morrison, T. (2003). *O olho mais azul.* São Paulo: Companhia das Letras.

Munanga, K. (1986). *Negritude: Usos e sentidos*. São Paulo: Ática.

Munanga, K. & Gomes, N. L. (2016). *O negro no Brasil de hoje*. São Paulo: Global.

Myers, D. G. (2014). *Psicologia social*. Porto Alegre: Artmed.

Nascimento, A. (2016). *O genocídio do negro brasileiro: Processo de um racismo mascarado*. São Paulo: Perspectiva.

Oliveira, E. P. O. (2002). A imprensa e o racismo. In S. Ramos (Org.), *Mídia e racismo*. (pp. 36-41). Rio de Janeiro: Pallas.

Pérez-Nebra, A. R. & Jesus, J. G. (2011). Preconceito, estereótipo e discriminação. In C. V. Torres & E. R. Neiva (Orgs.), *Psicologia social: Principais temas e vertentes* (pp. 219-237). Porto Alegre: Artmed.

Pino, A. (2005). *As marcas do humano: Às origens da constituição cultural da criança na perspectiva de Lev. S. Vigotski*. São Paulo: Cortez.

Santos, A. P. (2012). Itinerário das ações afirmativas no ensino superior público brasileiro: Dos ecos de Durban à Lei das Cotas. *Revista de Ciências Humanas, 12*(2), 289-317.

Schwarcz, L. (2012). *Nem preto nem branco, muito pelo contrário: Cor e raça na sociabilidade brasileira*. São Paulo: Claro Enigma.

Silva, M. H. P. D. & Branco, A. U. (2012). Relações étnico-raciais e cultura de paz na escola e na sociedade brasileira. In A. U. Branco & M. C. S. L. Oliveira (Orgs.), *Diversidade e cultura da paz na escola: Contribuições da perspectiva sociocultural* (pp. 157-182). Porto Alegre: Mediação.

Silva, M. R. G. (2014). *Mulheres negras e escolarização: Possíveis implicações do racismo e do sexismo nos processos educativos* [Monografia, Faculdade de Ciências da Educação e Saúde, Curso de Psicologia, Centro Universitário de Brasília, Brasília].

Silva, P. V. B. (2008). *Racismo em livros didáticos: Estudo sobre negros em livros de língua portuguesa*. Belo Horizonte: Autêntica.

Valsiner, J. (2007). Looking across cultural boundaries. *Integrative Psychological & Behavioral Science, 41*(3-4), 219-224.

Valsiner, J. (2012). *Fundamentos da psicologia cultural: Mundos da mente, mundos da vida* [Ana Cecília de Sousa Bastos, Trad.). Porto Alegre: Artmed.

Valsiner, J. (2014). *An invitation to cultural psychology.* London: Sage.

Valsiner, J. & Rosa, A. (2007a). The myth, and beyond: Ontology of psyche and epistemology of psychology. In J. Valsiner & A. Rosa (Eds.), *The Cambridge handbook of sociocultural psychology* (pp. 23-39). New York: Cambridge University Press.

Valsiner, J. & Rosa, A. (2007b). Editors' introduction — Contemporary socio--cultural research: Uniting culture, society and psychology. In J. Valsiner & A. Rosa (Eds.), *The Cambridge handbook of sociocultural psychology* (pp. 1-20). New York: Cambridge University Press.

Williams, D. R. & Priest, N. (2015). Racismo e saúde: Um corpus crescente de evidência internacional. *Sociologias, 17*(40).

Woodward, K. (2000). Identidade e diferença: Uma introdução conceitual. In T. T. Silva (Org.), *Identidade e diferença: A perspectiva dos estudos culturais* (pp. 7-72). Petrópolis: Vozes.

Anexos: Imagens

Imagem 1. Colagem.

Imagem 2. Destaque da colagem (garota se "desmontando").

Capítulo 8

Atuação do(a) Psicólogo(a) na Política de Assistência Social:

Desafios Enfrentados e Práticas Emergentes

Tatiana Yokoy

A discussão sobre políticas públicas, Psicologia e compromisso social tem-se fortalecido academicamente e profissionalmente desde a década de 1980 em nosso país. Segundo dados recentes, 83,9% dos(as) psicólogos(as) brasileiros(as) atuam no campo das políticas públicas (CFP, 2012), o que sinaliza um novo perfil profissional, bem como a necessidade de mudanças na formação em Psicologia em nosso país.

Uma das possibilidades de inserção do psicólogo no campo das políticas públicas é a Política Nacional de Assistência Social (PNAS), aprovada em 2004 (Brasil, 2004). A PNAS é operacionalizada por meio do Sistema Único da Assistência Social (SUAS), que se organiza em Proteção Social Básica e Proteção Social Especial. Este capítulo aborda temáticas centrais no que se refere à prática profissional de psicólogos(as) no campo da assistência social e, mais precisamente, no âmbito do SUAS. Infelizmente, as complexas questões relativas à atuação de psicólogos(as) no âmbito da assistência social não têm sido efetivamente contempladas na formação em Psicologia.

Em minha trajetória profissional como psicóloga, tive o privilégio de trabalhar em equipes multiprofissionais e interdisciplinares nos diversos níveis do SUAS. Os conhecimentos que pretendo partilhar neste capítulo são resultado de sínteses de reflexões sobre o trabalho desenvolvido por psicólogos(as) na política de assistência social. Desse modo, o capítulo possui três objetivos centrais: (a) apresentar um panorama da atuação do psicólogo brasileiro na política de assistência social; (b) enfatizar a garantia de direitos e a centralidade da cultura na formação e na atuação do(a) psicólogo(a) trabalhador(a) da assistência social; e (c) sinalizar indicadores de práticas emergentes e emancipadoras realizadas pelos(as) psicólogos(as) no paradigma da cidadania do SUAS.

O histórico da assistência social no Brasil é marcado por vieses assistencialistas, compensatórios, higienistas, medicalizantes, populistas e clientelistas de intervenção sobre a vida de famílias e de comunidades (Rizzini & Rizzini, 2004; Rizzini, 2005; CFP, 2007; CFP, 2012; Silva, 2012). No entanto, a partir da PNAS e do SUAS, a assistência social se tornou política pública com objetivos de proteção social, de vigilância socioassistencial e de defesa de direitos. A PNAS preconiza a participação plena de seus usuários e defende a necessária conexão das ações socioassistenciais, com as potencialidades e as vulnerabilidades dos territórios e das comunidades.

A atuação dos(as) psicólogos(as) na assistência social é guiada pelos objetivos dessa política, dentre os quais: o fortalecimento da função protetiva da família; o empoderamento, a autonomia e a potencialização dos recursos possuídos por sujeitos, famílias e comunidades; bem como a prevenção de processos de institucionalização e de agravos sociais. A atuação dos(as) psicólogos(as) no SUAS se orienta para a "compreensão da dimensão subjetiva de fenômenos sociais e coletivos, visando problematizar e propor ações no âmbito social" (CFP/CFESS, 2007, p. 32).

Nessa política, a atuação do(a) psicólogo(a) é marcada pela diversidade de práticas e de orientações epistemológicas e metodológicas, assim como por desafios relacionados ao trabalho interdisciplinar, geralmente, realizado em equipes compostas por psicólogos, assistentes sociais, pedagogos e advogados, dentre outros (Fontenele, 2008; CFP, 2011). O suporte teórico e prático para a atuação do psicólogo no SUAS advém de fontes diversas, como a Psicologia Social, a Psicologia Comunitária, a Psicologia do Desenvolvimento, a Psicologia Institucional, a Psicologia Clínica, a Psicologia Organizacional, as teorias sistêmicas, o Psicodrama, dentre outras (CFP, 2007, 2012).

No atual momento, em vez de se apontar uma única teoria guia, existem princípios norteadores da prática profissional do psicólogo no SUAS. Um ponto em comum neste contexto tão diverso é o compromisso social assumido pela Psicologia junto a sujeitos, famílias e comunidades em situação de vulnerabilidade social, exclusão social e/ou violação de direitos (CFP, 2007).

Dentre os avanços recentes na política de assistência social no Brasil, destacam-se a implantação de mais equipamentos socioassistenciais, a diminuição de práticas assistencialistas, filantrópicas e clientelistas, bem como a maior profissionalização das equipes e o aumento de recursos humanos no SUAS, incluindo uma inserção maior de psicólogos(as) nas equipes socioassistenciais (CFP, 2007; Motta & Scarparo, 2012). A partir de dados derivados do Cadastro Nacional do Sistema Único de Assistência Social, existem 8.079 psicólogos(as) que atuam no SUAS, sendo que 92,9% deles(as) atuam em municípios interioranos (Macedo e cols., 2011). Desde a época desta pesquisa, supõe-se que esse número tenha aumentado, por conta da implantação de novos equipamentos socioassistenciais e do aumento da cobertura do SUAS no país.

Assim, a assistência social tem-se constituído em um campo crescente de empregabilidade e de engajamento político para o psicólogo nas políticas públicas brasileiras. Podemos considerar que o SUAS tem colaborado para a expansão e para a interiorização da atuação do psicólogo nas cidades de médio e pequeno porte do país. Este novo cenário implica a redefinição da formação do psicólogo, a fim de desenvolver competências profissionais orientadas para a afirmação de direitos, para a proteção social e para o desenvolvimento do trabalho social, diante da diversidade cultural de sujeitos, famílias e comunidades atendidos/acompanhados no SUAS.

Apesar do crescimento desse campo de atuação, em muitos Cursos de Graduação em Psicologia o SUAS não é abordado e os subsídios mais patrocinados advêm majoritariamente de perspectivas clínicas tradicionais, com poucos fundamentos para a criação de metodologias de ação social com famílias e comunidades, consideradas em sua diversidade (Fontenele, 2008; CRP/RS, 2012). Frequentemente, escuta-se dos(as) psicólogos(as) que atuam na assistência social que precisaram aprender a realizar seu ofício "na marra" e "observando os colegas" na prática dos Serviços Socioassistenciais.

O Conselho Federal de Psicologia, junto à categoria profissional, tem elaborado um conjunto de referências técnicas para a atuação de psicólogos em diversas políticas públicas, incluindo a política de assistência social (CFP, 2007; CFP/CFESS, 2007; CFP, 2009; CFP, 2011; CFP, 2012; CRP/RS, 2012). Dentre as principais temáticas discutidas por psicólogos(as) que trabalham no SUAS, são frequentes: a precarização das condições de trabalho; a necessidade de construção de uma rede de serviços intrassetorial, multiprofissional e interdisciplinar; a importância da formação acadêmica e da formação permanente em serviço; além da problematização dos compromissos sociais assumidos pelo psicólogo.

Maiores investimentos na formação de psicólogos são necessários, de modo a promover a sua apropriação de referenciais multiculturais e de conceitos básicos de políticas sociais; além disso, existem recomendações para clarear e publicizar as atribuições da Psicologia no SUAS (CFP, 2011, 2012). Nesta direção, neste capítulo, defendo que somente é possível construir práticas psicológicas críticas e reflexivas quando se consideram a natureza cultural do ser humano e a diversidade cultural das múltiplas configurações familiares e das comunidades com quem atuam os(as) psicólogos(as) do SUAS. Este é um ponto central, a fim de superarmos o viés psicologizante, individualizante, descontextualizado e elitista que, por muito tempo, atravessou o fazer psicológico nesse contexto, especialmente, junto a pessoas que vivenciam vulnerabilidades sociais, riscos sociais e/ou violação de direitos.

O capítulo caracteriza e problematiza criticamente a atuação do psicólogo brasileiro na política de assistência social. Além disso, apresenta reflexões sobre esse campo, com a intencionalidade de potencializar processos formativos e futuras pesquisas que investiguem o desenvolvimento profissional do psicólogo no contexto dos Serviços Socioassistenciais.

Outra intencionalidade assumida na elaboração do presente capítulo é sinalizar para práticas emergentes e inovadoras de atuação do psicólogo, que contribuam para a promoção do desenvolvimento familiar e comunitário, que consigam ultrapassar a realização de atendimentos pontuais e emergenciais a demandas específicas e de curto prazo. A partir de diferentes discussões, buscou-se abstrair um conjunto de princípios orientadores para a construção de intervenções emancipadoras, criativas e compromissadas com mudanças sociais, a serem realizadas pelo profissional de Psicologia no campo da assistência social.

Antes de focalizarmos algumas reflexões sobre a atuação dos(as) profissionais da Psicologia junto à assistência social, convido o(a) leitor(a) a conhecer o panorama da atuação profissional dos psicólogos na política de assistência social brasileira, caracterizando seu perfil demográfico e as principais atividades realizadas por esses profissionais.

Um Panorama da Atuação do Psicólogo Brasileiro na Política de Assistência Social

A inserção da Psicologia nas políticas públicas e na assistência social é recente e o processo de construção de uma identidade profissional própria está em pleno desenvolvimento. Conforme estabelecido pelas regulamentações da área (Brasil, 2006; Resolução CNAS n. 17/2011), o psicólogo compõe obrigatoriamente a equipe mínima de referência do SUAS e, preferencialmente, a equipe de gestão do SUAS; sua contratação deve ser realizada por meio de concurso público, dentro da carreira pública da assistência social.

O retrato do psicólogo que trabalha no SUAS é o de, em sua grande maioria, mulheres, jovens, pós-graduadas e que atuam recentemente na assistência social (Macedo & cols., 2011; CFP, 2012). São inúmeras as possibilidade de atividades realizadas por psicólogos(as) nesse campo, seja desenvolvendo o trabalho social nos Serviços Socioassistenciais, seja desenvolvendo atividades de gestão do SUAS e de colaboração junto à rede intersetorial (CFP, 2011). As ações realizadas com maior frequência incluem: atendimentos individuais; realização de grupos; elaboração de Plano de Acompanhamento Individual e/ou Familiar; visitas domiciliares; elaboração de relatórios técnicos; coordenação dos serviços; e atividades educativas e de esclarecimentos para a população em geral (CFP, 2009).

No entanto, muitos(as) psicólogos(as) acabam realizando atividades que não são específicas considerando a sua formação acadêmica, por falta de equipe, pelas precárias condições e relações de trabalho, pelas ambiguidades de papel entre as diferentes categorias profissionais e para não prejudicar a garantia de direitos das pessoas atendidas/acompanhadas no dia a dia dos Serviços Socioassistenciais. Atividades pontuais que visam à resolução de queixas imediatas costumam ser priorizadas nos cotidianos de trabalho, tais como a concessão de benefícios socioassistenciais e encaminhamentos para acesso à documentação civil. Uma consequência comum deste cenário é o prejuízo à realização de atividades de mobilização coletiva, preventivas e promotoras de novas trajetórias de desenvolvimento subjetivo, familiar e comunitário. Assim, costumam existir muito pouco espaço e tempo para campanhas comunitárias; para o acompanhamento longitudinal das famílias nos próprios territórios; e para o monitoramento dos encaminhamentos intersetoriais no Sistema de Garantia de Direitos, por exemplo.

A atuação possível para muitos(as) psicólogos(as) que atuam no SUAS tem envolvido prioritariamente intervenções diretas e pontuais junto a sujeitos e famílias, para resolução de contingências imediatas e de demandas explicitamente manifestadas, associadas a vulnerabilidades sociais, riscos sociais e/ou violação de direitos. No entanto, as garantias do SUAS sinalizam para a necessidade de ampliar as ações executadas pelos(as) psicólogos(as), em uma perspectiva de proteção social e de desenvolvimento familiar e comunitário.

Práticas emergentes e em consonância com os objetivos das políticas públicas brasileiras têm priorizado ações psicossociais preventivas, coletivas, centradas em contextos socioculturais e fundamentadas em abordagens plurais e transdisciplinares (Vasconcelos, 2011; Romagnoli, 2012). Existem transformações exitosas nas práticas realizadas por psicólogos(as) nos Centros de Referência Especializados de Assistência Social, por exemplo, por meio de modalidades inovadoras de grupos familiares, visita familiar e busca ativa, além de parcerias com universidades para supervisão de casos (CFP, 2009). Alguns destes grupos têm sido conduzidos de modo interdisciplinar junto às famílias atendidas/acompanhadas e operam, por exemplo, como grupos de suporte para o empoderamento subjetivo e o enfrentamento de consequências de violências sofridas ou no formato de oficinas socioeducativas para orientações, instrumentalização e mobilização de coletivos para a busca de direitos.

Já a busca ativa, na política de assistência social, é concebida como ferramenta relevante de proteção social e vigilância socioassistencial, que procura intencionalmente identificar vulnerabilidades, riscos e potencialidades sociais em um dado território e, assim, colaborar para o planejamento de ações preventivas de proteção básica (Brasil, 2009). Dentre as suas estratégias, destaca-se o deslocamento da equipe de referência para conhecimento do território e para o estabelecimento de contatos com lideranças comunitárias, a fim de cartografar as dinâmicas do cotidiano nos territórios, os recursos existentes, as relações, os valores e as especificidades culturais das diversas populações. A busca ativa é compreendida por Lemke e Silva (2010) como um princípio político das práticas de cuidado nos territórios, sustentado na integralidade e na desinstitucionalização dos atendimentos das políticas públicas.

Cabe mencionar, também, que existem ações transformadoras realizadas por psicólogos(as) nos Serviços de Proteção Social Especial para pessoas idosas e suas famílias. Nessas ações, planos de convivência familiar são construídos coletivamente, e são realizados grupos comunitários para mobilizar discussões sobre direitos dos idosos e preconceitos projetados sobre as pessoas idosas (Appio & Tramontin, 2012).

Na atual conjuntura, as dificuldades e os desafios enfrentados pelos(as) psicólogos(as) na prática cotidiana da assistência social são de diversas ordens. Dentre estes, destacamos (CFP, 2007; CFP/CFESS, 2007; Fontenele, 2008; CFP, 2011; Macedo e cols., 2011; CFP, 2012; CRP/RS, 2012; Dias, 2012; Senra & Guzzo, 2012; Motta & Scarparo, 2013):

- a falta de profissionais nas equipes e nos territórios, implicando desvios de função, sobrecarga de trabalho e recebimento de demandas de outras políticas;
- as condições de trabalho insatisfatórias, por exemplo, condições materiais, institucionais, físicas, financeiras, meios e instrumentos de trabalho;
- a precarização das relações de trabalho, com o uso de contratos temporários, baixíssimos salários e alta rotatividade de recursos humanos;
- os descompassos entre a atuação profissional e a formação, que não oferta suporte teórico, metodológico ou prático para ações de proteção social; além da ausência de supervisão e formação continuada;
- a falta de especificidade de atuação, atribuições e competências entre psicólogos(as), pedagogos(as) e assistentes sociais nos Serviços Socioassistenciais;

- as dificuldades em realizar atividades interdisciplinares e colaborativas, reduzindo a abordagem multiprofissional à figura do "técnico de referência", ignorando-se as especificidades das áreas e dificultando o acompanhamento familiar longitudinal interdisciplinar; e
- a desarticulação da rede intersetorial nos territórios, de modo que frequentemente inexistem possibilidades institucionais para atender às demandas dos sujeitos e de famílias atendidas/acompanhadas no SUAS.

Apesar de o princípio da intersetorialidade ser um dos princípios organizadores do SUAS e do trabalho do psicólogo nesse campo, e de possuir caráter interdisciplinar, intersetorial e interinstitucional (CFP, 2012), uma queixa bastante frequente dos(as) psicólogos(as) que atuam no SUAS diz respeito às dificuldades de articulação da rede de referência no território. Especialmente nos pequenos municípios brasileiros, é comum que exista apenas um profissional para responder por todas as demandas da política de assistência social, além de atender a demandas de políticas de saúde e educação (CFP, 2012). Com frequência, verifica-se grande desgaste emocional dos profissionais do SUAS diante das muitas e variadas demandas sociais com que lidam e para as quais encontram uma rede de proteção fragilizada, mesmo em face de situações de graves violações de direitos.

A articulação dentro da rede socioassistencial e da rede intersetorial é uma diretriz central para ampliar a proteção social, para uma atuação emancipadora a ser realizada pelos(as) psicólogos(as) no SUAS e para a efetivação do trabalho integrado do Sistema de Garantia de Direitos, que deve, de maneira transversal e intersetorial, articular todas as políticas públicas nos territórios (CFP, 2012). Algumas estratégias que podem colaborar para a complexa tarefa de articulação da rede intersetorial são: a troca de experiências; a compreensão das competências de cada ator da rede; a minimização de disputas de poder entre as diversas políticas; a organização de fluxos intersetoriais; bem como a construção coletiva (e formalização pelos gestores) de pactos e protocolos intersetoriais de atendimento, considerando as limitações e as potencialidades de cada serviço da rede (CFP, 2012).

Em resumo, o momento atual de implementação do SUAS e a realidade do cotidiano de muitos Serviços Socioassistenciais têm apresentado barreiras para que psicólogos(as) atuem de modo interdisciplinar, intersetorial e emancipador. No entanto, a articulação da rede intersetorial e o fortalecimento do Sistema de Garantia de Direitos nos territórios são eixos orientadores para lidar com esses desafios profissionais.

Nesse contexto de reconfiguração da prática e da identidade profissional dos(as) psicólogos(as) que atuam na assistência social, é importante que os modelos de intervenção se comprometam com a promoção de transformações na realidade social, conforme discutido por Senra e Guzzo (2012). Nessa direção, o conceito de cultura se torna central para construir inovações na formação e na atuação do psicólogo e para ressignificar os compromissos sociais assumidos pela Psicologia brasileira ao longo da linha do tempo, conforme discutiremos na seção a seguir.

A Centralidade da Cultura na Formação e na Atuação do Psicólogo Trabalhador da Assistência Social

Conforme discutido, ainda são necessárias uma formação acadêmica mais bem alinhada com a realidade do contexto das políticas públicas e uma formação continuada em serviço para os(as) psicólogos(as) no SUAS (CRP/RS, 2012). Permanece o desafio de formar psicólogos(as) preparados(as) para práticas profissionais comprometidas, ética e politicamente, com a promoção de transformações sociais, com a garantia de direitos e com o desenvolvimento de sujeitos, famílias e comunidades (CFP, 2007; Ximenes, Paula & Barros, 2009; Yamamoto & Oliveira, 2010; CFP, 2012).

Alguns conhecimentos que podem subsidiar a construção de práticas emergentes de psicólogos(as) no SUAS se referem a: garantia de direitos; marcos legais e normativos das políticas públicas; desigualdade social, violação de direitos e vulnerabilidade social; formação teórica e metodológica para o trabalho social com famílias, grupos e redes; além de saberes sobre especificidades étnicas e culturais das diversas populações brasileiras.

Além disso, nas últimas décadas, o ensino superior tem-se alinhado a lógicas mercantis que comprometem a formação do psicólogo para a atuação na proteção social e para a garantia de direitos. Questões psicopolíticas subjacentes ao compromisso social da Psicologia e ao reconhecimento da diversidade cultural precisam ser discutidas profundamente ao longo da formação do psicólogo, de modo que a sua atuação profissional seja consoante com a diversa realidade social do nosso país (Chagas, 2017). As teorias e as metodologias utilizadas na Psicologia precisam ser contextualizadas de acordo com o desenvolvimento das políticas públicas e fundamentadas em uma concepção ético-política característica da perspectiva da defesa de direitos.

Dentre as competências e habilidades preconizadas nas Diretrizes Curriculares para o Curso de Graduação em Psicologia, aprovadas pela Resolução CNE n. 5, de 15 de março de 2011, destaco alguns princípios, compromissos e competências que se associam intrinsecamente com os princípios, objetivos e seguranças afiançadas pela política pública de assistência social. Estes incluem: a "compreensão crítica dos fenômenos sociais, econômicos, culturais e políticos do país, fundamentais ao exercício da cidadania e da profissão" (artigo 3º, inciso IV); a "atuação em diferentes contextos considerando as necessidades sociais, os direitos humanos, tendo em vista a promoção da qualidade de vida dos indivíduos, grupos, organizações e comunidades" (artigo 3º, inciso V); e "coordenar e manejar processos grupais, considerando as diferenças individuais e socioculturais dos seus membros" (artigo 8º, inciso VII).

Essas Diretrizes evidenciam a necessidade da incorporação do conceito de cultura na formação do psicólogo trabalhador da política de assistência social. No entanto, segundo as críticas apresentadas por Chagas (2017), o conceito de cultura não tem sido articulado efetivamente com a práxis em Psicologia e a formação de psicólogos(as) que, ainda hoje, se caracteriza pela ausência de conhecimentos multiculturais e pelo predomínio de conhecimentos derivados das áreas biomédicas, que instituíram modelos de intervenção psicométricos e modelos clínicos de atendimento individual.

Historicamente, a atuação profissional dos(as) psicólogos(as) no Brasil esteve associada ao atendimento a demandas vindas das classes dominantes, em consultórios particulares, escolas e empresas, pautado em perspectivas classificatórias e patologizantes junto a populações que enfrentam vulnerabilidades sociais (CFP, 2011; CFP, 2012). Até hoje, a representação social da Psicologia como serviço particular elitista e despolitizado permanece comum.

Guzzo (2016, p. 15) realiza uma importante crítica no que se refere ao papel da "psicologia do *status quo*". Nesta, o psicólogo atuava em busca do ajustamento das pessoas às condições concretas que circunscreviam suas possibilidades de desenvolvimento, favorecendo cenários de opressão. Tratava-se de uma Psicologia que legitimava práticas reprodutivistas, individualizantes e preconceituosas diante da diversidade de arranjos e culturas familiares brasileiras.

A formação do psicólogo como profissional liberal e elitista, cujo trabalho era realizado fora do contexto sociocultural de que os sujeitos atendidos participavam, se consolidou no meio acadêmico (Guzzo, 2016). Esse perfil profissional foi marcado pela naturalização, universalização e descontextualização dos fenômenos psicológicos, pela culpabilização das pessoas por seus processos de sofrimento e exclusão social e pela falta de participação política da categoria profissional. Historicamente, os(as) psicólogos realizavam intervenções psicoterápicas em clínicas privadas, com raríssima inserção no âmbito das políticas públicas, em movimentos sociais ou no terceiro setor.

Essas práticas convencionais se transformaram em práticas normativas e reguladoras de comportamentos sociais, pois se centravam exclusivamente no plano individual, em concepções de sujeitos a-históricas e descontextualizadas culturalmente, em intervenções intrapsicológicas unidisciplinares, com pretensões curativas e remediativas (Vasconcelos, 2011). A Psicologia, como profissão, em muitas ocasiões, distanciou-se dos contextos históricos e culturais nos quais se processam os fenômenos psicológicos, gerando profundas contradições entre as estratégias profissionais disponíveis e as demandas advindas das diferentes circunstâncias de vida (Scarparo & Guareschi, 2007). Como exemplo dessa contradição, muitos(as) psicólogos(as) têm-se sentido despreparados(as) para enfrentar os desafios de trabalhar nas políticas sociais.

Assim, o conhecimento psicológico, durante muito tempo, foi utilizado ideologicamente com objetivos classificatórios, excludentes, normativos e prescritivos, empregando metodologias descontextualizadas das realidades socioculturais em que as pessoas se encontram inseridas e sem compromissos com mudanças sociais. Práticas psicológicas desse tipo predominaram até a década de 1980, convergindo com um modelo de sociedade profundamente desigual, cujos direitos se destinavam a apenas algumas classes sociais privilegiadas.

No entanto, com uma inserção maior da Psicologia nas políticas públicas, a sua atuação tem-se tornado mais comprometida com a diversidade sociocultural brasileira e com a defesa dos direitos sociais. Desde o final da década de 1970, práticas profissionais baseadas na ética da emancipação humana têm sido construídas por diversos(as) psicólogos(as) brasileiros(as), procurando trabalhar para o enfrentamento de situações de vulnerabilidade social. No final da década de 1980, a atuação psicológica assumiu o lema do compromisso social, e suas práticas se voltaram para a garantia de direitos e para o envolvimento dos sujeitos nas ações realizadas, segundo suas histórias de vida, suas crenças, seus valores e suas experiências socioculturais (CFP, 2011; CFP, 2012; Guzzo, 2016; Vasconcelos, 2011).

Em pouco mais de 50 anos de profissão no Brasil, a Psicologia tem-se transformado na direção de uma atuação mais comprometida e contextualizada, socialmente e culturalmente (CFP, 2012). O compromisso da Psicologia com a promoção de direitos procura valorizar as potencialidades e a agência de sujeitos e grupos sociais, e os implicar na construção de respostas às situações de violação de direitos que vivenciam (CFP, 2012). Contrapondo o modelo tradicional de atuação psicológica, o SUAS se fundamenta em um enquadre sociocultural e em um "paradigma da cidadania" (CFP, 2012, p. 33), orientado para a garantia dos direitos e para o desenvolvimento de sujeitos, famílias e comunidades, considerando suas circunscrições sociais, econômicas, históricas, culturais e afetivas.

Essa fundamentação do SUAS é coerente com os princípios fundamentais do próprio Código de Ética profissional do psicólogo (CFP, 2005, p. 8), os quais preconizam que:

I. O psicólogo baseará o seu trabalho no respeito e na promoção da liberdade, da dignidade, da igualdade e da integridade do ser humano, apoiado nos valores que embasam a Declaração Universal dos Direitos Humanos.

II. O psicólogo trabalhará visando promover a saúde e a qualidade de vida das pessoas e das coletividades e contribuirá para a eliminação de quaisquer formas de negligência, discriminação, exploração, violência, crueldade e opressão.

III. O psicólogo atuará com responsabilidade social, analisando crítica e historicamente a realidade política, econômica, social e cultural.

Considerando a polissemia do conceito de cultura, explicitamos que o conceito de cultura adotado neste capítulo se aproxima da abordagem semiótica de cultura de Clifford Geertz (1989) e da vertente semiótico-sociocultural em Psicologia. Nesse sentido, a cultura é interpretada como uma teia de significados tecida pelos sujeitos que orienta a existência humana. Ao mesmo tempo que os sujeitos constroem sua cultura, mudam sua constituição como seres sociais.

A vida em sociedade é constantemente reconstruída, ao longo deste processo de constituição e de reconstituição cultural e subjetiva. Assim, a cultura é um sistema dinâmico que funciona simultaneamente como cenário e como instrumento de constituição dos sujeitos em desenvolvimento (Madureira & Branco, 2005; Yokoy de Souza, 2012).

A cultura não é, portanto, uma mera variável a mais a ser considerada, nem é suposta fonte de erro que contaminaria a suposta "neutralidade" do trabalho do psicólogo. Ao analisar a construção da política de assistência social, Silva (2012) destaca que a cultura é parte da totalidade social, inserida na trama de relações sociais; é o espaço dinâmico de mediação, de intencionalidade e de construção de novas demandas coletivas.

A perspectiva sociocultural em Psicologia compreende que o desenvolvimento humano é promovido por meio da relação entre canalização cultural e agência subjetiva (Valsiner & Rosa, 2007). Branco, Pinto e Palmieri (2012, p. 96) denominam canalização cultural como "o processo, segundo o qual, a cultura promove o desenvolvimento em determinadas direções por meio de sugestões sociais implícitas (indiretas) ou explícitas (diretas)". A canalização cultural, portanto, remete ao processo em que sugestões sociais disponibilizam significados ao sujeito em desenvolvimento. Esse processo é complementado pela participação ativa do sujeito na internalização criativa de referências interpretativas presentes na cultura de que participa.

Assim, a cultura é um fenômeno social e semiótico, originado, mantido, transmitido e transformado bidirecionalmente por meio da participação ativa dos sujeitos nas práticas sociais cotidianas. O modelo de transmissão cultural bidirecional (Valsiner, 1994) destaca o papel ativo e transformador do sujeito sobre o seu próprio desenvolvimento e sobre as práticas e contextos culturais em que se insere.

Nessa perspectiva, a cultura é concebida como um sistema dinâmico, que é simultaneamente transmitida de forma coletiva através das gerações, e é transformada pela ação criativa dos sujeitos e dos grupos sociais (Madureira & Branco, 2005). Sujeito, cultura, práticas culturais e contextos sociais se constituem mutuamente em temporalidades históricas e ontogenéticas (Bruner, 2001; Branco & Valsiner, 2012). De forma mais específica,

> Compreendemos a cultura como um sistema aberto que engloba a produção humana e os processos de significação nos seus mais diversos níveis: instrumentos técnicos e tecnológicos, estruturas arquitetônicas, produções artísticas, científicas, filosóficas (produtos culturais), processos de construção de significados, crenças e valores (processos culturais) [...] A cultura engloba tanto uma dimensão material, cristalizada nos produtos culturais, como uma dimensão simbólica, mais fluida, presente nos processos culturais de significação do mundo e de si mesma (Madureira & Branco, 2005, p. 101).

A cultura, como categoria analítica na política de assistência social, remete a um modo de interpretar a organização das relações entre diversos grupos sociais, buscando construir intervenções contextualizadas para a proteção social e para a garantia de direitos. Para a formação do assistente social, apenas na década de 1950 a cultura começou a ser debatida de modo a dar a devida importância de conhecer a cultura das comunidades com as quais o assistente social trabalhava (Moljo & Cunha, 2009). Desde então, os aspectos culturais são centrais para o desenvolvimento do trabalho realizado pelos profissionais do Serviço Social.

No caso dos psicólogos, a incorporação do conceito de cultura na formação ainda é incipiente, apesar de poder orientar práticas profissionais inovadoras na política de assistência social. Em uma perspectiva sociocultural, a compreensão dos processos de coconstrução de significados, crenças e valores é estratégia importantíssima para dar sentido à relação intrínseca entre os contextos socioculturais e os processos de desenvolvimento humano, familiar e comunitário. Nessa ótica, a compreensão das dificuldades enfrentadas pelas pessoas em situações de desigualdade e exclusão social somente pode ser realizada por meio da problematização crítica dos elementos da realidade que circunscreve socioculturalmente o desenvolvimento dessa população.

Massimi (2006) defende que aprofundar a compreensão entre processos psicológicos e fenômenos culturais é necessário para a construção de saberes psicológicos convergentes com o universo multifacetado e multicultural da sociedade brasileira. Para ela, os processos culturais são os próprios campos em que os processos psicológicos são constituídos, vivenciados, experienciados. O tecido social brasileiro é permeado por diversas modalidades de elaboração da experiência psicológica associada à diversidade cultural e social existente no país. Desse modo, a diversidade cultural colabora para a construção de processos identitários também diversos.

Conforme problematizado por Moljo e Cunha (2009), o estudo da cultura permite uma compreensão contextualizada das vivências das práticas sociais por sujeitos concretos diversos, em um dado período histórico. As trajetórias de desenvolvimento de sujeitos, famílias e comunidades atendidas/acompanhadas no SUAS e a própria atuação do psicólogo na política de assistência social são circunscritas pelo quadro cultural mais amplo da sociedade brasileira. Compartilham-se parâmetros culturais que sustentam uma sociedade desigual, competitiva, em que alguns exploram muitos e se busca a satisfação imediata de necessidades individuais. O(a) psicólogo(a) que fundamenta sua atuação em uma intencionalidade emancipadora e transformadora de desigualdades sociais não pode estar alienado de reflexões críticas sobre os contextos sociopolíticos dos quais ele(a) participa (CFP, 2007; Guzzo, 2016).

Quando falamos de práticas psicológicas contextualizadas socioculturalmente, assume-se que as questões pessoais são interdependentes das relações de poder presentes nas relações sociais. Para ilustrar esse argumento, indicamos que, para muitos sujeitos que enfrentam situações de vulnerabilidade, risco social e/ou de violação de direitos, a violência e a criminalidade podem ser importantes expressões que circunscrevem sua sobrevivência. As expressões da violência mantêm uma relação de interdependência com fatores econômicos, políticos, históricos e socioculturais (Lopes de Oliveira, 2016). A violência costuma se manifestar, mais frequentemente, em meio a condições socioinstitucionais e comunitárias caracterizadas por violação de direitos, vulnerabilidades e desassistência.

No caso de adolescentes e jovens expostos a grandes riscos e vulnerabilidades sociais, processos de criminalização acontecem de modo acrítico, criando processos de estigmatização que os significam ideologicamente como os responsáveis pelo aumento da violência urbana e, portanto, alvos de punição por antecipação (Lopes de Oliveira, 2016). É importante, por exemplo, que psicólogos problematizem criticamente os dispositivos de criminalização de adolescentes e jovens junto à rede de proteção.

Aprofundar a compreensão psicossocial da violência, das suas origens e de suas manifestações colabora para que psicólogos(as) construam ações profissionais que avancem além das atuais medidas classificatórias e punitivas, que costumam ser demandadas deles no campo da assistência social (Guzzo, 2016). A demanda por punições cada vez mais rígidas a populações em situação de exclusão social tem aumentado recentemente em nosso país, associada a interesses políticos e ideológicos de setores ultraconservadores da nossa sociedade. Infelizmente, o poder de influência de tais setores tem aumentado no Brasil, o que acaba tendo implicações, também, nas políticas públicas voltadas à assistência social, tais como a redução brutal do orçamento para diversos programas, projetos e ações desenvolvidos no SUAS, como o Programa Bolsa Família, o Benefício de Prestação Continuada e a execução de medidas socioeducativas em meio aberto.

A partir dessas reflexões, defendo que é no seio dos processos culturais que os(as) psicólogos(as) que trabalham na assistência social podem realizar uma atuação profissional promotora de proteção social e de desenvolvimento de sujeitos, famílias e comunidades nos próprios territórios. Considerando os recentes avanços na política de assistência social e o cenário atual de consolidação do SUAS, discutidos ao longo do capítulo, tem-se requerido de psicólogos(as) uma atuação mais orientada por parâmetros culturais e por metodologias que favoreçam processos grupais.

Nessa direção, defendo a ótica semiótico-cultural em Psicologia do Desenvolvimento como subsídio relevante para a formação do psicólogo que trabalha no SUAS. Essa perspectiva se interessa especialmente pelas relações estabelecidas entre desenvolvimento pessoal e as circunstâncias sociais (Lopes de Oliveira, 2016). A partir dela, o desenvolvimento de sujeitos, famílias e comunidades atendidos/acompanhados na assistência social somente pode ser compreendido em relação às condições concretas e às dinâmicas existentes nos contextos socioculturais dos seus territórios.

O viés sociocultural de desenvolvimento humano converge com os princípios de contextualização cultural e de protagonismo dos sujeitos, presentes também no SUAS. Em minha compreensão, a Psicologia do Desenvolvimento pode colaborar de modo importantíssimo para o trabalho social desenvolvido no SUAS, ao ofertar subsídios para a construção de intervenções psicológicas críticas, ampliadas e contextualizadas culturalmente, promovendo o desenvolvimento de sujeitos, famílias e comunidades atendidos/acompanhados e das próprias equipes socioassistenciais.

Em síntese, considerando o momento de transição paradigmática pelo qual passa a política de assistência social no Brasil, é necessário aprofundar as interfaces entre reflexões teóricas sobre a cultura e as práticas profissionais desenvolvidas pelos(as) psicólogos(as) no cotidiano de trabalho das equipes socioassistenciais. No atual SUAS, permanece o desafio de desenvolver propostas de trabalho criativas e garantidoras de direitos. Nesse sentido, a próxima seção busca apresentar alguns indicadores de práticas emergentes para a atuação emancipadora do psicólogo nesse promissor campo de atuação profissional.

Indicadores de Práticas Emergentes Realizadas por Psicólogos no Sistema Único de Assistência Social (SUAS)

A intervenção profissional dos(as) psicólogos(as) na política de assistência social é guiada por diversos princípios éticos. Dentre estes, destacamos (Brasil, 2006; CFP, 2007): a defesa dos direitos socioassistenciais; a atuação interdisciplinar; o trabalho integrado com o contexto e a realidade social, política, econômica e cultural dos territórios; o diálogo entre o saber popular e o saber científico da Psicologia; além da realização de intervenções nos âmbitos individual, familiar, grupal e comunitário.

A partir desses princípios e de estudos sobre as articulações entre a Psicologia e a assistência social (CFP, 2007; Fontenele, 2008; CFP, 2011; CFP, 2012; Guzzo, 2016; Lopes de Oliveira, 2016), podemos destacar diversos indicadores de práticas emergentes, críticas, criativas e emancipadoras realizadas pelos(as) psicólogos(as) no paradigma da cidadania do SUAS. Alguns desses indicadores são:

- A contextualização sociocultural das demandas que chegam aos Serviços Socioassistenciais, abordadas a partir de suas potencialidades e se respeitando a diversidade de culturas pessoais, familiares e comunitárias;
- A promoção de fatores protetivos e o fortalecimento das redes de apoio (ex.: organizações comunitárias, equipamentos de saúde e educação), considerando que, em cada território, existem tanto tensões quanto alternativas de enfrentamento das situações de vulnerabilidade social;
- A articulação da rede socioassistencial e da rede intersetorial, necessária para promover o acesso a direitos e às demais políticas públicas e para a inserção em uma rede de proteção, colaborando para a construção de novos projetos de vida;
- O estabelecimento de relações de confiança e a promoção da participação ativa de sujeitos, famílias e comunidades atendidos/acompanhados pelos Serviços Socioassistenciais, valorizando o protagonismo dessas pessoas nos processos de planejamento, intervenção e gestão psicossocial;
- O trabalho social com grupos, o desenvolvimento de potencialidades coletivas e a construção de espaços de organização social e familiar, fortalecendo vínculos familiares e comunitários; e

- A participação de psicólogos(as), como categoria profissional, nos espaços institucionais da política de assistência social (ex.: Conselhos, Conferências, Fóruns, audiências públicas, mesas de negociações, grupos de construção de processos de trabalho etc.), de modo a contribuir para a construção de intervenções psicológicas críticas e emancipadoras no SUAS.

A construção de práticas profissionais inovadoras no contexto do SUAS é um processo a ser desenvolvido ao longo da linha do tempo e não se realiza de um dia para outro. Esse processo é ainda mais relevante ao passo que vivenciamos, atualmente, uma transição paradigmática na política de assistência social e quando se trabalha em uma sociedade desigual e excludente, como a sociedade brasileira, conforme problematizado por Guzzo (2016) e por Lopes de Oliveira (2016).

Apesar desses obstáculos, compreendo que os(as) psicólogos(as) podem atuar de modo emancipador no SUAS, realizando tanto discussões teóricas quanto construindo práticas cotidianas contextualizadas, críticas e criativas. Psicólogos(as) podem desenvolver novas metodologias de intervenção institucional junto à equipe de atendimento e de gestão socioassistencial, além de possuir um importante papel na atuação em rede com diversos atores do Sistema de Garantia de Direitos.

Em um paradigma da cidadania e da emancipação, os(as) psicólogos(as) que atuam no SUAS podem suplantar os compromissos excludentes, patologizantes e normatizadores que caracterizaram historicamente nossa profissão. Em um movimento análogo, também podem superar paradigmas assistencialistas e higienistas que fazem parte do histórico da assistência social em nosso país.

Defendem-se, aqui, ações profissionais do(a) psicólogo(a) trabalhador(a) do SUAS comprometidas com a autonomia e com o desenvolvimento de sujeitos, famílias e comunidades que enfrentam situações de vulnerabilidade, risco social e/ou violação de direitos. Para a construção dessas novas práticas profissionais na assistência social, esse profissional precisa aprofundar sua análise sobre as demandas iniciais e manifestadas explicitamente que chegam para atendimento, colocando em diálogo parâmetros culturais, contextuais, técnico-científicos e éticos. Nesse sentido, o(a) psicólogo(a) que atua no SUAS deve estar atento à complexidade dos fenômenos envolvidos nas demandas da assistência social, pautando sua atuação em práticas interdisciplinares e intersetoriais, tanto dentro dos Serviços Socioassistenciais quanto nos espaços comunitários, de gestão, de pesquisa, nas instâncias de controle social do SUAS e de articulação do Sistema de Garantia de Direitos.

Considerações Finais

A política de assistência social encontra-se em pleno processo de consolidação no país, com mudanças paradigmáticas na práxis do trabalhador do SUAS e com a ampliação e/ou do reordenamento dos Serviços Socioassistenciais. Por um lado, o trabalho realizado por psicólogos(as) na assistência social tem caminhado em direção a práticas mais alinhadas com o paradigma da cidadania e da defesa de direitos. Por outro, ainda são visíveis incoerências entre as fundamentações legais e filosóficas do SUAS e práticas assistencialistas de atendimento.

Além de recursos financeiros e técnicos, para que essa política realmente atinja suas funções de proteção socioassistencial, defesa social e institucional e vigilância socioassistencial (orientada para a produção de informações territorializadas que sinalizam situações de vulnerabilidade e risco pessoal e social), são necessários investimentos na formação profissional, na melhoria das condições e das relações de trabalho, além do fortalecimento da rede socioassistencial, da rede intersetorial e do Sistema de Garantia de Direitos.

As reflexões sobre a inserção da Psicologia no SUAS reverberam em uma agenda complexa de discussões sobre as condições de trabalho, a formação permanente dos seus atores, a construção de metodologias de ação social, além do fortalecimento de organizações de trabalhadores (CFP, 2007; CFP, 2012).

Nos dias de hoje, ainda são raras as pesquisas sobre a Psicologia na assistência social, e existem graves descompassos entre a formação e a prática profissional dos(as) psicólogos(as) nesse contexto. As recentes referências técnicas para a atuação de psicólogos(as) na assistência social procuram colaborar para uma convergência maior entre a sua formação e os desafios do cotidiano de trabalho. Discussões contemporâneas sobre multiculturalismo e especificidades étnicas e culturais de diversas populações brasileiras precisam integrar a formação de psicólogos(as) que atuarão no SUAS. Ademais, marcos legais e normativos das políticas públicas e conhecimentos sobre indicadores de vulnerabilidade e risco psicossocial são temáticas importantes para melhor instrumentalizar, teoricamente e metodologicamente, os(as) psicólogos(as) para a construção de intervenções profissionais significativas em cenários socioculturais e institucionais diversos.

Além disso, é importante que novas metodologias de trabalho social com e para as famílias, grupos e redes sociais sejam desenvolvidas por psicólogos(as) no SUAS, de modo a favorecer a autonomia, a mobilização e a organização coletiva. Essas metodologias de trabalho se guiam por análises aprofundadas e contextualizadas socioculturalmente das relações e dos contextos diversos em que os sujeitos e famílias se desenvolvem.

A capacitação das equipes e a viabilização de espaços de debate e de reflexões sobre a política de assistência social são tarefas de gestores, de profissionais e de instâncias responsáveis pela formação profissional dos psicólogos, como os cursos de graduação e outros espaços de capacitação continuada em serviço (CFP, 2012). A Política Nacional de Educação Permanente do SUAS (Brasil, 2013), ainda em processo de implantação, segue os princípios da interdisciplinaridade, da aprendizagem significativa e de centralidade dos processos de trabalho e das práticas profissionais. Ela oferta diversos percursos formativos e ações de formação e capacitação para o desenvolvimento de competências profissionais e para o aperfeiçoamento da qualificação técnica das equipes socioassistenciais, tais como: capacitação introdutória, atualização, supervisão técnica para as equipes de trabalho, aperfeiçoamento etc.

A criação de espaços que deem maior visibilidade a intervenções profissionais transformadoras, críticas e ampliadas realizadas por psicólogos(as) no SUAS pode fertilizar a construção de práticas inovadoras nos Serviços Socioassistenciais. No atual cenário, compreendo que a atuação do psicólogo na assistência social, para ser cada vez mais significativa, precisa ser integrada à rede intersetorial de proteção social e de garantia de direitos, em parceria com as pessoas, famílias e comunidades atendidas/acompanhadas pelos Serviços Socioassistenciais.

Gostaria de enfatizar a importância da atuação do psicólogo na assistência social, para a consolidação dessa política pública e para ampliar as possibilidades de intervenção social nos diversos territórios brasileiros. A Psicologia tem importantes contribuições a oferecer, a partir da sua atuação histórica diante da defesa de direitos (ex.: de crianças e adolescentes, de idosos, de pessoas com deficiência), com sua crítica a processos de institucionalização, de judicialização e de medicalização da sociedade (derivadas das contribuições do movimento antimanicomial) e com o questionamento de processos de criminalização de populações em situação de pobreza (CFP, 2012). Essas temáticas são extremamente relevantes diante dos desafios do processo de consolidação do SUAS em nossa sociedade.

A fim de assegurar a especificidade da Psicologia na política de assistência social, sugere-se a criação de espaços de compartilhamento de experiências, desafios e concepções nos Serviços Socioassistenciais, além da presença de psicólogos(as) nos espaços políticos da categoria (CFP, 2012). A construção da identidade profissional do psicólogo dentro da política de assistência social envolve esforços a serem realizados por cada psicólogo(a) e pela categoria profissional, em um sentido mais amplo, na direção do reconhecimento da profissão e das suas especificidades no contexto de trabalho interdisciplinar e intersetorial do SUAS (CPF, 2012). Nesse processo, existem tensões e potencialidades que podem alavancar revisões críticas sobre os compromissos sociais assumidos pelos(as) psicólogos(as) que trabalham no contexto das políticas públicas brasileiras.

Por fim, sugere-se a realização de mais estudos, pesquisas e publicações sobre as práticas psicológicas no campo do SUAS, de modo a contribuir para o desenvolvimento da Psicologia, como profissão e ciência, e para aproximar a formação da prática experienciada pelos(as) psicólogos(as) no dia a dia dos Serviços Sociassistenciais. Para colaborar nesse processo de formação de psicólogos(as) que desenvolvem ou desenvolverão seu ofício no SUAS, procurei compartilhar diálogos estabelecidos entre experiências profissionais, pesquisas científicas e conhecimentos sobre a Política Nacional de Assistência Social; as referências técnicas para a atuação de psicólogos no SUAS; o compromisso social do psicólogo como trabalhador social; bem como o panorama da atuação e os desafios enfrentados pelos(as) psicólogos(as) brasileiros no cotidiano da assistência social.

Com base nos elementos anteriormente mencionados, procurei sintetizar indicadores de práticas emergentes e emancipadoras realizadas por psicólogos(as) no SUAS, centradas nas perspectivas socioculturais de desenvolvimento humano e contextualizadas no paradigma da cidadania e da garantia de direitos.

Os princípios do SUAS e os indicadores de práticas emergentes do psicólogo na política de assistência social sinalizam para a catalisação coletiva de novas trajetórias de desenvolvimento subjetivo, familiar e comunitário. Nessa direção, a Psicologia comociência e profissão é convidada a ressignificar seus compromissos sociais, caminhando para uma práxis culturalmente contextualizada e promotora de transformações nas condições concretas de vida das pessoas e nas relações sociais cotidianas.

A Psicologia, como ciência humana, estabelece diálogos interdisciplinares tanto no campo da produção teórica quanto no campo das intervenções profissionais. No âmbito do SUAS, essa interdisciplinaridade é premente ao longo do cotidiano das equipes multiprofissionais de atendimento/acompanhamento e de gestão socioassistencial, demandando transformações significativas na formação, inicial e permanente, dos(as) psicólogos(as).

O conceito de cultura foi aqui privilegiado para o desenvolvimento de reflexões relacionadas à formação, às metodologias de trabalho e à atuação profissional dos(as) psicólogos(as) na política de assistência social. Esse conceito aponta para profícuos diálogos transdisciplinares entre a Psicologia e outras ciências, sociais e humanas, considerando a composição multiprofissional das equipes de referência dos Serviços Socioassistenciais, especialmente entre Psicologia, Serviço Social, Pedagogia e Direito.

O enquadre sociocultural do SUAS salienta a relevância das circunscrições sociais, econômicas, históricas, culturais e afetivas dos fenômenos psicológicos e sociais, como, por exemplo, do sofrimento psíquico, dos pertencimentos sociais, das reconfigurações identitárias, das demandas coletivas, das práticas familiares de cuidado, bem como das relações de solidariedade existentes em uma comunidade. Ao longo do capítulo, procurei dar destaque à articulação entre cultura e psiquismo humano no contexto da política pública de assistência social. Considero essa articulação especialmente importante diante do atual cenário sociocultural brasileiro, em que testemunhamos o acirramento das desigualdades sociais e o aviltamento de diversas populações, historicamente excluídas em nossa sociedade, como jovens em situação de pobreza, povos indígenas e pessoas transgênero, dentre outras.

Defendo a contextualização sociocultural como premissa para a emergência de práticas psicológicas que promovam o desenvolvimento, a proteção social, a cidadania e os direitos humanos junto a sujeitos, famílias e comunidades que participam do SUAS, valorizando suas potencialidades, especificidades e diversidade, de modo a romper com o histórico psicologizante e normatizador da nossa profissão nesse contexto.

Referências

Appio, M. & Tramontin, V. G. (2012). Serviço de Proteção Social Especial para pessoas idosas e suas famílias. *EntreLinhas — Conselho Regional de Psicologia do Rio Grande do Sul, 57*, p.10.

Branco, A. U. & Valsiner, J. (2012). Introduction: Values as culture in self and society. In J. Valsiner & A. U. Branco (Orgs.), *Cultural psychology of human values* (pp. viii-xviii). Charlotte: Information Age Publishing.

Branco, A., Pinto, R., & Palmieri, M. (2012). Cooperação e promoção da paz: Valores e práticas sociais em contextos educativos. In A. Branco & M. C. Lopes de Oliveira (Orgs.), *Diversidade e cultura da paz na escola: Contribuições da perspectiva sociocultural* (pp. 95-121), Porto Alegre: Mediação.

Brasil (2004). *Política Nacional de Assistência Social (PNAS).* Brasília: Ministério do Desenvolvimento Social e Combate à Fome.

Brasil (2006). *Norma Operacional Básica de Recursos Humanos do SUAS.* Brasília: Ministério do Desenvolvimento Social e Combate à Fome/Secretaria Nacional de Assistência Social.

Brasil (2009). *Orientações Técnicas. Centro de Referência de Assistência Social — CRAS.* Brasília: Ministério do Desenvolvimento Social e Combate à Fome.

Brasil (2013). *Política Nacional de Educação Permanente do SUAS.* Brasília: Ministério do Desenvolvimento Social e Combate à Fome.

Bruner, J. (2001). *A cultura da educação.* Porto Alegre: Artmed.

Chagas, R. S. (2017). *Sabe com quem você está falando? A ausência de conhecimentos multiculturais na formação de psicólogos* [Tese de Doutorado em Psicologia: Psicologia Social, Pontifícia Universidade Católica de São Paulo, São Paulo].

Conselho Federal de Psicologia (2005). *Resolução CFP n. 010 de 21 de julho de 2005.* Dispõe sobre o Código de Ética dos Profissionais da Psicologia. Brasília: Conselho Federal de Psicologia.

Conselho Federal de Psicologia (2007). *Referência Técnica para atuação do(a) psicólogo(a) no CRAS/SUAS.* Brasília: Conselho Federal de Psicologia.

Conselho Federal de Psicologia (2009). *Serviço de Proteção Social a Crianças e Adolescentes Vítimas de Violência, Abuso e Exploração Sexual e suas Famílias: Referências para a atuação do psicólogo*. Brasília: Conselho Federal de Psicologia.

Conselho Federal de Psicologia (2011). *Como os psicólogos e as psicólogas podem contribuir para avançar o Sistema Único de Assistência Social (SUAS) — Informações para gestoras e gestores*. Brasília: Conselho Federal de Psicologia.

Conselho Federal de Psicologia (2012). *Referências técnicas para prática de psicólogas(os) no Centro de Referência Especializado da Assistência Social — CREAS*. Brasília: Conselho Federal de Psicologia.

Conselho Federal de Psicologia/Conselho Federal de Serviço Social (2007). *Parâmetro para atuação de assistentes sociais e psicólogos(as) na Política de Assistência Social*. Brasília: Conselho Federal de Psicologia/Conselho Federal de Serviço Social.

Conselho Regional de Psicologia do Rio Grande do Sul (2012). Atuação do psicólogo no SUAS. *EntreLinhas — Conselho Regional de Psicologia do Rio Grande do Sul*, *57*, 4-15.

Dias, M. T. G. (2012). Os desafios do trabalho interdisciplinar no SUAS. *EntreLinhas — Conselho Regional de Psicologia do Rio Grande do Sul*, *57*, 4-4.

Fontenele, A. F. G. T. (2008). *Psicologia e Sistema Único da Assistência Social: Estudo sobre a inserção dos psicólogos nos Centros de Referência da Assistência Social: CRAS* [Dissertação de Mestrado, Universidade Federal do Ceará, Fortaleza].

Geertz, C. (1989). *A interpretação das culturas*. Rio de Janeiro: Zahar.

Guzzo, R. S. L. (2016). Risco e proteção: Análise crítica de indicadores para uma intervenção preventiva na escola. In M. N. Viana & R. Francischini (Orgs.), *Psicologia Escolar: Que fazer é esse?* (pp. 9-36). Brasília: Conselho Federal de Psicologia.

Lemke, R. A. & Silva, R. A. N. D. (2010). A busca ativa como princípio político das práticas de cuidado no território. *Estudos e Pesquisas em Psicologia*, *10*(1), 281-295.

Lopes de Oliveira, M. C. S. (2016). A ação socioeducativa no contexto da justiça juvenil: Interlocuções com a Psicologia Escolar. In M. N. Viana & R. Francischini (Orgs.), *Psicologia Escolar: Que fazer é esse?* (pp. 126-139). Brasília: Conselho Federal de Psicologia.

Macedo, J. P., Sousa, A. P. de, Carvalho, D. M. de, Magalhães, M. A., Sousa, F. M. S., & Dimenstein, M. (2011). O psicólogo brasileiro no SUAS: Quantos somos e onde estamos? *Psicologia em Estudo, 16*(3), 479-489.

Madureira, A. F. A. & Branco, A. U. (2005). Construindo com o outro: uma perspectiva sociocultural construtivista do desenvolvimento humano. In M. A. Dessen & Costa Júnior, A. D. (Orgs.), *A ciência do desenvolvimento humano: Tendências atuais e perspectivas futuras* (pp. 90-109). Porto Alegre: Artes Médicas.

Massimi, M. (2006). Psicologia e cultura na perspectiva histórica. *Temas em Psicologia, 14*(2), 177-187.

Moljo, C. & Cunha, A. M. (2009). Serviço Social e cultura: Considerações acerca das concepções de cultura na trajetória da profissão no Brasil desde a sua gênese até os anos 1990. *Libertas, 4*(1), 78-104.

Motta, R. F. & Scarparo, H. B. K. (2012). A inserção da Psicologia em pesquisas na Assistência Social. *EntreLinhas — Conselho Regional de Psicologia do Rio Grande do Sul, 57*, p.5.

Motta, R. F. & Scarparo, H. B. K. (2013). A Psicologia na assistência social: transitar, travessia. *Psicologia & Sociedade, 25*(1), 230-239.

Resolução CNAS n. 17/2011. *Resolução n. 17, de 20 de junho de 2011.* Ratifica a equipe de referência definida pela Norma Operacional Básica de Recursos Humanos do Sistema Único de Assistência Social — NOB-RH/SUAS e reconhece as categorias profissionais de nível superior para atender as especificidades dos Serviços Socioassistenciais e das funções essenciais de gestão do Sistema Único de Assistência Social — SUAS. Brasília: Conselho Nacional de Assistência Social.

Resolução CNE n. 5/2011. *Resolução n. 5, de 15 de março de 2011.* Institui as Diretrizes Curriculares Nacionais para os cursos de graduação em Psicologia, estabelecendo normas para o projeto pedagógico complementar para a formação de professores de Psicologia. Brasília: Conselho Nacional de Educação.

Rizzini, I. (2005). O surgimento das instituições especializadas na internação de menores delinquentes. In M. H. Zamora (Org.), *Para além das grades: Elementos para a transformação do sistema socioeducativo* (pp. 9-12). Rio de Janeiro: Editora PUC Rio.

Rizzini, I. & Rizzini, I. (2004). *A institucionalização de crianças no Brasil: Percurso histórico e desafio do presente*. Rio de Janeiro: Editora PUC-Rio.

Romagnoli, R. C. (2012). O SUAS e a formação em psicologia: territórios em análise. *ECOS, 1*(2), 120-132.

Scarparo, H. B. K. & Guareschi, N. M. de F. (2007). Psicologia social comunitária e formação profissional. *Psicologia & Sociedade, 19*(2), 100-108.

Senra, C. & Guzzo, R. (2012). Assistência Social e Psicologia: sobre as tensões e conflitos do psicólogo no cotidiano do serviço público. *Psicologia & Sociedade, 24*(2), 293-299.

Silva, F. C. (2012). *Assistência Social e cultura política: O processo de uma política em construção* [Dissertação de Mestrado em Serviço Social, Universidade Federal de Juiz de Fora, Juiz de Fora].

Valsiner, J. (1994). Bidirectional cultural transmission and constructive sociogenesis. In W. de Graaf & R. Maier (Orgs.), *Sociogenesis reexamined* (pp. 47-70). New York: Springer.

Valsiner, J. & Rosa, A. (2007). Contemporary social-cultural research: Uniting culture, society, and psychology. In J. Valsiner & A. Rosa (Orgs.), *The Cambridge handbook of sociocultural psychology* (pp. 1-20). New York: Cambridge University Press.

Vasconcelos, E. M. (2011). Os psicólogos e sua inserção no SUAS: Da sensação inicial de perda de identidade ao reconhecimento de uma nova profissionalidade e de suas bases teóricas. In Secretaria Municipal de Assistência Social e Direitos Humanos/Resende — RJ (Org.), *Cadernos da Assistência Social, volume I: Contribuições para a proteção básica e proteção especial* (p. 33-65). Resende: Secretaria Municipal de Assistência Social e Direitos Humanos.

Ximenes, V. M., Paula, L. R. C., & Barros, J. P. P. (2009). Psicologia comunitária e política de Assistência Social: diálogos sobre atuações em comunidade. *Psicologia: Ciência e Profissão, 29*(4), 672-685.

Yamamoto, O. & Oliveira, I. (2010). Política social e psicologia: Uma trajetória de 25 anos. *Psicologia: Teoria e Pesquisa, 26(especial)*, 9-24.

Yokoy de Souza, T. (2012). *Processos de desenvolvimento de educadores sociais do sistema de medidas socioeducativas: Indicadores de formação* [Tese de Doutorado em Processos de Desenvolvimento Humano e Saúde, Universidade de Brasília, Brasília].

Capítulo 9

Reflexões sobre a Formação de Profissionais do Campo da Saúde Mental:
Interdisciplinaridade e Convivência

Tania Inessa Martins de Resende

O presente capítulo propõe reflexões sobre a formação dos profissionais do campo da saúde mental. Tais reflexões partem do reconhecimento de uma formação hospitalocêntrica, sintomatológica e historicamente autoritária dos profissionais de saúde, de forma geral, e também no campo da saúde mental. Em um primeiro momento, será feita uma breve reflexão sobre as dificuldades para alcançar as diretrizes curriculares nacionais na formação dos profissionais de saúde. Ressalta-se a importância de uma formação e atuação política, sensível e crítica à realidade brasileira, que reconheça a necessidade da interdisciplinaridade como antídoto ao excesso de especialização.

Especificamente no campo da saúde mental, é questão fundamental o esforço para acolher as especificidades das pessoas que acompanhamos, tanto no seu modo de organizar o sofrimento psíquico quanto em suas experiências culturais. A convivência é apresentada como uma forma estratégica de cuidado no campo da saúde mental e potencialmente transformadora das relações estabelecidas entre profissionais e usuários, em uma perspectiva de horizontalização. De modo que o cuidado ofertado propicie novas possibilidades de vida e de relações sociais, criando condições concretas que permitam que os momentos de sofrimento existencial e social se modifiquem; e, ao mesmo tempo, transformem as formas de lidar com a experiência de sofrimento e de invalidação, de maneira a habilitar a sociedade para conviver com a diferença.

As Diretrizes Curriculares Nacionais: um Esforço em Direção ao Reconhecimento da Insuficiência da Formação dos Profissionais de Saúde

Com a construção do projeto de um Sistema Único de Saúde (SUS), a partir da reforma sanitária, no contexto de redemocratização do país, surge um novo desafio na formação de profissionais de saúde. Fez-se (e ainda se faz) necessária uma mudança de perspectiva: do modelo biomédico, centrado na doença do indivíduo e marcantemente operado a partir de uma ênfase na especialização, para um modelo de formação (e atuação), cujo foco se desloca para a saúde e para o coletivo. Segundo Moreira e Dias (2015), essa mudança exige não apenas modificações na estrutura curricular, mas também a incorporação de docentes de diferentes áreas de saber no processo de formação. Essa necessidade é oriunda, em especial, do reconhecimento de que os processos de saúde e de adoecimento não se resumem a aspectos biológicos, mas fatores culturais, sociais, psicológicos, éticos, entre outros, fazem parte da estruturação desses processos.

No entanto, essas mudanças ainda estão em processo de consolidação de forma desigual em nosso território. "Não por acaso, mais de uma década depois da promulgação das DCN algumas IES ainda trabalham com currículos distantes daqueles previstos pelas DCN. Ou seja, os desafios para operar com os efeitos curriculares dessas diretrizes parecem contínuos" (Moreira & Dias, 2015, p. 304).

Nesse sentido, Pereira e Lages (2013) apontam como a formação dos profissionais de saúde historicamente está, de forma predominante, sustentada em um modelo educacional tradicional, isto é, centrado no professor e baseado em disciplinas, revelando a fragmentação do conhecimento.

Segundo os autores, a VIII Conferência Nacional de Saúde é um marco no reconhecimento e na denúncia da formação inadequada dos profissionais de saúde, não apenas em nível técnico, mas também, e principalmente, quanto aos aspectos éticos pautados em uma consciência social (Pereira & Lages, 2013). A *interdisciplinaridade* e a *convivência* nos parecem ser duas diretrizes para investir nas mudanças necessárias para diminuir as lacunas entre o projeto de saúde preconizado (Brasil, 2005) e a formação dos profissionais.

Desafios para uma Formação Profissional em Saúde menos Autoritária e Prescritiva: o Caminho da Interdisciplinaridade

Demo (2005), em um instigante trabalho sobre éticas multiculturais, diferencia argumento de autoridade de autoridade do argumento, nos fornecendo um caminho interessante para pensar a formação (e atuação) dos profissionais de saúde. Na autoridade do argumento visa-se engrandecer a convivência igualitária,[1] entre iguais e diferentes,

1. O termo igualitário condensa a complexidade dialética de pessoas ao mesmo tempo iguais e diferentes, "capazes de se doarem para a comunidade sem perder sua individualidade,

enquanto que o argumento de autoridade pressupõe um alinhamento de fora para dentro e de cima para baixo (Demo, 2005). Não é possível a autonomia prosperar no argumento de autoridade, pois o controle é valor maior: "o moralista acha que pode ou tem direito de dizer ao outro como deveria comportar-se, tomando como referência menos os direitos iguais e diferentes da convivência comum, do que a si mesmo como protótipo" (Demo, 2005, p. 36). Quão próxima é essa posição do moralista, descrita pelo autor, da postura dos profissionais de saúde, aprendida e reproduzida no encontro com os usuários dos serviços de saúde?

A autoridade do argumento, continua Demo (2005), pressupõe parceiros que legitimam a palavra do outro, que usam a palavra, mas deixam o outro usar, fundamentam suas opiniões, questionam e, acima de tudo, se *autoquestionam*. Implica um encontro de sujeitos que se reconhecem como sujeitos, pressupondo processos educativos autênticos, políticos e emancipatórios (Resende, 2015). Valoriza a crítica que vem do outro: "espera-se que a crítica que vem do outro seja civilizada, ainda que naturalmente negativa" (Demo, 2005, p. 51), afinal o valor da crítica está justamente em seu potencial disruptivo, "geralmente dura de engolir, mas por isso mesmo produtiva" (p. 51). Não significa abdicar de posição própria, continua Demo (2005), mas colocar o bem comum acima do interesse próprio; assim, caracteriza-se o relacionamento ético que se sustenta na autoridade do argumento, que só floresce em espaços destituídos de pretensões definitivas, em ambientes relativos, portanto interdisciplinares.

A sociedade desejada seria aquela em que a pluralidade das pessoas pudesse conviver em relativo conflito e harmonia, visando, ao final, prevalecer o bem comum, assim, para o autor, ética incontestável é imposição e não ética, não permite a convivência. As éticas da convivência igualitária têm como referência maior o bem comum: "busco a qualidade política de que seríamos capazes em sociedade, desde que a politicidade humana tivesse como fulcro a convivência possível"

---

ou que são capazes de construir oportunidades de desenvolvimento próprio sem destruir as dos outros" (Demo, 2005, p. 60).

(Demo, 2005, p. 59). O autor defende éticas plurais, pois uma ética em primeira pessoa "por não ser plural, pode ainda mais facilmente ser cruel, além de simplificadora [...] em vez de libertar, emancipar, sobretudo promover a convivência comum, [...] subordina" (p. 69).

Para Demo (2005), a convivência, ao mesmo tempo, realiza e limita as individualidades. Nessa mútua necessidade, cria-se uma dinâmica complexa que não obedece à estratégia, à razão pura ou ao princípio, vivemos a complexidade concreta da vida, em uma dinâmica que o autor chama de complexa não linear de teor dialético. Demo (2005) faz uma importante pergunta: seria a fraternidade referência suficiente para fundamentar éticas da convivência? O que fazer para impulsionar modos de convivência mais igualitários e que orquestrem sabiamente diferenças e igualdades? "Éticas relativas, por sua índole, são modestas, generosas, fraternas. Não querem resolver tudo, apenas proporcionar oportunidades que não destruam as oportunidades dos outros" (p. 89).

As éticas plurais possuem uma qualidade política: é uma atitude a ser cultivada para construir a convivência possível, habilidade de negociar conflitos de modo coletivo e inteligente, mantendo os consensos sempre em reavaliação, o espírito crítico deve estar sempre presente, pois existem solidariedades que são efeitos de poder, afinal, imbecilização e emancipação caminham juntos (Demo, 2002, 2005).

Significa dizer que, para nos aproximarmos da formação desejada para os profissionais de saúde, é preciso descobrir formas de fazer conviver as diferentes disciplinas. Como Rotelli (2004) nos ensina, ao discutir o campo da saúde mental, para construir práticas efetivas e éticas de cuidado é preciso fazer dialogar diferentes saberes: dos profissionais em suas especificidades, mas também, e principalmente, o saber dos usuários, o saber dos familiares, o saber do território...

A Saúde Mental: a Convivência como Estratégia para a Formação Profissional

O campo da saúde mental está atrelado ao campo da saúde coletiva e ao campo político e social. Nucci e Dalgalarrondo (2005), ao discutirem uma clínica em saúde mental que seja sensível à cultura, consideram que vivemos em sociedades multiculturais, predominantemente urbanas, que pertencemos a diferentes e múltiplas identidades. Estas se transformam rapidamente em função da participação em diferentes grupos culturais — religiosos, no mundo do trabalho, políticos etc. — e de deslocamentos geográficos, de forma sucessiva ou simultânea (Nucci & Dalgalarrondo, 2005).

No entanto, ao longo da história da loucura, esteve presente uma relação de poder que visava à domesticação, limitando drasticamente o pertencimento social e a construção das identidades daqueles que sofrem intensamente. Ao contrário, vimos surgir técnicas de ajuste físico e psíquico do ser humano aos moldes disciplinares (Foucault, 1993, 2002; Basaglia, 1985, 2005). Mas mesmo quando se tenta, desde o fim da Segunda Guerra Mundial, transformar as relações de poder implicados no "cuidado" no campo da saúde mental, inclusive nos serviços chamados substitutivos e na formação dos profissionais de saúde, um movimento moralista continua existindo (Resende, 2015). Kinoshita (2001) chama a atenção para a lacuna produzida entre a desmontagem do manicômio — entendido como dispositivo que produz e mantém o desvalor do paciente psiquiátrico — e o desafio de construir dispositivos que sustentem a possibilidade concreta de participação do usuário nas trocas sociais.

No esforço para reconstruir a contratualidade do usuário, a relação estabelecida com os próprios profissionais que o acompanham tem um lugar importante (Kinoshita, 2001). Para isso, é necessária uma mudança na postura dos profissionais: de um lugar de autoridade para um compartilhar e conviver. Conforme apresentado, Demo (2005), em suas considerações acerca da possibilidade de construir uma convivência igualitária, afirma a necessidade de que a autoridade do argumento se sobreponha ao argumento de autoridade.

A convivência, igualitária, nos parece um caminho para facilitar essa mudança na formação e na atuação dos profissionais de saúde. "A engenharia humana mais exigente e fina é a orquestração de espaços comuns que se compatibilizem com as aspirações individuais, o que não pode ser feito sem uma dose de conflito e sem uma dose de solidariedade" (Demo, 2005, p. 36).

Tal posição sobre a convivência pressupõe a necessidade de consensos, sendo o grande desafio justamente gestar acordos que se produzam a partir de um saber pensar em conjunto e não mero reflexo da maioria.[2] Por decorrência, a ética não pode ser reduzida a um argumento de autoridade, posto que este fere a convivência igualitária, isso entre iguais e diferentes, já que se sustenta sempre, em alguma medida, por um apelo de subordinação. O objetivo é, através da autoridade do argumento, tentar fazer prevalecer o bem comum, evitando os abusos da convivência (Demo, 2005).

Os indivíduos são ao mesmo tempo iguais e diferentes. Aí se coloca o desafio ético da convivência: é uma convivência entre diferentes. A sociedade "não é propriamente igual, mas pode ser igualitária, no sentido de que as diferenças poderiam ser geridas e negociadas segundo oportunidades iguais" (p. 21). Igualdade de oportunidades não resulta em uma igualdade de resultados (Demo, 2006b). É preciso, nesse sentido, cuidar tanto da igualdade quanto da diferença, evitando, o que facilmente acontece como a história nos mostra, que a diferença evolua para desigualdade (Demo, 2005, 2006b). "Ser igual e ser diferente é, no fundo, o mesmo direito humano" (Demo, 2006b, p. 20). Na prática, na vida concreta, não existe igualdade absoluta, pois a convivência é feita de pessoas diferentes, com pretensões conflitantes. Nesse sentido, não há sociedade que não tenha questão social, necessitando gerenciar conflitos em torno de diferenças e desigualdades, de onde a responsabilidade ética de todos para com todos (Demo, 2005).

---

2. "Assim, os consensos geralmente não vão muito além do bom senso, mas são os acertos nos quais pelo menos a maioria acredita e por isso são patrimônios do grupo. A história pode arrepiar-se por temor aos dois lados: por vezes, sucumbiu porque bastou-se com acordos medíocres, nos quais a maioria acreditava, mas não eram pertinentes; por vezes sucumbiu porque entregou-se a um bom príncipe, imaginando que ele teria maior discernimento" (Demo, 2005, p. 50).

A desigualdade é discussão fundamental quando pensamos o contexto dos serviços públicos de saúde mental, onde a diferença que se associa à desigualdade nos atinge por duas vias: a pobreza e o sofrimento psíquico.

Pensar sobre a exclusão social e a desigualdade é uma necessidade para uma formação profissional em saúde mental comprometida com o SUS e com a política nacional de saúde mental. A exclusão social e a institucionalização que se pretende justamente desconstruir foram historicamente organizadas a partir do mito da doença mental (Szasz, 1977), este, por sua vez, sustentado por fatores políticos e econômicos (Foucault, 2002), o que acarretou a exclusão de milhares de pessoas que deixaram de ser sujeitos de direito (Musse, 2008). A raiz do preconceito em saúde mental, que associa ao sofrimento psíquico intenso as noções de incapacidade e periculosidade, funda-se na redução da complexa e subjetiva experiência de sofrimento, construída no corpo social, à ideia de doença mental. A marca desse preconceito ainda está presente em nossa sociedade e em nossos serviços de saúde mental. Somam-se a esse preconceito os preconceitos de classe, que se reproduzem na relação entre profissionais e usuários de serviços de saúde mental, colocando em questão o objetivo da política nacional de saúde mental: a inclusão social.

Scarcelli (2011) nos adverte quanto ao fato de muitas práticas que supostamente se propõem como combate à exclusão estarem a serviço de uma inclusão apenas marginal, amenizando os efeitos da exclusão, sem verdadeiramente enfrentá-la. Está presente nesta leitura sobre a noção de exclusão social uma preocupação com a "boa intenção" acrítica das políticas públicas. Segundo Scarcelli (2011), as políticas sociais nos tempos de neoliberalismo e globalização são apenas ajustes, pois, sintonizadas com o enaltecimento do individualismo, acabam por produzir desassistência, desemprego, segregação e diminuição da solidariedade.

Demo (1998, 2006b) denuncia como a inclusão dos pobres em programas assistenciais tem efeito de exclusão, subordinando a cidadania ao mercado. Essa inclusão é marginal, reduz-se ao assistencialismo e incapacita para o confronto (Demo, 2006b). O autor nos deixa claro que a questão não é apenas material: é de poder, não se tem as mesmas armas.

Souza (2009), em seu livro *A ralé brasileira*,[3] tem por objetivo mostrar os meios culturais e simbólicos que permitem que a desigualdade seja legitimada na atualidade em nosso país. Segundo o autor, está presente na sociedade brasileira, como questão social central, a oposição entre uma classe excluída de reconhecimento social e das oportunidades materiais e simbólicas e as demais classes que estão incluídas, ainda que de forma diferente. O convite de Souza (2009) é para que nos conscientizemos dessa desigualdade, mantida cotidianamente em nossa sociedade, e possamos nos avaliar não pelo nosso PIB, mas pela forma como convivemos e tratamos uns aos outros.

O autor defende que há duas falsas teses, amplamente divulgadas nos jornais e presentes nos debates intelectuais e políticos: a) a desigualdade vem de muito tempo, desde o Brasil colonial e, portanto, b) não há muito a que se fazer rapidamente para modificar essa situação. Essas falsas teses, para o autor, levam a que não se percebam mudanças efetivas na vida humilhante de dezenas de milhões de pessoas em nosso país. Souza (2009) defende que as duas teses são falsas e estão relacionadas, formando o núcleo da violência simbólica, aquela que, justamente por não parecer violência, naturaliza a desigualdade social brasileira. Para o autor, a reprodução cotidiana da legitimação da desigualdade no Brasil contemporâneo utiliza meios simbólicos, novos e modernos, diferentes do "chicote do senhor de escravos" (Souza, 2009, p. 15), que legitimam a injusta dominação cotidiana.

Descortina-se o drama cotidiano no campo dos serviços públicos de saúde mental, em que a exclusão social está sustentada em uma

---

3. Com o termo ralé o autor não pretende ofender "essas pessoas já tão sofridas e humilhadas, mas para chamar a atenção, provocativamente, para nosso maior conflito social e político: o abandono social e político, 'consentido por toda a sociedade', de toda uma classe de indivíduos 'precarizados' que se reproduz há gerações enquanto tal" (Souza, 2009, p. 21).

dupla diferença: no modo de organização do sofrimento e na classe social. A convivência, desde que sensível às necessidades singulares das pessoas que acompanhamos, tanto do ponto de vista do sofrimento psíquico quanto das condições sociais que interferem sobremaneira na manutenção do processo de exclusão social, configura-se como um esforço para diminuir esta lacuna entre os níveis definidores de políticas e aqueles responsáveis pela produção das práticas voltadas para suprir as necessidades da população (Resende, 2015).

Refletindo ainda sobre essa lacuna, Scarcelli (2011) afirma que a difícil adesão dos usuários às propostas dos profissionais de saúde mental está menos relacionada aos limites pessoais dos pacientes ou mesmo do trabalho desenvolvido pelos profissionais, e muito mais à manutenção nos serviços substitutivos de características manicomiais: submissão e controle. Embora compartilhe com a autora a preocupação com a manutenção da institucionalização e burocratização dos serviços, gerando submissão, silenciamento e controle no cotidiano institucional, penso que esses processos de controle dizem respeito também ao trabalho desenvolvido pelos profissionais no sentido de que faz parte — ou deveria fazer se considerarmos as diretrizes do MEC para os cursos de formação de profissionais de saúde — do trabalho estar atento aos sentidos políticos e sociais em nossa atuação. As diretrizes curriculares apresentam como um dos objetivos:

> [...] levar os alunos dos cursos de graduação em saúde a aprender a aprender que engloba aprender a ser, aprender a fazer, aprender a viver juntos e aprender a conhecer, garantindo a capacitação de profissionais com autonomia e discernimento para assegurar a integralidade da atenção e a qualidade e humanização do atendimento prestado aos indivíduos, famílias e comunidades (Brasil, 2001, p. 4).

A convivência, tanto na formação quanto na atuação, surge como uma possibilidade de ajudar a construir uma atuação mais crítica, política e amorosa em uma forma de cuidar, que reconhecendo os conflitos e a desigualdade vise à emancipação (Resende, 2015).

Ao demarcar que meramente um trabalho de educação continuada para profissionais de saúde visando à humanização seria insuficiente, Souza (2009) pondera que, por condições objetivas que obrigam a uma busca incessante por remediar as necessidades básicas de sobrevivência, a ralé não apenas não é vista como classe social, como também encontra enormes dificuldades para articular politicamente suas reivindicações por melhoria no atendimento. Como afirma Demo (2006b), quem é politicamente pobre não é cidadão, ou se submete à tutela da elite, ou considera natural sua exclusão, se resigna e considera favor o que seria direito.

> Por ironia da "lógica do mundo" moderno, é necessário já ser reconhecido e tratado como indivíduo portador de direitos para de fato conseguir exigir direitos e mudanças. Uma pessoa que se habituou a não ser tratada como cidadã muitas vezes não sabe como exigir benefícios, que apesar de lhe serem garantidos em lei, exigiriam planejamento de ações, disciplina e autocontrole que ela não tem. Em outros termos, *a arma contra a má-fé da saúde que a ralé em primeira instância deveria usar exigiria que ela não fosse ela mesma* (Souza, 2009, p. 327, grifos meus).

O autor conclui que políticas públicas, que visem de fato à humanização, devem reconhecer a existência em nossa sociedade desse drama no qual se concretiza uma real e perversa situação de exclusão para uma grande parcela da população. "Apenas reconhecendo a sua existência [da ralé] em nossa sociedade é que será possível almejar projetos bem-sucedidos, que, operando em rede, envolvam instituições e toda a sociedade na possibilidade de mudanças a médio e longo prazo" (p. 327). Nesse sentido é que, mais que humanizar, é preciso reconhecer as diferenças e modificar nossas técnicas e saberes em função desse reconhecimento (Resende, 2015).

Delicado equilíbrio, difícil de alcançar, entre convivência e habilidade de autonomia. A grande questão da convivência possível, salienta Demo (2005), dá-se no encontro com as grandes desigualdades de oportunidades e usufrutos. Para conviver é preciso ceder, mas apenas ceder indica acomodação e abandono de autonomia.

Duas questões fundamentais e entrelaçadas se abrem, ao que parece, para pensar o campo do cuidado na saúde mental:[4] caracterizar o tipo de convivência necessária entre os profissionais de saúde, os usuários e a rede social e as mudanças necessárias na formação dos profissionais de saúde, para que essa convivência igualitária e fraterna funcione como horizonte a ser cultivado (Resende, 2015).

É preciso reconhecer os efeitos de uma sociedade individualista na construção de desigualdades sociais e a especificidade brasileira da exclusão social e desigualdade social, bem como colocar em questão a formação e a atuação autoritária dos profissionais de saúde.

Onocko (2005, citado por Jesus, 2013) defende a necessidade de termos, no campo da saúde mental, profissionais que desenvolvam uma postura profunda e radicalmente distinta do modelo anterior; afinal, as novas modalidades de atenção em saúde mental não se resumem a novas estratégias técnicas de tratamento, mas antes se constituem em uma outra política, em uma ética de inclusão. Segundo Vasconcelos (2003, p. 45), nos países latino-americanos, os profissionais de saúde e saúde mental "tendem a ter uma cultura terapêutica muito acentuada, que enfatiza o papel do profissional no processo de tratamento e cura, em detrimento de dispositivos de cuidado mais horizontalizados". Conforme Venturini (2014), a trajetória da desinstitucionalização implica a reabilitação não apenas dos usuários, mas também dos profissionais e do espaço social.

No entanto, as alterações na formação profissional em saúde, especialmente da inserção da Psicologia na área de saúde mental, se produziram em consequência de uma demanda, por parte de alunos e alunas ou por convênios dos serviços de saúde mental com as IES (Instituições de Ensino Superior), de estágios na área de saúde. Apesar

4. A discussão que se segue, guiando o capítulo até as suas considerações finais, foi fundamentada na tese de doutorado da autora, sob a orientação do professor Ileno Izídio da Costa.

de não necessariamente estar articulada com uma formação atenta aos princípios do SUS e da reforma psiquiátrica, essa demanda "possibilitou algum contato dos alunos com a área, apesar de limitados e não articulados ao projeto pedagógico dos cursos de Psicologia como um todo" (Ribeiro e Luzio, 2008, p. 208).

Segundo Ribeiro e Luzio (2008), poucos cursos de Psicologia contemplam disciplinas com temáticas relacionadas à saúde mental e à saúde coletiva: uma das consequências é a formação de profissionais que desconhecem o SUS, as políticas públicas de saúde e a reforma psiquiátrica.

Ainda nessa mesma direção, Onocko-Campos (2001) afirma que os profissionais, em especial os psicólogos, nos CAPS (Centros de Atenção Psicossocial), têm apresentado uma série de dificuldades no exercício de novas práticas e saberes indispensáveis para a consolidação, no cotidiano, do modelo da atenção psicossocial.

PRISME: o Papel da Extensão na Formação Universitária

A necessidade ética de repensarmos uma convivência mais igualitária e justa em nossa sociedade implica o reconhecimento de que esta não é tarefa fácil e o dever de superar visões estigmatizantes, ingênuas e acríticas que permeiam muitas de nossas ações (Resende, 2015).

Em especial, o convite é para estabelecer, como profissionais de saúde, uma relação não hierárquica, não autoritária, disposta a colocar os próprios pressupostos em questão, em uma abertura para ouvir o outro. Como diz Palombini et al. (2004, p. 86), "o que se coloca em jogo é a destituição de saberes já consagrados e o reconhecimento do espaço de ignorância inerente às práticas profissionais, espaço que, no entanto, o discurso técnico-científico esforça-se por recobrir". É preciso ter cuidado com a "verdade", alerta Bohm (2005), pois o diálogo não está diretamente preocupado com ela, e sim com o compartilhamento de significados. No diálogo, cada pressuposição será ouvida e seu significado compartilhado.

Sensibilidade é habilidade fundamental básica a ser desenvolvida pelos profissionais de saúde, contrapondo-se a uma formação tecnicista (Resende, 2015). Aliás, foi Basaglia (1985, 2005) o primeiro a chamar a atenção para a necessidade fundamental na desconstrução dos manicômios de mudar a relação estabelecida entre os técnicos e os usuários:

> Qualquer sociedade cuja estrutura se baseie em diferenças culturais, de classe e em sistemas competitivos, cria dentro de si áreas de compensação para as próprias contradições internas, nas quais concretiza a necessidade de negar ou de afirmar, numa objetualização, uma parte da própria subjetividade (Basaglia, 2005, p. 36).

Isso se agrava no contexto da saúde mental, afinal o considerado "doente mental" é um excluído que não pode opor-se a quem o exclui, pois todos seus atos estão circunscritos e definidos pela suposta "doença" (Basaglia, 2005). Basaglia afirma que o processo histórico de exclusão que caracterizou a pessoa em intenso sofrimento psíquico como um monstro biológico — doente — também a caracterizou como um monstro social — incompreensível e, portanto, perigoso —, de onde se origina a raiz do preconceito no campo da saúde mental.

Chama a atenção para a necessária mudança na relação estabelecida entre a equipe e os pacientes, despertando nestes um sentimento de oposição ao poder que o institucionalizou. Basaglia (2005) afirma que todo e qualquer poder que visa eliminar as resistências e as reações, seja pela força, seja em nome do paternalismo ou da beneficência, é destrutivo.

É preciso, portanto, uma formação no campo das disciplinas da saúde menos hospitalocêntrica, sintomatológica e autoritária (Resende, 2015). Tal como Souza (2009) denuncia a discrepância entre a atuação dos profissionais de saúde e as diretrizes do SUS ou dos profissionais do Direito e as leis sobre a proteção dos direitos humanos, me parece haver uma discrepância entre a formação dos profissionais de saúde e as diretrizes curriculares do MEC. Afinal, como Lobosque (2001, p. 98) nos lembra, ao considerar o contraste entre a disposição afetiva intensa que o trabalho com o sofrimento psíquico grave exige e "o conservadorismo, sempre muito forte, no perfil dos trabalhadores da Saúde Mental", "recaídas" são inevitáveis. O que a autora está chamando de recaída é a necessidade de ter o hospital como retaguarda, ainda que virtual. O hospital psiquiátrico, enquanto existe, surge cotidianamente nos serviços de saúde mental como ameaça (Resende, 2015): se você fizer isto, será internado; se você não tomar o remédio, será internado; se não participar das atividades, será internado...

Nesse sentido, é necessária uma formação mais humana, apresentando a alunos e alunas a oportunidade de desconstruir preconceitos, sintonizada com a ideia de uma sociedade igualitária (Demo, 2005) e não alérgica à diferença (Sen, 2011). Na formação dos profissionais de saúde, parece estar presente o que afirma Demo (2005) sobre o argumento de autoridade que foi apresentado, de modo que nos colocamos muito pouco disponíveis para ouvir os argumentos daqueles de que cuidamos. A formação dos profissionais de saúde, para além de conhecimentos técnicos, exige contemplar a concepção de que o desafio ético da convivência (Demo, 2005) é uma convivência entre diferentes e que a sociedade não é igual, mas pode ser igualitária, de modo que as diferenças possam ser geridas e negociadas segundo oportunidades iguais (Demo, 2005).

Uma formação política, sensível e crítica à realidade brasileira — em especial às características da clientela que atendemos nos serviços públicos de saúde mental — é fundamental para desconstruir uma atuação autoritária (Resende, 2015). Para tanto, é necessário problematizar na formação a diferença cultural intrassocial: estar familiarizado com as lógicas culturais do território onde se atua é um recurso indispensável no manejo da saúde mental.

É necessário, portanto, o acolhimento de diferentes saberes, abandonando feudos tecnicistas, para que a formação profissional em saúde mental seja guiada pelo esforço para desconstruir preconceitos e construir uma valorização, do ponto de vista dos usuários, através da convivência (Resende, 2015). Nesse sentido, é possível pensar desde a ressignificação das visitas a serviços de saúde mental como estratégia para surpreender e conhecer, através do *estar com* da convivência, até a articulação com as atividades de extensão e estágio, desenvolvendo a parceria potencialmente rica entre instituições de ensino e os serviços de saúde mental para ajudar a construir um diálogo, de fato, interdisciplinar e articulado ao movimento social e a ações políticas e cidadãs (Resende, 2015). Essa parceria pode alcançar sua potencialidade se a convivência e as ações desenvolvidas estiverem articuladas com uma discussão política e ética, senão será apenas espaço de reprodução de valores para a manutenção da desigualdade social e cúmplice de uma formação/atuação autoritária e assistencialista (Resende, 2015).

No PRISME (Projeto Interdisciplinar em Saúde Mental do UniCEUB), temos exercitado uma perspectiva interdisciplinar[5] através do esforço[6] para construir práticas e projetos comuns e supervisões conjuntas que têm como premissa inicial: como meu campo de saber específico, em articulação com outros saberes, pode contribuir para a reabilitação psicossocial de pessoas com sofrimento psíquico intenso, ajudando-as em sua efetiva reinserção social (Resende, 2012)? O projeto de extensão interdisciplinar em Saúde Mental — PRISME foi criado em 2003. Primeiramente, foi desenvolvido no curso de Psicologia do UniCEUB com o intuito de inserir estes alunos e alunas nas diversas atividades práticas nas instituições de saúde mental do Distrito Federal. Com o passar do tempo, o projeto se ampliou e passou a dialogar com outras áreas do saber: Comunicação Social, Direito, Enfermagem,

---

5. Até o momento participaram do projeto, sob minha coordenação, alunos e professores dos cursos de Educação Física, Enfermagem, Direito, Psicologia, Medicina e Comunicação Social.

6. Está claro para nós que esse é um esforço a ser realizado a cada projeto, a cada encontro, a cada supervisão e, de modo algum, é um modelo pronto a ser seguido.

Medicina e Educação Física, firmando-se, assim, como projeto interdisciplinar em saúde mental. O projeto, portanto, é capaz de articular diversas áreas do conhecimento com o objetivo comum de resgatar a cidadania e reinserção social do sujeito em tratamento na rede de atenção psicossocial, conforme as diretrizes da política nacional em Saúde Mental e seu marco legislativo, a saber, a Lei n. 10.216, de 6 de abril de 2001 (Duarte, Santos & Resende, 2016).

Os projetos são realizados por duplas ou trios de alunos/alunas de diferentes cursos, e todas as ações e projetos são acompanhados através de supervisões semanais conjuntas, das quais professores e alunos dos diferentes cursos participam. Embasados pela abordagem psicossocial, não levamos ideias ou projetos prontos para nossas instituições parceiras (quatro CAPS II, um CAPS III, um CAPSi — Centro de Atenção Psicossocial Infantojuvenil — e uma ONG). Ao contrário, a partir de nosso encontro, de nosso entrosamento e vínculo construído, trabalhamos de acordo com as demandas dos próprios usuários. Não há obrigatoriedade, seguimos de acordo com o tempo de cada um, respeitando seus limites e desejos. Está presente em nós a preocupação de a extensão não se transformar, como ensina Demo (2004), em algo extrínseco e desarticulado do currículo, algo voluntário ou eventual. Assumimos a posição de que "cidadania precisa ser 'curricular', no sentido de fazer parte fundante da formação universitária no aluno e no professor" (Demo, 2004, p. 17).

Como um exemplo de ações construídas no projeto, cito a Tenda Jurídica, uma espécie de acompanhamento terapêutico jurídico (Duarte, Santos e Resende, 2016), por meio do qual uma dupla de alunos/as dos cursos de Direito e Psicologia escuta, acompanha e auxilia usuários e familiares em diversificadas demandas que incluam o âmbito jurídico: desde auxiliar a obter o passe-livre; evitar uma interdição; registrar uma queixa na ouvidoria por ser desrespeitado(a) pelo motorista de ônibus; intermediar com diferentes organismos estatais a demanda de uma dívida, real ou imaginária; até participar de oficinas e rodas de conversa sobre Direitos Humanos (Resende, 2015). Não se trata de um aconselhamento (psicológico ou jurídico), mas da possibilidade de, através de uma escuta e convivência cuidadosa, construir junto a usuários e usuárias diálogos e ações em que estes possam se apresentar como *sujeitos de direito* (Musse, 2008).

Através da convivência — igualitária e fraterna —, me parece ser possível construir uma estratégia de formação dos profissionais de saúde de modo que o cuidado ofertado tenha melhores resultados terapêuticos e que conserve, inclusive, e especialmente, em tratamento, os direitos civis. Além disso, em uma fundamental parceria com os movimentos sociais contra a "manicomialização" das instituições e da sociedade, por meio da convivência é possível construir ações políticas e cidadãs que habilitem a sociedade a lidar com as diferentes formas de expressão do homem no mundo (Resende, 2015). Fundamental que os alunos e as alunas, dos diferentes cursos de saúde, incluindo a Psicologia, possam desde o início participar de atividades de extensão e formação, com essa finalidade. "Não se muda a sociedade sem confronto por parte dos marginalizados, o que não implica necessariamente uso de poder violento, mas implica manejo inteligente de poder" (Demo, 2005, p. 61). Trata-se de uma convivência marcada por tensão e ambiguidade e que, por isso mesmo, visa à politicidade.

A partir de um questionamento dos desafios para a formação profissional, anteriormente discutidos, e de uma postura de autoquestionamento — somos insuficientes —, em uma formação não autoritária e onipotente vislumbra-se a possibilidade de, através da convivência, construir princípios para uma formação profissional pela qual a hospitalidade e a fraternidade encontrem lugar no cuidado (Resende, 2015). O desejo é ser, assim, possível formar profissionais comprometidos com a produção de novas possibilidades de vida e de relações sociais para os usuários e as usuárias dos serviços de saúde, criando condições concretas que propiciem que os momentos de sofrimento existencial e social se modifiquem; e, ao mesmo tempo, visamos transformar socialmente as formas de lidar com a experiência de sofrimento, de modo a construir possibilidades para conviver, de maneira igualitária e fraterna, com a diferença (Resende, 2015).

Referências

Basaglia, F. (1985). *A instituição negada*. Rio de Janeiro: Graal.

Basaglia, F. (2005). *Escritos selecionados em saúde mental e reforma psiquiátrica*. Rio de Janeiro: Garamond.

Bohm, D. (2005). *Diálogo: Comunicação e redes de convivência*. São Paulo: Palas Athena.

Brasil (2001). Ministério da Educação e Cultura. Conselho Nacional de Educação. *Diretrizes Curriculares Nacionais dos Cursos de Graduação em Enfermagem, Medicina e Nutrição*. Brasília: Ministério da Educação e Cultura.

Brasil (2007). Ministério da Saúde. *Diretrizes para a Implementação da Política Nacional de Educação Permanente em Saúde*. Brasília: Ministério da Saúde.

Brasil (2005). Ministério da Saúde. *Pró-Saúde: Programa nacional de reorientação da formação profissional em saúde*. Brasília: Ministério da Saúde.

Demo, P. (1998). *Charme da exclusão social. Polêmicas do nosso tempo*. Campinas: Autores Associados.

Demo, P. (2002). *Solidariedade como efeito de poder*. São Paulo: Cortez e Instituto Paulo Freire.

Demo, P. (2004). *Pesquisa participante: Saber pensar e intervir juntos*. Brasília: Liber Livro.

Demo, P. (2005). *Éticas multiculturais: Sobre convivência humana possível*. Petrópolis: Vozes.

Demo, P. (2006a). *Pesquisa e informação qualitativa: Aportes metodológicos*. Campinas: Papirus.

Demo, P. (2006b). *Pobreza política. A pobreza mais intensa da pobreza brasileira*. Campinas: Armazém do Ipê.

Duarte, A., Santos, D., & Resende, T. (2016). Avaliação da Tenda Jurídica como dispositivo político-clínico nos Centros de Atenção Psicossocial do Distrito Federal. *Anais do XIV Congresso de Pesquisa, Ensino e Extensão do UniCEUB*. Brasília: UniCEUB.

Foucault, M. (1993). *A história da loucura*. São Paulo: Perspectiva.

Foucault, M. (2002). *Ditos e escritos 1. Problematização do sujeito: Psicologia, Psiquiatria e Psicanálise*. Rio de Janeiro: Forense Universitária.

Jesus, A. (2013). *Saúde mental no contexto da realidade brasileira. As peripécias de uma equipe multiprofissional*. Curitiba: Appris.

Kinoshita, R. (2001). Contratualidade e reabilitação psicossocial. In A. Pitta (Org.), *Reabilitação psicossocial no Brasil* (pp. 55-59). São Paulo: Hucitec.

Lobosque, A. M. (2001). *Experiências da loucura*. Rio de Janeiro: Garamond.

Moreira, C. & Dias, M. (2015). Diretrizes curriculares na saúde e as mudanças nos modelos de saúde e de educação. *Arquivos Brasileiros de Ciências da Saúde*, Santo André, *40*(3), 300-305.

Musse, L. (2008). *Novos sujeitos de direito: As pessoas com transtorno mental na visão da bioética e do biodireito*. Rio de Janeiro: Elsevier.

Nucci, M. & Dalgalarrondo, P. (2005). Formulação cultural do caso em saúde mental: A prática clínica e a pesquisa como uma microetnografia. In N. Barros & E. Turato (Orgs.), *Pesquisa qualitativa em saúde: Múltiplos olhares* (pp. 37-54). Campinas: Unicamp/FCM.

Onocko-Campos, R. (2001). Clínica: A palavra negada — Sobre as práticas clínicas nos serviços substitutivos de saúde mental. *Saúde em Debate*, Rio de Janeiro, *25*(58), 98-111.

Palombini, A. et al. (2004). *Acompanhamento terapêutico na rede pública. A clínica em movimento*. Porto Alegre: UFRGS.

Pereira, I. & Lages, I. (2013). Diretrizes curriculares para a formação de profissionais de saúde: Competências ou práxis? *Trabalho, Educação, Saúde* [on-line], Rio de Janeiro, *11*(2), 319-338. Recuperado em 30 de agosto de 2017, de http://dx.doi.org/10.1590/S1981-77462013000200004.

Resende, T. (2012). PRISME: Projeto Interdisciplinar em Saúde Mental. *Anais do X Congresso de Pesquisa, Ensino e Extensão do UniCEUB*. Brasília: UniCEUB.

Resende, T. (2015). *Eis-me aqui: A convivência como dispositivo de cuidado no campo da saúde mental* [Tese de Doutorado em Psicologia Clínica e Cultura, Universidade de Brasília, Brasília].

Ribeiro, S. & Luzio, C. (2008). As diretrizes curriculares e a formação do psicólogo para a saúde mental. *Psicologia em Revista*, Belo Horizonte, *14*(2), 203-220.

Rotelli, F. (2004). Superando o manicômio — O circuito psiquiátrico de Trieste. In P. Amarante (Org.), *Psiquiatria social e reforma psiquiátrica* (pp. 149-170). Rio de Janeiro: Fiocruz.

Scarcelli, I. (2011). *Entre o hospício e a cidade: Dilemas no campo da saúde mental*. São Paulo: Zagodoni.

Sen, A. (2011). *A ideia de justiça*. São Paulo: Companhia das Letras.

Souza, J. (2009). *A ralé brasileira: Quem é e como vive*. Belo Horizonte: UFMG.

Szasz, T. (1977). *Ideologia e doença mental*. Rio de Janeiro: Zahar.

Vasconcelos, E. (2003). *O poder que brota da dor e da opressão: Empowerment, sua história, teorias e estratégias*. São Paulo: Paulus.

Venturini, E. (2014). Saúde mental e direitos humanos. In Franca & Franco Basaglia International School. *Portas abertas: Do hospital psiquiátrico ao território*. Campinas, apresentação oral.

CAPÍTULO 10

Os Desafios da Nova Institucionalização nos Serviços Substitutivos de Saúde Mental: um Estudo de Caso

Daniel Magalhães Goulart
*Fernando González Rey**

Introdução

Este capítulo se insere no esforço de construir reflexões que focalizem as relações entre psicologia e cultura nos âmbitos da pesquisa da atuação profissional no campo da saúde mental. Nesse sentido, ele é sustentado pela premissa — comum aos capítulos deste livro — de que devemos levar a sério a natureza cultural do ser humano, superando os modelos dominantes que enfatizam e, frequentemente, reificam sua dimensão biológica.

---

* Como mencionado na Dedicatória, o coautor do presente capítulo, Dr. Fernando González Rey, infelizmente, faleceu no decorrer do processo de publicação do livro. Lamentamos muito o falecimento do nosso querido e saudoso colega (nota dos organizadores).

Mais especificamente, este capítulo nasce das inquietações sobre os desafios emergentes no processo da reforma psiquiátrica no Brasil, com destaque para o fenômeno da nova institucionalização nos serviços de saúde mental atualmente. A teoria da subjetividade em uma aproximação cultural-histórica (González Rey, 2002, 2013, 2016, 2017) será utilizada como principal referencial, de modo que as reflexões tecidas neste texto apoiam-se em uma pesquisa realizada ao longo de três anos em um Centro de Atenção Psicossocial (CAPS) do Distrito Federal (DF) (Goulart, 2017, 2019a).

O fenômeno da nova institucionalização é discutido como desdobramento da cultura manicomial nos atuais serviços substitutivos de saúde mental, de modo a cultivar a histórica associação entre transtorno mental e exclusão social. Nesse sentido, as práticas profissionais, embora façam formalmente parte de uma estratégia progressista no campo da saúde mental, continuam a enfatizar a individualização e a patologização dos processos humanos, em um quadro que articula ciência, passividade e consumo.

Nesse contexto, o estudo da subjetividade humana emerge como alternativa teórica para fundamentar novas formas de diagnóstico, enaltecendo recursos dialógicos que favoreçam a expressão reflexiva e autêntica dos atores envolvidos em sua construção, bem como novas práticas profissionais voltadas para o enaltecimento do caráter gerador dos autores envolvidos em sua construção. Buscam-se, assim, caminhos alternativos para abordar a complexidade dos processos humanos, visando à superação de hiatos entre saúde mental, desenvolvimento subjetivo e cultura.

Desinstitucionalização, Educação e Saúde Mental: a Emergência de Novos Problemas

A partir da segunda metade do século XX, os movimentos de desinstitucionalização vêm postulando um conjunto diverso de críticas e alternativas às instituições psiquiátricas. Guardada a ampla diversidade de tais movimentos, *grosso modo*, eles coincidem em que, historicamente, as instituições psiquiátricas cultivaram a estreita concepção da desrazão como doença mental, bem como saberes e práticas voltados para a gestão e controle dessa suposta forma de patologia (Basaglia, 1985; Caplan, 1980; Foucault, 1972; Tosquelles, 2001).

No Brasil, tais ideias começam a ganhar corpo a partir da década de 1970, abrindo espaço para diversas transformações na década seguinte, momento atravessado pela redemocratização e pela Reforma Sanitária, que culminou na criação e na implementação do Sistema Único de Saúde (SUS), atualmente vigente (Amarante, 1995; Dimenstein, 2013). Embora não esteja no escopo deste trabalho o aprofundamento deste complexo processo, é importante destacar que o projeto da reforma psiquiátrica brasileira nasce articulado aos princípios e às diretrizes do SUS, nos quais se destacam a saúde como direito do cidadão e dever do Estado, com base nos princípios da integralidade, equidade e universalidade.

Nessa perspectiva, a atenção à saúde mental amplia seu escopo e passa a dialogar com a complexidade constituinte dos processos humanos, demandando uma atenção profissional interdisciplinar, para além da circunscrição do tradicional escopo das áreas da saúde (Amarante, 1995; Dimenstein, 2013). Essas ideias estão na base da Política Nacional de Saúde Mental, amparada pela Lei n. 10.216/2001 (Brasil, 2001), que postula os Centros de Atenção Psicossocial (CAPS) como seu principal dispositivo institucional. O CAPS é definido como:

> [...] um serviço de saúde aberto e comunitário do Sistema Único de Saúde (SUS). Ele é um lugar de referência e tratamento para pessoas que sofrem com transtornos mentais, psicoses, neuroses graves e demais quadros, cuja severidade e/ou persistência justifiquem sua permanência num dispositivo de cuidado intensivo, comunitário, personalizado e promotor de vida (Brasil, 2004, p. 13).

Nessa perspectiva, os CAPS são considerados serviços substitutivos à internação psiquiátrica, cujo objetivo é precisamente o deslocamento do centro de cuidado para fora do hospital, em direção ao território[1] das pessoas atendidas, num processo de desinstitucionalização da pessoa em sofrimento psíquico (Brasil, 2010). Os distintos tipos de CAPS variam segundo a estrutura física, diversidade das atividades oferecidas, quantidade de profissionais e especificidade da demanda (Brasil, 2004).

Desde então, diversas modificações na atenção à saúde mental foram promovidas, levando à problematização e à parcial superação de impasses históricos associados à reclusão e a práticas de violência contra as pessoas atendidas. Nesse sentido, Pande e Amarante (2011) afirmam avanços significativos na atenção oferecida pelos CAPS, destacando: (1) a diminuição de tempo e frequência das internações; (2) melhor qualidade dos serviços oferecidos; e (3) menos hierarquização na relação construída entre usuários e especialistas. Os autores ainda reconhecem que houve redução do estigma em torno dos transtornos mentais e busca ativa pela construção de alternativas às práticas violentas praticadas nos tradicionais hospitais psiquiátricos — aspectos também destacados por Pitta (2011).

Diversas dificuldades e desafios, entretanto, permanecem atualmente nesse contexto, no âmbito da política, da alocação de recursos financeiros, da construção de unidades de atenção à saúde mental e da quantidade de profissionais que trabalham em cada região do país. Contudo, neste capítulo, enfatizamos aspectos qualitativos do trabalho em saúde mental realizado nos CAPS. Mais especificamente, focalizamos produções subjetivas individuais e sociais nesse contexto, entendendo-as como dimensão estratégica e sensível para compreender

---

1. Território não é considerado somente como área geográfica, mas como espaço social, político e afetivo constituído pelas pessoas que o habitam, abarcando seus interesses, seus conflitos, sua vizinhança, instituições de referência e espaços de convivência (Brasil, 2004; Dell'aqua & Mezzina, 2005).

limitações e novas possibilidades em relação às ações empreendidas nesse campo.

Nesse sentido, Dimenstein (2013) aponta para dificuldades no âmbito do alcance, acessibilidade e diversificação das ações institucionais empreendidas, na qualificação profissional, para além da sustentabilidade das iniciativas em saúde mental no plano jurídico e financeiro. Segundo a autora, esse panorama culmina na desarticulação entre os próprios CAPS, entre esses serviços substitutivos e outras instâncias da RAPS (Rede de Atenção Psicossocial), bem como no distanciamento das ações em saúde mental de outras instâncias sociais, como as relacionadas à moradia e ao trabalho. Esse quadro culmina em uma reforma que se tem limitado, em grande medida, aos próprios serviços.

Esse quadro expressa o que tenho denominado como nova institucionalização (Goulart, 2016, 2017, 2019a, 2019b; Goulart & González Rey, 2016, 2019), fruto dos próprios impasses do processo da reforma psiquiátrica brasileira. Certamente, não se trata de uma "nova" especificidade qualitativa de fenômeno, haja vista que tal condição emerge na manutenção do modelo biomédico nos serviços de saúde mental que são expressões da reforma psiquiátrica no país. No entanto, tal denominação justifica-se pela expressão de tal modelo nas novas configurações institucionais atualmente vigentes, que, paradoxalmente, têm como pilar central o objetivo de desinstitucionalizar a saúde mental do país.

A nova institucionalização representa a expressão da lógica manicomial nos atuais serviços substitutivos de saúde mental. Ela remete-se à identificação com o serviço por parte da pessoa atendida, por um lado, e à constituição de sua dependência pessoal desse dispositivo, por outro. Trata-se de uma configuração institucional que cultiva uma atenção centrada na noção de doença mental, vista como realidade objetiva a ser combatida. Isso culmina na objetificação do próprio usuário, na impossibilidade de sua efetiva participação nas definições da sua própria trajetória no serviço e, consequentemente, na negação de sua condição de sujeito da própria vida. Por fim, a nova institucionalização remete-se a formas sutis de violência simbólica que impedem o desenvolvimento da cidadania desses usuários em destacada vulnerabilidade social. Portanto, ela opera pela associação permanente entre transtorno mental e exclusão social.

Subjetividade, Saúde Mental e Desenvolvimento Subjetivo

O estudo da subjetividade nesse contexto, com base no referencial da teoria da subjetividade (González Rey, 2003, 2007, 2013, 2015, 2016), é importante não apenas para oferecer outra dimensão explicativa para o fenômeno da nova institucionalização, mas também para fundamentar novas formas de diagnóstico e práticas profissionais orientadas à sua superação. Em relação ao conceito de subjetividade, González Rey afirma (2016, p. 185, nossa tradução do inglês):

> A subjetividade se organiza como uma configuração complexa de sentidos subjetivos, que é caracterizada por um fluxo de processos nos quais processos simbólicos e emocionais aparecem juntos como uma nova qualidade diferenciada de todos os processos que participam em sua gênese. Essas unidades simbólico-emocionais especificam o caráter ontológico da experiência humana.

Nessa perspectiva, na linha de outros autores das ciências sociais (Geertz, 2003; Touraine, 2007), o autor se afasta da histórica concepção hegemônica, que reza a existência de uma dicotomia entre o social e o individual, gerando alternativas à compreensão naturalista da psique, que associa subjetividade ao subjetivismo, bem como à compreensão da psique como resultado linear de uma conjuntura social externa e objetiva. Segundo o autor, "a subjetividade não é o oposto do objetivo, é uma qualidade da objetividade nos sistemas humanos produzidos culturalmente" (González Rey, 2012, p. 125).

Nessa perspectiva, destacam-se os aspectos subjetivos tanto da cultura como do social, e se enfatizam as realidades e produções simbólicas que caracterizam o caráter cultural da vida social, mas que não esgotam nem os processos subjetivos gerados nesses espaços, nem processos sociais que não estão em relação direta com a cultura, emergindo de processos sociais imprevisíveis. Os processos culturais e sociais, que se expressam nos sistemas relacionais e institucionais, de modo que também representam produções subjetivas associadas às ações humanas, bem como aos espaços sociais em que essas ações acontecem, tal como expressa González Rey (2012, p. 125):

> A cultura é uma produção subjetiva que expressa as condições de vida do homem em cada momento histórico e em cada sociedade concreta, mas que constitui uma produção diferenciada que indica precisamente o curso dos processos de subjetivação que orientaram a ação humana em cada época e ambiente em que essa ação foi realizada. A cultura não é uma adaptação à realidade objetiva que se expressa nela, e sim uma produção humana sobre essa realidade, desenvolvida não como expressão direta de atributos objetivos a ela e sim pela forma como o homem e a sociedade produziram sentidos subjetivos diferenciados diante dela a partir de suas histórias.

Para González Rey (2012), a cultura parece natural como realidade objetivada para quem se insere nela, por exemplo, a geração mais jovem de uma sociedade. No entanto, o autor defende que ela é subjetiva por sua própria natureza, expressando-se por formações e produções subjetivas. A maior expressão disso é que uma geração, tida como resultado de uma cultura específica, é agente de sua modificação no curso de sua vida, criando novos processos, abrindo novos espaços e rompendo com processos tradicionais reificados anteriormente (González Rey, 2016).

Nesse sentido, tanto o indivíduo como determinado grupo social não somente têm valor por integrarem o conjunto da sociedade e uma cultura específica, mas, sobretudo, por serem concebidos como protagonistas dos processos sociais e culturais de que fazem parte. Reside aí a abertura teórica para que se gere inteligibilidade sobre um processo que se manteve oculto na polaridade indivíduo/social: a singularização de dinâmicas sociais mais amplas, e a forma como tais dinâmicas ganham vida na experiência de indivíduos e grupos sociais.

Assim, a subjetividade não se remete somente à instância pessoal, mas se configura como sistema complexo que integra os processos emocionais e simbólicos que se dão também nas relações sociais. Trata-se de duas dimensões da dinâmica subjetiva que, por serem indissociadas — "faces da mesma moeda" —, encontram-se implicadas reciprocamente de forma permanente: a subjetividade individual e a subjetividade social.

Um exemplo de produção subjetiva social é a lógica da patologização da vida, tão difundida em diversos cenários sociais atualmente, pois ela não se circunscreve somente ao âmbito da prática de um indivíduo isolado, mas também exerce uma pressão nas práticas sociais em diversos espaços sociais, remetendo-se às configurações epistemológicas e técnicas que, por sua vez, estão profundamente enraizadas na integralidade da organização social. Seria errôneo, nessa perspectiva, considerar que as práticas patologizantes encontram-se limitadas aos domínios de uma especialidade médica específica, como a psiquiatria, por exemplo. Com efeito, a patologização encontra-se difundida na mídia, nas diferentes formas de propaganda, no senso comum, em múltiplas decisões políticas, nas instituições escolares etc. Inclusive, no âmbito dos serviços de saúde, como os CAPS, não somente ela é praticada pelos médicos, como também, ainda que não intencionalmente, por aqueles mesmos profissionais que formalmente a combatem (Goulart, 2013, 2016, 2019a, 2019b; Goulart & González Rey, 2016, 2019). Ela encontra-se sutil e profundamente ancorada na formação profissional das diferentes especialidades técnicas e, de maneira mais ampla, na própria forma socialmente hegemônica de lidarmos com os problemas da vida, pautados pela lógica da solução rápida, da eliminação de sintomas e do consumo.

Nessa perspectiva, entendemos que os processos socialmente elaborados somente cumprirão qualquer papel de transformação quando forem singularizados subjetivamente, de modo a promover tais mudanças nas pessoas que constituem esse espaço social. Igualmente, isso é o que nos permite entender o estudo de um serviço de saúde mental específico como unidade constitutiva de uma organização social complexa que o transcende.

O conceito de sentido subjetivo marca a definição ontológica[2] de um tipo de fenômeno humano qualitativamente diferenciado, que, em sua processualidade de organização e ruptura, define o sistema mais amplo denominado subjetividade. González Rey (2012, p. 127) afirma: "O sentido subjetivo delimita a especificidade do psíquico em todas as atividades ou processos humanos, portanto é uma condição nova, desconsiderada durante muito tempo, à qual é preciso dar atenção na produção de todas as experiências humanas". Essa categoria representa a unidade dos processos simbólicos e emocionais, em que um emerge ante a presença do outro, sem ser sua causa (González Rey, 2002).

Emergindo do curso das ações humanas, o valor heurístico desse conceito constitui-se na não exclusão do ser humano como sujeito de sua ação. Sob essa ótica, não existe nenhum elemento — se tomado sem referência à pessoa — que determine linearmente como irá influenciar o desenvolvimento da pessoa ou de um contexto social. Nesse sentido, jamais a repercussão das estratégias institucionais formalmente elaboradas no âmbito da saúde mental segue uma lógica linear desde sua intencionalidade, mas somente ganha vida nos desdobramentos subjetivos das pessoas que compõem esse espaço social. Vale lembrar que os sentidos subjetivos emergentes em uma

2. Definição ontológica é usada neste capítulo para especificar construções teóricas que permitem a identificação de qualquer domínio da ciência. Com base nessas construções, concepções epistemológicas e metodológicas são definidas, que, junto à definição ontológica que as inspira, constituem o cerne do trabalho científico.

experiência institucional de atenção à saúde mental não são somente aqueles associados ao desenvolvimento e à dimensão terapêutica, mas também podem constituir a base para a organização e potencialização do próprio transtorno mental — o que está na base dos processos da nova institucionalização, como foi argumentado em trabalho anterior (Goulart, 2013).

Como mencionado anteriormente, o sentido subjetivo é uma produção associada a qualquer processo simbólico envolvido com a emocionalidade humana. Entretanto, como explica González Rey (2012), a dimensão de sentido subjetivo não implica ausência de organização, mas pressupõe a definição da psique como sistema constituído de uma história, que se expressa em complexas configurações correspondentes às formas de organização do sistema. Assim, qualquer produção de sentidos subjetivos representa o resultado da tensão entre os sentidos subjetivos que emergem no curso da ação do sujeito e os sentidos que antecedem esse momento, que se encontram organizados em configurações implicadas em cada situação em que essa ação se concretiza (González Rey, 2005). Em sua processualidade, os sentidos subjetivos podem se tornar relativamente independentes das organizações iniciais que os definiram, desdobrando-se de formas irreconhecíveis e múltiplas, que podem, por sua vez, gerar novas configurações na história de vida da pessoa. Essa tensão e os desdobramentos dos sentidos subjetivos são múltiplos e não seguem uma regra universal, dependendo, entre outros fatores, do posicionamento do sujeito no curso de sua ação. Desse modo, o sentido subjetivo existe como momento processual de uma atividade e, simultaneamente, como formas complexas de organização subjetiva, denominadas por González Rey (2002, 2005) de configuração subjetiva.

Em clara definição, González Rey (2009, p. 218) afirma que a configuração subjetiva "[...] é uma organização relativamente estável de sentidos subjetivos relacionados com um evento, atividade, ou produção social determinados". Se os sentidos subjetivos são as unidades mais elementares da subjetividade, as configurações subjetivas são as responsáveis pelas formas de organização da subjetividade como sistema, sendo relativamente estáveis precisamente por estarem associadas à produção de sentidos subjetivos que antecede o momento atual da ação da pessoa ou de um grupo social, de modo a pressionar a produção de sentidos subjetivos de qualquer ação nova de acordo com as referências de organização de seu sistema (González Rey, 2005).

As configurações subjetivas não seguem uma lógica apriorística, mas guardam no cerne de suas dinâmicas a centralidade da ação do sujeito. Segundo González Rey (2012, p. 156):

> A emergência do sujeito e sua legitimidade como categoria das ciências sociais, nas quais foi adotado de uma forma completamente diferente daquela como era usado na modernidade, nos permite regatar o valor do indivíduo e dos grupos na qualidade de protagonistas de momentos inseparáveis dos processos sociais em que estão envolvidos. Os processos sociais não são decididos teleologicamente por uma essência que se desenvolve à margem da ação de seus protagonistas.

Sob essa ótica, o conceito de sujeito refere-se à condição momentânea da pessoa ou de um grupo, na qual é possível gerar um espaço próprio de subjetivação em determinado momento, constituindo-se para além das normas formais estabelecidas (González Rey, 2002, 2007, 2014, 2016). Assim, ser sujeito não é um atributo inerente do indivíduo ou de um grupo social, mas uma qualidade específica desse indivíduo ou desse grupo comprometida com suas ações em determinado contexto. Tal conceito é associado à reflexividade e à possibilidade de um desenvolvimento ativo e diferenciado dentro de uma trama social complexa.

Diferentemente da concepção dicotômica entre indivíduo e sociedade, bem como entre singular e geral, a dinâmica expressa por González Rey nos auxilia a entender essas polaridades como "faces da mesma moeda", que se organizam em diferentes níveis de expressão, mas que, no entanto, se articulam como momentos indissociáveis de um mesmo sistema. Nessa perspectiva, a institucionalização não é uma consequência da subjetividade social, mas um de seus processos centrais.

Não existem espaços sociais que não funcionem por meio de distintas formas de institucionalização e, consequentemente, por mecanismos de bloqueio de determinadas expressões da subjetividade individual. Precisamente, esta é a dinâmica dos processos culturais, que, se por um lado atuam como limitantes das experiências individuais, por outro, são os registros subjetivos que oferecem referência para qualquer grupo social se orientar em relação a qualquer prática histórica.

No entanto, por vezes, esse processo de bloqueio da subjetividade individual chega a extremos, levando à paralisação de suas possibilidades de emergência. Como não há dinâmica e renovação da subjetividade social sem produções inovadoras da subjetividade individual, esses extremos culminam em quadros de cristalização da própria subjetividade social, resultando na normatização e no estancamento de suas possibilidades de mudança. Um exemplo desse processo é precisamente o que já foi discutido como nova institucionalização. Ou seja, um conjunto progressista de mudanças nos serviços de atenção à saúde mental terminou, por vezes, cultivando formas simbolicamente opressoras, por objetificar a condição subjetiva dos usuários e desconsiderar sua participação no próprio processo terapêutico. No entanto, a possibilidade de ruptura com essas cristalizações de poder nas relações humanas construídas no serviço é o que caracterizaria a emergência da condição de sujeito nesse contexto, que provém precisamente da tensão entre institucionalização e uma produção subjetiva inovadora.

Esse processo deve ser acompanhado por pesquisas capazes de gerarem modelos teóricos condizentes com os princípios dessa perspectiva. A busca é pela promoção de uma lógica de transformação, de ganho, em detrimento de uma atenção pautada pela doença mental e pela exclusão social.

Nova Institucionalização e Subjetividade: um Estudo de Caso

Com base na perspectiva teórica previamente apresentada e nas reflexões tecidas sobre o contexto da atenção à saúde mental no

Brasil atualmente, o estudo de caso de uma equipe de um CAPS II[3] do Distrito Federal foi conduzido entre 2012 e 2016 como parte de um projeto de pesquisa de um dos autores (Goulart, 2013, 2017). O principal objetivo de tal projeto foi elaborar um modelo teórico que apoiasse práticas educativas voltadas para o desenvolvimento subjetivo[4] de usuários e da equipe profissional do serviço, de maneira a explicar teoricamente o fenômeno da nova institucionalização como uma configuração subjetiva social.

A pesquisa foi conduzida a partir da epistemologia qualitativa e da metodologia construtivo-interpretativa (González Rey, 2005; González Rey & Mitjáns Martínez, 2016), que enfatiza a produção do conhecimento como processo dialógico, singular e construtivo-interpretativo. Sob essa ótica, o objetivo de uma pesquisa científica não se coloca na representação isomórfica de determinada realidade, mas na construção de um modelo teórico, que ganha consistência gradual mediante desenvolvimento de indicadores e hipóteses[5] relacionados ao tema de pesquisa.

Ao longo do processo da pesquisa, o autor em questão participou de diversas atividades rotineiras do serviço, tais como oficinas terapêuticas, diálogos grupais e individuais e reuniões de equipe. Tal participação permitiu a criação de um vínculo afetivo tanto com os(as) usuários(as), como com os(as) profissionais do serviço. Desse

---

3. Segundo a atual Política Nacional de Saúde Mental do Brasil (Brasil, 2004), o CAPS II (Centros de Atenção Psicossocial II) oferecem atendimentos diurnos a pessoas com transtornos mentais graves, para populações que variam de 70 a 200 mil habitantes.

4. O desenvolvimento subjetivo é entendido neste capítulo como processo contraditório, não linear e singular, que é resultado da complexa articulação de diversas configurações subjetivas nos espaços sociais onde emergem as ações humanas, levando ao desenvolvimento de novos recursos da subjetividade que impactam diferentes esferas da vida de um indivíduo ou de um grupo social (González Rey, Goulart & Bezerra, 2016; González Rey, Mitjáns Martínez, Rossato & Goulart, 2017; González Rey & Mitjáns Martínez, 2017).

5. Hipóteses não são utilizadas nessa perspectiva como ideias *a priori* sobre o fenômeno estudado, mas como construções teóricas que se viabilizam mediante construção de indicadores. Segundo González Rey (1997, 2005, 2014), os indicadores são construções interpretativas do pesquisador a partir das expressões dos participantes da pesquisa, que, em sua articulação, permitem a elaboração de cadeias de significação mais amplas.

modo, busquei, desde o princípio, superar a perspectiva instrumental da pesquisa, na qual os(as) participantes são vistos como provedores de dados, de modo a constituir relações dialógicas permeadas por um tipo de vínculo que provoque seus atores a tomar posicionamentos ativos e críticos no curso das dinâmicas conversacionais desenvolvidas ao longo da pesquisa.

A equipe profissional que participou da pesquisa contava com sete psicólogos, duas assistentes sociais, três psiquiatras, duas terapeutas ocupacionais, duas enfermeiras, quatro assistentes de enfermagem e cinco assistentes administrativas. O trecho do estudo de caso apresentado neste capítulo faz parte de uma pesquisa mais ampla que culminou na tese de doutorado de um dos autores do presente capítulo (Goulart, 2017), de modo que o recorte aqui trazido foi escolhido para ilustrar o fenômeno da nova institucionalização no serviço, bem como no intuito de avançar em sua explicação como configuração subjetiva social.

Como será explicitado, um aspecto fundamental da perspectiva epistemológica e metodológica adotada neste estudo é a capacidade de provocar e cultivar o diálogo com os(as) participantes, mediante o avanço de estratégias de pesquisa e construções teóricas. O diálogo, como entendido por esse referencial, implica caminhos de comunicação imprevisíveis, contradições e abertura para a reconfiguração subjetiva da experiência atual (González Rey, 2016, 2017).

Um aspecto fundamental da perspectiva epistemológica e metodológica adotada neste estudo é a capacidade de provocar e cultivar o diálogo com os(as) participantes, mediante o avanço de estratégias de pesquisa e construções teóricas. O diálogo, como entendido por esse referencial, implica caminhos de comunicação imprevisíveis, contradições e abertura para a reconfiguração subjetiva da experiência atual (González Rey, 2016, 2017).

Um importante aspecto a ser considerado a respeito do CAPS onde foi realizada a pesquisa refere-se a atuais dificuldades político-institucionais hodiernamente vigentes no campo da saúde mental na região do Distrito Federal (Goulart, 2013, 2017, 2019a), sobretudo, no que diz respeito à baixa cobertura de serviços e carência de dispositivos regionalizados no âmbito da atenção primária. Isso leva a um quadro problemático, no qual o serviço onde foi feita a pesquisa termina atendendo uma região que supera em mais de quatro vezes a população de 200 mil habitantes, prevista como limite máximo para um CAPS II, de acordo com a legislação atual (Brasil, 2004). Tais dificuldades político-institucionais na atenção à saúde mental do Distrito Federal culminam em inúmeras situações, nas quais as ações do serviço se veem amplamente afastadas do território existencial das pessoas atendidas, dificultando ações voltadas para a singularidade dos usuários, de maneira a comprometer em grande medida o processo de desinstitucionalização.

Essa realidade, de certo modo generalizada no âmbito da saúde nacional, levanta, no entanto, a indagação sobre como esses processos se desdobram nas tramas subjetivas dos serviços concretos e como os profissionais na linha de frente desses serviços criam estratégias para facilitar ou impedir a emergência de alternativas a essa conjuntura política mais ampla. Isso é central na dimensão subjetiva do problema da nova institucionalização, pois expressa como, embora imersos em limitações que transcendam suas individualidades e o caso singular do serviço estudado, os(as) profissionais podem ter diferentes iniciativas e gerar novas opções de trabalho, de modo a se posicionarem ativamente frente aos desafios que essa situação implica.

Em relação a essa temática, uma psiquiatra do serviço disse em uma das reuniões de equipe:

> **Psiquiatra:** *O paciente tem muito medo de receber alta, porque ele conhece a dificuldade que é ser atendido fora do CAPS. Muitas vezes, pra você conseguir uma receita da medicação que você toma, precisa dormir na fila pra conseguir atendimento. Você já imaginou? A pessoa já tem uma condição psicológica sensível, já está em sofrimento e ainda ter que dormir na fila pra conseguir consulta psiquiátrica? Às vezes, eles ficam debaixo de chuva à noite toda pra conseguir! É caótico!*

A fala da psiquiatra evidencia, primeiramente, o temor dos(das) usuários(as) em relação à alta institucional. No entanto, sua fala é indicador do receio que a equipe profissional também tem em relação a esse processo de alta, sobretudo, em face da carência de recursos e dispositivos na rede de saúde para continuar oferecendo suporte para pessoas que já não precisam, de acordo com os critérios técnicos adotados, dos cuidados intensivos oferecidos por um CAPS.

Algo muito próximo do conteúdo escrito anteriormente foi expresso por uma das psicólogas do serviço, em outra reunião de equipe:

> **Psicóloga:** *Eu me sinto pressionada em ficar com esses casos difíceis, porque o CAPS é dito para ser um serviço de passagem. Então, vai ficar três, quatro anos atendendo? Mas daí, se não atender, vai despachar? É uma grande pressão!*

Nos trechos anteriores, é interessante a visão de "usuários que se apegam ao CAPS" e dos "casos difíceis" como situações problemáticas em si mesmas, que guardam certa externalidade em relação às ações dos(as) próprios(próprias) profissionais, tal como o lugar outorgado à realidade político-institucional em que o serviço está envolvido. Ou seja, o problema parece vir de fora, tanto a situação de "apego" dos usuários ao CAPS, como as limitações político-institucionais. Nesse sentido, trata-se de situações frente às quais o(a) profissional deve tomar uma decisão, sobretudo, no que diz respeito à consensualmente difícil escolha do momento de propor a alta institucional à pessoa atendida.

Nesse caso, a alta parece antes uma decisão arbitrária do(da) profissional do que um processo dialógico que considere o posicionamento da pessoa atendida. Entretanto, é marcante a condição de que, nesse momento, tais casos não sejam entendidos como situações complexas que abrangem o tipo de relação constituída entre as pessoas atendidas e os(as) próprios profissionais. Assim, deixa-se de refletir sobre eventuais formas de relação que terminam dificultando a emergência do outro como sujeito de seu tratamento e de sua vida. Quando questionada, após a fala anterior, sobre quais eram as responsabilidades dos(das) próprios(próprias) profissionais nessa situação problemática, um posicionamento diferenciado e crítico surgiu de sua parte:

> **Psicóloga:** *A gente tem essa visão antiga ainda, né? Eu tenho que cuidar do paciente, o paciente é meu. Às vezes, o paciente ele vai se moldando ao jeito que o profissional é. Isso acontece muito mesmo. É uma mudança de cabeça e isso é muito difícil.*

Nesse momento, a profissional entra em um campo de reflexão interessante, não somente pelo fato de considerar as próprias responsabilidades na situação problemática da nova institucionalização, mas fundamentalmente porque, ao fazer isso, são favorecidos campos de reflexão e ação que podem ser capazes de mobilizar esforços para se criar estratégias educativas voltadas para o desenvolvimento subjetivo do outro. Por meio do diálogo e da busca por resolver impasses cotidianos do serviço, torna-se viável ao menos iniciar uma reflexão sobre formas de promover recursos subjetivos nas pessoas atendidas que são fundamentais para o processo de alta, mas que terminam ocultos e perdidos no processo de institucionalização. Esse processo vai na contramão da reificação da realidade político-institucional e dos "casos difíceis" como imposições frente às quais nada se pode fazer. Todavia, essa fala, naquele instante, terminou sendo um momento reflexivo isolado, de modo a não abrir um campo de discussão que envolvesse subjetivamente os demais presentes na reunião. Esse é um indicador importante do funcionamento da subjetividade social do serviço: a reflexão técnica voltada para novas formas de trabalho com as pessoas atendidas ocupa lugar secundário. Tal processo da subjetividade social do serviço pode estar configurado pela centralidade do discurso médico, mas também pela baixa motivação dos profissionais da equipe relativa ao desenvolvimento de recursos profissionais e de suas possibilidades de trabalho.

Voltando ao conteúdo abordado pela profissional, torna-se possível pensar que a condição de sentir que "o paciente é meu" expressa o que Pitta (2011) denomina de situações críticas de saúde mental que continuam operando no sentido de "enclausurar para cuidar", mas não em comunidades terapêuticas ou em internações, como a autora refere, mas sim dentro dos próprios CAPS. Além disso, tal condição expressa a incapacidade para pensar nas possibilidades de desenvolvimento subjetivo do outro, que é colocado no lugar de objeto de intervenção, tornando-se, consequentemente, responsabilidade do(da) profissional. Nesse processo, perde-se a representação da possibilidade dialógica como recurso essencial para o desenvolvimento subjetivo da pessoa atendida.

Esta seria uma expressão problemática de momentos nos quais o cuidado é confundido com proteção (Pande & Amarante, 2011), resultando em uma identificação por parte do(da) usuário(a) em relação ao serviço, mas fundamentalmente na constituição de sua dependência desse dispositivo e das relações ali construídas. A "mudança de cabeça" a que a profissional se refere pode ser entendida como a difícil e complexa transformação de um modelo de saúde, ainda marcadamente ancorado nas premissas biomédicas, que se desdobram nos fundamentos epistemológicos, supostamente ateóricos e técnicos que vivemos no cotidiano do trabalho de saúde mental no serviço.

Em outra reunião de equipe, uma das enfermeiras do serviço disse:

> **Enfermeira:** *A psiquiatra termina mantendo os pacientes que tiveram alta do serviço em consulta com ela, mas agora que eu estou conseguindo entender o porquê. Porque ela já viu que essas pessoas são extremamente adoecidas, agressivas, indigentes. Ela sabe que, estando aqui no CAPS, ela acompanha. Porque se for pra rede, não tem rede. Se for pro hospital psiquiátrico, hoje é um psiquiatra, amanhã é outro, depois é outro. Não tem um acompanhamento.*

Sua fala reforça o indicador previamente construído em relação ao temor dos(das) profissionais em relação à alta, bem como à proteção do(da) usuário(a) com base nesse temor. Além disso, a fala da enfermeira, ao afirmar que as pessoas atendidas em questão "são extremamente adoecidas, agressivas, indigentes", indica um profundo descrédito nas condições geradoras de desenvolvimento por parte dos(das) usuários(as), o que, articulado às outras construções interpretativas até o momento, fundamenta a hipótese de uma configuração subjetiva social da nova institucionalização estreitamente vinculada à lógica manicomial (Goulart, 2013, 2016, 2019a). Esse posicionamento no que diz respeito às pessoas atendidas, que guarda forte relação com a centralidade da patologização ainda presente no serviço, tal como já discutido, com o passar do tempo em campo foi se mostrando frequente e associado à dificuldade de gerar alternativas aos impasses vivenciados cotidianamente no serviço.

Em uma conversa no âmbito de uma oficina terapêutica entre uma terapeuta ocupacional e um usuário do serviço, novos elementos emergem para avançarmos na compreensão da configuração subjetiva social da nova institucionalização:

> **Terapeuta Ocupacional:** *A gente fica aqui falando do tratamento, mas é muito importante que vocês sejam ativos fora do CAPS para aumentar a autonomia de cada um. Buscar atividades na comunidade, às vezes em centro de saúde, nas academias populares, na igreja e até mesmo formas de vocês irem se capacitando para conseguir um trabalho, alguma fonte de renda... isso tudo é muito importante no processo de alta do CAPS.*
>
> **Usuário:** *Mas daí então quando a gente tiver alta do CAPS a gente vai parar com a medicação e com as consultas (o usuário se remetia às consultas psiquiátricas)?*
>
> **Terapeuta Ocupacional:** *Essa é uma pergunta muito importante, Júlio. Não, quando a gente fala alta, a gente se refere à alta das oficinas terapêuticas, mas as consultas psiquiátricas continuam e os remédios são para o resto da vida, porque a doença é crônica.*

A partir desse breve diálogo, fica expressa, mais uma vez, a centralidade das práticas medicamentosas e da própria noção de "doença" como estado crônico. Nesse contexto, mais do que a cronicidade da suposta "doença", cronificam-se também os recursos institucionais para lidarem com esses casos e, fundamentalmente, cronifica-se o outro como objeto perpétuo de intervenção psiquiátrica — expressão central de uma subjetividade social manicomial. Mesmo quando a profissional é questionada em relação a tal cronicidade, expressa de tantas formas, a respeito de uma possível emancipação da psiquiatria, a resposta é precisa e taxativa no que se refere à impossibilidade de tal empresa. Nesse caso, a manutenção da lógica manicomial é associada a discursos voltados para a importância da autonomia e da reinserção social. Assim, discursos explícitos aparentemente divergentes convergem na cristalização de uma subjetividade social que assume novas feições no CAPS estudado, mas que permanece fundamentalmente inalterada em relação àquela das instituições psiquiátricas tradicionais.

Com efeito, uma das expressões do valor heurístico de se pesquisar a subjetividade humana nos contextos institucionais reside precisamente no deslocamento da ênfase nas intenções e nos delineamentos formais para gerar inteligibilidade sobre a qualidade das relações humanas e produções imaginárias que se assentam em uma base simbólico-emocional muito além daquilo que é explícito. Ainda outro trecho de diálogo de outra oficina terapêutica entre uma psicóloga e outro usuário do serviço expressa tal associação entre discursos aparentemente emancipatórios e uma subjetividade social manicomial:

> **Psicóloga:** *Uma coisa fundamental é que vocês se movimentem, busquem atividades fora daqui, no território de vocês. Tem muita gente que fez tratamento no CAPS e hoje está trabalhando, de volta a uma vida autônoma...*
>
> **Usuário:** *Eu tenho vontade de voltar para o trabalho, mas desse jeito eu não dou conta. Essa medicação me deixa sonolento, meio bobo. Eu sei que é importante, mas me deixa mal também. Eu vou ter mesmo que tomar remédio pro resto da minha vida?*
>
> **Psicóloga:** *É, Nélson... a medicação é como uma base que dá sustentação aos outros projetos de vida de vocês e isso tende sim a ser para sempre, porque é um problema crônico.*

Em ambos os trechos de diálogo abordados anteriormente, evidenciam-se momentos nos quais os(as) profissionais e suas práticas são questionados pelas pessoas atendidas. Mais expressamente no segundo trecho, a medicação não somente é questionada, como também, em certa medida, contestada, tendo em vista os efeitos colaterais na vida do usuário, o que indica um posicionamento de resistência à subjetividade social manicomial, que implicitamente coloca a pessoa atendida no lugar de um consumidor passivo de medicamentos e de intervenções de especialistas. No entanto, a psicóloga não parece se interessar pelo que o usuário expressa, de modo a não dar valor à sua colocação frente a uma realidade tão impositiva, o que já poderia ser visto como indicador de um processo subjetivo importante que deveria ser acompanhado em um diálogo com ele. Isso expressa, uma vez mais, como o diálogo encontra-se ausente no serviço, reforçando seu funcionamento manicomial. Assim, o posicionamento ativo da pessoa atendida é oculto pela imposição da "verdade institucional". Nesses casos, podemos pensar que a sistematicidade com que a resistência dos(das) usuários(as) é minada e a carência de recursos dialógicos voltados ao desenvolvimento subjetivo das pessoas atendidas culminam na cristalização de práticas ainda bastante dominadas pela verticalidade hierárquica das especialidades.

Além disso, a fala da técnica de que a medicação seria "uma base que dá sustentação aos outros projetos de vida" reforça indicadores anteriormente construídos, que, gradativamente, vão gerando inteligibilidade sobre um aspecto crucial da subjetividade social manicomial do serviço: não é apenas a medicação que está na base de todos os processos, mas também o modelo de saúde biomédico, que fundamenta a centralidade da medicação e, com isso, a figura do(da) médico(a), nesse caso, do psiquiatra. Apesar de toda a intenção de superar a configuração institucional medicocêntrica, vemos como esse tipo de relação e comunicação com o(a) usuário(a), na realidade, a intensifica, embora por meios menos explícitos que nos antigos manicômios. O fato de as profissionais dos trechos de diálogos anteriores não serem médicas reforça ainda mais a hipótese de como esse modelo continua impregnado na subjetividade social da instituição de modo geral.

Algumas questões possíveis de serem levantadas frente a ambos os diálogos são: de onde vem a certeza de que a "doença mental" permanecerá até o fim da vida da pessoa? Como garantir que a medicação psicotrópica, recurso que passou historicamente a ser usado na década de 1950 (Amarante, 1995), será um recurso valioso permanentemente na trajetória de vida do outro? A cronicidade estaria na suposta doença mental ou na reificação dos recursos teóricos e técnicos para lidarmos com esse complexo fenômeno? Como negar a singularidade dos processos subjetivos envolvidos em cada caso e suas possibilidades de transformação? A "prisão" por vezes perpétua, antes representada pelo isolamento social nos confins dos manicômios, torna-se, nesse contexto, uma prisão menos visível, no entanto, não menos poderosa: a prisão química e a negação de processos de subjetivação que permitam caminhos alternativos à institucionalização das pessoas atendidas.

Assim, contrariamente ao discurso do movimento da reforma psiquiátrica e da ênfase em uma suposta autonomia, a naturalização do transtorno mental e dos recursos para lidar com ele leva a um tratamento cronificado que, ao se voltar eminentemente para a estabilização dos sintomas, culmina na massificação de processos sumamente complexos e em normatizações e simplificações profundamente criticadas no âmbito da assistência à saúde.

Considerações finais

Este capítulo discutiu desafios emergentes no processo da reforma psiquiátrica no Brasil, desafiando modelos ainda dominantes que terminam por enfatizar e reificar a dimensão biológica do ser humano. Nesse sentido, o presente capítulo, ao se posicionar criticamente em relação a essas limitações, aponta para os riscos de se dissociar psiquismo humano, subjetividade e cultura. Mais especificamente, este capítulo discutiu o fenômeno da nova institucionalização nos serviços substitutivos de saúde mental, tendo como fio condutor um estudo de caso em um CAPS do Distrito Federal. Com base nesse estudo, a configuração subjetiva social da nova institucionalização no serviço mostrou-se estreitamente vinculada à lógica manicomial, daí a se falar em uma subjetividade social manicomial ainda dominante no cotidiano institucional. Isso se expressou pela dificuldade de representar possibilidades dialógicas como recurso fundamental para o desenvolvimento subjetivo das pessoas atendidas, colocando-as amiúde no lugar de objetos de intervenção profissional, tornando-as, consequentemente, responsabilidade do(da) profissional. Esse tipo de relação, embora não intencionalmente, expressa profundo descrédito na capacidade geradora do outro, em um quadro no qual a subjetividade é eminentemente negada.

Nesse processo, o cuidado é confundido com proteção, levando, por um lado, à frequente identificação por parte dos(das) usuários(as) em relação ao serviço, mas por outro, à constituição de sua dependência desse dispositivo e das relações ali estabelecidas. Vale ressaltar que tal subjetividade social manicomial é também associada a discursos voltados para a emancipação e a autonomia, mas que conservam práticas ainda bastante dominadas pela verticalidade hierárquica da especialidade profissional.

Por vezes perpétua e antes representada pelo isolamento social nos confins dos manicômios, a "prisão" dos considerados "doentes mentais", nesse contexto, embora menos visível, não é menos poderosa: a prisão química e simbólica. A medicação passa a ser o foco não somente da ação psiquiátrica, como também das práticas de outras especialidades profissionais no serviço. Nesse sentido, a reflexão técnica voltada para novas formas de trabalho com as pessoas atendidas é relegada a um espaço secundário e, com ela, alternativas formas de compreensão teórica. Esse processo da subjetividade social do serviço encontra-se configurado tanto pela centralidade do discurso biomédico, como pela baixa motivação dos(das) profissionais da equipe em relação ao desenvolvimento de recursos profissionais criativos. Assim, centralizam-se as ações profissionais na solução aparentemente mais rápida e no recurso que vem de fora, que não é gerado pela pessoa atendida e que se encontra fundamentalmente sob tutela e controle do(da) psiquiatra. Nesse processo, controle e passividade emergem como desdobramento de uma subjetividade social dominante — algo que está para além da intenção dos(das) profissionais do serviço.

Coloca-se, portanto, a necessidade de desenvolver ações orientadas à promoção de saúde e da qualidade de vida das pessoas e dos grupos sociais. Isso somente é possível a partir de uma capacidade reflexiva que articule novas representações teóricas, que levem a novas possibilidades de interpretações sobre os processos subjetivos individuais e sociais que se configuram na base dos problemas atualmente enfrentados.

O estudo da subjetividade humana nesse contexto é importante não apenas para outra dimensão de explicação teórica do problema da nova institucionalização, mas também para fundamentar novas formas de diagnóstico e práticas profissionais orientadas à sua superação. Tais diagnósticos e práticas extrapolam a naturalização dos transtornos mentais e a centralização da medicação e do controle sintomático. Uma das expressões do valor heurístico dessa perspectiva teórica nos contextos institucionais reside no deslocamento da ênfase nas intenções e nos delineamentos formais da política pública para enfocar a qualidade das relações humanas e das produções subjetivas, que estão sempre além daquilo que é explícito.

Assim, tanto na pesquisa quanto na prática profissional, esse referencial enaltece o valor de recursos dialógicos que favoreçam a expressão reflexiva e autêntica dos atores envolvidos em sua construção. Precisamente por tal ênfase dialógica e pela construção de uma ética do sujeito, o trabalho a partir da subjetividade pode apoiar processos educativos voltados ao desenvolvimento subjetivo tanto das pessoas atendidas, como da própria equipe profissional. Trata-se, portanto, de uma via que, unida à crítica ao modelo biomédico amiúde ainda dominante, volta-se para a construção de alternativas teórico-práticas para concretizar a unidade entre saúde mental, desenvolvimento subjetivo e cultura.

Referências

Amarante, P. (Org.) (1995). *Loucos pela vida: A trajetória da reforma psiquiátrica no Brasil*. Rio de Janeiro: Panorama ENSP.

Basaglia, F. (1985). As instituições da violência. In F. Basaglia (Org.). *A instituição negada: Relato de um hospital psiquiátrico* (pp. 99-133). Rio de Janeiro: Edições Graal.

Brasil. Ministério da Saúde (2001). Lei n. 10.216, de 6 de abril de 2001. Dispõe sobre a proteção e os direitos das pessoas portadoras de transtornos mentais e redireciona o modelo assistencial em saúde mental. *Diário Oficial da União*, seção 1. Recuperado de: http://www.planalto.gov.br/ccivil_03/leis/leis_2001/l10216.htm.

Brasil. Ministério da Saúde. Departamento de ações programáticas estratégicas (2004). *Saúde mental no SUS: Os centros de atenção psicossocial*. Recuperado de: http://www.ccs.saude.gov.br/saude_mental/pdf/sm_sus.pdf.

Brasil. Ministério da Saúde. Departamento de ações programáticas estratégicas (2010). *Relatório Final da IV Conferência Nacional de Saúde Mental*. Recuperado de: http://conselho.saude.gov.br/biblioteca/Relatorios/relatorio_final_IVcnsmi_cns.pdf.

Caplan, G. (1980). *Princípios de psiquiatria preventiva*. Rio de Janeiro: Zahar.

Dell'aqua, G. & Mezzina, R. (2005). Resposta à crise: estratégia e intencionalidade da intervenção no serviço psiquiátrico territorial. In P. Amarante (Org.). *Archivos de saúde mental e atenção psicossocial 2* (pp. 161-194). Rio de Janeiro: Nau Editora.

Dimenstein, M. (2013). La reforma psiquiátrica y el modelo de atención psicosocial en Brasil: En busca de cuidados continuados e integrados en salud mental. *CS (Cali)*, *11*, 43-71.

Foucault, M. (1972). *História da loucura*. São Paulo: Perspectiva.

Geertz, C. (2003). *La interpretación de las culturas*. Barcelona: Gedisa.

González Rey, F. L. (1997). *Epistemología cualitativa y subjetividad*. São Paulo: Educ.

González Rey, F. L. (2002). *Sujeto y subjetividad: Una aproximación histórico-cultural*. México (D.F.): Thomson.

González Rey, F. L. (2003). *Sujeito e subjetividade: Uma aproximação histórico-cultural*. São Paulo: Pioneira Thomson Learning.

González Rey, F. L. (2005). *Pesquisa qualitativa e subjetividade: Os processos de construção da informação* (2. ed.). São Paulo: Cengage Learning.

González Rey, F. L. (2007). *Psicoterapia, subjetividade e pós-modernidade: Uma aproximação histórico-cultural*. São Paulo: Pioneira Thomson Learning.

González Rey, F. L. (2009). Epistemología y ontología: Un debate necesario para la psicología hoy. *Diversitas [on-line], 5*(2), 205-224. Recuperado de: http://www.redalyc.org/articulo.oa?id=67916260002.

González Rey, F. L. (2012). *O social na psicologia e a psicologia social: A emergência do sujeito*. Petrópolis: Vozes.

González Rey, F. L. (2013). *O pensamento de Vigotsky: Contradições, desdobramento e desenvolvimento*. São Paulo: Hucitec.

González Rey, F. L. (2014). Human motivation in question: Discussing emotions, motives and subjectivity from a cultural-historical standpoint. *Journal for the Theory of Social Behaviour, 45*(4), 419-439. DOI: 10.1111/jtsb.12073.

González Rey, F. L. (2015). A new path for the discussion of social representations: Advancing the topic of subjectivity from a cultural-historical standpoint. *Theory and Psychology, 25*, 494-512. DOI: 10.1177/0959354315587783.

González Rey, F. L. (2016). Advancing the topics of social reality, culture, and subjectivity from a cultural-historical standpoint: Moments, paths, and contradictions. *Journal of Theoretical and Philosophical Psychology, 36*, 175-189.

González Rey, F. L. (2017). The topic of subjectivity in psychology: Contradictions, paths and new alternatives. *Journal Theory of Social Behavior*. On-line version. DOI: 10.1111/jtsb.12144.

González Rey, F. L., Goulart, D. M., & Bezerra, M. S. (2016). Ação profissional e subjetividade: Para além do conceito de intervenção profissional na psicologia. *Revista Educação (PUCRS. On-line), 39*(supl.), 54-65.

González Rey, F. & Mitjáns Martínez, A. (2016). Una epistemología para el estudio de la subjetividad: sus implicaciones metodológicas. *Psicoperspectivas (On-line): Individuo y Sociedad, 15*, 5-16.

González Rey, F. & Mitjáns Martínez, A. (2017). El desarrollo de la subjetividad: una alternativa frente a las teorías del desarrollo psíquico. *Papeles de Trabajo sobre Cultura, Educación y Desarrollo Humano, 12*(2), 3-20.

González Rey, F., Mitjáns Martínez, A., Rossato, M., & Goulart, D. M. (2017). The relevance of subjective configurations for discussing human development. In M. Fleer, F. González Rey & A. Mitjáns Martínez. *Perezhivanie, emotions and subjectivity: Advancing Vygotsky's legacy* (pp. 227-243). New York: Springer.

Goulart, D. M. (2013). *Institucionalização, subjetividade e desenvolvimento humano: Abrindo caminhos entre educação e saúde mental* [Dissertação de Mestrado, Universidade de Brasília, Brasília]. Recuperado de:http://repositorio.unb.br/handle/10482/14958.

Goulart, D. M. (2016). The psychiatrization of human practices worldwide: Discussing new chains and cages. *Pedagogy, Culture & Society, 25*, 151-156.

Goulart, D. M. (2017) *Educação, saúde mental e desenvolvimento subjetivo: Da patologização da vida à ética do sujeito* [Tese de Doutorado, Universidade de Brasília, Brasília].

Goulart, D. M. (2019a). *Saúde mental, desenvolvimento e subjetividade: Da patologização à ética do sujeito*. São Paulo: Cortez.

Goulart, D. M. (2019b). *Subjectivity and critical mental health: Lessons from Brazil*. Londres: Routledge.

Goulart, D. M. & González Rey, F. (2016). Mental health care and educational actions: From institutional exclusion to subjective development. *European Journal of Psychotherapy & Counselling, 18*(4), 367-383. DOI: 10.1080/13642537.2016.1260617.

Goulart, D. M. & González Rey, F. (2019). Studying subjectivity in mental health services: Education, subjective development and the ethics of the subject. In F. González Rey, A. Mitjáns Martínez & D. M. Goulart (Orgs.), *Subjectivity within cultural-historical perspectiva: Theory, methodology and research* (pp. 259-273). Cingapura: Springer. DOI: 10.1007/978-981-13-3155-8_16.

Pande, M. N. R. & Amarante, P. (2011). Desafios para os Centros de Atenção Psicossocial como serviços substitutivos: A nova cronicidade em questão. *Ciência & Saúde Coletiva, 16*(4), 2067-2076.

Pitta, A. M. F. (2011). Um balanço da reforma psiquiátrica brasileira: Instituições, atores e políticas. *Ciência & Saúde Coletiva, 16*(12), 4579-4589.

Tosquelles, F. (2001). *Las enseñanzas de la locura*. Madrid: Alianza.

Touraine, A. (2007). *Um novo paradigma: Para compreender o mundo de hoje*. Petrópolis: Vozes.

Capítulo 11

Arte e Convivência:
uma Experiência de Construção do Cuidado em um Serviço de Saúde Mental

*Juliana Garcia Pacheco**

A Reforma Psiquiátrica Brasileira (RPB) é um movimento relacionado ao campo da Saúde Mental que se inicia no Brasil ao final da década de 1970, cuja consolidação se dá a partir da década de 1990, quando foi oficialmente instituída a atual Política Nacional de Saúde Mental (PNSM). A RPB inclui desde políticas públicas e legislações específicas, reorientação da assistência com a criação de novos dispositivos de cuidado, até a luta de movimentos sociais pela transformação da condição de cidadania dos sujeitos considerados doentes mentais. Trata-se de uma revisão teórica, ética, política e jurídica de discursos e práticas relativas à doença mental, bem como de tentativas de mudanças mais profundas nos valores e significações sociais atribuídas à loucura e à

* Como mencionado na Dedicatória, a autora do presente capítulo, Dra. Juliana Garcia Pacheco, infelizmente, faleceu no decorrer do processo de publicação do livro. Lamentamos muito o falecimento da nossa querida e saudosa colega (nota dos organizadores).

doença mental, para além das mudanças empreendidas nos aspectos da lei, das políticas públicas e das práticas de cuidado (Passos, 2003).

A PNSM, pautada no princípio da Desinstitucionalização, impõe a superação do modelo manicomial e a construção e a consolidação do modelo de Atenção Psicossocial. Neste, o objeto se amplia para além da doença e nosso olhar volta-se para a "existência-sofrimento", ou seja, algo maior que toca a todos nós, seres humanos. Ampliamos o cuidado para além da dimensão biológica, imposta por uma psiquiatria asséptica às questões humanas e sociais. Busca-se a construção de uma clínica ampliada ou psicossocial, na qual outros saberes vêm compor uma nova forma de cuidar, considerando a complexidade da Saúde Mental, para além do campo estrito da saúde.

A Clínica Ampliada propõe o cuidado integral e interdisciplinar, articulado com os processos sociais e culturais mais amplos. Estamos inseridos em serviços abertos, territorializados, substitutivos aos antigos manicômios. Serviços imersos na cultura local, nos quais seus frequentadores (os antigos pacientes dos hospitais psiquiátricos) exercem seu direito de ir e vir, participando da vida cultural e das trocas sociais mais amplas, antes a eles negadas.

Entretanto, apesar de todos os ganhos políticos e legislativos, o modelo de atenção psicossocial ainda coexiste com o modelo manicomial, posto ainda existirem inúmeros hospitais psiquiátricos no Brasil. No Distrito Federal, por exemplo, ainda convivemos com o Hospital São Vicente de Paulo (HSVP), um hospital psiquiátrico cujo funcionamento é ilegal desde 1999, segundo a Lei de Reforma Psiquiátrica Distrital n. 975, de 12 de dezembro de 1995, que previa sua extinção, em quatro anos, mediante a criação da rede de serviços substitutivos.

Para além da "resistente existência" dos hospitais psiquiátricos, nos serviços substitutivos, por vezes, convivemos com resquícios da lógica manicomial. Muitas vezes, acriticamente, mantemos práticas de desqualificação e descrédito para com nossos usuários. Estamos aprendendo a ver e atuar sob a lógica das singularidades, mas muitas vezes ainda nos escapa um olhar cotidiano mais político e sensível para o trabalho como um todo. Por vezes, percebemos a ênfase e uma valorização maior da terapia medicamentosa em relação a outras formas de intervenção, como, por exemplo, grupos e oficinas terapêuticas.

A partir da Teoria das Representações Sociais (TRS) compreendemos essas contradições, na medida em que a RPB é um campo de tensões, em um permanente processo de consolidação, onde se misturam o arcaico e o novo, no que diz respeito às representações sociais da loucura e às práticas de cuidado. Elementos arcaicos que compõem tais representações, como a irracionalidade, a periculosidade, a imprevisibilidade, a alteridade e a incapacidade para a vida social, vêm sendo confrontados pela defesa do "louco" como cidadão de direitos, portanto, mais próximo de nós, considerados "normais". Joel Birman (1992), em seu artigo "A cidadania tresloucada", aponta este paradoxo: conferimos estatuto de cidadão, na sociedade pautada pela racionalidade, àqueles que foram excluídos, durante séculos da história, justamente por "lhes faltarem a razão".

Nessa mesma linha das contradições, no que tange às práticas, os serviços substitutivos se opõem radicalmente ao hermético hospital psiquiátrico, local das "trocas subjetivas zero". Vale relembrar que nos antigos hospitais psiquiátricos tudo aquilo que nos define como humanos é negado aos seus internos: o direito à palavra, ao reconhecimento como sujeito, a liberdade de ser, querer e escolher, o respeito à singularidade, ao tempo e ao espaço de cada um, o direito de ir e vir, e de conviver livremente com a cultura. Os novos serviços propõem intervenções que privilegiam a inserção social, o resgate cultural e a convivência como dispositivo clínico e político. Busca-se o incremento da autonomia e da liberdade, em oposição às antigas práticas de exclusão-reclusão que, inegavelmente, ainda povoam o imaginário social.

Até então, a Clínica Ampliada é uma constante construção, um projeto nunca acabado, por ser articulada aos processos sociais, altamente complexos e sempre dinâmicos. Trata-se de uma perspectiva que entende o cuidado para além de sua dimensão meramente médica e biológica. É uma clínica em que não existem somente respostas prontas e imediatas para todas as situações. Muitas estratégias e soluções terão de ser construídas, e juntas. Por vezes, isso gera inseguranças nas famílias e nas equipes profissionais. Contraditoriamente, a clínica manicomial com suas práticas, normas e instrumentos de disciplina conferia certa segurança aos atores sociais envolvidos. Assim, mesmo nos serviços substitutivos, devemos estar sempre atentos ao risco de recorrermos às antigas práticas — violentas, excludentes ou autoritárias, ainda que de modo sutil. Na construção cotidiana dessa clínica, há tensão constante entre o instituinte e o, já velho e conhecido, instituído. Vale dizer que quando falamos do instituinte, estamos ampliando nosso olhar para além da crítica ao modelo excludente e violento das instituições totais. Estamos também incluindo nesse olhar a dimensão das trocas sociais e simbólicas, ou seja, incluindo a cultura como parte integrante dessa clínica, na tentativa de superar a visão biomédica e hospitalocêntrica predominante na história da Saúde Mental.

Um dos pontos a ser destacado acerca do modelo de reabilitação psicossocial em Saúde Mental, fruto do processo de Reforma Psiquiátrica no Brasil, é a importância fundamental da interdisciplinaridade. Com a emergência desse novo modelo de atenção em Saúde Mental, busca-se superar a fragmentação do olhar sobre o sujeito e seu sofrimento. Antes reduto da Psiquiatria Biológica, hoje a Saúde Mental é campo de integração de diversos saberes científicos, para além da *área psi*. E vamos mais além. Ao tratarmos de Saúde Mental, rompemos ainda a rígida fronteira das "disciplinas acadêmicas", pois, necessariamente, devemos dialogar com outras dimensões da cultura, tais como a Educação, a Política, a Arte, a Religiosidade, dentre outras, que elevam a Saúde Mental ao patamar de um campo intersetorial.

Esse diálogo da Saúde Mental com outros campos culturais e de saber traz importantes implicações para a Psicologia, na medida em que a obriga a ampliar seus limites e superar os determinismos psicológicos tão comuns em sua história. Urge "desinstitucionalizar" a própria Psicologia, reconhecendo que o determinismo psicológico é uma estratégia limitada e simplista que nega a complexidade da existência humana. Existência esta que não acontece em um vácuo cultural.

Assim, para pensarmos a Clínica Psicossocial, apoiamo-nos na Teoria das Representações Sociais (TRS), uma teoria que nasce em contraposição à visão individualista predominante na Psicologia Social no início da década de 1960. Vale destacar que a TRS se situa na intersecção entre a Psicologia e as Ciências Sociais, em especial a Sociologia. "A abordagem das representações sociais tanto no plano teórico como no empírico conduz, necessariamente, à cultura" (Jodelet, 2006, p. 75), pelo fato de se ocupar justamente da produção de significações e ações relativas aos fenômenos sociais e culturais. O campo da saúde mostra-se especialmente propício a este diálogo entre representações sociais e cultura, na medida em que se situa no campo de articulações entre o indivíduo e a sociedade.

As representações sociais e as práticas a elas vinculadas constituem um sistema que se autorregula, em que as incoerências entre si, necessariamente, engendram um movimento de transformação de uma ou de outra, em consonância com as características e possibilidades dos contextos onde ocorrem (Flament, 2001; Campos, 2003; Pacheco, 2011).

No caso específico do campo da Saúde Mental, ao longo do processo de implementação da RPB, observamos que essa autorregulação entre representações sociais e práticas vem acontecendo em ciclos de continuidades e descontinuidades.

Nos serviços substitutivos, temos contextos favoráveis à transformação de representações e práticas relativas à loucura. Busca-se no cotidiano desses serviços, ainda que presentes as contradições, a construção de práticas de cuidado contrárias à violência institucional e à exclusão social, historicamente vivenciadas nesse campo. À medida que nos aproximamos mais dos frequentadores do serviço, que os conhecemos em sua vida cotidiana, em sua comunidade, conhecemos sua história, seus hábitos e suas singularidades, outros laços sociais e afetivos vão se construindo e se aliando aos processos de trabalho na construção cotidiana da clínica psicossocial. A convivência introduz importantes questionamentos das concepções e práticas de cuidado para as equipes profissionais, pois os frequentadores, assim como os profissionais, trazem consigo suas próprias crenças e hábitos, que precisam ser ouvidos e considerados na construção conjunta do cuidado.

Da mesma forma, essa convivência também abre novas possibilidades de compreensão do que consideramos loucura/doença mental e de como nos relacionamos com ela, além de permitir a construção conjunta de intervenções mais efetivas voltadas à inserção social no território. Nesse sentido, afirmamos que a construção coletiva da clínica psicossocial abre espaço para que a cultura esteja cada vez mais presente nos serviços substitutivos. Nessa inserção crescente da cultura no âmbito da clínica psicossocial, representações e práticas podem ser transformadas.

Oficinas Terapêuticas: Encontro e Convivência das Singularidades

Para além dos convencionais atendimentos individuais, os serviços substitutivos buscam priorizar os espaços coletivos. Todos os atores (frequentadores, familiares e profissionais) são convidados a rever seus papéis e construir novas relações de cuidado e responsabilidades entre si. Procura-se redescobrir a força do coletivo, do contato humanizador e fortalecedor com o outro na busca de caminhos para lidar com problemas e sofrimentos que são, muitas vezes, comuns.

Dentre os dispositivos coletivos presentes nos serviços substitutivos, destacamos aqui as oficinas terapêuticas, consideradas novas "tecnologias sociais", "leves", de caráter relacional. São muitos os tipos de oficinas (artístico-expressivas, esportivas, de geração de renda, entre outras), com objetivos diversificados. Algumas características comuns podem ser identificadas.

As oficinas devem constituir-se em espaços de convivência, onde seus participantes tenham a oportunidade de restabelecer o contato e superar as dificuldades na relação com o outro. O isolamento, a solidão, a falta de compreensão e apoio, a rejeição, as falhas na comunicação, o medo e a ansiedade, dentre outros elementos, fazem parte dessas dificuldades comuns a todos. Ao afirmarmos que são dificuldades comuns, ressaltamos a importância dos diversos modos atuais de exclusão social na construção do adoecimento, bem como o lugar ainda marginal, construído ao longo dos últimos séculos, reservado ao sujeito acometido de sofrimento psíquico grave, considerado louco, em nossa cultura.

Dessa forma, as oficinas devem ter por objetivo melhorar a comunicação e as negociações entre os participantes, reconstituindo o direito de querer, de opinar, escolher e relacionar-se de um modo geral. Devem possibilitar experiências que facilitem e incentivem o retorno à vida social e familiar (Mendonça, 2005; Ribeiro, 2004).

As oficinas também devem ser espaços mais livres e espontâneos, com capacidade para acolher o delírio e a produção excessiva de associações, ou seja, devem ser espaços abertos à produção desejante, à produção de vida com sentido. Um espaço de acolhimento que articule a dimensão sociopolítica com a dimensão da subjetividade, exterior e interior, numa experiência dinâmica de redescobertas e novas aprendizagens. Para Santos (2003), não é a atividade em si mesma que tem efeito terapêutico, mas seu poder de vitalizar um espaço de experiência e de trocas. Uma oficina deve promover a retomada das conexões de linguagem e práticas dos usuários com o espaço exterior à instituição, concretizando a tarefa da (re)inserção social.

Rauter (2000), a partir da supervisão de equipes de profissionais de saúde mental, faz uma reflexão acerca da dimensão política, ética e estética das oficinas terapêuticas. Chama a atenção para sua função de luta contra a desumanização e a objetificação tão presentes no âmbito de nossa atual cultura tecnológica e de massa. Destaca a arte e o trabalho como formas privilegiadas de inserção, mas que devemos sempre estar atentos ao que esses espaços significam e a que servem. Para a autora,

> Quando se deseja, por meio da arte ou do trabalho, produzir territórios existenciais (inserir ou reinserir socialmente os 'usuários', torná-los cidadãos...) crê-se que está se falando (a meu ver, dever-se-ia falar) não

> de adaptação à ordem estabelecida, mas de fazer com que trabalho e arte se reconectem com o primado da criação, ou com o desejo ou com o plano de produção da vida. Pois que o plano da produção desejante é também o plano do engendramento do 'mundo humano'.

Trata-se de reinventar a vida em seus aspectos mais cotidianos, pois é do cotidiano, principalmente, que se encontram privados os chamados doentes mentais (Rauter, 2000, p. 271).

Considerando as reflexões de Rauter (2000), entendemos que as oficinas terapêuticas também podem ser potentes espaços de questionamento das diferentes formas de exclusão social, permanentemente alimentados em nossa cultura. Podem ainda possibilitar a reconstrução e/ou ressignificação de lugares sociais para grupos historicamente alijados do convívio social, abrindo para espaços mais democráticos, para formas de subjetivação "não hegemônicas".

Neste capítulo, apresentamos o grupo "Arte e Convivência", uma oficina terapêutica realizada no Centro de Atenção Psicossocial Arthur Bispo do Rosário, CAPS II do Paranoá, Região Leste de Saúde do Distrito Federal. O "Arte e Convivência", realizado entre 2010 e 2013, foi uma experiência de construção de um espaço de luta micropolítica, de valorização do cotidiano e uma tentativa de produção de vida com um pouco mais de sentido para seus participantes. Adotamos a ideia de cotidiano articulada a uma concepção de cultura como um "quadro da ação", um ecossistema em que representações (imagens, ideias, concepções, valores, crenças, atitudes) e práticas se constroem mútua e constantemente, conferindo sentido, orientação e pertencimento (Jodelet, 2006).

Nosso relato segue os passos da história do próprio grupo, na qual se entrelaçam as histórias pessoais de seus participantes: frequentadores do CAPS II do Paranoá e seus familiares, estudantes e a própria autora deste capítulo, também responsável técnica pela coordenação dessa oficina terapêutica. A convivência entre esses diferentes atores, que ocupam diferentes lugares sociais e institucionais, permitiu a construção de novas formas de cuidado entre os participantes, mais atenta a seus hábitos e modos de vida. O dia a dia dessa oficina foi marcado pela complexidade da convivência com o diferente e pelos desafios de construir uma atenção à saúde mental em consonância com os princípios da Desinstitucionalização e da saúde pública, que têm por objetivo primordial a (re)inserção social e cultural.

Do "Artesanato" ao "Arte e Convivência": Repensando o Sentido das Oficinas Terapêuticas

O grupo "Arte e Convivência" teve sua origem na oficina de "Artesanato", a qual funcionava há poucos meses, ainda em construção, criada por uma técnica de enfermagem. Era um grupo numeroso, heterogêneo com relação à idade e ao perfil de seus participantes. Em comum, o fato de os participantes serem retraídos, com dificuldades de socialização, aparentemente sem motivação e "habilidades artísticas". Inicialmente, o grupo tinha um caráter mais ocupacional. As atividades propostas pela coordenadora eram a confecção de origamis, decoração das festas do CAPS e reciclagem de materiais.

Nas primeiras semanas participando da oficina de Artesanato, algumas questões foram levantadas acerca de seus objetivos e funcionamento: quem eram aquelas pessoas que participavam? O que realmente gostavam de fazer? O que aproveitavam daquele espaço? Aprendiam algo novo? Qual o sentido daquela produção? Como transformar aquele trabalho em algo vivo, com sentido, e não apenas em uma produção repetitiva para ocupar o tempo e garantir o acesso ao psiquiatra/medicação? Em que essa atividade favorecia a inclusão social e cultural? A partir dessas perguntas, introduzimos algumas mudanças na formatação da oficina. Foram instituídos dois momentos: uma roda de conversa inicial para apresentação e uma roda final, na qual seriam mostradas as produções do dia.

Na roda inicial, sempre era proposta alguma dinâmica de apresentação e das atividades que seriam realizadas no dia. Nas primeiras semanas, os participantes falavam somente seus nomes e se olhavam com distanciamento. Concordavam em fazer, mesmo sem vontade, o que propúnhamos. Na roda final também apresentavam de forma mecânica o que haviam produzido, geralmente um desenho. Após algumas semanas, algo começou a mudar. As pessoas aprenderam os nomes umas das outras e contavam algumas novidades nas rodas iniciais. Vinham ao serviço e voltavam para casa em pequenos grupos e duplas. Conversavam um pouco durante a execução das tarefas individuais.

Tais mudanças tiveram, aparentemente, um marco: certo dia, na roda inicial, uma das participantes chegou aflita ao grupo, relatando um assassinato em frente à sua casa. Outras pessoas, até então caladas e dispersas, também relataram experiências de violência vivida ou testemunhada. A roda, que nunca durava mais de 10 minutos, ocupou todo o tempo de duração do grupo. Alguns trouxeram experiências vividas no dia a dia, outros relataram episódios que remontavam à história familiar e pessoal, outros ouviam atentos e faziam perguntas e comentários. Nesse dia não produzimos artesanato, mas produzimos contato, afeto, apoio e, todos juntos, abrimos a porta para uma nova convivência, mais espontânea e mais solidária. Percebemos que as rodas iniciais passaram a contar com uma participação mais engajada e alegre por parte de todos, o que nos fez relembrar Emerson Merhy, reconhecido médico sanitarista brasileiro, em uma de suas supervisões clínico-institucionais no Serviço de Saúde Cândido Ferreira, na cidade de Campinas, quando disse de forma contundente que a alegria deveria ser incluída no rol de indicadores na avaliação dos serviços: "Se há alegria, é sinal de que algum trabalho está acontecendo", dizia ele, sabiamente (Comunicação pessoal, 2003).

Assim, a partir desse dia, sentimos que começava a existir um grupo. Concordamos com Puchivailo e Holanda (2016) quando afirmam que o fato de estarmos juntos em um mesmo espaço ainda não nos torna um grupo. É necessário que as pessoas sintam que passam por experiências similares e se percebam como pertencentes a um mesmo espaço, com possibilidades de contribuir para a construção de vivências comuns.

Em poucos meses, o grupo foi se transformando. Já não se tratava mais de um grupo de produção artesanal, mas de um espaço de encontro e convivência em construção. Um espaço/tempo que se pretendia aberto às diversas possibilidades de expressão, ao afeto, ao acolhimento. Buscávamos construir uma convivência em que todos tivéssemos a oportunidade de experimentar suas dificuldades, suas alegrias e seus efeitos "humanizadores". De "Grupo de Artesanato", passamos a ser chamados de (grupo-espaço) "Arte e Convivência".

Da Apropriação do Espaço à Apropriação Subjetiva

O dever de casa na porta.
Amar é cuidar da própria horta.
(Shêro Brito)

O grupo de Artesanato seguia uma linha de produções artísticas, o que mantivemos, mas com algumas modificações. A primeira mudança foi disponibilizarmos sempre diferentes materiais plásticos para livre escolha. Na roda inicial, nos primeiros meses, propúnhamos um tema que nos parecesse importante para o grupo, e cada um produzia o que quisesse, escolhendo materiais de sua preferência. O desenho e a pintura foram linguagens muito exploradas pelos participantes. Não só nesse período inicial, mas também durante os três anos de duração do grupo, foram o "carro-chefe" da oficina. Voltaremos a elas mais à frente.

Desses primeiros meses merecem destaque as transformações na dinâmica da oficina, no ambiente e na participação das pessoas. Por não ser mais "obrigatória" a produção artesanal, enquanto algumas pessoas produziam, outras começaram a circular mais pelo serviço. A recepção e a área descoberta em frente ao refeitório passaram a ser ocupadas para bate-papos, trocas de cigarros e encontros. Os que pintavam e desenhavam foram autorizados e incentivados a mexer nos armários para buscar os materiais, e incentivados a organizá-los, no início e no final da oficina. Foi pintada uma grande caixa de madeira para guardar os trabalhos que podiam ser vistos por todos. As pessoas passaram a se movimentar com mais liberdade no espaço, observando e se responsabilizando um pouco mais por ele.

Começamos a observar sistematicamente o ambiente físico: um lugar com cara de hospital, paredes internas brancas. A parte descoberta se assemelhava aos hospitais psiquiátricos pelo desleixo: paredes de cobogó mofadas; bancos de cimento descascados; um tanque de terra cheio de mato e lixo. Como poderíamos trabalhar nossa saúde mental em um ambiente tão descuidado, sem zelo, sem beleza? Como cuidar, minimamente, de nosso "ao redor"? O que aquele ambiente descuidado revelava de nossas concepções de cuidado?

Madureira (2016, p. 61), ao abordar os artefatos culturais, os define como instrumentos fornecidos pela cultura coletiva e que encerram significações datadas historicamente, instrumentos que "canalizam o pensar, o sentir e o agir das pessoas no fluxo inexorável do tempo". Dentre os inúmeros artefatos culturais, a autora privilegia as palavras e as imagens, mas também inclui uma análise sobre as características dos ambientes e da arquitetura como reveladoras de crenças e significados, bem como veiculadoras de imagens e palavras. Sua reflexão é útil no sentido de nos mostrar a relevância da ambiência quando falamos da saúde. O que um ambiente descuidado nos revela em termos de crenças acerca da população de que cuidamos?

A partir de observações sistemáticas desse ambiente propostas ao grupo, fomos juntos construindo uma nova cara para esse espaço. Uma cara mais acolhedora, mais propícia ao cuidado. Primeira transformação: a limpeza do tanque de terra e uma "campanha boca a boca" para cuidarmos melhor do nosso lixo. Foram colocadas lixeiras no refeitório e cinzeiros pintados pelo grupo na área descoberta. Todos, ao menos no dia do "Arte e Convivência", cuidávamos para que ninguém mais jogasse restos de lanche, pratos, copos descartáveis e restos de cigarro no tanque. Foram colocadas, ainda que por breve tempo, placas de avisos sobre o lugar do lixo. Paralelamente a esse trabalho, alguns participantes foram convidados a capinar o mato e adubar a terra onde antes era uma grande lixeira. Em pouco tempo, havia um terreno fértil para um jardim.

A construção coletiva do jardim abriu portas para conhecermos um pouco mais das histórias de vida e habilidades dos participantes do grupo. Histórias de gente da roça e seus costumes, da infância nas lavouras, dos plantios, das pamonhadas nas fazendas do interior, lembranças de trabalho e de família. Histórias do mato e dos seres encantados e misteriosos que o habitam. Muito riso, alguns desentendimentos, como é de se esperar das relações entre pessoas que estão se conhecendo e convivendo. Muito trabalho para gerar a fertilidade na terra e em nós.

Esse momento de construção do jardim permitiu-nos conhecer outra dimensão da vida de nossos frequentadores: uma cultura rural, tão desconhecida e, muitas vezes, desqualificada nos grandes centros urbanos. E pudemos ver os efeitos agregadores e de incremento da autoestima por meio desse resgate cultural.

Algumas pessoas trouxeram mudas de arbustos e flores. Mariazinha,[1] uma senhora de idade, com dificuldades de locomoção, passou a ir ao serviço mais vezes por semana, para cuidar das mudas, regar as flores. Seu humor tornara-se mais leve, estava mais comunicativa, ainda que tivesse dicção de difícil compreensão. Começou a compartilhar seus conhecimentos das plantas e sementes, comentava seus hábitos alimentares, aprendidos na roça com seus parentes.

Stéfani, uma moça ainda jovem, mas bastante comprometida pela depressão que já a acompanhava há anos, "pegou na enxada" e lembrou-se do tempo em que auxiliava a mãe e de sua força de trabalho. Benedito, um moço também jovem, abatido pela morte de um irmão, orgulhava-se de ser o rapaz que estava ajudando no jardim.

---

1. Os nomes utilizados são fictícios, codinomes inspirados em algumas características desses participantes. Agradecemos, desde já, a presença desses participantes no "Arte e Convivência" e o que nos ensinaram com suas histórias, compartilhadas nos nossos encontros semanais.

Contava isso com alegria... Com esse investimento de trabalho e afeto, nosso jardim cresceu, floresceu e permanece até hoje, oferecendo um ambiente mais agradável a quem chega. Cumpriu-se a premissa de que "... quem planta flores, vem colher flores".

Concluído o "pontapé" inicial do jardim, outro movimento se inicia: a pintura das paredes e dos bancos mofados. Precisávamos de um local mais aconchegante, mais alegre, mais colorido. Decidimos juntos que pintaríamos as paredes de cobogó, cada uma de uma cor, e de azul a parede do refeitório. Essa decisão foi levada à reunião da equipe, que concordou com a "desobediência" de colorir as paredes de um serviço que, pelas normativas institucionais, deveriam ser brancas e assépticas.

Outras boas surpresas: pessoas antes caladas, "embotadas afetivamente" segundo jargão psiquiátrico, ou desorganizadas, "arregaçaram as mangas", misturaram as tintas e deram cor às paredes. Uns com muito capricho e cuidado, relembrando experiências de trabalho. Outros como uma novidade a ser experimentada. Outros pintavam, além das paredes, o chão e suas roupas. Mais uma vez, descobrimos saberes e habilidades antes escondidas. Vivemos momentos divertidos.

Quanto aos bancos de cimento descascados e mofados, eles ganharam novas cores e desenhos de diversos participantes, inclusive das crianças que, por vezes, acompanhavam os pais e os avós ao grupo. Bancos frios e feios, em poucas semanas, se transformaram em lugares convidativos para uma boa conversa, para compartilhar um cigarro, ou mesmo para estar só, junto aos desenhos coloridos.

Pintura e Desenho: a Mediação entre o Mundo Interno e o Externo

Mudei para o mundo das imagens.
Mudou a alma para outra coisa.
As imagens tomam a alma da pessoa.
(Fernando Diniz, artista do Museu de Imagens do Inconsciente)

Independentemente da proposta, sempre tínhamos à disposição diversos materiais necessários à pintura e ao desenho. Nos primeiros meses, trazíamos algum direcionamento, com temas geradores. Assim que os participantes começaram a ter mais familiaridade com os materiais, fomos abrindo mão da diretividade, deixando os desenhos e as pinturas "livres" de nossa interferência e sugestão. Inicialmente, muitos se sentiam constrangidos: *"não sei desenhar"*; *"não sou artista"*; *"meu desenho é feio"*. Insistíamos em afirmar que isso não importava. O importante era experimentar, ousar e poder mostrar, pela produção, o que talvez fosse muito difícil em palavras. Encontrar outro jeito de se representar.

A maioria das pessoas sempre fazia algum desenho ou pintura. Para alguns, era como cumprir um protocolo. Ainda que não obrigássemos a produção, como todos estavam produzindo, algumas pessoas sentiam que deveriam produzir também. Para outras, era uma experiência de fazer algo diferente, que nunca haviam feito. Era também uma oportunidade de concentração, de encontrar alguma conexão consigo, algum apaziguamento. Observávamos pessoas que diziam não gostar do resultado final, mas que, no momento em que estavam produzindo, se acalmavam e, ao apresentar sua produção na roda final, contavam algo de sua história ou vida cotidiana. Para muitas pessoas, ainda que a dimensão artística não fosse reconhecida, os desenhos e as pinturas foram importantes mediadores, encorajadores para a fala, o que confirmou seu potencial terapêutico.

Retomando as reflexões de Madureira (2016) sobre os artefatos culturais, a autora aponta que as imagens (neste caso, as pinturas e os desenhos) podem nos servir como ferramentas analíticas, metodológicas e educativas. Como ferramentas analíticas, as imagens nos permitem conhecer as concepções e as significações de um determinado momento histórico acerca de um fenômeno. Como ferramentas metodológicas, as imagens nos permitem evocar temas de difícil acesso, proporcionando, no contexto de pesquisas qualitativas, uma comunicação mais fluida e espontânea a respeito de temas complexos e delicados. No que tange ao aspecto educacional, as imagens também são úteis no processo de construção de conhecimentos. Podemos dizer que, no contexto do "Arte e Convivência", as imagens (desenhos e pinturas) foram úteis, especialmente, como ferramentas terapêuticas, na medida em que possibilitaram o compartilhamento e a construção conjunta das representações visuais acerca de temas de difícil acesso e intensa mobilização afetiva. As imagens compartilhadas geravam questionamentos, sugestões, elogios, enfim, alguma forma de atenção, comunicação, conexão, identificação entre os participantes, cumprindo também a função de fortalecimento do grupo.

Para algumas pessoas, o desenho e a pintura pareceram constituir uma experiência mais profunda, uma forma privilegiada de expressão de um mundo antes desconhecido. A expressão plástica abriu acesso a um mundo de imagens com força de revelação de um mundo interno, "sobrevivente" ao adoecimento e à exclusão. Um mundo interno silenciado, tranquilamente ignorado pela certeza do "embotamento afetivo", um jargão psiquiátrico adotado como verdade para os quadros de psicoses, em especial para a esquizofrenia.

Antes de prosseguir, vale relembrar o trabalho pioneiro de Nise da Silveira,[2] mais que inspirador para o "Arte e Convivência". Inspirador por diversos motivos, mas um merece destaque: afirmamos que para alguns participantes da oficina, as imagens produzidas traziam à tona um mundo que não conhecíamos, pois foram silenciados pela incompreensão, pela falta de espaços e condições — psíquicas

---

2. Nise da Silveira, em 1946, criou no Hospital Psiquiátrico do Engenho de Dentro, no Rio de Janeiro, a Seção de Terapêutica Ocupacional, como resistência e recusa dos métodos de tratamento violentos e invasivos da Psiquiatria vigente (eletrochoque, choque insulínico, lobotomia e abuso de quimioterapia). Dedicou-se ao trabalho e à pesquisa de outras formas de terapêutica que pudessem lançar alguma luz sobre o processo psicótico. Estudiosa da Antipsiquiatria e da Psicologia Analítica, desenvolveu um espaço de criação, onde disponibilizava materiais diversos, que foram utilizados pelos internos da instituição.

Em poucos anos, o trabalho dos "artistas do Engenho de Dentro" chamou a atenção de artistas e críticos de arte, tais como Mário Pedrosa, que abriu algumas portas do mundo da arte para o trabalho realizado dentro do hospital. Nise fomentou um grupo de estudos, denominado Carl Gustav Jung, que durou muitos anos. Nesse grupo, as experiências da Seção de Terapêutica Ocupacional eram estudadas a partir do referencial teórico da Psicologia Analítica, mas também havia abertura a outras linhas de teorização. Foi criada a revista *Quatérnio* por esse grupo de estudos. Nise, junto a amigos e parceiros de trabalho e estudo, criou em maio de 1952 o Museu de Imagens do Inconsciente. Ainda resistente ao tempo, hoje o Museu conta com mais de 150 mil obras de arte produzidas pelos internos da instituição (Silveira, 1992, 2015).

e relacionais — de expressão, e não somente "pelo curso natural da doença", como afirma a Psiquiatria ancorada no modelo biomédico convencional. Nossa experiência demonstrou que a retomada do contato com o outro em um ambiente menos coercitivo e mais acolhedor abriu caminho para o livre curso das expressões. Permitiu que revisitássemos a discordância de Nise (Silveira, 2015, pp. 85-86, grifos da autora) acerca do que é o "embotamento afetivo":

> Numa experiência de 30 anos jamais encontrei em qualquer esquizofrênico o famoso 'embotamento afetivo'. Decerto não se poderia esperar manifestações exuberantes de afetividade convencional da parte de pessoas que estão vivenciando desconhecidos estados do ser em espaço e tempo diferentes de nossos parâmetros, o campo do consciente avassalado por estranhíssimos conteúdos emergentes da profundeza da psique.
>
> O esquizofrênico dificilmente consegue comunicar-se com o *outro*, falham os meios habituais de transmitir suas experiências. E é um fato que o *outro* também recua diante desse ser enigmático. Será preciso que esse *outro* esteja seriamente movido pelo interesse de penetrar no mundo hermético do esquizofrênico. Será preciso constância, paciência e um ambiente livre de qualquer coerção, para que relações de amizade e compreensão possam ser criadas. Sem a ponte desse relacionamento a cura será quase impossível.

Hoje não falamos mais em cura, e sim em cuidado, mas a proposta de Nise da Silveira continua absolutamente atual. Sua grandeza reside no fato de afirmar a necessidade de afeto e liberdade de ser como elementos essenciais a qualquer tratamento em saúde mental. Elementos que servem como suporte à tentativa de organização psíquica e minimização dos efeitos do sofrimento e do isolamento.

Vale ressaltar que, assim como defende a Teoria das Representações Sociais e outras abordagens culturalistas da Psicologia e das Ciências Sociais, não há uma separação entre o mundo interno e externo, como duas entidades independentes. Há, isso sim, uma relação de continuidade e coconstrução, e o que marca a distinção entre o mundo interno e externo são as possibilidades, espaços de expressão do mundo interno e não seu conteúdo.

Nos primeiros meses recebemos Paco Estrela,[3] um rapaz jovem, aproximadamente 20 anos, muito isolado, comunicação prejudicada. Diagnóstico: esquizofrenia hebefrênica. Não falava com ninguém, olhar alheio, sem presença, sem iniciativa. Autocuidado prejudicado. Em suas primeiras participações ficava observando, arredio, sentado em um canto sem muito contato.

Resolvemos, certo dia, pintar ao ar livre. Disponibilizamos papéis finos grandes (1 m x 1 m) e muita tinta guache para todos. Separamos tintas, papel e pincel só para Paco Estrela e dissemos que era dele — só dele — para fazer o que quisesse. Ele continuou calado, mas algo de novo aconteceu: "mergulhou" (quase literalmente...) nas tintas e pintou com muito vigor. Ocupou todo o papel: uma casa com três partes simetricamente organizadas, grama e céu. Muita tinta, cores vibrantes minuciosamente trabalhadas. Pediu que guardássemos sua pintura.

A partir desse dia, passou a produzir pinturas de casas e barcos, e escolheu seus materiais: giz de cera e lápis preto. Produzia até dez desenhos por encontro, sempre com "folha cheia" e cores vibrantes, bem planejadas. Não gostava de apontador. Pediu um estilete. Combinamos que eu daria se ele se comprometesse a cuidar do objeto, não emprestando para ninguém sem me falar, não usando para mais nada, só para apontar os lápis. Algumas pessoas questionaram se não era arriscado... Talvez sim, talvez não. Como saber, sem arriscar? Trato feito e sempre cumprido. Era o "dono do estilete" e, com o tempo, passou a apontar os lápis coloridos dos demais, sempre me devolvendo ao final.

Começou a se apresentar nas rodas iniciais como "artista", "desenhista", "Mauricio de Sousa", que ele admirava e conhecia diversos de seus personagens. Durante a realização dos desenhos, ficava absolutamente concentrado, parecia "mudar-se para o mundo das imagens", tal como Fernando Diniz, artista descoberto por Nise da

---

3. Paco Estrela é um codinome inspirado em um personagem de sua criação, representado como um ser redondo e vermelho, com boca, olhos dentro da boca e uma estrela na testa.

Silveira. No início e fim da tarde, contava muitas histórias de aventuras e seus feitos de policial, super-herói, padre, pastor. Em outros momentos, era bombeiro, motorista de ônibus e caminhão. Contava de viagens para a Lua e outros planetas em sua "versão" astronauta. Cada dia, era uma pessoa diferente.

Nenhuma coerência, do ponto de vista de nossa linguagem formal, nenhuma continuidade em seus relatos, "prognóstico ruim, crônico" do ponto de vista psiquiátrico convencional. Mas começou a haver vida, estava sempre alegre, falante e buscando contato com as pessoas. Em pouco tempo, cumprimentava todos no CAPS estendendo a mão. Os mais próximos, abraçava forte na chegada e na saída. Passou a conversar entre um desenho e outro e a dividir o material com os demais.

A vida cotidiana de Paco Estrela era bastante empobrecida. Assistir à televisão era sua única atividade. Sabendo disso, doamos giz de cera, lápis preto e uma resma de papel para que ele levasse para casa. Em seu dia a dia, passou a dividir o tempo da televisão com sua produção. Criou uma série de cartazes de cinema, com filmes de seus super-heróis favoritos, agora com escritos. Voltou a ler gibis. Sempre trazia para o CAPS os desenhos que produzia em casa. Dizia: "aqui é o lugar deles".

Além da melhora visível em sua sociabilidade, seus desenhos e pinturas também demonstravam, pouco a pouco, parte de seu mundo e de seus hábitos. Desenvolveu um estilo próprio, fez séries temáticas: barcos, casas, máscaras, espadas, capacetes inspirados em heróis japoneses, medalhões em forma de mandalas, círculos, estrelas, cobras, símbolos Yin-Yang. Desenhou símbolos da Rede Globo, SBT e Rede Manchete, retratando, à sua maneira, sua cultura e hábitos cotidianos.

Mocinha era outra participante jovem, de aproximadamente 20 anos, também isolada em seu mundo interno. Diagnóstico: retardo mental moderado a grave, segundo a CID-10. Era agitada, movimentos repetitivos e, apesar do repertório verbal empobrecido, falava muito e alto, palavras soltas. Logo no segundo encontro, iniciou uma produção muito intensa, fazia muitos desenhos a cada encontro. Desenhos grandes preenchendo todo o papel. Com giz de cera, fez inúmeros desenhos de flores. Logo nos primeiros encontros, escolheu seu material favorito: lápis de cor e caneta. Tinha traço seguro, fazia os desenhos de uma vez, sem rascunho. Desenhos detalhistas, simetricamente organizados, coloridos e também em séries temáticas, sendo as favoritas as "casas" e os "autorretratos". Em alguns autorretratos, se desenhou nua tomando banho e descrevia seu corpo. Desenhou muitos objetos, os mais frequentes eram jarros. A maioria deles se assemelhava a moringas, ora com pernas, ora sem pernas, muitas vezes com riscos na frente, como se fosse para escondê-los.

Poderíamos arriscar algumas interpretações de seus desenhos, em especial no que tange ao tema da sexualidade e do corpo, tão presente e tão reprimido nas relações sociais, particularmente no caso das mulheres no contexto da nossa sociedade, marcada historicamente pelo machismo. Nosso objetivo neste momento, entretanto, não é a interpretação das obras, mas mostrar que esses desenhos abriram espaço para trabalharmos algo da relação com o outro. A partir da produção de Mocinha, passamos a conversar mais com sua mãe, também frequentadora da oficina. Tivemos a oportunidade de conhecer a dura realidade vivida por ela e um pouco mais de seu cotidiano. Pudemos conhecer suas crenças com relação à sexualidade da filha, que corroboravam a ideia, tão difundida culturalmente, da negação da sexualidade dos ditos doentes mentais, em especial os diagnosticados com algum tipo de deficiência intelectual. Negação construída histórica e culturalmente, justificada pela infantilização desses sujeitos. A partir dessa atividade, nos aproximamos mais da mãe de Mocinha, acolhendo suas angústias e dificuldades. Com a crescente confiança, pudemos auxiliá-la um pouco mais no cuidado com sua filha.

Em síntese: nesses casos, dentre outros, confirmamos a importância da produção artística como reveladora de aspectos culturais e mediadora das relações sociais.

Convivência: Construção Coletiva e Respeito à Diversidade

Uma característica importante do "Arte e Convivência" era a diversidade de seus participantes. Ao lado de jovens, como Paco Estrela e Mocinha, conviviam pessoas — homens e mulheres — de meia-idade, idosos(as), solteiros(as), casados(as), com ou sem filhos, com experiências diversas de vida e de trabalho. Com relação ao diagnóstico, também prevalecia a diversidade: conviviam psicóticos, neuróticos graves, dentre outros, e que faziam uso dos mais diversos tipos de medicação, pessoas "estabilizadas" e pessoas em crise. Alguns que esperavam por atendimento individual da Psiquiatria e da Psicologia, e pelo acolhimento também participavam, ocasionalmente, da oficina.

O que unia os participantes era o fato de terem encontrado um lugar onde era possível a abertura e a construção de novas possibilidades de expressão de seu mundo interno e de atendimento às suas necessidades cotidianas. Para alguns, a oficina foi mediadora de demandas, para outros foi simplesmente um "espaço para estar" ou um lugar de passagem.

Baiano desenhou muitos barcos, quase idênticos. Contava histórias de sua terra natal. Ao longo da repetição das mesmas histórias, formulou uma demanda de intervenção: foi refazendo sua trajetória de vida até Brasília e conseguiu pedir que nós o auxiliássemos a resgatar seu benefício social, mal utilizado por sua família e negado a ele há muitos anos.

Seu Urbano teve o tratamento imposto pela Justiça por ter ficado nu em público em um momento de desorganização psíquica. Foi "condenado" ao tratamento. Cumpria uma obrigação, mas mesmo sob essa condição, interagiu bem com os demais, ainda que discreto. Produziu desenhos de frutas, peixes e outros desenhos significativos, nos quais revelava sua circulação pelas cidades: Rio de Janeiro, sua cidade natal, e Brasília. Retratou o Lago Paranoá, monumentos, os ônibus e as ruas, seu trajeto até o CAPS. Contava sua vida de vendedor ambulante de cigarros na noite dos bares do Plano Piloto. Cumprida sua pena, nunca mais voltou. Deixou uma bela produção artística, continuando sua vida circulando como mais um anônimo nas noites da cidade.

Dentre os frequentadores estavam algumas pessoas idosas, o que levantou algumas questões relativas ao processo de reabilitação psicossocial para essa população específica. Os CAPS têm dentre seus objetivos principais a reinserção dos sujeitos na vida social e cultural, ou seja, a reconstrução do laço social. Nesse sentido, os idosos vivenciam muitas limitações. Compreendemos que seu processo de reabilitação deve ser pensado em outras bases, privilegiando as relações mais próximas e a ressignificação da história de vida. A limitação mais importante parece ser a dupla exclusão: pelo estigma da loucura e pelo lugar de menos valia do idoso em nossa cultura. Como pensar a reabilitação psicossocial dessa população específica em uma cultura em que o velho, sua história, suas memórias não têm lugar, não têm valor? Em uma sociedade que cultua a juventude, o corpo perfeito, a produtividade?

A convivência semanal com os idosos reafirmou a compreensão de que a Clínica Psicossocial é ampliada não só para fora, para o social, para a macropolítica. É também uma ampliação das possibilidades internas, de transformação de si pelo reconhecimento de sua história, revalorização dos saberes e atuação na micropolítica das relações cotidianas. Reabilitar está para além de "tirar o sujeito de um estado de inabilidade para um estado de habilidade". Trata-se, sobretudo, de uma ética, de uma concepção de ser humano e de uma postura quanto à reconstrução do lugar da "desrazão" na vida social e na cultura (Pitta, 2001). As histórias de duas participantes ilustram essas reflexões.

Mariazinha, uma das idosas já citadas, teve uma participação especial entre "os artistas". Inicialmente, resistia em experimentar qualquer coisa. Com o tempo, se apaixonou pelas tintas: fez muitas flores coloridas, "pés de árvores", mandacarus, típicos de seu lugar de origem. Contava histórias dessas plantas e das experiências do tempo em que morava na roça. Fez desenhos imitando bordados, com delicadeza na composição das cores e na disposição dos "pontilhados", desfazendo sua imagem de pessoa "bruta". Também fez desenhos em série, que ela mesma nomeou. Primeiramente, a série "Besouros": desenhos circulares, coloridos e muito originais. Depois a série de "Caras de pau", seres imaginários pintados com capricho e muitas cores: uns caminhavam, outros não, alguns faziam barulhos diferentes, seres "meio planta — meio gente"... Talvez um pouco como ela... Tinha carinho por esses desenhos e sempre perguntava por eles, querendo revê-los a cada encontro. Fez muitas pinturas em tecido: flores, plantas, "caras de pau" e lanternas.

A participação de Mariazinha nesse grupo fortaleceu o vínculo com a equipe e pudemos conhecer sua história de vida, nunca antes ouvida, nos muitos anos de tratamento psiquiátrico em várias instituições. Uma história marcada por muitas violências: maus-tratos no trabalho, violência doméstica, abandono, roubo de seus filhos e a luta para resgatá-los, muitas internações psiquiátricas pela desestruturação psíquica diante do insuportável sofrimento. Na retomada de sua história, a reaproximação e o restabelecimento do cuidado pela filha, que desconhecia suas origens. Com a reaproximação, a relação entre as duas se tornou de cuidado, e não simplesmente suprimento das necessidades básicas. Foi possibilitado o reencontro, ainda que pontual, com um de seus filhos, que se emocionou ao ver as obras de arte produzidas pela mãe quase desconhecida.

Dona Rosa era outra senhora com dificuldades de relacionamento com as filhas, que não tinham paciência com ela, diziam que ela falava muito e muito alto... No que tinham certa razão. Deixaram de ouvi-la, ainda que não deixassem faltar nada, no sentido objetivo. Queixava-se sempre com muita raiva do esposo, afirmava que não o queria mais, mas não era ouvida, era motivo de chacota. Queixava-se das filhas, pela falta de atenção e por implicarem muito com ela.

Em suas pinturas, retratava as coisas de que gostava em sua casa, principalmente as orquídeas que seu marido cultivava. Fez séries de orquídeas, lindas, coloridas. No dia a dia, passou a observá-las melhor e auxiliar o marido no cuidado das flores. Também começou a desenhar as abóboras que nasciam no quintal e passou a participar mais do cuidado com a casa. Participamos de algumas negociações entre ela e as filhas. No "Arte e Convivência", sempre havia alguém disponível para conversar com Dona Rosa, auxiliando-a a prestar mais atenção no volume de sua voz, que tanto irritava a todos em sua volta.

No dia a dia, Dona Rosa relutava em tomar banho, motivo de conflitos constantes em família. No dia da oficina, combinamos que ela iria tomar banho. Nas segundas, sempre chegava de banho tomado e pedia que a cheirássemos: cheirosa, ganhava parabéns, beijos e abraços. Com o tempo, voltou a tomar banho todos os dias. Por se sentir mais acolhida, passou a colaborar mais com todos. O cotidiano familiar ficou mais leve e lúdico.

Doamos tintas e papéis, e Dona Rosa incorporou a pintura ao seu dia a dia. Enfeitou seu quarto e a casa com suas pinturas. A família reservou uma mesa da casa para suas atividades. Sentiu-se valorizada e mais respeitada. As filhas passaram a buscar mais a equipe para trocarmos informações e construímos coletivamente o cuidado com Dona Rosa. As filhas passaram a ouvir e mediar, de forma mais compreensiva, a relação de Dona Rosa com o esposo.

Por meio dessas experiências, dentre outras, percebemos a importância da arte e da convivência como mediadores das relações cotidianas. Ainda que de forma indireta, a produção artística e a abertura ao outro que ela proporcionou permitiram algumas transformações na vida cotidiana dos frequentadores da oficina, pois favoreceram o processo de comunicação e expressão.

As Saídas do CAPS: Breves Aventuras na Cidade

No segundo ano do "Arte e Convivência", o CAPS recebeu uma kombi que facilitou as saídas da instituição. Nosso primeiro passeio foi para o Parque Nacional da Água Mineral. O contato com a natureza e a experiência de poder nadar (algumas pessoas nunca haviam entrado numa piscina e outras não o faziam há algumas décadas) favoreceram a emergência de muitas memórias e risadas. O fato de estarmos, a maior parte das pessoas, com roupas de banho também abriu portas para o tema da sexualidade geralmente silenciado e, quando falado, na maior parte das vezes acontecia sob a perspectiva normativa e asséptica da saúde. Nesse dia, ouvimos as pessoas falarem de seus corpos, suas "vergonhas", seus medos e curiosidades relativas ao sexo, bem como histórias de amor. Abriu-se o espaço para que esse tema fosse tratado pelo grupo com mais naturalidade.

O outro passeio foi ao Eixo Monumental. A maioria das pessoas nunca havia ido ao Plano Piloto de Brasília (DF). Não conheciam nem se reconheciam na cidade. A visão da Esplanada dos Ministérios e de seus monumentos incentivou o assunto da política no Brasil, até então inédito, e também provocou olhares surpresos e alegres por poderem estar, "ao vivo e em cores", em um lugar conhecido só pela televisão. Fomos à Feira da Torre, ao Museu da República e à Catedral. Essas saídas foram marcadas por descobertas, descontração e pelo lúdico. Momentos de viver outras experiências, de circular, se ver no espaço da cidade e considerá-lo seu também.

As Festas: mais Alegria nas Formas de Ser e Estar no Mundo

Vai ter uma festa que eu vou dançar,
até o sapato pedir pra parar.
Aí eu paro, tiro o sapato,
e danço o resto da vida...
(Chacal, 1970)

Com o tempo, o grupo passou a ter uma dinâmica própria: a roda final foi abolida e a roda inicial poderia acontecer ou não, não sendo mais fundamentais para o contato entre as pessoas. Muitas vezes, não propúnhamos nada preestabelecido. As atividades e a convivência aconteciam de forma espontânea.

Para nossa surpresa, descobrimos que muitos participantes nunca tinham tido uma festa de aniversário. Resolvemos, então, de tempos em tempos (no máximo de dois em dois meses), "bater um parabéns" para os aniversariantes do período. Esses momentos de comemoração contavam com a participação de quase todos para organização dos lanches, decoração e arrumação da mesa, apresentações musicais, confecção de presentes. Cada comemoração era diferente e, a cada vez, mais pessoas participavam. O que parecia ser algo banal, para muitos era um verdadeiro e significativo presente, pois pela primeira vez eram lembrados e homenageados em seu dia.

Das festas organizadas pelo grupo, a mais planejada foi o "Sarau Dançante". A preparação durou quase um mês. Houve diversas apresentações musicais, organização coletiva de cardápio especial, com direito a coquetéis não alcoólicos e lembrancinhas. Apresentação de poesias e da produção das costureiras.

O Sarau Dançante foi idealizado por Dona Leda, uma senhora de meia-idade, moradora e adepta da religião do Vale do Amanhecer.[4] Foi para o CAPS por conta própria, em um momento depressivo, segundo ela, provocado pela partida de seu único filho. Não se dava bem com ele e sentia que sua partida para outra cidade era para sempre. Estava só, sem apoio. Foi diagnosticada com esquizofrenia. Suas crenças foram interpretadas pela equipe profissional como "delírios religiosos" sem sentido e que poderiam ser prejudiciais ao seu cotidiano. Sem entrar no mérito da adequação ou não de seu diagnóstico, o fato é que os neurolépticos (medicações antipsicóticas) que tomava não alteravam em nada sua fala e seus comportamentos. Seus comportamentos tinham alguma excentricidade, falava com grandeza de sua vida (dizia, por

---

4. Religião espiritualista, organizada por Tia Neiva, cuja comunidade se localiza na Região Administrativa de Planaltina. Para conhecer mais sobre o Vale do Amanhecer, recomendamos a leitura do livro *A cura no Vale do Amanhecer*, de Ana Lúcia Galinkin (2008).

exemplo, ter sido coordenadora de um CAPS nos Estados Unidos, que tinha contato direto com Deus, dentre outras "grandezas"), mas nada que prejudicasse sua vida cotidiana.

Vale ressaltar que Dona Leda era parte do corpo mediúnico do Vale do Amanhecer, e desenvolvia seu trabalho espiritual com muita responsabilidade e reconhecimento por parte daquela instituição. Em visita à sua residência, pudemos testemunhar o zelo com que cuidava de sua casa, de suas plantas e de sua vida financeira. Tinha reflexões sobre o meio ambiente e sua casa foi montada com materiais reciclados por ela mesma. Apesar de ganhar pouco dinheiro, tinha uma organização que lhe permitia viver sem que lhe faltasse o básico da sobrevivência. Em sua cozinha tinha um quadro onde anotava seus ganhos e gastos. Era querida e reconhecida em sua comunidade como uma pessoa acolhedora e que auxiliava a todos.

A história de Dona Leda traz à tona uma breve reflexão sobre o forte movimento de medicalização no âmbito da Saúde Mental. Por causa de seus supostos "delírios de grandeza", foi medicada, mas em momento algum houve uma reflexão mais aprofundada do lugar e da importância desses "delírios" no dia a dia de Dona Leda. Pelo olhar da Psiquiatria, não havia dúvidas quanto ao seu transtorno, mas seus "delírios" eram absolutamente adequados e funcionais em seu contexto de vida, na cultura religiosa da qual era participante ativa. Vale lembrar ainda que procurou o CAPS não em virtude desses "delírios", mas por causa de uma profunda tristeza pela partida de seu único filho. Não é nosso objetivo neste momento, mas ressaltamos a importância de aprofundarmos as reflexões acerca do processo crescente de "medicalização da vida", em que se observam somente os sintomas dos indivíduos, com pouca ou nenhuma consideração em relação às construções sociais e culturais que sustentam e conferem sentido a tais sintomas.

O Sarau Dançante foi um marco da participação de Dona Leda no CAPS. Além de auxiliar em todas as frentes de planejamento e de uma apresentação musical, foi responsável pela "programação estética" da festa, sugerindo itens da decoração e do "figurino" dos participantes. Recebeu a todos, como uma anfitriã que recebe convidados em sua casa. Após as apresentações musicais, organizou um baile de bolero que durou quase uma hora. A maior parte das pessoas dançou e se divertiu. Um momento ímpar. Foram feitas gravações e entrevistas durante o Sarau. Em seu depoimento, Dona Leda disse que aquela festa mudaria a história do mundo. Em sua entrevista, falou da importância da alegria e da fantasia para a saúde mental.

Ao longo de todo o tratamento, Dona Leda sempre reclamara dos efeitos colaterais das medicações, que a deixavam sonolenta, sem energia e, como já relatado, tinham um efeito pífio sobre seus "delírios". Algumas semanas após o Sarau, ela decidiu, ainda que a contragosto da equipe, suspender suas medicações, pois já se sentia recuperada. Retomou uma relação amorosa que havia "suspendido" durante o tratamento. Despediu-se do grupo e do CAPS agradecendo a todos pela acolhida. Colocamo-nos à disposição para auxiliá-la em qualquer eventualidade e reafirmei que ali era uma casa aberta, sempre pronta a recebê-la caso precisasse. Ela disse que se voltasse a se sentir triste ou confusa, nos procuraria. Nunca voltou e esperamos que esteja bem, continuando seu trabalho na vida cotidiana. De fato, parece que seu Sarau Dançante mudou a história do mundo, pelo menos o dela.

Nos últimos meses do "Arte e Convivência", contamos com a presença do Coletivo Palavra: um coletivo de artistas, produtores e técnicos que investigavam poéticas em diversas formas de arte e linguagem. A "Bateria Furiosa" era uma das atividades propostas pelo Coletivo Palavra: uma bateria com instrumentos feitos de materiais reciclados e reinventada a cada encontro com um novo grupo. O Coletivo Palavra participou de três encontros para confecção dos instrumentos e dos ensaios coletivos. Os ensaios contaram com a participação de várias pessoas, incluindo Dona Rosa, que tocava um enorme tambor pintado por ela, e Mocinha, que cantava um "funk de amor" junto à bateria, dançava e ria muito. No terceiro encontro, tivemos a visita divertida do "Conselho de Malucos": uma banda fantasiada, de músicas autorais. Tocaram junto à nossa bateria, igualmente excêntrica e divertida.

A (Re)Descoberta do Sabor de Saber

O "Arte e Convivência" não teve por objetivo ser um grupo de produção ou de geração de renda. Entretanto, no nosso cotidiano, buscamos resgatar os saberes, valorizar as experiências de vida e as habilidades que todos, invariavelmente, traziam consigo. Encontramos muitos talentos, frutos de diversas experiências de vida e de trabalho, que puderam ser retomados e exercitados naquele espaço. Ao longo dos três anos de funcionamento dessa oficina, tivemos a oportunidade de ter atividades coordenadas por diferentes participantes. O compartilhamento de saberes e de habilidades contribuiu para a melhoria da autoestima e o incremento da autonomia. Compartilhar teve a função de revisitar e revalorizar velhos saberes, desacreditados, desprezados no cotidiano e esquecidos no tempo.

Para além do resgate da história ou de uma memória individual, o compartilhar dos saberes, de uma linguagem ou, simplesmente, de ideias também abriu caminhos para a reconstrução dos vínculos sociais e de uma identidade diante do grupo. Entendemos que a possibilidade de compartilhar saberes e habilidades em um espaço acolhedor favoreceu o resgate das identidades que foram se perdendo ao longo do tempo do adoecimento. Jodelet (2001) define as representações sociais como saberes práticos, que orientam a vida cotidiana, e que são compartilhados nos discursos, nas ações e nas negociações entre sujeitos e grupos. A autora valoriza a partilha como um fenômeno que serve à "afirmação simbólica de uma unidade e de uma pertença. A adesão coletiva contribui para o estabelecimento e o reforço do vínculo social" (p. 34).

No caso de alguns frequentadores do "Arte e Convivência", partilhar os saberes teve esta dupla função: resgate da própria história e da singularidade ao lado do fortalecimento dos vínculos sociais e culturais. A retomada e o compartilhamento de saberes em alguns casos contribuíram, de certa forma, para a reconstrução de um lugar, a retomada de uma atividade laboral, de um vínculo social.

Ana Lúcia, por exemplo, era uma moça com seus 35 anos, atormentada por constantes crises dissociativas: seu corpo enrijecia, tremia e ela parecia perder a consciência. Tinha medo de muitas coisas, inclusive de música que, quando ouvia, se descontrolava e avançava de forma agressiva nas pessoas. Nos últimos anos, sua vida ficou bastante restrita por causa da intensidade de seus sintomas. Parou de trabalhar e dependia de familiares para seu sustento. No grupo, um dia disse que fazia artesanatos e teve a oportunidade de ensinar aos outros participantes a confecção de enfeites de *biscuit* que produzia para festas em momentos anteriores. Nos dias em que coordenou a atividade, nenhuma crise. Juntamente a outras intervenções da equipe profissional, passou a se sentir mais segura. Com o tempo, voltou a produzir enfeites e pegar pequenas encomendas. Teve uma melhora significativa em suas crises e medos. Passou a acompanhar melhor o cotidiano dos filhos e da saúde de sua família, antes negligenciados. Retomou relações de apoio, que antes havia rompido, recuperando, ainda que com limitações, o convívio com familiares, vizinhos e amigos.

Concordamos com Julio Hamdan (n.d., p. 50), terapeuta ocupacional do CERSAM Leste de Belo Horizonte, ao dizer que:

> Atividade é fazer, e a ênfase dada à participação incute no paciente a noção de que ele é ativo e não apenas um recipiente. Nas atividades em que é dada a oportunidade dos pacientes dirigi-las, favorecem-se as capacidades para direcionar melhor suas vidas. A participação na organização das festas e nas manifestações facilita as atitudes nas atividades familiares e nas relações diferenciadas com os diferentes espaços e pessoas com quem convivem.

Podemos citar outros exemplos de participantes que, ao compartilhar saberes e habilidades, abriram novas possibilidades de vivência e inserção social a partir desse coletivo. Por exemplo, Divina, sempre tímida e calada, abriu-se para conversas depois que ensinou a confecção de miçangas de papel. Catarina, ao disponibilizar seu trabalho de costureira, melhorou seu contato com as pessoas, não somente no grupo, mas também em sua vida cotidiana. Ao juntar os retalhos de tecido pintados por outros participantes, na verdade, retomou uma atividade de que sempre gostou muito e havia abandonado há alguns anos por causa de um quadro depressivo recorrente. Juntou *"seus retalhos antigos"*, como ela dizia, porque ao costurar, dava um "descanso" para sua cabeça.

Um exemplo importante de reinserção social, a partir de uma experiência no âmbito do "Arte e Convivência", foi a confecção de mosaicos. Em certo momento, o grupo recebeu alguns homens, adultos, jovens e de meia-idade, que chegaram ao CAPS após acidentes de trabalho e situações de crise que os impediram de continuar trabalhando. O que poderia interessá-los nesse grupo? Após conhecermos suas experiências de trabalho, descobrimos que muitos tiveram experiências na construção civil. Sugerimos que tentássemos produzir algo em mosaico, uma técnica até então desconhecida de todos, mas que foi prontamente aceita e facilmente aprendida por todos. Uma experiência de aliar o novo com o saber prévio dos participantes.

Essa experiência rendeu frutos. Ainda no "Arte e Convivência", testemunhamos o empenho dos participantes (somente homens nesse momento) no aprendizado da técnica do mosaico. Um empenho que trouxe um pouco mais de beleza ao espaço físico do CAPS naquele momento, com quadros decorativos grandes, bancos, mesas e vasos de plantas. Além de enfeitar o CAPS, algumas peças foram vendidas. Os participantes desse "subgrupo" do mosaico apresentaram melhoras importantes em sua sociabilidade, pragmatismo e, principalmente, autoconfiança. Sentiam-se gratificados pela produção, que se tornou cada vez mais organizada e intensa. À medida que iam construindo desenhos com cacos de azulejo, pareciam reconstruir sua própria imagem e identidade, abrindo novos caminhos para a reconstrução de sua vida cotidiana e laboral. Alguns passaram a fazer mosaicos para vender.

Essa atividade de mosaico, mesmo após o término do "Arte e Convivência", foi retomada em outros momentos e chegou a ser uma iniciativa de oficina de geração de renda. Atualmente, está em mais um momento de reconstrução, mas já é uma atividade reconhecida e incentivada pela equipe profissional e pelos frequentadores do serviço.

Acreditamos que, para muitos, compartilhar o que sabiam foi o primeiro passo para a reconstrução do sentido de vida, na medida em que possibilitou uma mudança na forma de se perceber e de se relacionar. Compartilhar (ou "partilhar com") saberes abriu espaço para ressignificar as experiências dolorosas e reconstruir um caminho para o pertencimento social. Pertencer a um grupo, compartilhando saberes, valores e crenças, é um fator importante para a superação do intenso sofrimento psíquico, geralmente relacionado à solidão, ao isolamento e à incompreensão.

Moscovici (1978/1961), ao analisar o processo de construção das representações sociais, traz importantes reflexões sobre o papel fundamental do sujeito, ressaltando que a necessidade de representarmos os objetos do mundo, na verdade, é uma tentativa, uma necessidade de "introduzir-nos numa região do pensamento ou do real de que fomos eliminados e, de fato, a investirmo-nos nela e a tomá-la como própria" (p. 64). Para ele, "é profunda a propensão para dar uma existência *conosco* àquilo que tinha uma existência sem nós, para nos fazer presentes onde estamos ausentes, familiares em face do que nos é estranho" (p. 64, grifo nosso). Ao longo do tempo, testemunhamos essa necessidade de pertencimento, o que, de alguma forma, revelava uma busca pela saúde mental.

Acreditamos que pertencer a esse grupo "Arte e Convivência", exercitando a autonomia, compartilhando saberes e experiências em um ambiente acolhedor, foi uma abertura para a reinserção simbólica, nas relações sociais e no âmbito da cultura em um sentido mais amplo.

"Arte e Convivência": um Espaço de Formação

Nos três anos de duração do "Arte e Convivência", muitos colaboradores (estagiários, alunos de extensão e voluntários) passaram pela oficina. Sempre privilegiamos ter muitos colaboradores, para que as singularidades também pudessem ser valorizadas, além do grupo.

Os colaboradores eram, prioritariamente, estudantes dos cursos de Psicologia, do UniCEUB e da UnB, e se mostraram grandes parceiros no cotidiano de trabalho, contribuindo com reflexões preciosas, disposição e alegria. Participaram de forma bastante ativa e criativa, contribuindo para a reinvenção desse espaço a cada dia. A oficina acontecia todas as segundas, das 14 às 16 horas. Das 16 às 18 horas, somente com os estagiários e extensionistas, fazíamos os registros nos prontuários de cada um dos participantes, discutíamos os casos, todos compartilhavam o que tinham conversado com cada um e suas intervenções. Avaliávamos o que havia ou não funcionado durante a oficina. Planejávamos as semanas seguintes, sempre priorizando as observações e as sugestões dos participantes.

A relação com os estudantes sempre foi de troca e cumplicidade. A participação nesse grupo foi uma importante contribuição para a formação pessoal e profissional dos estudantes, conforme relatos deles. Na convivência, além de auxiliarem no cuidado, também aprenderam com as experiências de vida dos participantes que, de modo geral, eram muito distantes e diferentes de suas realidades de origem e do que as instituições de ensino superior poderiam ensinar. Tiveram acesso à cultura do interior e de periferia, bem como à dura realidade das políticas públicas de saúde, tão desvalorizadas e precarizadas em nosso país.

Acreditamos que a participação nesse grupo possibilitou uma formação mais crítica e articulada com a realidade social e política vivenciada pelos usuários do SUS e, em especial, dos serviços de saúde mental. Uma formação menos asséptica e mais próxima dos problemas reais enfrentados pela população do nosso país. Essa proximidade permitiu, além do conhecimento de precariedades e dificuldades, um conhecimento maior da riqueza da nossa cultura, considerando que convivíamos com pessoas originárias de diversas partes do país, que traziam consigo as histórias de seus locais de origem, seus costumes e modos de vida, muitas vezes, diferentes do que já conhecíamos.

Conhecer algo mais da cultura de nosso país, por meio dos participantes da oficina, provocou reflexões e questionamentos acerca da prática profissional, abrindo espaço para intervenções mais efetivas, pelo fato de serem construídas em conjunto com os participantes e pautadas no respeito à singularidade, à história pessoal, social e cultural de cada um.

Considerações Finais: o Legado da Convivência para a Saúde Mental

Após três anos, o "Arte e Convivência" foi encerrado em vista de novos desafios e necessidades institucionais. Um movimento natural de renovações necessárias, de ciclos que se encerram para que outros sejam abertos. Dessa experiência, muitos aprendizados, dos quais destacamos alguns.

Primeiramente, pudemos questionar, mais uma vez, as ideias de "embotamento afetivo", de periculosidade e de "incapacidade" dos participantes, elementos importantes das representações sociais da loucura. Esse questionamento desestabilizou a relação entre representações e práticas, pois, relembrando, o questionamento de um desses polos, necessariamente, leva a uma desestabilização e à reorganização do outro, conforme já pudemos verificar em outras oportunidades (Pacheco, 2009, 2011). Assim, esse movimento auxiliou na reorganização de outras práticas dirigidas aos usuários do CAPS.

Esse questionamento, junto a outras iniciativas, ajudou a fortalecer o investimento em atividades de criação e geração de renda, contando mais com a *expertise* dos frequentadores do CAPS. Passamos, como equipe, a acreditar mais na possibilidade da reabilitação psicossocial e na reinserção cultural e simbólica de nossos usuários. Outra consequência importante foi a "desburocratização" do cuidado. Ainda que seja construído um plano de atividades em conjunto com os frequentadores quando de sua entrada no serviço, há flexibilidade quanto à participação em outras atividades, se houver necessidade e desejo para tal. A circulação dos frequentadores pelo serviço foi se tornando mais livre. O "Arte e Convivência", aliado a outros grupos abertos e ao amadurecimento da equipe profissional, auxiliou na construção de um cotidiano mais harmônico e democrático.

Entendemos que o "Arte e Convivência", juntamente a outras iniciativas, auxiliou no aprimoramento de reflexões e práticas relativas à Clínica Psicossocial vivenciada no CAPS. Experimentamos, ao logo dos três anos de duração do "Arte e Convivência", um espaço terapêutico que foi construído coletivamente, a partir da escuta de desejos, necessidades e habilidades dos participantes. Inicialmente, não tínhamos nenhuma atividade ou produto previamente pensado como foco dessa oficina. O que propusemos desde o início foi um espaço aberto às diversas possibilidades que daí poderiam advir. Acreditamos no potencial criativo dos participantes, sempre atentos ao que cada um poderia contribuir a partir de suas vivências individuais e coletivas, em acordo com a perspectiva culturalista desenvolvida por Jodelet (2006) no âmbito da Teoria das Representações Sociais.

Jodelet (2006), a partir de sua perspectiva culturalista, sintetiza várias formas de compreensão da cultura (tradição sociológica, tradição etnológica, perspectiva compreensiva, contextual, sociocognitiva), colocando em oposição as abordagens "etic" e "emic". Ressalta que um estudo que considera as dimensões culturais deve, necessariamente, apoiar-se em uma abordagem "emic", similar à adotada na etnociência e na antropologia cultural, em que o sistema cultural é examinado a partir do ponto de vista de seus próprios membros. Assim o fizemos no "Arte e Convivência": estivemos sempre atentos ao que fazia sentido para os frequentadores, mais do que às necessidades institucionais. Conforme a perspectiva de Jodelet (2006), nosso ponto de partida sempre foi o olhar e as necessidades trazidas pelos próprios sujeitos em seu processo de cuidado.

A experiência do "Arte e Convivência" confirmou, mais uma vez, que é possível trabalhar em prol da produção de sentidos de vida, revalorizando a criação e o desejo, superando o foco da mera adaptação à ordem estabelecida. Trata-se, no campo da Saúde Mental, essencialmente de reinventar a vida, em seus aspectos mais cotidianos. A convivência nos fez recolocar em relevo as questões relativas à cultura dos participantes como parte integrante e essencial do cuidado, reafirmando a realidade dos ideais da reabilitação psicossocial e da Desinstitucionalização.

Aqui, retomamos a contribuição de Lobosque (1997), em seu texto emblemático *Princípios para uma clínica antimanicomial*. A autora traz uma importante contribuição acerca do que devemos entender por singularidade, retomando de maneira inventiva a relação entre o particular e o universal. Para ela, a singularidade não se confunde nem com o privado, nem com o individual. Trata-se, isso sim, de um "atributo, por exemplo, de um coletivo que não se deixa dissolver por um ideário individualista, nem se faz amarrar por perspectivas de unidade ou totalização". Esse princípio da singularidade é um convite para que o sujeito sustente a sua diferença, com um estilo que lhe é próprio, sem precisar ser excluído do social, ou seja, fazendo-se caber nos limites de sua cultura.

A convivência nos encorajou na descoberta e na construção de novas práticas de cuidado, mais articuladas ao contexto cultural onde nossos usuários se inserem. A observância dos aspectos culturais, nesta e em outras experiências vindouras, traz a possibilidade de superar um olhar meramente tecnicista e apolítico ainda bastante presente na atuação profissional do psicólogo. Esta ampliação do olhar para os determinantes sociais da saúde e para aspectos culturais diversos proporciona uma atuação mais efetiva (e afetiva) na construção de um cuidado mais articulado às necessidades reais dos usuários dos serviços de Saúde Mental.

Confirmamos que a inclusão da cultura e da convivência no âmbito do cuidado em Saúde Mental ainda é o melhor caminho para continuarmos seguindo em frente e que, juntos, podemos ser mais fortes, mais belos, mais alegres e que nem sempre um mais um é somente igual a dois.

Referências

Birman, J. (1992). A cidadania tresloucada: Notas introdutórias sobre a cidadania dos doentes mentais. In P. Amarante & B. Bezerra (Orgs.), *Psiquiatria sem hospício: Contribuições ao estudo da reforma psiquiátrica* (pp. 71-90). Rio de Janeiro: Relume-Dumará.

Câmara Legislativa do Distrito Federal (2005). *Lei Distrital n. 975, de 12 de dezembro de 1995.*

Campos, P. H. F (2003). A abordagem estrutural e o estudo das relações entre práticas e representações sociais. In P. H. F. Campos & M. C. S. Loureiro. *Representações sociais e práticas educativas*. Goiânia: Editora da UCG.

Comunicação pessoal (2003). *Relato da supervisão clínico-institucional realizada no Serviço de Saúde Cândido Ferreira.* Campinas, em novembro de 2003.

Flament, C. (2001). Estructura, dinámica y transformación de las representaciones sociales. In J. C. Abric. *Prácticas sociales y representaciones*. Colônia del Carmen, México: Ediciones Coyoacán S.A. de C.V.

Galinkin, A. L. (2008). *A cura no Vale do Amanhecer*. Brasília: TechnoPolitik.

Hamdan, J. (n.d.). Além das aparências: Uma reflexão sobre as ocupações no tratamento dos usuários do CERSAM. *Revista do CERSAM Leste, 50*, 48-52.

Jodelet, D. (2001). Representações sociais: Um domínio em expansão. In D. Jodelet (Org.), *Representações sociais* (L. Ulup, trad.). Rio de Janeiro: EdUERJ.

Jodelet, D. (2006). Presença da cultura no campo da saúde. In A. M. O. Almeida, M. F. S. Santos, G. R. S. Diniz, & Z. A. Trindade (Orgs.), *Violência, exclusão social e desenvolvimento humano. Estudos em representações sociais* (pp. 75-109). Brasília: EdUnB.

Madureira, A. F. A. (2016). Diálogos entre a Psicologia e as Artes Visuais: As imagens como artefatos culturais. In J. de L. Freitas & E. P. Flores (Orgs.), *Arte e Psicologia: Fundamentos e práticas* (pp. 57-82). Curitiba: Juruá.

Mendonça, T. C. P. (2005). As oficinas na saúde mental: Relato de uma experiência na internação. *Psicologia: Ciência e Profissão, 5*(4), 626-635.

Moscovici, S. (1978/1961). *A representação social da Psicanálise* (Álvaro Cabral, trad.). Rio de Janeiro: Zahar Editores/Paris: PUF.

Pacheco, J. G. (2009). *Reforma psiquiátrica: Uma realidade possível. Representações sociais da loucura e a história de uma experiência*. Curitiba: Juruá.

Pacheco, J. G. (2011). *Representações sociais da loucura e reforma psiquiátrica: O desafio cotidiano da desinstitucionalização* [Tese de Doutorado não publicada, Programa de Pós-Graduação em Psicologia Social, do Trabalho e das Organizações, Universidade de Brasília, Brasília].

Passos, I. C. F (2003). Cartografia da publicação brasileira em saúde mental: 1980-1996. *Psicologia: Teoria e Pesquisa, 19*(3), 231-240.

Pitta, A. (2001). O que é a reabilitação psicossocial no Brasil, hoje? In A. Pitta (Org.), *Reabilitação psicossocial no Brasil* (pp. 19-26). São Paulo: Hucitec.

Puchivailo, M. C. & Holanda, A. F. (2016). Música e cuidado em saúde mental: Fenomenologia de um grupo de musicoterapia. In J. de L. Freitas & E. P. Flores (Orgs.), *Arte e Psicologia: Fundamentos e práticas* (pp. 83-114). Curitiba: Juruá.

Rauter, C. (2000). Oficinas para quê? Uma proposta ético-estético-política para oficinas terapêuticas. In P. Amarante (Org.), *Ensaios: Subjetividade, saúde mental, sociedade*. Rio de Janeiro: Editora Fiocruz. Coleção Loucura & Civilização.

Ribeiro, R. C. F. (2004). Oficinas e redes sociais na reabilitação psicossocial. In *Oficinas terapêuticas em saúde mental: Sujeito, produção e cidadania*. Rio de Janeiro: Contracapa.

Silveira, N. (1992). *O mundo das imagens*. São Paulo: Ática.

Silveira, N. (2015). *Imagens do inconsciente*. Petrópolis: Vozes. (1ª edição em 1981, pela Editora Alhambra).

Sobre os(as) autores(as)

ANA FLÁVIA DO AMARAL MADUREIRA — Psicóloga, mestre e doutora em Psicologia pela Universidade de Brasília (UnB), com doutorado sanduíche na Clark University — EUA (apoio: CNPq) e pós-doutorado na Universidad Autónoma de Madrid — Espanha (apoio: Capes). É professora titular do Curso de Graduação em Psicologia e do Programa de Mestrado em Psicologia do Centro Universitário de Brasília — UniCEUB (Linha de Pesquisa: Psicologia e Educação). É fundadora e coordenadora, desde 2010, do Grupo de Estudos "Identidades Sociais, Diversidade e Preconceito". Tem experiência nas áreas de ensino, pesquisa e supervisão de estágio, atuando principalmente nos seguintes temas: cultura e desenvolvimento humano; processos identitários, diversidade e preconceito na perspectiva da psicologia cultural; gênero, sexualidade e pertencimento étnico-racial; promoção de uma cultura de paz nas escolas; psicologia, educação e artes visuais.

E-mail: madureira.ana.flavia@gmail.com

ANA LUIZA CRUZ SÁ BARRETO — Psicóloga pela Universidade Federal da Bahia (UFBA). Tem especialização em Gestão de Programas e Projetos Educacionais, pela Universidade Católica de Brasília (UCB/DF) e mestrado em Psicologia pelo Centro Universitário de Brasília (UniCEUB). Sua pesquisa de mestrado investigou as concepções e as crenças de estudantes adolescentes sobre o papel da escola na construção das identidades sociais de gênero, de raça e sexuais. Trabalha, desde 2008, no Fundo Nacional de Desenvolvimento da Educação (FNDE), uma autarquia vinculada ao Ministério da Educação do Brasil, como especialista em financiamento e execução de programas e projetos educacionais. Sua produção acadêmica está relacionada com os temas: identidade social, gênero, raça, sexualidade, preconceito e diversidade nas escolas. Foi integrante do Grupo de Estudos "Identidades Sociais, Diversidade e Preconceito" (Psicologia — UniCEUB).

E-mail: izasabarreto@gmail.com

ANGELA MARIA CRISTINA UCHOA DE ABREU BRANCO — Psicóloga, doutora em Psicologia pela Universidade de São Paulo (USP). Fez pós-doutorado em Psicologia do Desenvolvimento na University of North Carolina (EUA), na Duke University (EUA) e na Universidad Autónoma de Madrid, Espanha. Professora do Programa de Pós-Graduação em Psicologia do Desenvolvimento e Escolar da Universidade de Brasília, onde orienta alunos de mestrado e doutorado nas áreas de cultura da paz, interação professor-alunos e alunos-alunos, cooperação, competição e individualismo, mídia e valores humanos, desenvolvimento moral e desenvolvimento do *self* dialógico. Dentre suas publicações, estão os livros: *Communication and metacommunication in human development* (2004) e *Cultural psychology of human values* (2012), ambos com J. Valsiner; em 2018, e o livro *Alterity, values and socialization within school contexts*, com M. C. Lopes-de-Oliveira.

E-mail: branco.angela@gmail.com

DANIEL MAGALHÃES GOULART — Doutor e mestre em Educação pela Universidade de Brasília, com período sanduíche no Discourse Unit (Manchester, Reino Unido/Capes). Psicólogo e bacharel especial em pesquisa pela Universidade de São Paulo. Atualmente, é professor adjunto do Departamento de Teorias e Fundamentos da

Faculdade de Educação da Universidade de Brasília. É também professor colaborador do mestrado em Psicologia e Saúde da Faculdade de Ciências da Educação e Saúde do Centro Universitário de Brasília, onde lidera o grupo de pesquisa Saúde Mental, Educação e Subjetividade: da Patologização ao Desenvolvimento Subjetivo. É também docente de cursos de pós-graduação em Psicologia, Psicoterapia e Educação em diferentes instituições. Tem experiência de pesquisa e docência nas áreas de Psicologia, Saúde Mental, Educação, Desenvolvimento Humano, Epistemologia e Metodologia Qualitativa em uma perspectiva cultural-histórica da subjetividade.

E-mail: danielgoulartbr@yahoo.com.br

DANILO SILVA GUIMARÃES — Bacharel e psicólogo (2005), mestre (2008) e doutor (2010) pelo Instituto de Psicologia da Universidade de São Paulo — IPUSP (com período sanduíche na Clark University, EUA) e livre-docente (2017) na área de História e Filosofia da Psicologia, do Departamento de Psicologia Experimental do IPUSP. Pertence ao quadro de professores do IPUSP, onde exerce atividades de docência e pesquisa (graduação e pós-graduação), em regime de dedicação exclusiva. Desenvolve e orienta pesquisas na área de Problemas teóricos e metodológicos da psicologia: construtivismo semiótico-cultural, com ênfase nos processos culturais de construção do sentido, multiplicação dialógica, relações interétnicas, psicologia e povos indígenas. É assessor de agência de fomento à pesquisa, e faz parte de conselhos editoriais de periódicos científicos nacionais e internacionais. Coordena o serviço Rede de Atenção à Pessoa Indígena — IPUSP/PSE.

E-mail: danilosg@usp.br

FERNANDO GONZÁLEZ REY (*IN MEMORIAM*) — Foi psicólogo pela Universidade de Havana, realizou seu doutorado em Psicologia no Instituto de Psicologia Geral e Pedagógica de Moscou e conquistou o título de doutor em Ciências pelo Instituto de Psicologia da Academia de Ciências de Moscou. Foi professor titular dos cursos de graduação e mestrado em Psicologia do Centro Universitário de Brasília e pesquisador colaborador sênior da Faculdade de Educação da Universidade de Brasília. Foi professor visitante em instituições de ensino em diversas partes do mundo, tais como: Universidad Autónoma de México (Cidade do México, México), Universidad de Buenos Aires (Buenos Aires, Argentina), Universidad Interamericana de Puerto Rico (Porto Rico, EUA) e Universidade de São Paulo (Ribeirão Preto, Brasil). Em 1991, recebeu o Prêmio Interamericano de Psicologia. Foi coordenador, ao lado de Albertina Mitjáns Martínez, do grupo de pesquisa "Estudo da subjetividade na saúde e na educação: promoção de saúde e orientação da educação para o desenvolvimento humano". Seus interesses de pesquisa focalizavam os campos da saúde, da educação e da psicologia a partir de uma abordagem cultural-histórica.

FRANCISCO JOSÉ RENGIFO-HERRERA — Psicólogo pela Universidad del Valle (Colômbia) e especialista em Construtivismo e Educação (Flacso — Argentina). Mestre em Psicologia Cognitiva e Aprendizagem (Universidad Autónoma de Madrid) e doutor em Processos de Desenvolvimento Humano e Saúde (Universidade de Brasília). Na década de 1990, realizou pesquisas sobre processos de desenvolvimento e psicologia educacional a partir de abordagens sobre o desenvolvimento psicológico e modelos cognitivos clássicos. Nos últimos anos, tem focalizado questões teóricas relativas à abordagem semiótica-cultural, o desenvolvimento de valores sociais e preconceitos em crianças, bem como a análise dialógica em contextos educacionais. Tem realizado pesquisas na Educação Infantil relacionadas às perspectivas semióticas e triádicas; aspectos relativos à Educação Superior no que se refere à produção de conhecimentos científicos a partir de uma perspectiva que focaliza as interações e os diálogos que fomentam ações cooperativas.

E-mail: frengifo@unb.br

JOÃO MENDES GOMES BRASIL DE HOLANDA — Psicólogo pelo Centro Universitário de Brasília (UniCEUB) e mestre em Psicologia pela mesma instituição (Linha de Pesquisa: Psicologia e Educação). Tem realizado pesquisas relacionadas às temáticas de gênero, sexualidade e educação. Seu Trabalho de Conclusão de Curso foi o vencedor do Prêmio Silvia Lane em 2017, prêmio organizado pela Associação Brasileira de Ensino em Psicologia (ABEP).

E-mail: joaogholanda@gmail.com

JORDANA VIANA CARVALHO FONSECA — Psicóloga pelo Centro Universitário de Brasília (UniCEUB) e especialista em Teoria Psicanalítica pela mesma instituição. Mestranda em Educação pela Universidade de Brasília (UnB), na linha de pesquisa de Gestão e Políticas Públicas Educacionais. Atua nas áreas de Psicologia Clínica e também de Avaliação/Regulação da Educação Superior. Desenvolve pesquisas voltadas para as temáticas de gênero, sexualidade, preconceito, violência, políticas públicas e educação. É integrante do Grupo de Estudos "Identidades Sociais, Diversidade e Preconceito" (Psicologia — UniCEUB) e do "Grupo de Estudos de Políticas de Avaliação da Educação Superior — Gepaes" (Educação — UnB/CNPq).

E-mail: jo_vcf@hotmail.com

JOSÉ BIZERRIL — Bacharel em História, mestre e doutor em Antropologia Social pela Universidade de Brasília (PPGAS/UnB). Ex-docente do curso de graduação em Psicologia e do curso de mestrado em Psicologia do Centro Universitário de Brasília — UniCEUB (Linha de Pesquisa: Psicologia e Saúde). Coordenou o grupo de pesquisa interdisciplinar "Diálogo". Membro da *Red Latinoamericana de Antropología de y desde los Cuerpos*. Atuou, de forma preferencialmente interdisciplinar, no estudo das relações entre subjetividade e corporeidade no mundo contemporâneo. Atualmente, dedica-se ao estudo e ao ensino da filosofia taoista, da medicina chinesa e das práticas taoistas de saúde e longevidade.

E-mail: questoes.antropologicas@gmail.com

JULIANA GARCIA PACHECO (*IN MEMORIAM*) — Foi psicóloga pela Universidade de Brasília (UnB). Foi mestre em Psicologia e doutora em Psicologia Social, do Trabalho e das Organizações, com ênfase em Saúde Mental, Reforma Psiquiátrica e Representações Sociais da Loucura pela Universidade de Brasília (UnB). Foi especialista em Educação em Saúde no âmbito do SUS, pelo Instituto de Ensino e Pesquisa do Hospital Sírio-Libanês. Foi psicóloga do CAPS II do Paranoá — Secretaria de Estado da Saúde do Distrito Federal, durante uma década (de 2010 a 2020). Tinha formação e experiência como acompanhante terapêutica, bem como experiência como supervisora clínico-institucional. Participou ativamente do Movimento Pró-Saúde Mental do Distrito Federal. Tinha interesse e trabalhos apresentados sobre os temas: Arte e Loucura; Religiosidade e Loucura; Convivência e Saúde Mental. Autora do livro *Reforma psiquiátrica: uma realidade possível. Representações sociais da loucura e a história de uma experiência*, pela Editora Juruá.

LUCIANA DANTAS DE PAULA — Psicóloga pelo Centro Universitário de Brasília (UniCEUB). Mestre e doutoranda do Programa de Pós-Graduação em Psicologia do Desenvolvimento e Escolar, do Instituto de Psicologia da Universidade de Brasília (PGPDE/IP/UnB). Tem realizado pesquisas relacionadas às temáticas de gênero, diversidade, educação e preconceitos. É integrante do Laboratório de Psicologia Cultural (IP/UnB) e facilitadora de comunicação não-violenta no Instituto CNV Brasil.

E-mail: lucianapdantas@gmail.com

MÁRCIA REGINA GOMES DA SILVA — Psicóloga pelo Centro Universitário de Brasília (UniCEUB). Pós-graduada em Psicopedagogia com ênfase em Neurociência. Atua como psicóloga clínica com ênfase em inclusão social e escolar. Interessa-se pela área da Psicologia Escolar e Educacional, bem como pelo estudo das temáticas raciais e de gênero no contexto escolar. É integrante do grupo de estudos "Identidades Sociais, Diversidade e Preconceito" (Psicologia — UniCEUB).

E-mail: marcinhargs23@hotmail.com

MARIA CLÁUDIA SANTOS LOPES DE OLIVEIRA — Psicóloga, doutora em Educação e professora do Departamento de Psicologia Escolar e do Desenvolvimento da Universidade de Brasília (UnB), onde atua no ensino de graduação e pós-graduação. Coordena o "Laboratório de Psicologia Cultural" (IP/UnB) e o "Grupo de Atenção e Investigação das Adolescências", onde realiza pesquisas sobre desenvolvimento humano no curso de vida, com especial interesse pelo atendimento a adolescentes e jovens em vulnerabilidade social relacionada à violência e às infrações. Foi membro da diretoria da Associação Nacional de Pesquisa e Pós-graduação em Psicologia (ANPEPP). Integra o grupo de trabalho "Psicologia Dialógica", que tem como integrantes pesquisadores nacionais e internacionais. Editou, pela Ed. Springer, em 2017, a obra *Alterity, values and socialization within educational contexts* e, em 2020, *Psychology as a Dialogical Science: self and culture mutual development*, além de artigos e capítulos em diversas obras.

E-mail: mcsloliveira@gmail.com

MÍRIA DE AMORIM BASTIANELLO — Psicóloga pelo Centro Universitário de Brasília (UniCEUB). Pós-graduada em Terapia Cognitivo-Comportamental (TCC). Atua como psicóloga clínica, com foco em comportamento alimentar e transtornos alimentares. Participou do Programa de Iniciação Científica (PIC/UniCEUB), com a pesquisa intitulada: Questões Raciais na Sociedade Brasileira a partir da Perspectiva de Estudantes e Profissionais da Educação. Foi integrante do grupo de estudos "Identidades Sociais, Diversidade e Preconceito" (Psicologia — UniCEUB).

E-mail: amorimmiria@gmail.com

PEDRO LOURENÇO DE LUNA NOGUEIRA — Psicólogo pelo Centro Universitário de Brasília — UniCEUB (2010) e mestre pelo Programa de Pós-graduação em Psicologia Clínica e Cultura da Universidade de Brasília — UnB (2015). Como psicólogo clínico, propõe uma intervenção clínica construída sobre o arcabouço teórico da etnopsiquitria de Tobie Nathan, do método de produção de conhecimento da gnosiologia liminar de Walter Mignolo e do conceito de subjetividade social desenvolvido por Fernando González Rey. A partir das contribuições desses autores, constrói sua intervenção para clinicar sujeitos de outro ocidente, especificamente brasileiras e brasileiros, levando em conta processos de subjetivação que, frequentemente, são ignorados, tais como: raça, gênero, estamento social, contexto sócio-histórico, corporeidade e adesão religiosa.

E-mail: pedro.luna.nogueira@gmail.com

TANIA INESSA MARTINS DE RESENDE — Doutora em Psicologia Clínica e Cultura pela Universidade de Brasília (UnB). Psicóloga, Psicanalista e Professora do cursos de graduação em Psicologia e em Medicina do UniCEUB. Líder do Grupo de Pesquisa "Convivência e Saúde Mental", cadastrado no CNPq. Coordenadora dos projetos de extensão "PRISME: Projeto Interdisciplinar em Saúde Mental" e "Eis-me Aqui" do Centro Universitário de Brasília (UniCEUB). Tem realizado ações de ensino, pesquisa, supervisão de estágio e extensão no campo da saúde mental, comprometida tanto com a consolidação dos serviços de saúde mental do DF quanto com a saúde mental de universitárias/os. Autora do livro *Saúde Mental: a convivência como estratégia de cuidado*, publicado pela Editora Juruá.

E-mail: taniainessa@gmail.com

TATIANA YOKOY — Psicóloga, mestre e doutora em Psicologia pela Universidade de Brasília (UnB). Professora da Faculdade de Educação da Universidade de Brasília (UnB). Integrante do "Diálogo: Laboratório de Práticas Dialógicas em Educação" (FE/UnB) e do "Laboratório de Psicologia Cultural" (IP/UnB). Professora colaboradora da Escola Nacional de Socioeducação. Membro do Grupo de Estudos e Pesquisas em Desenvolvimento Humano e Socioeducação e do Grupo de Pesquisa em Direitos Humanos e Promoção da Cidadania. Tem realizado ações de ensino, pesquisa e extensão, envolvendo a promoção do desenvolvimento humano e a formação de profissionais que atuam em contextos educativos formais, na Socioeducação, bem como em contextos de vulnerabilidade, riscos sociais e/ou violação de direitos.

E-mail: yokoy@unb.br

GRÁFICA PAYM
Tel. [11] 4392-3344
paym@graficapaym.com.br